申晓亭文集

——牧人笔记

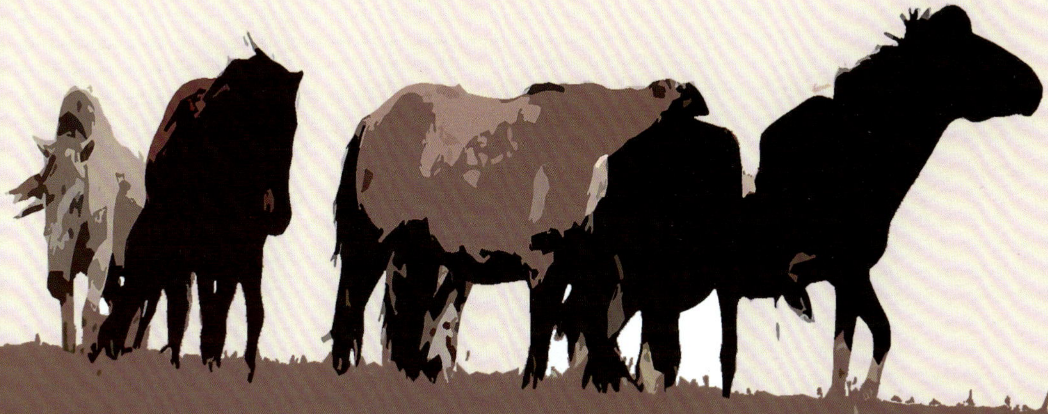

民族出版社

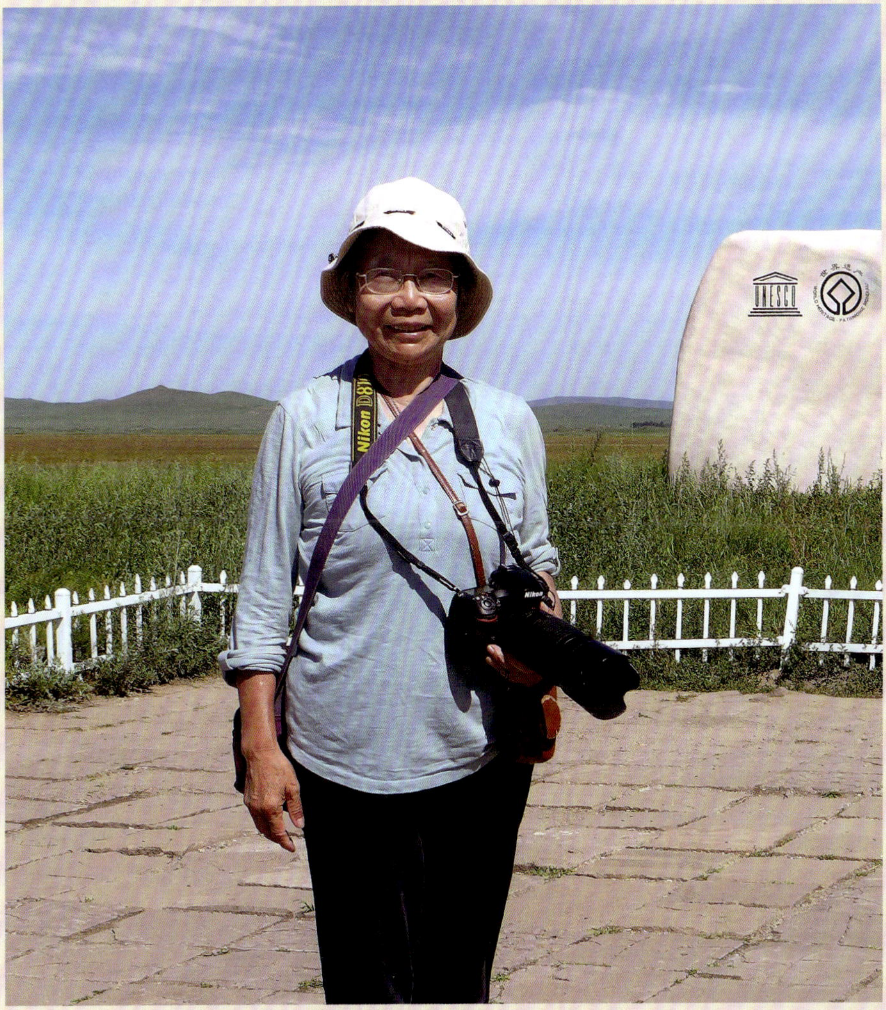

作者申晓亭　2017 年在元上都

申晓亭

1948 年生，汉族，国家图书馆研究馆员，中国共产党党员。

1967 年 11 月高中毕业赴内蒙古锡林郭勒盟东乌珠穆沁旗额仁高比公社额仁宝力格大队插队。插队期间，主要放牛，放羊，并努力学习蒙古语言文字。曾担任大队团支部书记、公社团委委员。1976 年 5 月返回北京，1976 年 12 月到国家图书馆善本部少数民族语文组从事蒙古文图书管理、蒙古文古籍研究整理工作。

1977—1980 年，在中央民族大学进修蒙古语文专业课程。

学历：北京市高等教育自学考试、北京师范大学中文专业本科毕业，文学学士；国家图书馆研究生班（元史专业）毕业。

在职期间参与的主要项目有：《全国蒙文古旧图书资料联合目录》；《中国蒙古文古籍总目》，担任该项目的第一副主编；《中国国家图书馆哥伦比亚大学东亚图书馆转写、转换中国少数民族文献合作协议》，担任该项目负责人。

主要著述：论文《〈蒙古源流成〉书年代诸说评议》、《〈中国蒙古文古籍总目〉题名汉译谈》；译著《内齐托音传》；诗歌散文《最可爱的人》等。

2003 年退休，退休后整理家史，作品有《抗日一家人》、《难忘昨天》。

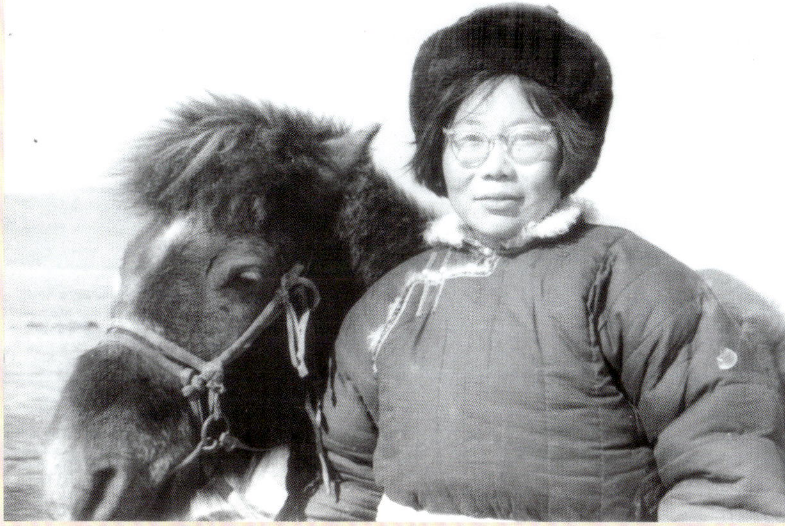

牧民卓日克图

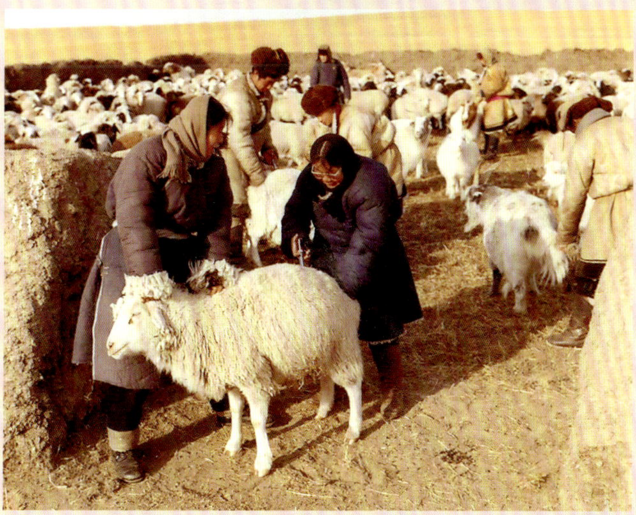

给羊群接种疫苗

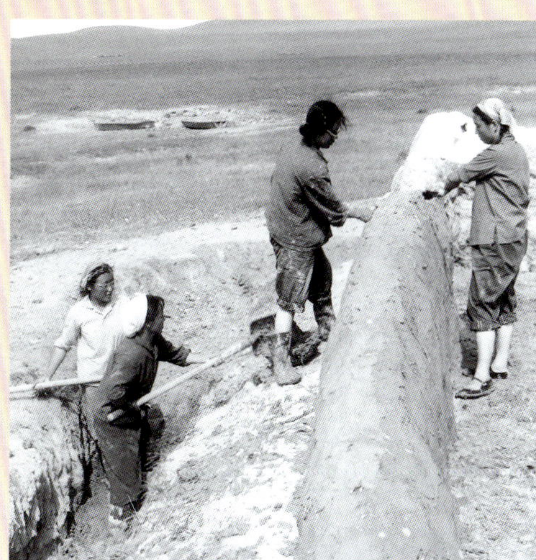

磊棚圈

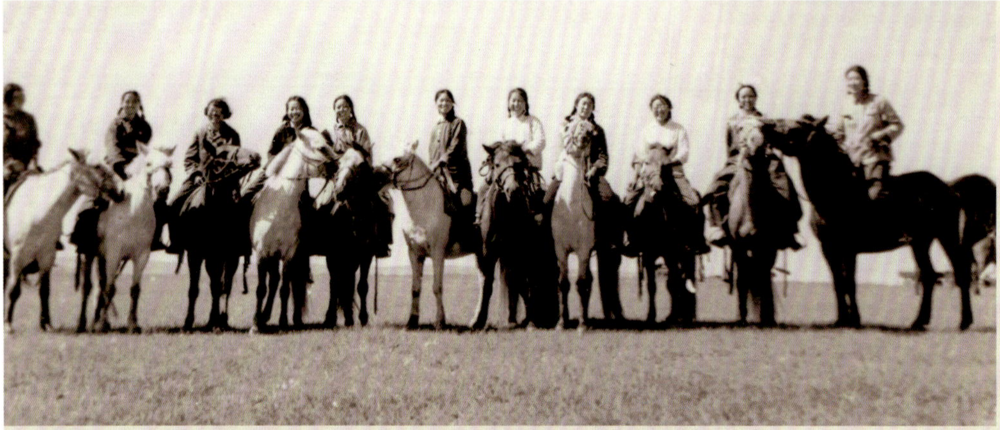

1974 年，我们大队的女知青（左三 申晓亭）。

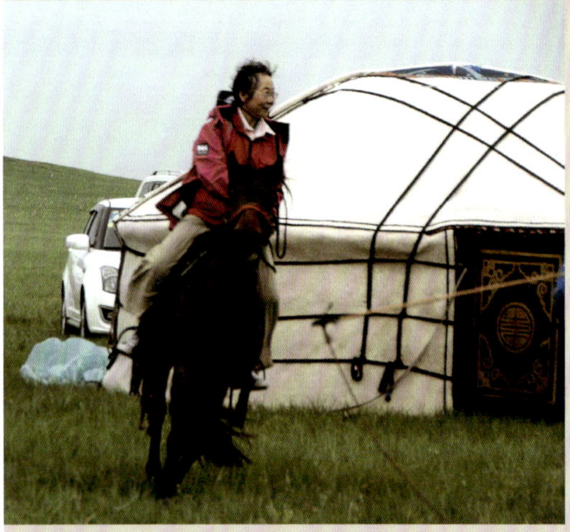

2015 年 返 乡。再骑一次马。

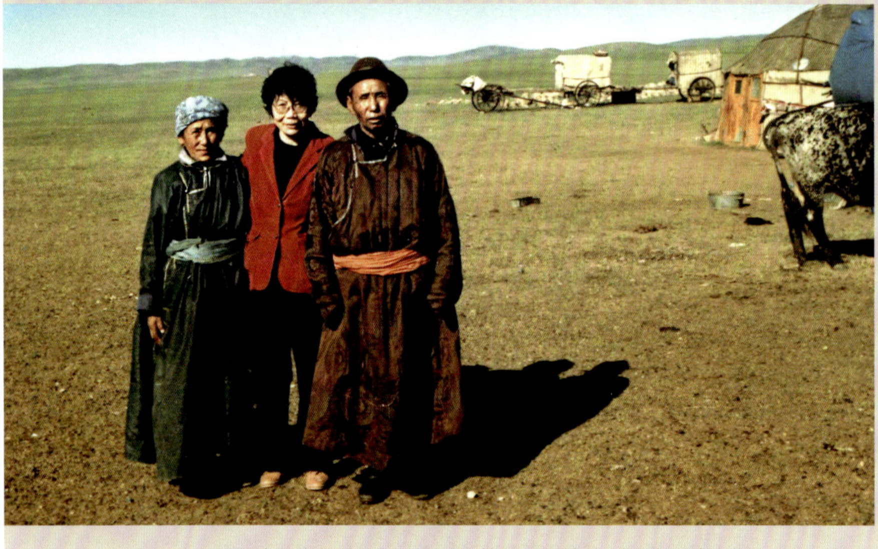

1997 年返乡。我的阿拉花阿巴盖和艾勒给额吉。

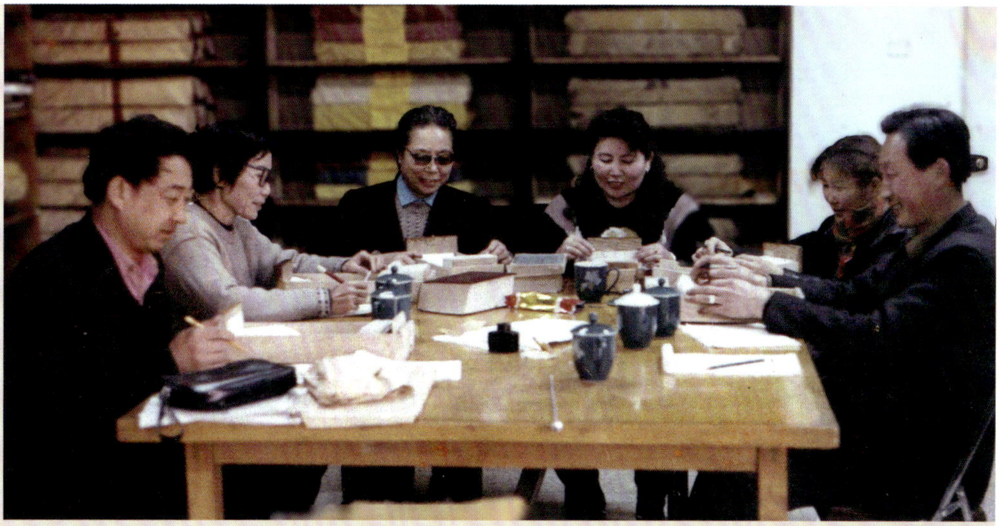

1994 年—1999 年在内蒙古大学从事《中国蒙古文古籍总目》工作。

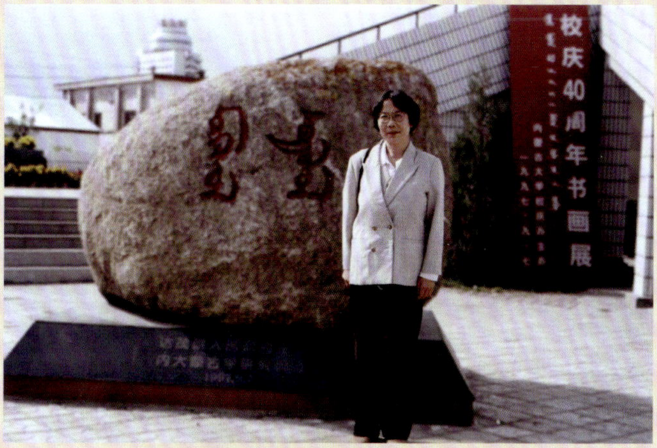

在内大蒙学院

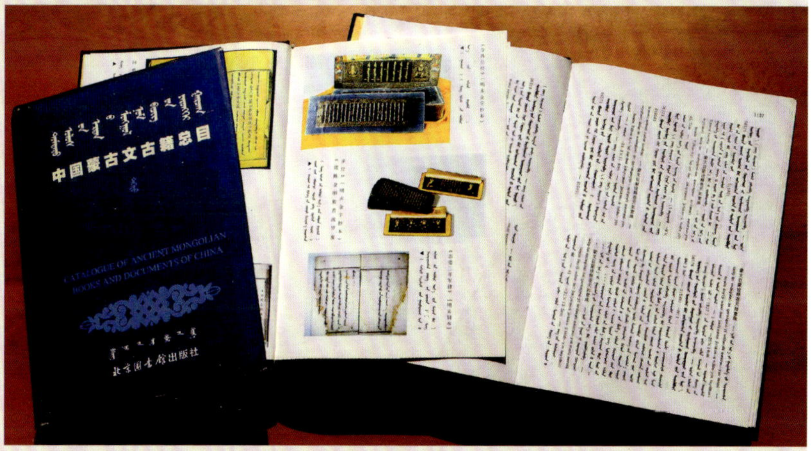

1999 出版的《中国蒙古文古籍总目》

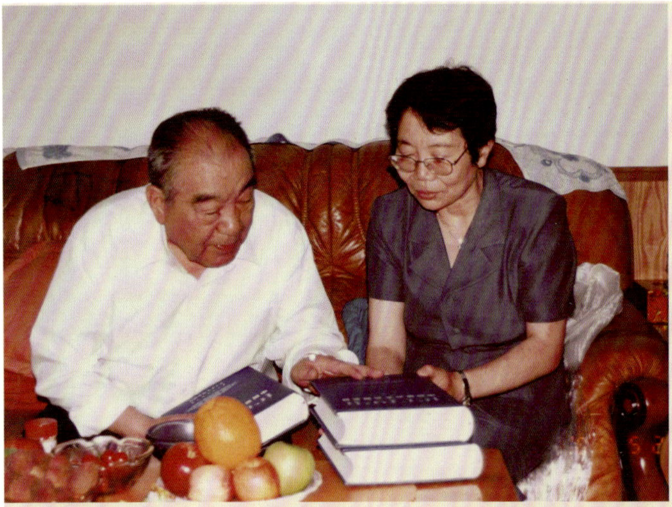

和布赫委员长

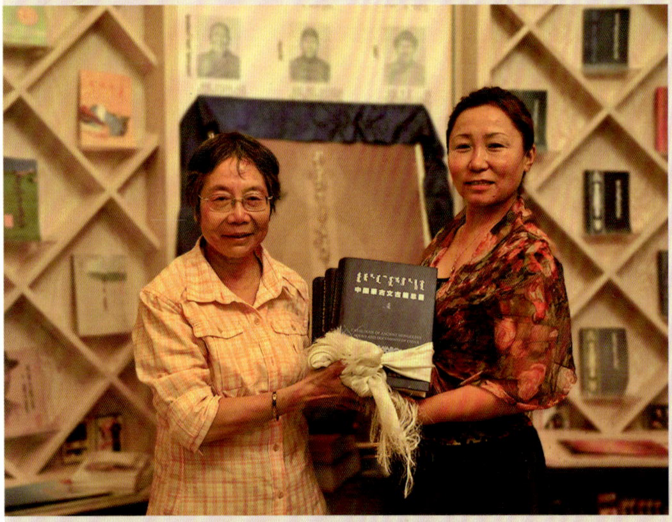

2015 年给东乌旗图书馆赠书

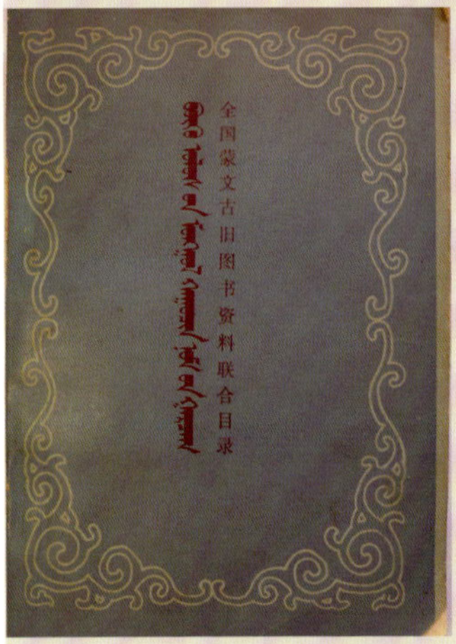

1979 年编辑出版的蒙古文古籍联合目录

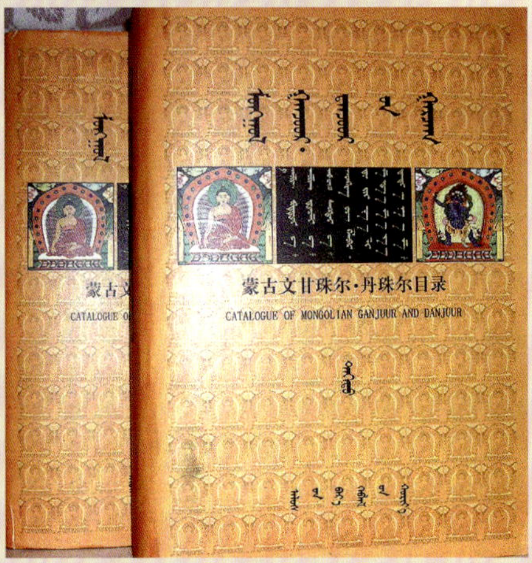

中国蒙古文古籍总目项目之二

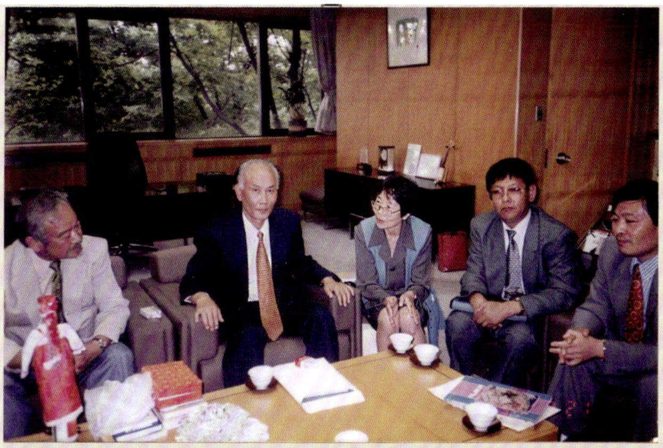

1998年在日本参加学术会议

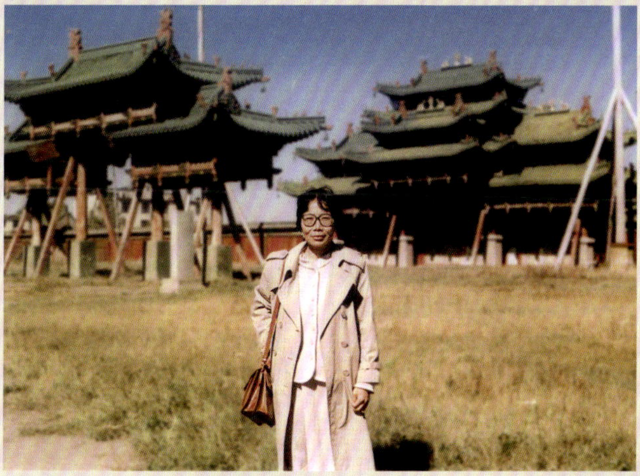

1994年前往蒙古国进行学术交流

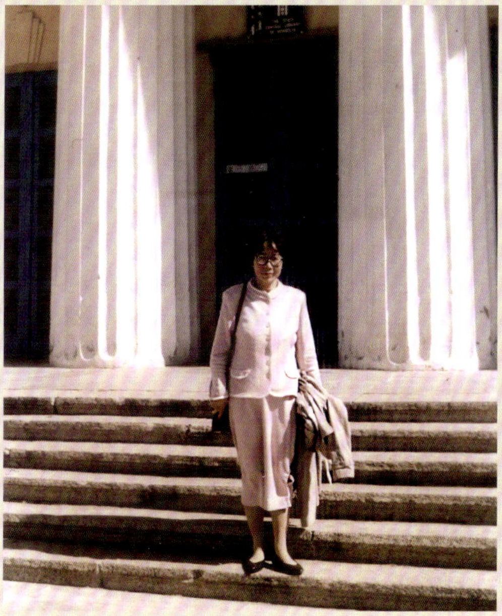

在蒙古国家图书馆

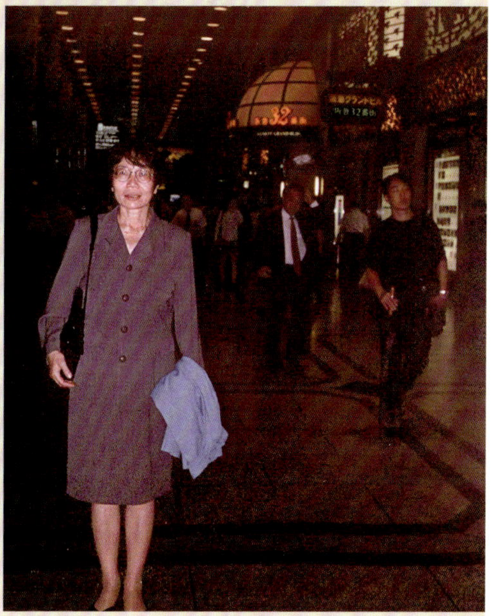

在日本

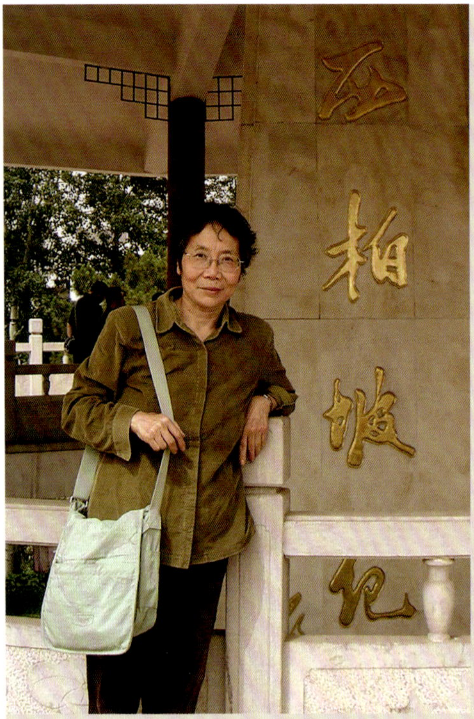

2006 年在西柏坡

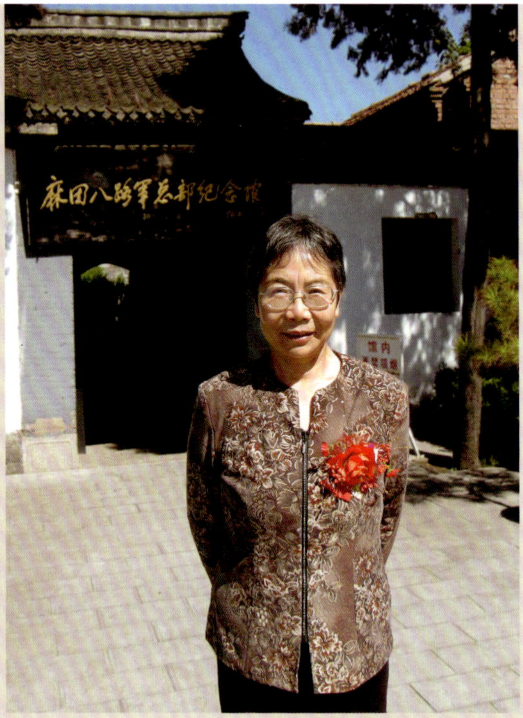

2009 年在麻田

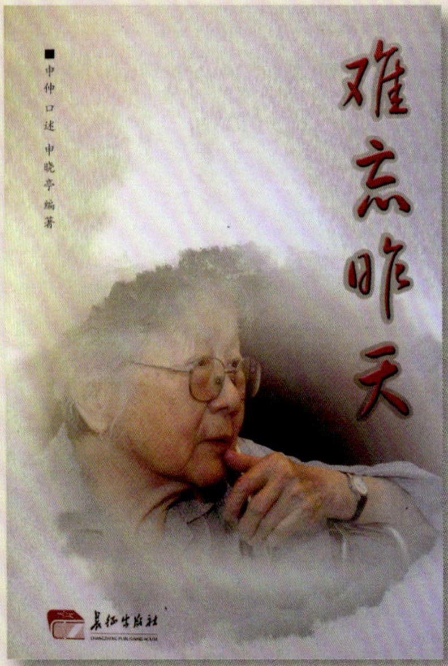

2012 年出版

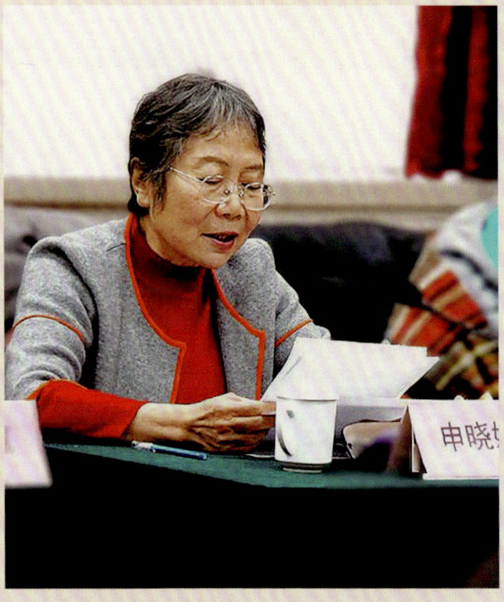

在纪念西安事变八十周年座谈会上

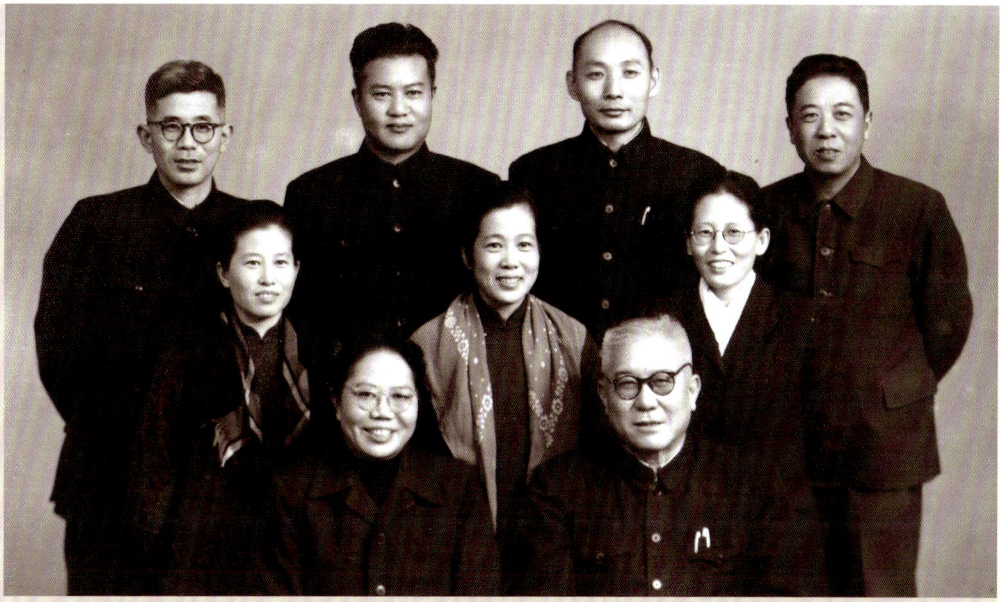

我家的老八路。右起：1 排：父亲、母亲，2 排：三姐姐、二姐、四姐姐，3 排：二姐夫、三姐夫、四姐夫、二哥。

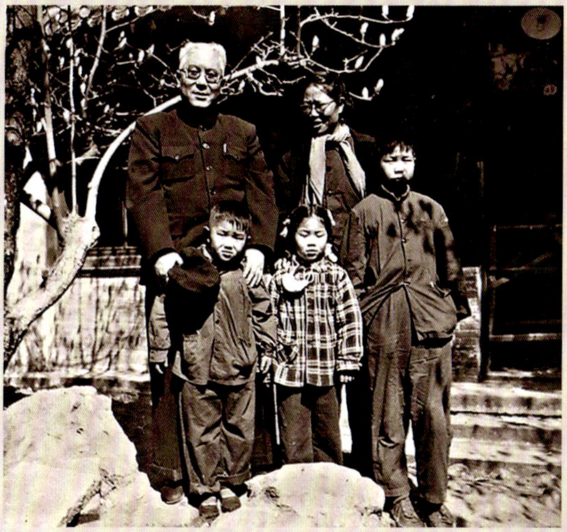

50年代在中南海：父亲、母亲、哥哥、弟弟和我。

2015 年延安军委三局烈士墓

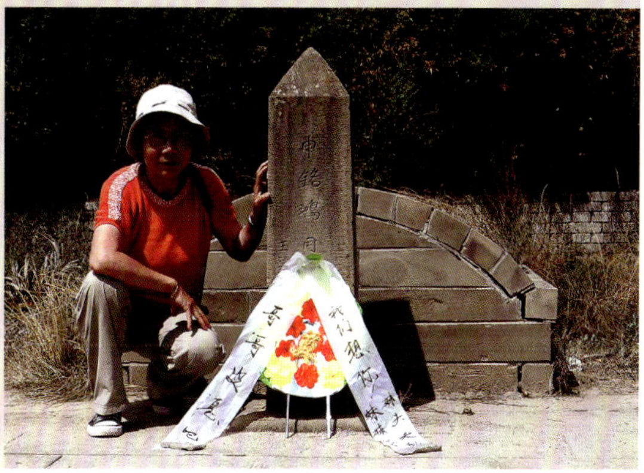

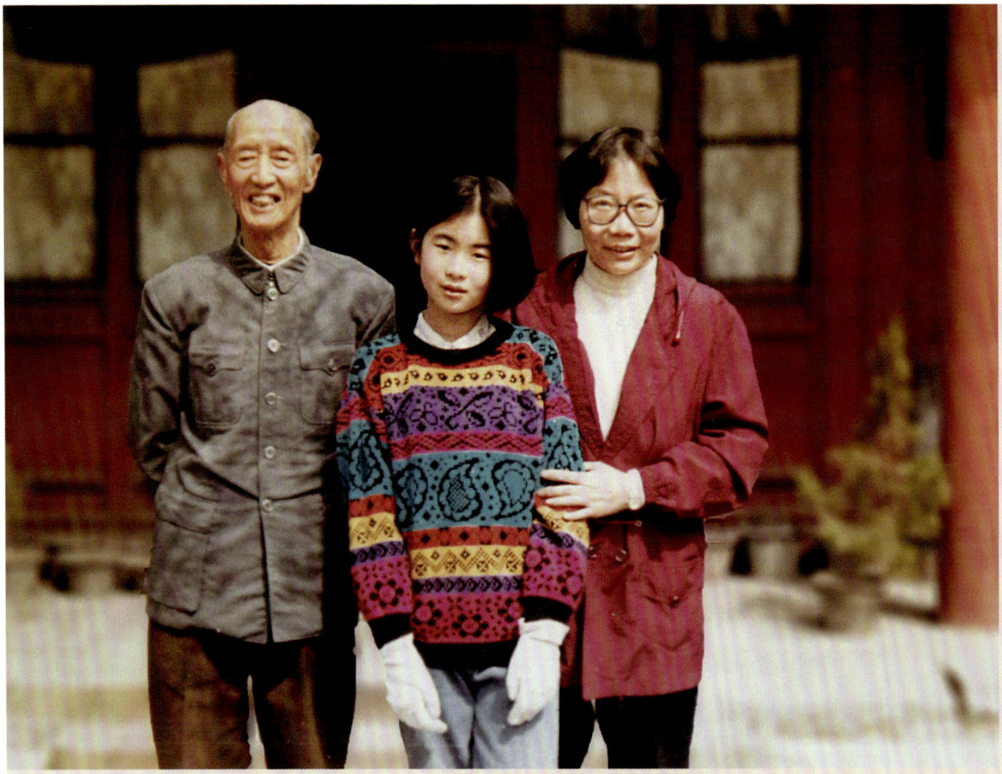

1994 年和臧克家

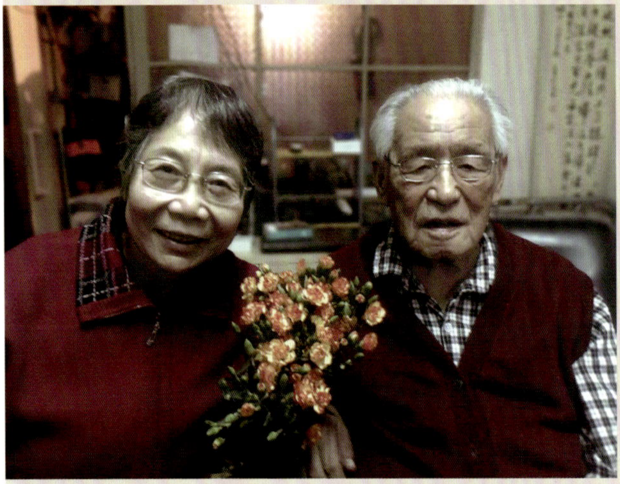

2016 年 1 月 1 日看望黄明信先生

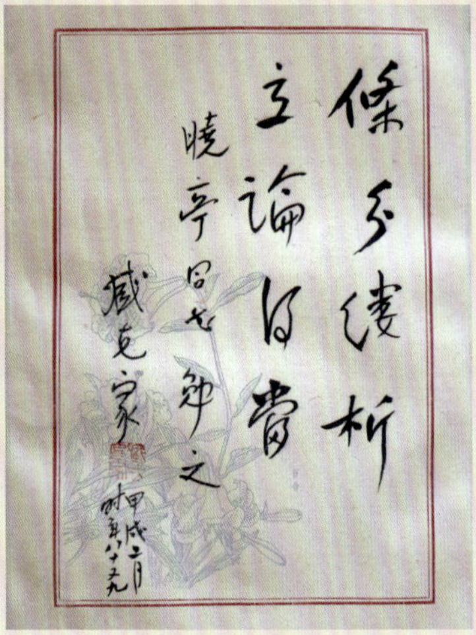

臧克家赠帖

序

人生七十古来稀，我今年七十整，借此发点人生的感叹。

劳动创造了人类，创造了世界，是人类的第一需要，劳动没有高低贵贱之分，所以大可不必因为当了几年农民就怨天尤人，认为自己的一生尽毁于其中。其实当一个合格的农民不容易，当一个合格的牧民更不容易。我在内蒙古牧区插队九年，其中大约放牛两年，放羊五六年，在农场一年。我自认为是一个为牧民所承认的合格的牧民，也以此引以为豪，那时间，额仁草原上有了“卓日克图的牛”“卓日克图的羊”“卓日克图骑的马”这一号。“卓日克图”，蒙古语意为“勇敢、意志坚强”，本是男孩子的名字，不知怎的，知青的蒙古包一落成阿爸就给我取了这样一个名字，可惜我是一个女的，要不然我一定要去当马倌儿。

我曾经是一个地道的牧民，所以我爱草原，爱那蓝天、碧草；我懂牧民，懂得牧民的勤劳辛苦、牧民的坚韧勇敢、牧民的真挚热情，所以后来写了《最可爱的人》那首诗。

当年，我是想留下的，想实现那个“广阔天地大有作为”的抱负，可惜条件不允许，我只好离开了草原。

我是个幸运儿，回京后从事了蒙古文工作，可以继续我的草原梦。

回京后第一次再看到的草原，是鄂尔多斯成吉思汗陵前的那一片小小的绿色，那是1986年包头蒙古史学会后的业务考察，我记得我为那片小小的绿色激动得掉下了眼泪。

又过了两年，我随朋友的考察团，回到东乌旗，然后又一个人回到了额仁草原。夜半时分，蒙古包外，我轻声喊了一声："额吉!""是卓日克图!"额斯勒格额吉立刻认出了我的声音，我的心为之一颤：额吉心中有我！她并不知道我要回来，十二年分别的距离一下子消失得无影无踪。

再后来，我们的《中国蒙古文古籍总目》工作即将竣工，插队三十年之际，有了那首诗《你好，草原》。这时候我可以说："我做的一切都是为了你。"

理想信念。对于当年那场知青的运动，仁者见仁，智者见智，彼一时，此又一时。可是当年如我这般把"今后的几十年对祖国的前途和人类的命运……"谨记在心的，不乏其人。愚吗？傻吗？愚就愚了！傻就傻了！有什么了不起！人的一生能有理想信念，并为理想信念而奋斗过，就是值得！对乎？错乎？有一条试金石，即"为最广大人民的根本利益服务"。"天若有情天亦老，人间正道是沧桑"，我信。

人是要有一点精神的。人的能力有大小，人的境遇有好坏，难得的是自强不息，坚持不懈，倾微薄之力，做点能做的事情，不求高官厚禄、显赫名声，但求不负己心。

今将数年来主要著述汇集于此，以谢草原，以告前辈，以慰平生。

2018 年 2 月

目　录

专业论文

前辈的革命史

诗歌、散文

译 著

专业论文

北图所藏蒙文珍本崇德三年《军律》

北京图书馆善本部在清理蒙古文古籍中，发现崇德三年（1638）八月二十二日清太宗皇太极颁布的军律一件。前有缺文，右下角略残，计有19页，每页框高22厘米，长17厘米，双边，高丽纸，木版印刷。今汉译其文如下：

（前缺），而一旗之王、诺颜、台吉皆败走，即革败走旗分，以所属人员七旗均分。若一旗内拒战者半，败走者半，即以败走者所属人员拨与拒战者。有因屯札他处未拒战而无罪者，免革旗分，仍给该旗之无罪王、诺颜、台吉，其拒战之王、诺颜、台吉另行给赏。若七旗未及整理队伍，唯一旗之王、诺颜、台吉领先整伍拒战，待查明后，按俘获多寡赏之。野战时，本旗大臣率本旗军下马立，王、诺颜、台吉率护军乘马立于后。若与敌兵对仗，王、诺颜、台吉、大臣不按队列轻进，或见敌寡，不经侦察，妄目冲突者，夺其所乘马匹，没其所获生口。凡临阵对垒必整齐队伍，各按讯地，从容前进。如擅离本队，尾随别队而进，失弃本迹，而入他迹，及众军已进而独不进者，或处死，或籍没，或鞭责，或革职，或罚银，酌量罪之轻重而定罪。迨整队前进，不得以稍前稍却而谓已先彼后，此議不可长，唯遇已迎之敌即可，若有以此争论者，即为立意不端之人。如敌人不战而遁，我军追击之，宜用精兵骁骑。护军统领勿得先行，只宜领纛整伍分队，以蹑其后，倘追兵遇敌伏或急迫时遇敌旁出，护军统领方可亲击。凡大军起营时，各按苏木旗纛整队而行。如有一二人为寻索遗物扰队往来及酗酒者，随所见即擒拿贯耳。自出城门，务遵军律，肃静行伍，不得喧哗。若和硕额真（都统）、梅林章京（副都统）、护军统领、甲喇章京（参领）、苏木章京（佐领）皆能以次善于管教各自所属，岂有喧哗之理？如有喧哗，该管章京坐以应得之罪，并责惩喧哗者。军行时，若遇一二离纛行走，即执送和硕额真处，其执送之人赏银三两。下营时，凡取薪水，务集众同行，妄致失火者，斩。军士胄尾甲背俱须号记，胄之护耳，皆钉以如镜圆铁叶；无甲土兵农帽之后亦须号记。敌之军器及自马绊以上所有军器俱书号记，马必系牌印烙。马无印烙者罚银二两，军器无号记者罚银二十两；拾取他人军器藏匿者，亦罚银二十两。行军之际，若群集驰猎，兵丁者射以鸣镝，诺颜、大臣者坐以应得之罪。再，连夜赶行时，如另以吹口哨为号召集本队人马者，捉拿贯耳；若不捉拿，问甲喇章京罪。盗鞍鞯者，裂其脊，盗嚼络者，豁其颔，盗马绊者，割其踵，如驮架偏坠，幡丁俱往修整。兵入敌境，若有一二人离营私掠而被杀者，将其妻、子入官，并治该管额真罪。勿毁寺庙，勿杀平人，抗命者戮之，归诚者养之。俘获之人勿褫其衣服，勿离散人之夫妇，即便不能作为奴仆者，亦不许褫衣，不得侵害。其俘获之人，勿令看守马匹。若有一二妄取粮草而被害，罪与离队抢掠者同。勿食熟食，勿饮酒。前此行兵，吾军人因吃熟食，以不知敌人置毒于其中也。凡有逾越此律者，从严治罪。

崇德三年八月二十二日制定

案：此军律的全文见于满文的崇德三年档，更见于《清太宗文皇帝实录》卷四十三，页十五下至十八下。依崇德三年档及《太宗实录》知道所阙部分是：“凡和硕亲王、多罗郡王、多罗贝勒、固山贝子临阵，若七旗王、贝勒、贝子败走，一旗王、贝勒贝子拒战，七旗获全，即拨败走七旗之七牛录人员，给与拒战者。若七旗王、贝勒、贝子拒战……”本书改满语的王、贝勒、贝子为蒙古语的王、诺颜、台吉，改满语的牛录为蒙古语的苏木。将本书与《实录》的汉文记录相比较，内容上基本是相符的，但也并不是字字不差，除了上面所说的王、贝勒、贝子与王、诺颜、台吉，牛录与苏木的普遍差别之外，个别地方还有一些差别。例如，本书为：“有因屯札他所，未拒战而无罪者，免革旗分，仍给该旗之无罪王、诺颜、台吉”，而《实录》为：“有因屯札他所，未拒战而无罪者，免革旗分”；本书为：“盗鞍鞯者，裂其脊；盗嚼络者，卸其颔；盗马绊者，割其踵”，而《实录》为：“盗鞍韂及辔络马绊者，依法治罪”；本书为：“追整队前进，不得以稍前稍却而谓已先彼后，此谗不可长，唯遏已迎之敌即可”，而《实录》为：“凡整伍前进，稍有先后，勿得彼此争论，但以按汛击敌，不致退缩为上”，等等。

崇德三年档八月二十二日之下尚有“宽温仁圣皇帝与谕军律”一语，而《太宗实录》则明确此军律的颁布乃是“命和硕睿亲王多尔衮为奉命大将军，以多罗贝勒豪格、多罗饶馀贝勒阿巴泰副之，统左翼军；多罗贝勒岳讬为扬武大将军，以多罗安平贝勒杜度副之，统右军；两路征明。召集出征诸王、贝勒、大臣宣示军律”。这就说明了军律颁布于对明战争时期。当时，清已经统一了东北和漠南蒙古。皇太极在军事上的成功，除了其他历史原因之外，与他善于用兵，严格军律有很大关系。崇德二年（1637）侵朝之役中皇太极曾制定："擅离部伍，杀降劫物者，必治以军法……"① 早在天聪三年（1629）皇太极就曾向漠南蒙古各部申定军令："尔等既皆归顺，凡迁出师期约，宜各踊跃争赴，协力同心，共申敌忾，毋有后期……"② 尽管如此，满蒙将士杀掠成性，不惯守纪，此恶习在对明战争中仍是为害不浅。即在本军律颁布的同时，皇太极在另一诏谕中说道："丙子岁（即崇德元年公元1636年）多罗英武郡王领兵征明，克昌平州时，尔等如渔人入水捕鱼，擒之以手，挟之以胁，又复衔之以口，似此贪取，以致获罪者甚多。"③ 针对此况，皇太极制定了本军律，令部队"恪守军令以行，毋或怠玩从事"④，并谕："今蒙古、汉人、朝鲜诸国，俱已归附，军营壮盛，尔等勿徒自恃强勇，以威慑人，各宜申明纪律，无或厌倦。盖尔等乃众所观瞻也，若能自处以礼，济之以和，则归附各国，必以为我国强而有德，勇而有礼，益加悦服矣。"⑤ 可见皇太极对军律的重要性是颇有认识的。而事实上，军律的制定确实于对明战争起了重要作用，特别是在之后的争夺最高统治权的战争中。当时，为了利用中原地区的阶级矛盾，争取汉族地主阶级的支持，共建新的封建王朝，必须一改过去八旗将士烧杀掳掠的惯习，打出"吊民伐罪"仁义之师的旗号，因此"严申军律，秋毫勿犯"⑥ 曾作为入关时的重要决策被提出并实施。本军律刊印本的发现也是此段历史的一个证明。

---

① 《清太宗实录》，卷三十二，崇德元年十一月己巳，页十七上。

② 《清太宗实录》，卷五，天聪三年三月丁巳，页十一上。

③ 《清太宗实录》，卷四十三，崇德三年八月癸丑，页十九上。

④ 《清太宗实录》，卷四十三，崇德三年八月癸丑，页十九下。

⑤ 《清太宗实录》，卷四十三，崇德三年八月癸丑，页十九下至二十上。

⑥ 《清世祖实录》，卷四，顺治元年四月辛酉，页六下。见于大学士范文程上摄政王启文中。

本军律较以往各次颁布的军律都要完整、系统，是清朝第一个得以刊印的军律，其内容并被收入到《蒙古例律》“会盟行军”条中，在《大清会典》《理藩院则例》中亦都有相同的记载。按理，同时应有相应的满文、汉文刊本，但迄今未曾见到，只有蒙古文刊本保留下来。

在文字上，本书的蒙古文无圈点，字体古朴，其中，ese(不)、basa（还）都写作 es-e、bas-a，写法与明抄本的《高昌馆课》相同。而清顺治元年的蒙古文抄本《辽史》《金史》《元史》中便已经出现了此二字的现代字形 ese、basa，康熙以后的蒙古文书籍中此二字的古代字形 es-e、bas-a 便消失了。

综上所述，根据本军律的制定年代、当时对明战争的需要以及本书蒙古文字的特点，可以基本确定本书为清入关前刻本。

从蒙古文书籍的角度来看，元、明的本子是十分罕见的。据现所知，最早的为元刻本《孝经》，之后为明抄本《华夷译语》《高昌馆课》《阿拉坦汗传》及《白史》，再后就是这本崇德年间的军律了。可见本书的发现确为蒙古文古籍珍本增添了一分光彩，也为历史研究提供了一份宝贵资料。

该文刊登于 1985 年 2 月《文献》第十九辑。

《蒙古源流》成书年代诸说评议

黄明信　申晓亭

《蒙古源流》是一部用蒙古文撰写的蒙古编年史。关于《蒙古源流》的成书年代，历来有两种不同说法：

一是1685年说，以汉文清译为代表。

一是1662年说。1956年比利时学者田清波（Antoine Mostaert）发表了《〈额尔德尼—因·托卜赤——蒙古编年史〉导论》①（以下简称《导论》）一文提出此说后，很快得到各国学者的广泛承认，1979年《辞海》即采用此说，1962年内蒙古自治区蒙古史学界举行了庆祝《蒙古源流》成书300周年的纪念活动。此说似乎已成定论。

但是我们细读原著，从语言学和历法学两方面仔细推敲，觉得田清波的说法还不是毫无问题，清译仍有可取之处。现将我们发现的一些问题与疑点写出，供学者们参考。

---

① 此文载美国哈佛燕京学社1956年版《额尔德尼—因·托卜赤——蒙古编年史》第一册（Erdeni-yin Tobči, Mongolian Chronicle, part Ⅰ. Harvard-yenching Institute, Scripta Mongolica Ⅱ, 1956），以下简称《蒙古编年史》第一册。

一、原著版本情况和有关成书年代的几句原文

《蒙古源流》流传下来的版本很多，为便于说明问题，兹选其中三个影响较大具有代表性的版本来谈。

1. 蒙古文殿本。蒙古文题名为《enetkeg tübet mongɣol qad-un čaɣan tegüke neretü toɣuǰi》，可直译为《印度西藏蒙古诸汗源流》。乾隆四十二年（1777），喀尔喀亲王成衮扎布向皇帝奉献蒙古文抄本《蒙古源流》，乾隆皇帝敕令将其翻译成满文、汉文，并刊印，因此有了《（钦定）蒙古源流》的蒙古文、满文、汉文的精抄本及刻本，其中汉译本后被收入《四库全书》，附有千余字的提要。

2. 施密德本。1829 年，俄国科学院通讯院士施密德（I. J. Schmidt）将 1795—1807 年间从北京得到的一部《蒙古源流》蒙古文抄本以德文翻译、注释后，连同原文出版于圣彼德堡，题名为《Geschichte der Ostmongolen und ihres Fürstenhauses, verfasst von Ssanang Ssetsen Chung-taidschi der Ordus》，即《鄂尔多斯萨囊彻辰洪台吉所著东蒙古及其王族史》。

3. 库伦本。1955 年德人海涅士（E. Haenisch）将蒙古人民共和国科学委员会图书馆所藏的抄本《蒙古源流》影印出版。题名为《Eine Urga-Handschrift des mongolischen Geschichtswerks Von Secen sa-gang（alias Sanang Secen）》，即《彻辰萨冈（或萨囊彻辰）蒙古源流之库伦手抄本》。

其他本子，在成书年代的记录上，都与以上三个本子之中的某一种大同小异。在这三种版本中，施密德本的情况比较特殊，放在后面叙述。

库伦本和蒙古文殿本都有一段基本相同的关于成书年代记录，为四句押头韵的偈颂体文字，称之为诗亦无不可。为了严密地推敲这段文字

的意义，首先照录原文（用拉丁字母转写）并逐词对译如下：

urɣumal　törögsen　ǰil　yisün　ulaɣan　kilingtü[1]

植物（生长物）出生的　年　九　紫　忿怒（明王）

kemekü-yin　tabin　yisüdüger

叫做的　第五十　九

urɣuɣsan　oɣtarɣu[2]-yin　ǰil　naiman　čaɣan-u

生长的（生起的）天空　的　年　八　白的

egüskegči-yin　qoyaduɣar

首创者（发起者）的　第二

udirabalguni　sarayin[3]　arban　nigen　modun　graɣ　ilaɣuɣsan[4]

翼（宿）　月的　十　一　木　日　胜（鬼宿）

odon　edür　ekilen

星　日　开始

učiraǰu　burwasad　sarayin[5]　nigen　sini[6]　ɣadasun　graɣ

遇见　箕（宿）　月的　一　新　木　曜

bus edür-e[7]　tegüskebei

鬼（宿）日　结束

① 殿本写作 kiling-tü。

② 殿本写作 oɣtarɣui。

③ 殿本写作 sara-yin。

④《蒙汉辞典》（1976 年版）中关于二十八宿只有一种翻译，其中没有这种写法，不过藏文中鬼宿和胜利是一个词根，即 rgyal，这可能是由此而来的另一种译法。

⑤ 殿本写作 sara-yin。

⑥ 殿本写作 sin-e。

⑦ 殿本写作 edür。

我们把这段记录称作 A。

库伦本在结束语之后又增加了 79 节长诗，在长诗的结尾又有一个关于纪年的记录，其原文如下：

törögsen ǰil kilingtü kemeküi-yin tabin yisün-e
出生的 年 忿怒（明王） 叫做的 五十 九

tübegsen ǰil buyan egüskegči-yin aswini sara-yin
传布的 年 福 首创者 的 娄（宿） 月 的

tüsid-eče bayuɣsan yeke takil-un čaɣ qorin qoyar
兜率天从 降下 大 祭祀的 时刻 二十 二

tügemel bus odon modon graɣ edür-e delgeregülbei
普遍 鬼 星 木 曜 日 传播

我们把这段记录称作 B。

二、两种不同的翻译与由来

对于 A 段记录有两种翻译。一种是乾隆四十二年（1777）汉文殿本将其翻译为："自乙丑九宫值年，八宫翼火蛇当值之二月十一日角木蛟鬼金羊当值之辰起，至六月初一日角木蛟鬼金羊当值之辰告成。"

萨冈彻辰出生于甲辰年（1604），这之后的乙丑年有两个，一是 1625 年，一是 1685 年。《蒙古源流》记事到 1662 年，所以 1625 年不可能是成书之年。于是按照汉文殿本的翻译，1685 年便是《蒙古源流》的成书之年了，这时作者 82 岁。

对 A 段文字的另一种截然不同的理解是田清波在其《导论》一文中的解释：

> 开始于【名为】naiman čaɣan-u egüskegči 年——本年是【从】yisün ulaɣan kilingtü（=1604）（即我出生的那年）算起的第 59 年——的 udirabalguni 月——第 2 月的——【名为】modon graɣ ilaɣuɣsan odun edür——第 11 天（=公历 1662 年 3 月 30 日），当我活到 burwasad 月（=第 6 月）——名为 ɣadasun graɣ bus odun edür——即新【月】的第 1 日（=公历 7 月 15 日），我结束了。①

把这段译文简化一下，其意就是：此书的写作开始于我出生后的第 59 年的二月十一日（夏历），结束于同年六月初一日。萨冈彻辰诞生于 1604 年，他 59 岁（虚岁）之年是 1662 年。

这里再看看田清波关于 B 段记录的翻译：

> 【从】称作 kilingtü（=1604）年，即【我】出生的那年【算起】的第 59【年】，【名为】buyan egüskegči【年】——该年诗被写完——的 Aswini（第 9 月）——的【名为】bus odun modun graɣ edür 的【一天】——即第 22 天（1662 年 11 月 2 日）纪念【佛陀乔答摩】由 Tusita【天】降世的伟大的献祭日，我把（它们）传播于世。②

这里写的是 79 节长诗完成的日期，我们可以把它简化为：我出生后 59 岁那年（1662 年）的九月二十二日（夏历）完成了这些诗。

---

① 见《蒙古编年史》，第一册，47～48 页。原文为法文，译文参考米济生译文，下同。田清波使用的本子在成书年代的记录上与库伦本基本一致，仅 B 段第一行库伦本记为 kemeküi，而田用本记为 kemekü。

② 见《蒙古编年史》，第一册，48 页。

从史学角度来看，1662 年说较之 1685 年说更合情理，因为《蒙古源流》记事到 1662 年康熙帝即位，四世班禅圆寂为止，若是 1685 年成书，这之间有 23 年的历史未曾反映，有点不可思议。至于高龄成书，则不应成其问题。80 岁写书的例子是有的，如哲布尊丹巴一世（1635—1723）1715 年把近四十卷一千五百余叶的巨著《汉历大全》的蒙古文本转译为藏文时就已经 80 岁。

但是，笔者认为，如果仅从语言学角度考察，汉文清译和田清波译，即 1685 说和 1662 说都可成立，理由如下。

在日子、月份的翻译上二者是一致的，关键的问题在于年的翻译，也就是对 A 段记录头两句的理解上。

田清波把 urɣumal 译为“生长过的”，把 urɣumal törögsen ǰil 直译为“【那是】生长起的年，那年我诞生了”，意译为“我出生的那年”。认为 yisün ulaɣan kilingtü kemekü 是 urɣumal törögsen ǰil 的同位语，是说明我出生的那一年（即 1604 年）叫做“九紫”和“忿怒明王”。而定格助词 yin 在这里用来表明开始计算 59 岁的出发点，翻译成“从我出生那年算起的第五十九【年】”，表示由从关系。①

田清波认为，在第二句中，naiman čaɣan-u egüskegči-yin是 urɣuɣsan oɣtarɣu-yin ǰil 的同位语，说明“生长起的天年”②（即 1662 年）叫做“八白”和“首创者”。与上句相同位置上的 yin 在这里表示所属关系，即“（叫做八白与首创者的）生长起的天年的第二【月】”。③

在这里，同一虚词 yin 在上下两句中起了不同的作用，虽然看上去有点生硬，但实际上是符合蒙古语习惯的，田译是行得通的。

---

① 参见《蒙古编年史》，第一册，49～50 页。

② 汉语中“天年”指人的自然寿命，藏语“天年”（gnam－lo），《藏汉大词典》解释为年的敬语。其中的“天”字可能由于年是据天象的周期而定的，蒙古语 oɣtarɣui jil 可能由藏语移植而来。

③ 参见《蒙古编年史》，第一册，50 页。

而汉文清译本则认为 yisün ulaɣan kilingtü kemekü-yin 是 tabin yisüdüger urɣuɣsan oɣtarɣu-yin ǰil 的修饰语，直译就是“叫做九紫忿怒明王的第五十九天年”，因为时轮历的第五十九年是乙丑年，清译本意译为“乙丑九宫值年”，由此推出 1685 年称做“九紫”和“忿怒明王”。在这里，定格助词 yin 表示的是“叫做九紫忿怒明王”与“第五十九天年”之间的所属关系。

在第二句中，清译本认为 naiman čaɣan-u egüskegči-yin 是 qoyaduɣar udirabalguni sara 的修饰语，直译为“叫做八白首创者的第二翼宿月”，清译本意译为“八宫翼火蛇当值之二月”，其意是“二月（翼宿月）”叫做“八白”和“首创者”。在这里 yin 表示“八白”“首创者”与“二月”之间的所属关系。

清译的这种解释，从蒙古文文法上来讲也是行得通的。kemekü（说、叫做、称为）一词同时具有连接词和动词两种性质。在表示称谓的简单句中，一般直接与被说明的名词相连，中间不需加定格助词 yin；但是形动词的现在时（将来时）形式，在某种情况下与被说明的名词之间可以加上定格助词 yin。例如“qaɣan kemegdekü-yin ɣabiya-inu”（称之为汗的功劳）①，“amitan-a üküküi-yin ünin-i uqaɣulqu-yin tula”（为晓谕众生以死亡之真谛）② 等。这里，因句子较复杂，加之诗句押韵的需要，在 kemekü 之后加 yin，仍可不失含有“称作九紫忿怒明王的第五十九年”之意，这点是我们与田清波的看法的不同之处。③

① 那逊巴勒珠尔合校本：《蒙古源流》，549 页，呼和浩特，内蒙古人民出版社，1980。

② 同上，467 页。

③ 田清波在《导论》（《蒙古编年史》，第一册，53 页）中说：“此外，蒙文中 yisün ulaɣan kilingtü kemekü－yin tabin yisüdüger 被译得（指汉、满文清译）好像文章里有 yisün ulaɣan kilingtü kemekü tabin yisiidüger ǰil‘称作 yisün ulaɣan kilingtü 的第 59 年’这些字。”

这里需要说明两个问题。

其一，清汉译本没有译出 urɣumal törögsen ǰil 这个词组，但是这个词组也可以翻译成“生长物出生年”，与时轮历的“胜生周”一词的意思近似，（“胜生周”规范的蒙译是 sayitur ɣaruɣsan “善出”或 sayitur boluɣsan “善成”）。看来清译是这样理解该词组的。

其二，B 段记录是蒙古文殿本所缺少的，B 段比 A 段要写得简略一些，从语法关系来看就更接近田清波说了。

但是，哪种译法更科学一些呢？下面再从历法学的角度考察一下。

三、几个历法术语的意义

这里出现了几个术语：忿怒明王、九紫、八白、第五十九、翼宿月、箕宿月、娄宿月、回降节、鬼宿日、木曜日。其中有的来自时轮历，有的来自汉族传统的历法（从 1645 年起叫做时宪历），牵涉到两种历法的纪年、纪月、纪日方法的一些问题。

（一）纪　年

早期蒙古的史书，例如 13 世纪的《蒙古秘史》纪年只用十二肖兽，八思巴文的圣旨碑中仍然如此，到 17 世纪则受西藏佛教和藏历的影响很大。藏历的基础是印度传来的时轮历，同时也受到汉历的影响。

汉族的六十甲子纪年法是大家所熟悉的。当需要区别其为哪一个甲子周期时，就需要与朝代年号结合起来才能表述，但朝代年号是比较复杂的，不易记忆，而且计算两个年代之间的距离也很不方便。

信奉佛教的民族常用佛诞或佛灭（逝世）纪元。本书中多次提到“计自前戊子年以来踰若干年”，例如成吉思汗的生年，公元 1162 年，本书表述为：“即从前戊子年以来越三千二百九十五年岁次壬午”（殿本第二卷）。这个戊子年是指公元前 2133 年那个戊子年，这是萨迦派所认定的释迦牟尼圆寂的年代。但是关于释迦牟尼圆寂的年代异说甚多，现在国际上比较普遍的说法为公元前 554 年，与萨迦派所说相差甚远，使用时首先要交代清楚是哪一派的说法，所以也不方便。

时轮历也有一种以六十年为一周期的纪年法，不过与汉族的干支纪年法又有两点不同。第一，它是每年各有一个不同的名称，例如：第一年名胜生年、第二年名妙生年……第三十六年名致善年……第三十八年名忿怒母年……第五十九年名忿怒明王年、第六十年为终尽年，等等；第二，周期的起点不是甲子年而是胜生年，相当于丁卯年。正像汉历里以“甲子”为整个六十年周期的名称一样，这种周期就以其开头的胜生年命名为“胜生周”（或译为丁卯周也可以）。藏历的第一个胜生周开始于公元 1027 年。例如康熙二十四年乙丑，时轮历记为第十一个胜生周的第五十九年忿怒明王。这种方法比借助于朝代年号和佛灭纪元都要方便些。

通观《蒙古源流》，全书纪年都用汉族的干支，重要的九个年份都加上佛灭纪元年数，所以每一个年份都是很明确。可不知为什么到记述成书年代时，放弃了这种方法，不记干支，也不记佛灭年，突然出现了时轮历的纪年法，而不交代其为第几个胜生周，由此而产生了种种疑问。

汉族纪年另外还有一种周期是九宫，以九个数字与颜色组合而成，其名称为一白、二黑、三碧、四绿、五黄、六白、七赤、八白、九紫，九年一次逆向循环。例如，1980 年是二黑，1981 年不是三碧而是一白，1982 年是九紫。凡与 1982 年相距的年数是 9 的倍数者都是九紫，$1982 - 1604 = 378 = 9 \times 42$，所以 1604 年是九紫；$1982 - 1685 = 297 = 9 \times 33$，所以 1685 年也是九紫。九宫也用来纪月，过去汉、满、蒙古文的历书中逐年逐月都有九宫图，图内中心宫即是当值的宫。九宫的周期太短，单独用以纪年纪月是不方便的，主要用于占算，不过对于历史上纪年纪月的查证也起辅助作用。

现将本文所涉及的几个年代的各种表述法列表如下:①

公元	时宪历			时轮历					
	朝代年号	干支	九宫	胜生周序	年序	梵文名	藏文名	蒙古文名	汉文名
1604	万历卅二年	甲辰	九紫	十	38	krodhin	khro-mo	kilingtei 或 kiling（tü）eke（eme）	忿怒母
1627	天聪元年	丁卯	四绿	十一	1	prabhava	rab-byuṅ	sayitur ɣaruɣsan 或 sayitur boluɣsan	胜生
1662	康熙元年	壬寅	五黄	十一	36	śubhakṛt	dge-byed	buyan üildügči 或 sayiǰiraɣuluɣči	致善
1685	康熙廿四年	乙丑	九紫	十一	59	kyodhana	khro-bo	kilingtü	忿怒明王

从上表可以看出以下几方面。

第一，1604 年与 1685 年的值年宫都是九紫，在这一点上清译和田译都是符合历法的。

第二，1662 年的值年宫是五黄，可是田译认为八白是说明 1662 年的，与历法不符，这是田译的疑点之一。

第三，问题的关键是胜生周中的名称。不论是殿本还是库伦本或其他任何本子，也不论是 A 段记录还是 B 段记录，kilingtü（忿怒明王）这个词都是写得明明确确的，而 kilingtü 是胜生周第五十九年的名称，1685 年正是第十一个胜生周的第五十九年，在这点上清译是符合历法的。而 1604 年则是第十个胜生周中的第三十八年，根据上表，胜生周

① 此表依据的资料有故宫所藏《大清康熙元年时宪历》《大清康熙二十四年时宪历》，埃弗丁·卡尔－海因茨（波恩）汇编的《六十年周期索引表》[Everding · Karl－Heinz（Bonn），《Die 60er-zyklen eine konkordan-ztafel》]，《中亚研究》第十六期，476 页。

的第三十八年蒙古文称作 kilingtei 或 kiling eke 或 kilingtü eme（忿怒母）。[①] 这里胜生周的第三十八年与第五十九年虽同称“忿怒”，但其中有个阴性、阳性的差别。

田清波在《导论》中关于这一点的论述令人感到费解。他说：“作为 törögsen ǰil‘我出生那年’同位语的 yisün ulaɣan kilingtü 只能是甲辰年（1604），却被误作 kilingtü‘乙丑年’（1685）的同位语，这是中国甲子纪年的第二年（科瓦列夫斯基，2531a），或藏历算法的第 59 年。”[②] 看来，田清波是没能理解 yisün ulaɣan kilingtü（九紫忿怒明王）这个词组的内涵，而将其与 kilingtü（忿怒明工）对立了起来。实际上这两个词组所表示的是同一个年份，而且只能是乙丑年（1685），而不可能是甲辰年（1604）。

田清波认定 yisün ulaɣan kilingtü 是表示甲辰年，这里有很大的主观臆断性。他在《导论》中说：“yisün ulaɣan kilingtü 为 törögsen ǰil‘我出生的那年’的同位语，因为手稿 B 的四行诗比手稿 A 的短，在手稿 B 中缩为 kilingtü。它表示甲辰年，乃汉语甲子纪年（1564—1623）的第 41 年，或西藏六十年循环计算法的第十轮（1567—1626）的第 38 年，即 1604 年。（参阅钢和泰：《关于西藏的六十年循环计算法》——A. von Staël-Holstein, on the sexagenary cycle of the Tibetains,《华裔学志》Ⅰ，1935），萨冈彻辰首次在此处提到他自己，把他出生的这一年称作 ga-luu（施密德，264，16—17）。”[③]

我们查阅了钢和泰的《关于西藏的六十年循环计算法》（《华裔学志》Ⅰ，1935，277—314 页），该书有一个 1027—1986 年的大表（279 ~

① 科瓦列夫斯基：《蒙俄法词典》，2531 页上，kilingtü 和 kilingtei 均为忿怒明王，kiling eme 和 kilingtü eke 为忿怒母。

② 见《蒙古编年史》，第一册，53 页。

③ 见《蒙古编年史》，第一册，49 页。

309页），其一、二、三栏分别为帝王年号（汉文）、年号的拉丁拼音、年份；四、五、七栏分别为干支纪年（汉文）及其藏语、英语译文；而夹在中间的第六栏则为时轮历胜生周年序；第八栏为公元纪年。另在第311页上有一个胜生周六十年逐年名称的梵、藏文对照表。此二表中都没有胜生周的蒙古文名称。田清波认定 yisün ulaɣan kilingtü 是甲辰年，仅是根据萨冈彻辰的出生年是 ga-luu（直译甲龙）而推断的，并没有确实的依据。因此，这个问题不能不成为田译的最大的一个疑点。

第四，从表中看出，1662年是第十一个胜生周中的第三十六年，梵文名 subhakrt，藏文名 dge-byed，蒙古文名 buyan üiledügči（造福）或 sayiǰiraɣuluɣči（致善），在B段记录中出现了 buyan egüskegči（创福）一词，与表中的翻译十分近似，这是田译的一个有利条件。但是田清波说："手稿A中的 naiman čaɣan-u egüskegči 年显然是萨冈彻辰在手稿B中所说的 buyan egüskegči。"① 就未免有点太武断了。naiman čaɣan-u egüskegči（八白之首创者）与 buyan egüskegči（创福）是绝不能划等号的。如果说A段记录中在 egüskegči 之前漏掉了 buyan 一词的话，那么A段记录中还可能含有"创福"之意，但 naiman čaɣan 无论如何是说不通的，它只能译成"八白"，是九宫之一，而且不是1662年的值年宫。

（二）记　月

汉族习惯于用正、二、三、四等序数纪月，好像是理所当然的，其实并不尽然。十二个月是循环的，无所谓头尾，其起点——年首的选择是人为的，各时各地可以多种多样。汉族本身就有夏正、商正、周正、秦正之别，周正是以冬至所在之月为正月，夏正是以雨水所在之月为正月，称为夏历。藏族是在13世纪通过蒙古皇权才接受了这种以数序纪月的"正朔"，所以称之为"胡月（蒙古月）"或"王者月"，与时轮

① 见《蒙古编年史》，第一册，50页。

历的纪月法并行。

时轮历的纪月法为“十二望宿月”，以月相圆满的望日月亮大致与二十七宿中的哪一宿并行而命名。它是以月圆时在角宿的那个月为第一个月，但是月圆日不是作为一个月的中间的一天，而是作为其最后的一天，叫做终望月法。因此角宿月大致相当于夏历的二月十六到三月十五，与汉历接触多的地方就简单地把角宿月相等于夏历的三月。以下为氐宿月、心宿月、箕宿月（六月）、牛宿月、室宿月、娄宿月（九月）、昴宿月、觜宿月、鬼宿月、星宿月、翼宿月（二月）。佛经中都是用此法纪月，玄奘《大唐西域记》说“随其星建，以标月名，古今不易，诸部无讹”，就是说这种纪月法，有天文的标准，无论哪种历法，都会承认它的。

A、B 两段日期记载中提到的翼宿月、箕宿月、娄宿月，三个月的名称就是这个意思，各家的了解相同，没有争论，不去多谈。

但是清译本中提及“八宫翼火蛇当值之二月”还需考证一下。如上所述九宫也用来纪月，历书中逐年逐月都有九宫图，据《大清康熙二十四年时宪历》记载，1685 年二月的值月宫是四绿，不是八白。因此，依清译八白说明二月也是不合历法的。

（三）纪　日

先解释一下值曜和值宿。

值曜，其意是每一日都有一曜轮值，即星期序列。它是用日、月、火、水、木、金、土 7 个名称来表示一个星期的日、一、二、三、四、五、六，7 天一循环，所以称为七曜。七曜来自巴比伦，后时轮历和时宪历都加以沿用，但七曜在时轮历中较之在时宪历中更重要一些。

蒙古文关于七曜有四种译法，本文涉及了其中两种，modun graɣ 和 ɣadasun 均为木曜日。

值宿，其意是每一日都有一宿轮值，它是用二十八星宿的名称来纪日。从角宿开始 28 天循环一周，这是时宪历的纪日法。在时轮历中二十七宿从娄宿开始，一般不用以纪日。

本书的写作开始于翼宿月即夏历二月的十一日，结束于箕宿月即六月的初一日，诗篇写成于娄宿月即夏历九月的二十二日，似乎没有什么争议，但在值曜和值宿的记载上却有可推敲之处。

清泽本："二月十一日角木蛟鬼金羊当值之辰起，至六月初一日角木蛟鬼金羊当值之辰告成。"实际上蒙古文原文只有木曜和鬼宿，并没有角蛟、金羊等字，这些是汉译者加上去的。鬼宿日固然必定是鬼金羊，但木曜日却不一定是角木蛟，不知汉译者是何所据而加。

还有一个疑问，原文记录以上三个日期都是木曜鬼宿日，这是偶然的巧合吗？我们查了这两年的时宪书：

根据 曜宿 年月日		近世中西史日对照表	大清康熙元年/廿四年时宪历
二月十一日	1662	星期四　木曜	井宿
	1685	星期四　木曜	斗宿
六月一日	1662	星期六　土曜	胃宿
	1685	星期一　月曜	心宿
九月二十二日	1662	星期四　木曜	奎宿
	1685	星期五　金曜	亢宿

从表中可以看出，开始写作的日期是木曜日，无论按 1662 年或 1685 年说都是没错的；写作结束的日期则两年都不是木曜日；写诗的日期按 1662 年是木曜日，1685 年则不是。在于值宿，则 6 个日期都不是鬼宿日，这又是怎么回事呢？我们试提出一种解释，供研究参考。

在时轮历中木曜日是一个比较吉祥的日期，鬼宿在藏文里与胜利是同一个词，木曜与鬼宿相遇叫做“成事之合”，是大吉大利之日。[1] 做一件事把开始的日期有意识地选择在木曜日是很容易的，因为一周只有7天。至于纪日的值宿，一个周期是28天，想要选择鬼宿日就比较困难了，想要凑到木曜与鬼宿相遇之日就更不容易。于是此书的作者只是开始的日期真的选择了木曜日，至于值宿，则应是随便写上的一个吉日，不必认真对待。

以上的纪日是从时宪历的系统考察的。若从时轮历的系统考察，则又有所不同。时轮历与时宪历都是阴阳合历，但由于置闰法不同，时轮历纪日法有其特殊的重日、缺日的变化，所以藏历与汉历的历书，有时月、日完全相同，有时月份差一个月，有时日期差一天。现根据西德舒迪特的“藏历公历换算表”[2]“近世中西史日对照表”及大清康熙元年和二十四年的《时宪历》计算出有关日期的藏历、公历、汉历三者之间的关系如下：

历法 月日 年	时轮历	公历	时宪历	值曜	值宿
1662年	2月11日	3月29日	2月10日	水、星期三	参
	6月1日	7月16日	6月2日	日、星期日	昴
	9月22日	11月2日	9月22日	木、星期四	奎
1685年	2月11日	3月16日	2月12日	金、星期五	牛
	6月1日	7月2日	6月1日	月、星期一	心
	9月22日	10月19日	9月22日	金、星期五	亢

从上表可以看出，若使用的是时轮历纪日法，在值曜值宿上与蒙古

① 《藏汉历算学词典》，第734条，成都，四川民族出版社，1985。

② ［西德］舒迪特《西藏历法史研究》（Dieter Schuh：《Unterchungen zur geschichte der tibetischen kalenderrechung》）1973年，此处采用的是新浦派算法。

文原文的记录相距更远，由此推论作者使用的还是时宪历的纪日法。

另外，关于回降节，释迦牟尼成佛之后（30 多岁时），上升兜率天为其生母摩耶夫人说法三月，于娄宿月（九月）二十二日回降人间，这一天名回降节，是蒙藏佛教四大节日之一。

以上我们从纪年、纪月、纪日几个角度考察了《蒙古源流》有关成书年代的记录，从中看出如下两点：

其一，原文的记录有些模糊之词，如 A 段文中的 urɣumal törögsen ǰil，naiman čaɣan-u egüskegči 等；也有一些与历法不符的记录，如八白，六月一日的值曜及各个日期的值宿。

其二，两种译法各有千秋。在值曜、值宿上田译略占优势，而且 B 段文中出现 buyan egüskegči（创福）一词，这些都是田译的有利条件。但是，关键的一词 kilingtü 若不是原著者笔误，则是清译的最有力的证据，也是田译的最大疑点所在。

四、一种特殊的记录

前文谈论的仅是就蒙文殿本和库伦本所涉及的问题，下面看看施密德本的记录。施密德本关于成书年代的记录很独特，它是这样写的：

“……ene	metü	urɣamal	törögse-i	sim	bars	ǰil-e
这	样	植物（生长物）	出生的把	壬	虎（寅）	年

tabin	yisün	nasun-dur-iyan	tegüskebei”
五十	九	岁　　时 自己的	完成了

这句话可意译为：在壬寅年作者五十九岁时完成了这部编年史。在这里，urɣumal törögsen 被理解为“初出的（编成的）【编年史】”。因为这句话中明确有 sim bars（壬寅）和 nasun-dur-iyan（年岁时）两个词，所以这段话的意思很明确，不会有什么歧义。

但是，对于施本的评价褒贬不一。在 20 世纪 40 年代日本学者江实曾称其为最接近原本的优秀版本，说它较之其他版本更为正确，在某些地方可成为孤证，在成书年代的记录上它也是正确的，只是脱落了年月。[①] 可是目前多数蒙古史学家则认为施本是清殿本的修改，不足为证。田清波在《导论》中也说这个纪年不会是原始的写法，而是笨拙的简化。[②] 我们对施本的优劣不甚了解，暂把它作为例外，仅供参考。

总之，《蒙古源流》关于成书年代的记录是一段不甚严谨、晦涩难懂，易出歧义的文字。它并不是有了田清波说后就已毫无疑义，实际上仍然存在以上所论及的种种问题与疑点。于此提出，但愿有助于该问题的深入研究探讨。

此文刊登于《民族研究》1987 年第 6 期。

① 参见［日］江实:《蒙古源流考》。

② 参见《蒙古编年史》，第一册，51 页。

《康熙御制汉历大全蒙译本》考

黄明信　申晓亭

一、书名与卷次

在搜集整理蒙古文古籍的过程中，我们复印了内蒙古社科院图书馆所藏的一部历法学丛书。此书为康熙五十年（1711）木刻本。原书为线装，双栏，栏框高25.3厘米，宽16.5厘米，行文每栏为8行，白口，书口上部有卷名、卷次，中部有章节题名，下部有汉文的译名、卷次及叶码，每卷书文前有卷名或章节名。

我们没有见到这一复制品的总书名，据《全国蒙文古旧图书资料联合目录》① 所记，该书的前半部题名为《qitad ǰiruqai yin sudur eče mongɣolčilaɣsan ǰiruqai yin ɣool》，直译即《蒙译汉历正要》。该书的后半部题名为《qitad eče mongɣolčilaɣsan ǰiruqai yin nomlalɣa》，直译即《蒙译汉历原理》。《联合目录》上的该书有个汉译名为《（蒙译）数理精仪丛书》。此译不知有何依据，但我们认为它不够妥当。蒙古语ǰiruqai一词多义，可做星相学、历法学、数学讲。《四库全书》中的御制

① 《全国蒙文古旧图书资料联合目录》，375页，呼和浩特，内蒙古人民出版社，1979。以下简称《联合目录》。

《律历渊源》一百卷包括三部分：（1）《历象考成》；（2）《数理精蕴》；（3）《律吕正义》（论述音乐原理）。《数理精蕴》讲的是数学，而这部书讲的是历法学，但又不完全相同于《历象考成》。仁钦戈瓦在《蒙古文翻译史略》① 一文中将此书称为《天文历算正要》。基于上述书名之不统一，我们根据此书的蒙古文题名、序文内容，并参考该书藏译本的题名②，将这部书拟名为《康熙御制汉历大全蒙译本》。

据悉，此书除内蒙古社会科学院图书馆藏有之外，内蒙古民族师范学院和蒙古人民共和国还各藏有一部。

原书卷次紊乱，两套排号，各不齐全，互有重复。经过整理，区分出卷次完整的一部及卷次残缺的一部复本。其卷目如下：

汉历蒙译序　一卷，7 叶；

日驻表　二卷，卷一 90 叶，卷二 54 叶；

月离表　四卷，卷一 41 叶，卷二 28 叶，
卷三 34 叶，卷四 50 叶；

土星表　一卷，68 叶；

木星表　一卷，67 叶；

火星表　一卷，60 叶；

金星表　一卷，65 叶；

水星表　一卷，65 叶；

五纬表　一卷，63 叶；

交食表　八卷，卷一 59 叶，卷二 51 叶，
卷三 42 叶，卷四 41 叶，

① 《蒙古文翻译史略》，见《民族语文翻译研究论文集》，13 页，北京，民族出版社，1987。

② 该书藏译本题名为《康熙御制汉历大全藏译本》（hjam-dby-angs bde-ldan rygal-bos mdsad-pahi rgya-rtsis hod-sk-ad-du bsgyur-ba）。

卷五 63 叶，卷六 58 叶，
卷七 34 叶，卷八 41 叶；
（增）交食表序　一卷，19 叶；
（增）交食表 42° 一卷，23 叶；
（增）交食表 44° 一卷，18 叶；
（增）交食表 46° 一卷，17 叶；
（增）交食表 48° 一卷，17 叶；
（增）交食表 50° 一卷，18 叶；
（增）交食表 54° 一卷，18 叶；
（增）交食表 58° 一卷，17 叶；
（增）交食表 62° 一卷，18 叶；
（增）交食表 66° 一卷，18 叶；
天文步天歌　一卷，29 叶；
八线表　一卷，108 叶；
凌犯表　一卷，17 叶；
仪象表　—卷，76 叶；
七政（18 叶）新七政（15 叶）合为一卷共 33 叶；
交食草（34 叶）交食细草（21 叶）合为一卷共 55 叶。
全书共三十七卷，1584 叶。① 现将序文一卷翻译注释如下。

二、序文译注

汉历蒙译序

印度古代历法有外道[1]与内道两种，外道之历远在释迦

① 据悉，与内蒙古社会科学院图书馆所藏本子相比较，内蒙古民族师范学院所藏本多交食表第九卷，蒙古国所藏本缺（增）交食表序卷。

牟尼诞生之前即有传播；内道之历即时轮历则是释迦牟尼口述《时轮根本经》[2]之后传播的。

至于汉地，朝代多次更迭，非仅一姓。在二十二代王朝[3]之前便有历法[4]，自是以后，历法有七十二家之多[5]，虽皆系计算日、月、曜、星的运行周期之理，但都不是精确无误，明白无遗。

在西藏有纯内道的体系派的历算[6]，也有内道与外道合参的作用派历法[7]。虽然这两种历法都源远流长[8]，但是精确地推算日、日食的时刻必须把地理位置之高低、日月出没时刻[9]的因素都考虑在内，而这两种历法都没有写出来，这就给历算家们的精确计算造成了困难。我们蒙古如果仅从藏地翻译引进历算，就无法解决这类计算上的困难。

文殊师利护佑之下的汉地[10]则已将一切历象典籍之精华集中起来，剔除不明确之处，增加新的知识，将各地地理位置高低之观测[11]，及有关日、月、曜、星的各种行度，全部明确无误地展示出来了[12]。因此，为了精历算、彰百家、益算者，圣文殊师利康熙皇帝诏谕将此前所未有的历算典籍之精本[13]重新用汉文编写[14]，再用蒙古文翻译刊刻[15]。

谨遵圣命，我等将文殊师利圣天子历算新编中计算日、月、曜、星之时刻，地理位置之高低之精确数据及其图、说，以及学习、使用历法必需之典籍都译成了蒙古文并刊刻木版。

从繁荣昌盛之汉地，将文殊菩萨所传汉历译成藏文曾有多次[16]，但将其奥义真谛《文殊皇帝御制汉历》译为蒙古文则大非易事。只以圣旨难违，唯有竭尽赤诚，尽力而为。此汉历新编犹如文殊师利智慧渊海，汪洋浩瀚，博大精深，又无前人之蒙古文旧轨可循，译文不确、不达之处在所难免，尚请方家见谅。

译者孤陋寡闻，才疏学浅，实难胜任，理解不透之处，含混浮泛之词亦出于无奈。幸得学博识广之士赐予审阅，匡正谬误，或尚不致贻误众人。

经过此译，历算真谛必将流传于各方，流传于整个大地，永不停息，不断完善，终不负众人之望也。

康熙五十年八月初八日，始译自汉文。

下面是翻译通事名录，领衔者为奏藏蒙事内府御前侍卫拉锡[17]，次名为藏文学校藏蒙古文教习扎萨克喇嘛丹金格隆，其他主要有蒙历法师伯吉，蒙译师奥其尔，汉历法师何国宗、刘玉思等共36人。

序文注释：

【1】外道，印度各教派都自称内道而把其他教派叫做外道。此处指佛教以外的其他教派。

【2】《时轮根本经》据说是公元前881年释迦牟尼临近涅槃时口述的，公元1027年传入藏区。原文有1200千颂，藏文只译了其中的一品。对其真伪曾有过争论，后经布顿和宗喀巴等大师的肯定，才被普遍地接受，在北京版的蒙藏文大藏经中排在首帙。

【3】汉文的纪传体史书从《史记》到《明史》共二十二种称为二十二史，将《新唐书》《新五代史》也计算在内即现在通称的二十四史，并非二十二代皇朝。原作者于此名称的理解不甚准确。

【4】这句话是科学的，各民族由于生产与生活的需要都有其各自的纪日、纪月以至纪年的方法。黄宗羲说：“三代以上，无人不知历。”

【5】“七十二”是个成数，并非准确的统计，不过大体也差不多。《中国天文学史》（科学出版社1981）列举时宪历以前的历法九十一种，其中有二十二种未颁行，曾颁行者六十九种。

【6】体系派与作用派都属于时轮历系统，来源于印度。体系派注

重数值理论体系的完整，故名。

【7】作用派注重应用（主要是推算日月食的准确与方便）。据说体系派是以《时轮根本经》为依据，作用派是以《时轮摄略经》为依据，而《时轮摄略经》是吸收了作用外道的历法而成的。

【8】体系派计算中所用的近距历元是公元624年，作用派计算中所用的近距历元是公元806年，这可能是实际上产生该历法稍前不远的年代。

【9】这里“地理位置的高低”指地理纬度的高低。月食的食分各地所见相同，与纬度关系不大。日食则各地见食与否及所见的食分大小相差很大，影响最大的因素是纬度。“日月出没时刻”是晨昏的日月食见食与否或带食出没的决定因素。时轮历只考虑黄道经度，未考虑纬度的因素，所以日食的预报误差较大。

【10】蒙藏佛教徒认为西藏是观音菩萨教化之域，蒙古是金刚手菩萨教化之域，汉地是文殊菩萨教化之域。汉地的皇帝是文殊的化身，汉族的历算是文殊菩萨留传的。

【11】《新法算书》有测北极高度的方法，并有北京圆明园内畅春园观测所得的数值及十八省省会、蒙古各盟旗所测的北极高度（代表纬度）和时间差（代表经度）。

【12】这一段是指《新法算书》的前身《崇祯历书》和《西洋新法历书》。这些书是明末徐光启和意大利传教士利玛窦等人编写的，采用的是16世纪丹麦卓越的天文观测者第谷（Tycho）的系统与数值。蒙译者不甚了解这一段来历，由于是通过汉文而得到的这种知识，因而笼统地说是汉族的。

【13】指《西洋新法算书》，因其不是完整地一次进呈，而是陆续编译陆续进呈，所以成了丛书的形式，而且章节较乱。

【14】指1669年完成的《新法算书》整整一百卷。

【15】即指这部蒙古文译本。1711年刊版，三十七卷。

【16】藏文史书中说文成公主和金成公主入藏带有算书，并曾派人入唐学习、翻译。但我们未找到所译是何书，从流传的书名看来大都是占星择吉、卜筮堪舆之术，未见唐代历书的藏译本。

【17】《康熙御制汉历大全藏译本》后记中作御前凯雅·扎西。

三、源与流

以下谈谈这部《康熙御制汉历大全蒙译本》的源流及其在蒙藏科技史上的影响。

我国有悠久的历法学史，清朝以前用汉文正式颁行的历法就有六十余种。实行最长的是元代王恂和郭守敬制定的《授时历》，在明代改名《大统历》，实际内容未变。这种历法先后使用了三百六十多年。《授时历》比以前的各种历法都精确，所用的数据当时在世界上也是最先进的，但仍然有细微的误差。经过三百多年，这些误差积累起来，就形成了较大的数值，影响到推算日食、月食的精确，到明朝晚年就很清楚地感觉到重新修改历法的必要了。这时西洋的耶稣会传教士来到中国，带来了16世纪末欧洲的天文历算。此时欧洲已经有了望远镜等观测仪器，其成就已经超过13世纪《授时历》的水平。于是以徐光启为首的一批中国学者向他们学习，1635年制订出新的历法一百三十七卷，取名《崇祯历书》，已经刻版，但由于政治动乱，没有来得及颁行，明朝就灭亡了。顺治元年（1644）清朝在北京建立政权，曾经参加《崇祯历书》编写工作的意大利传教士汤若望，把这部书稍加删改压缩成一百零三卷献给清廷，取名《西洋新法历书》。清廷果断地立即采用，于顺治二年（1645）颁行，并且给它定了一个新的名称叫做“时宪历”。时宪历从顺治二年（1645）颁行到清末（1911）沿用二百六十多年，1911年辛亥革命之后改用公历，时宪历则被称为农历，与公历并行。

《西洋新法历书》的木版入清后曾经多次挖改或重刻，卷次紊乱。

1669 年重编卷次为整一百卷，并改名《新法算书》，后被收入《四库全书》。

耶稣会的传教士们当时虽然在天文历法上有较高的水平，但是为了保持他们在学术上的垄断地位，采取了“留一手”“故神其技”的手法，致使《新法算书》中有“图与表不合而解多隐晦难解”等严重缺点。

1661 年康熙即位，他对数学和天文学有很大的兴趣，而且系统学习过，到晚年曾组织我国的天文学者重新修订《新法算书》，从康熙五十三年（1714）开始，到他去世那年（1722）才完成，题名《御制历象考成》。

值得注意的是，《康熙御制汉历大全蒙译本》成书于康熙五十年（1711），从成书时间看，它在《新法算书》之后，而在《御制历象考成》之前。从内容上看，《康熙御制汉历大全蒙译本》大体上相当于《新法算书》的卷二十五至卷八十二，而略去了其中讲原理的“历指”十余卷，对于《御制历象考成》来说，则等于是只译了表十六卷。上编“揆天查纪”十六卷和下编“明正时度”十卷则均未译。总之，这是个选译本，只选了推算时直接用到的实践部分，而省略了原理部分。

我们把蒙古文交食表卷一开首的 3 页与汉文《新法算书》核对过。算交食诸表法的说明、历元后二百年五行（hang）表①的算法以至所举崇祯元年戊辰（1628）的例题，都与《新法算书》字句完全吻合，而与《御制历象考成》有出入。

经过初步核对，《康熙御制汉历大全蒙译本》相当于《新法算书》的卷数如下：

日躔表二卷　　　相当于卷二十五、卷二十六

① 首朔、太阳引数、太阴引数、交周度、太阳经度各占一栏，即一行。有附图Ⅰ。附图Ⅱ取自（增）交食表序卷第二叶下。

月离表四卷	相当于卷三十二至卷三十五
土星表一卷	相当于卷四十六、卷四十七
木星表一卷	相当于卷四十八、卷四十九
火星表一卷	相当于卷五十、卷五十一
金星表一卷	相当于卷五十二、卷五十三
水星表一卷	相当于卷五十四、卷五十五
五纬表一卷	相当于卷四十五
交食表八卷	相当于卷七十二至卷七十九
八线表一卷	相当于卷八十一、卷八十二

只是天文步天歌、凌犯、仪象、七政、交食草、增交食表共十五卷尚有待于进一步仔细查核。从内容上看，步天歌卷讲三垣四区二十八宿的星名、星数、形状和位置。① 凌犯卷是行星与恒星的会合表。仪象卷是黄道和赤道经纬度的换算表。七政卷为推算日、月、五星位置的步骤。交食草卷为推算罗睺的步骤。增交食表十卷是因为原交食表仅到北纬40°为止，是为北京及其以南地区用的，对蒙古地区不适用，所以又增加了42°~66°的表。

在整体结构上，《康熙御制汉历大全蒙译本》与《御制历象考成》是相差较远的，可见此书是以《新法算书》为主要蓝本，经过选择和整理而进行翻译的。这与蒙古文序文中所谈的相吻合，只是序文中所说的《康熙御制汉历》，不是指《御制历象考成》，而是指《新法算书》。

从序文中可以看出，康熙帝欲把汉历翻译成蒙古文是由来已久了。其目的在于向少数民族地区推广时宪历——这个当时最先进的历法。

为什么先译成了蒙古文，而没有同时或先译成满文或藏文呢？我们分析这是因为蒙古族学者有其得天独厚的地方。第一，蒙古族在天文学

① 此天文步天歌卷与李迪的《〈蒙文星占学〉研究》一文中的第二部分第三章相当。

上有较长的历史，从很早的时候起就注意结合本民族的生产、生活特点，兼收并用其他民族的历法。13 世纪初成书的蒙古史书《元朝秘史》中就采用了十二属相纪年法；在元代初期，曾采用过金的《大明历》，其后编制过著名的《授时历》，并在钦天监中还曾有人编制过《万年历》（即“回回历”）；15 世纪以后曾兼用汉历与藏历。蒙古族有自己杰出的天文学家，著名的有铁木尔的孙子乌鲁伯格（1394—1449），明安图（1692—1763）。第二，蒙古族统治过汉地，吸收了不少汉族文化，精通汉语文和汉历的人比较多。相比之下，满族的文化历史较短；藏族虽有自己悠久的文化历史，但离汉地较远，精通汉语、汉历者不如蒙古族多。第三，由于蒙古族信奉佛教，佛教是从西藏传来的，蒙古族喇嘛都是要习藏文、藏经的，所以蒙古族中也不乏精通藏语文与藏历者。

基于这些因素，所以首先出现的是汉历的蒙译本，这部《康熙御制汉历大全蒙译本》本身就显示了蒙古族科学家的天文历法知识和语言翻译水平，而且这个译本的出现确实起到了向少数民族地区推广时宪历的作用。首先是使蒙古族学者掌握了当时的先进历法——时宪历，并使它在蒙古族地区得到推广和应用，更重要的是它促进了时宪历在藏地的传播。

藏族有历史悠久的、独具特色的藏历，藏历在我国丰富多彩的文化宝库中占有重要的地位。藏历的基础是时轮历。11 世纪藏族从印度引进了时轮经，保存在藏文大藏经里。13 世纪藏族开始有了自己关于时轮历的著作，其后流传渐广。直到现在，西藏天文历算研究所和印度达拉母萨拉每年出版的藏历，基本上仍是属于时轮历体系的，不过吸收了不少时宪历的内容。

藏历在发展过程中虽然吸收了一些汉历的内容，如“霍尔月”①、

① 13 世纪西藏从元朝接受了汉历的以寅月（冬至后第二个月）为正月即年首，称之为“霍尔月”，也作“蒙古月”。

二十四节气和春牛经等，但都是枝节的，不成体系的。有系统地从汉族引进的历法只有一种，这就是18世纪从北京引进的时宪历，而《康熙御制汉历大全蒙译本》则在其中起了重要的桥梁作用。

时轮历在推算日食、月食方面不够精确，基于历算上和宗教上的需要，藏族的历算学者们渴望掌握汉族的推算方法。又因能从蒙古文译成藏文的人才比能直接从汉文译成藏文的人才容易得到些，于是《御制汉历大全蒙译本》译成之后，马上就被转译成藏文。关于此事，《康熙御制汉历大全藏译本》的校阅刊版题记中写到：

> ……文殊诞生后二千四百九十二年（公元1654年?）康熙帝诞生，铁牛年即帝位，大弘佛法……集一切历象典籍之大成，以汉文撰写成书，于汉地广为传播。复命驾前之凯雅扎西主持，与汉蒙大师共译成蒙文。又命文殊大皇帝之亲弟子，精习此道之格隆·阿旺罗卜藏、格隆·丹巴加木参二人为钦使，携此蒙文译本送交哲布尊丹巴呼图克图，请其译为藏文。于是以大师为首，与呼毕拉干·兰占巴、衮班智达、额尔德尼·毕力克图等共同译成后，进献于帝。时予承乏驻京掌教，奉旨校阅刊版，参与其事者有总管京师喇嘛扎萨克·阿旺巴拉珠尔呼图克图（以下名单共八人，略），竭尽绵薄，细勘蒙藏两文，遇难解处则对勘汉文；浑天仪等图绘制者系汉族算术博士刘玉思。大清康熙五十四年乙未刊版。①

《康熙御制汉历大全藏译本》是一部忠实于原著的选译本，可惜译笔生硬晦涩，加之一些藏族的历算家们缺乏几何、三角的数学基础，因

① 黄明信、陈久金：《藏历的原理与实践》570～571页，北京，民族出版社，1987。

此无法使用此书。这样，虽然有了时宪历的藏译本，但是还未能达到时宪历藏传的目的。

虽然如此，“汉历大全”蒙译本和藏译本的出现，究竟是大大地方便了蒙藏学者对时宪历的学习与研究。不久（乾隆初年），雍和宫的一位蒙古族喇嘛将此书学通，创造了一套与时轮历运算方式糅合起来的方法，随即有人用藏文写下来，题为《汉历中以北京地区为主之日月食推算法》，通称为《马扬寺汉历心要》。此书末尾有一段题记：“《以首都北京地区为主之日月食推算法》系华瑞马杨寺①之数理学人索巴坚参，依精于此道之师尊口传，忠实于支那历算原文而意译。愿此法遍扬于大地！”题记下面另有一行小字写道：“此汉历系录自马杨历书，尾跋原文如此，唯北京雍和宫及蒙古地区亦有此法流行，予曾见其书，历元年份、正文词句以及表格均与此无异。彼等云系此前雍和宫之一精通历算者所授，但均无署名。”②

把卷帙浩繁达一百卷的《新法算书》压缩到六十页的藏文（包括表格），并使其能为广大的藏族学者接受，能实际运用它来推算日月食达到比时轮历精确一些的效果，实在难得。可惜的是，改编者没有留下姓名，但从中也足以看出蒙古族科学家之聪明才智了。

之后，《马扬寺汉历心要》就成为藏传时宪历的祖本。到这时，时宪历藏传的目的可以说基本达到了，藏族的天文历算学从此开辟了一个新的领域。不过，广泛地传布还有一段过程，19 世纪中叶《马扬寺汉历心要》从甘肃东北部的马杨寺传到甘肃南部的拉卜楞寺，1879 年该寺建立喜金刚院传习这种汉历，每年自己编制《黄历》，直到 1958 年，80 年间没有中断过。《马扬寺汉历心要》20 世纪初年传到了拉萨，在藏医院里设立了传习的课程，并将按这种方法推算日月食的结果载入每

---

① 马扬寺在今甘肃永登与阿拉善旗交界处。

② 见《藏历的原理与实践》，418 页。

年编制的藏文年历里，至今仍保持不断，也已有60年的历史了。

两百多年来，蒙藏历算家关于时宪历的著述不下二三十种，[1] 大多是祖述马杨的，但其中有一种例外，即《摩诃支那传规日月交食推步术》（藏文）[2]。此书的作者也是雍和宫的蒙古族达喇嘛，名叫乌里季巴图。此书的历元为1864年甲子，比《汉历心要》虽然时代晚，内容却多一些。例如，关于黄赤升度表有一说明，大段引用了《汉历大全》里有关的原文。又如，求各地交食三限的时刻，《汉历心要》只给出了北京和吐蕃的时差而没有给出经纬度，此书则完整地给出了康熙年间实测的十八省首府和蒙古二十二个旗的北极高度及距京师的偏度。可见它与《汉历心要》虽是同源，却是《汉历大全》的另一分支，它在蒙藏历算学典籍中也是一份不可多得的珍贵资料。

总之，一部浸透蒙古族科学家智慧的《康熙御制汉历大全蒙译本》，促进了蒙藏历算学的发展，促进了各个民族之间的文化交流，它应该在蒙古族科技史上，在我们伟大祖国的科学文化史上占有一席位置。

该文曾刊登于《文献》1988年第2期。

① 见《藏历的原理与实践》582页以下。

② 北京图书馆藏手写本，他处未见。

ᠮᠣᠩᠭᠣᠯ ᠵᠢᠷᠤᠬᠠᠢ ᠪᠠ ᠲᠥᠪᠡᠳ ᠵᠢᠷᠤᠬᠠᠢ ᠶᠢᠨ ᠬᠠᠷᠢᠴᠠᠯ

ᠭᠠᠯᠰᠠᠩ ᠪᠠᠶᠠᠷ ᠲᠦᠷᠦ ᠰᠡᠴᠡᠨᠪᠢᠯᠢᠭ

ᠮᠣᠩᠭᠣᠯ ᠪᠢᠴᠢᠭ ᠮᠣᠩᠭᠣᠯ ᠮᠣᠩᠭᠣᠯ ᠵᠢᠷᠤᠬᠠᠢ ᠶᠢ ᠪᠢᠳᠡ ᠪᠣᠯᠵᠤ ᠪᠠᠢᠭ᠎ᠠ ᠂ ᠣᠳᠣᠯᠵᠤ ᠪᠣᠯᠵᠤ ᠳᠤ ᠣᠷᠣᠴᠢᠭᠤᠯᠤᠭᠰᠠᠨ ᠣᠳᠣᠨ ᠵᠢᠷᠤᠬᠠᠢ ᠮᠣᠩᠭᠣᠯ ᠵᠢᠷᠤᠬᠠᠢ ᠶᠢᠨ ᠰᠤᠳᠤᠯᠤᠯ ᠤᠨ ᠮᠣᠩᠭᠣᠯ ᠮᠣᠩᠭᠣᠯ ᠵᠢᠷᠤᠬᠠᠢ ᠶᠢ ᠰᠢᠨᠵᠢᠯᠡᠬᠦ ᠳᠦ ᠲᠥᠪᠡᠳ ᠵᠢᠷᠤᠬᠠᠢ ᠶᠢᠨ ᠨᠥᠯᠦᠭᠡ ᠮᠠᠰᠢ ᠶᠡᠬᠡ ᠪᠣᠯᠤᠭᠰᠠᠨ ᠮᠠᠭᠠᠳ ᠃ ᠮᠣᠩᠭᠣᠯ ᠵᠢᠷᠤᠬᠠᠢ ᠶᠢᠨ ᠰᠤᠳᠤᠯᠤᠯ ᠳᠤ ᠂ ᠴᠠᠭ ᠤᠨ ᠬᠦᠷᠳᠦ ᠶᠢᠨ ᠵᠢᠷᠤᠬᠠᠢ (时轮历) ᠪᠠ ᠴᠠᠭ ᠢ ᠲᠣᠭᠠᠯᠠᠬᠤ ᠵᠢᠷᠤᠬᠠᠢ (时宪历) ᠰᠢᠭ ᠤᠯᠠᠮᠵᠢᠯᠠᠯᠲᠤ ᠮᠣᠩᠭᠣᠯ ᠵᠢᠷᠤᠬᠠᠢ ᠪᠣᠯᠤᠨ ᠳᠠᠮᠵᠢᠭᠤᠯᠤᠭᠰᠠᠨ ᠲᠠᠪᠤᠨ ᠮᠠᠬᠠᠪᠤᠳ ᠤᠨ ᠵᠢᠷᠤᠬᠠᠢ (五行占) ᠂ ᠳᠠᠭᠤᠨ ᠤ ᠵᠢᠷᠤᠬᠠᠢ (占音术) ᠂ 《ᠪᠣᠳᠠᠰ ᠤᠨ ᠴᠠᠭ ᠤᠨ ᠵᠢᠷᠤᠬᠠᠢ (物候历)》 ᠂ ᠵᠡᠷᠭᠡ ᠮᠣᠩᠭᠣᠯ ᠣᠳᠣᠨ ᠵᠢᠷᠤᠬᠠᠢ ᠶᠢᠨ ᠤᠯᠠᠮᠵᠢᠯᠠᠯᠲᠤ ᠰᠤᠷᠲᠠᠯ ᠤᠳ ᠲᠥᠪᠡᠳ ᠵᠢᠷᠤᠬᠠᠢ ᠶᠢᠨ ᠰᠤᠷᠲᠠᠯ ᠲᠠᠢ ᠨᠡᠶᠢᠯᠡᠨ ᠨᠡᠭᠡᠳᠦᠭᠰᠡᠨ ᠪᠡᠷ ᠪᠤᠢ ᠪᠣᠯᠤᠭᠰᠠᠨ ᠪᠠᠢᠨ᠎ᠠ ᠃ ᠲᠡᠷᠡ ᠴᠠᠭ ᠲᠤ ᠮᠣᠩᠭᠣᠯ ᠵᠢᠷᠤᠬᠠᠢ ᠶᠢᠨ ᠰᠤᠳᠤᠯᠤᠯ ᠤᠨ ᠪᠦᠲᠦᠭᠡᠯ ᠳᠦ ᠲᠥᠪᠡᠳ ᠵᠢᠷᠤᠬᠠᠢ ᠶᠢᠨ ᠨᠥᠯᠦᠭᠡ ᠶᠡᠬᠡ ᠪᠠᠢᠭᠰᠠᠨ ᠪᠡᠷ ᠪᠣᠯᠪᠠ ᠃

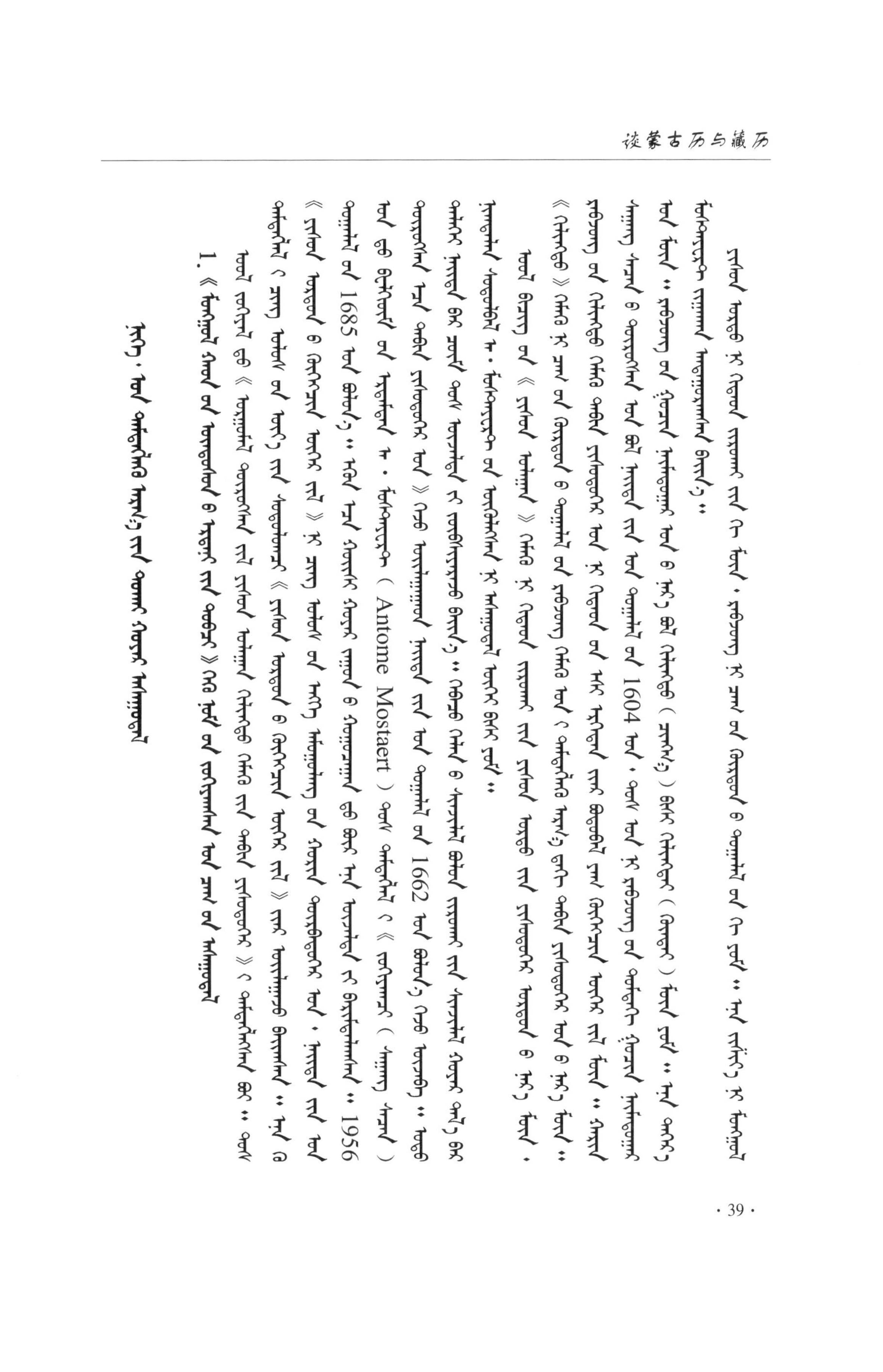

ᠵᠢᠯ ᠳᠤ ᠪᠡᠯᠭᠢᠭ ᠤᠨ ᠮᠣᠩᠭᠣᠯ ᠰᠤᠳᠤᠯᠤᠭᠴᠢ ᠠ᠂ ᠮᠣᠰᠲᠠᠢᠷᠲ (Antome Mostaert) ᠪᠠᠭᠰᠢ ᠶᠢᠨ《ᠮᠣᠩᠭᠣᠯ (ᠮᠣᠩᠭᠣᠯ ᠦᠰᠦᠭ)

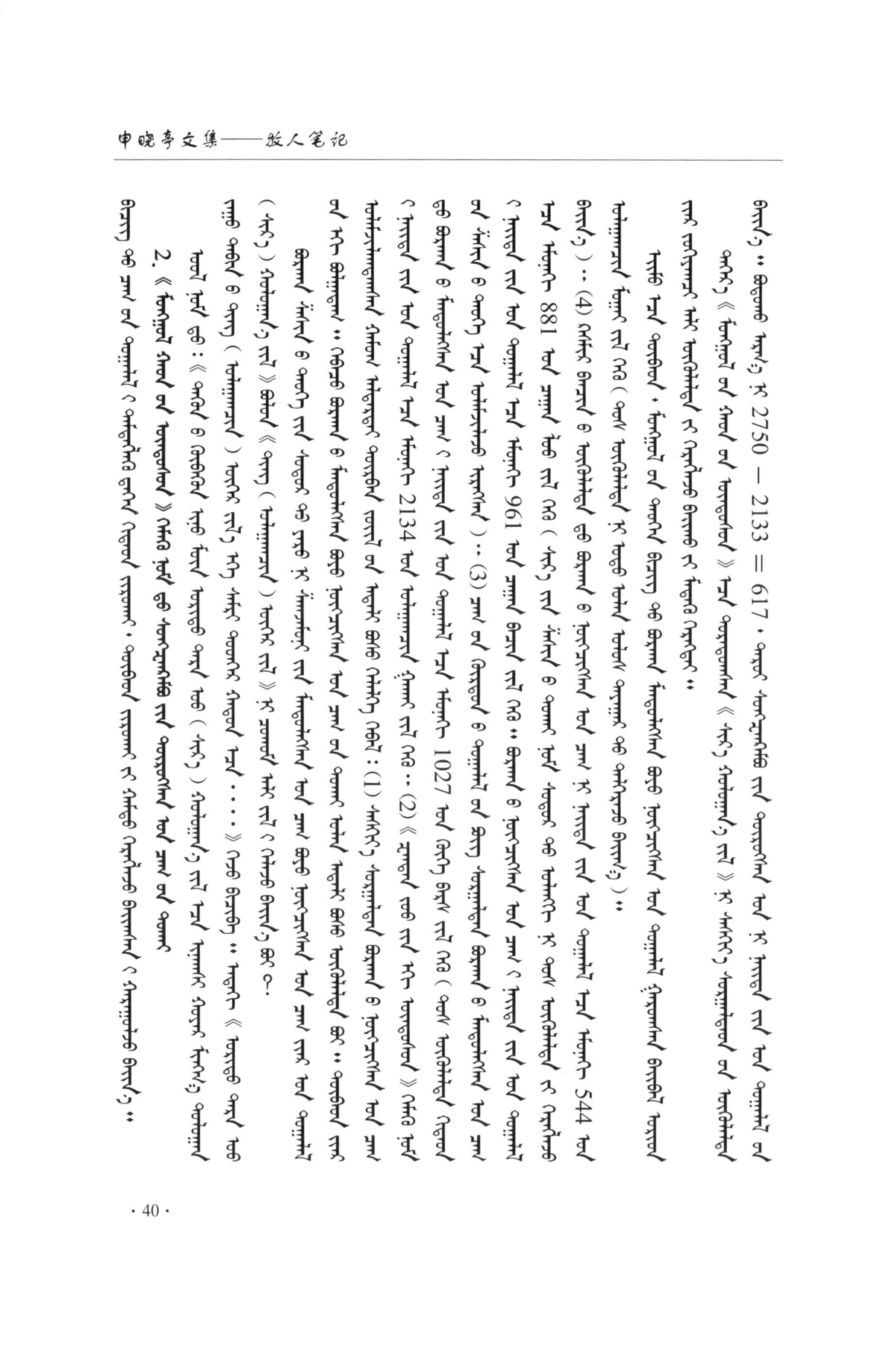

hor—zla (ᠬᠣᠷ ᠤᠨ ᠰᠠᠷ᠎ᠠ) ᠲᠡᠷ ᠬᠣᠷᠢᠳᠠᠭ ᠨᠢ ᠮᠣᠩᠭᠣᠯ ᠪᠣᠢ ᠄ ᠬᠣᠷ ᠪᠣᠯ᠂ ᠳᠤᠲᠠᠭᠤ᠂ ᠰᠣᠨᠢᠨ᠂ ᠮᠣᠩᠭᠣᠯ ᠄ ᠄ ᠄ ᠄ ᠭᠡᠵᠦ ᠮᠣᠩᠭᠣᠯᠴᠤᠳ ᠲᠡᠷ ᠰᠠᠷ᠎ᠠ ᠶᠢᠨ ᠪᠠᠢᠳᠠᠯ ᠮᠣᠩᠭᠣᠯ ᠵᠤᠷᠬᠠᠢ ᠳᠤ ᠪᠠᠢᠳᠠᠯ ᠬᠣᠷ ᠤᠨ ᠬᠣᠷᠢᠨ ᠬᠣᠷ ᠤᠨ ᠵᠤᠷᠬᠠᠢ ᠲᠡᠷ ᠰᠠᠷ᠎ᠠ ᠪᠣᠯᠤᠨ ᠪᠣᠢ.

ᠮᠣᠩᠭᠣᠯ ᠪᠢᠴᠢᠭ᠂ ᠮᠣᠩᠭᠣᠯ ᠬᠡᠯᠡ ᠪᠡᠷ ᠬᠣᠷᠪᠢᠯᠠᠬᠤ 《 hor—zla 》(ᠬᠣᠷ ᠤᠨ ᠰᠠᠷ᠎ᠠ) ᠭᠡᠳᠡᠭ ᠬᠣᠯᠪᠣᠭ᠎ᠠ ᠮᠣᠩᠭᠣᠯ ᠬᠡᠷᠡᠭᠯᠡᠨ᠎ᠡ ᠄ ᠮᠣᠩᠭᠣᠯ ᠵᠤᠷᠬᠠᠢ

ᠲᠥᠪᠡᠳ ᠮᠣᠩᠭᠣᠯ ᠬᠠᠭᠠᠨ ᠲᠡᠷ ᠲᠦᠰᠢᠮᠡᠯ 《 ᠮᠣᠩᠭᠣᠯ ᠤᠨ ᠬᠠᠭᠠᠨ ᠤᠨ ᠲᠡᠦᠬᠡ (西藏王臣记) 》 ᠭᠡᠳᠡᠭ ᠵᠢᠯ ᠤᠨ ᠰᠣᠳᠤᠯ ᠪᠠᠢᠳᠠᠯ 617 ᠣᠨ ᠬᠣᠷᠪᠣᠯᠠᠯ ᠬᠣᠷᠢᠨ ᠲᠡᠷ ᠬᠣᠷᠠ ᠄

ᠪᠣᠯ ᠣᠷᠴᠢᠭᠤᠯᠤᠭᠰᠠᠨ ᠰᠠᠷ᠎ᠠ ᠶᠢᠨ ᠬᠡᠯᠪᠡᠷᠢ ᠶᠢᠨ ᠨᠡᠷ᠎ᠡ ᠶᠢᠨ ᠭᠠᠷᠤᠯ ᠢ ᠲᠣᠳᠣᠷᠬᠠᠢᠯᠠᠪᠠᠯ ᠂ ᠲᠡᠷᠡ ᠨᠢ ᠬᠣᠶᠠᠷ ᠳᠤᠭᠠᠷ ᠰᠠᠷ᠎ᠠ ᠶᠢᠨ ᠬᠤᠪᠢᠶᠠᠷ ᠂ ᠠᠯᠢ ᠨᠢ ᠬᠣᠶᠠᠷ ᠰᠠᠷ᠎ᠠ ᠶᠢᠨ ᠡᠬᠢᠨ ᠳᠡᠭᠡᠷ᠎ᠡ ᠂ ᠣᠷᠴᠢᠭᠤᠯᠬᠤ ᠳᠡᠭᠡᠷ᠎ᠡ ᠶᠢᠨ ᠣᠷᠴᠢᠭᠤᠯᠤᠭᠰᠠᠨ ᠪᠣᠢ ᠶᠤᠮ ᠂ ᠡᠨᠡ ᠨᠢ ᠬᠣᠷ ᠰᠠᠷ᠎ᠠ ᠶᠢᠨ ᠡᠬᠢᠯᠡᠯ ᠤᠨ ᠣᠷᠤᠨ ᠳᠤ ᠲᠡᠭᠦᠨ ᠢ hor—zla（ᠬᠣᠷ ᠰᠠᠷ᠎ᠠ）ᠭᠡᠵᠦ ᠨᠡᠷᠡᠢᠳᠦᠭᠰᠡᠨ ᠪᠠᠢᠨ᠎ᠠ :: ᠭᠡᠪᠡᠴᠦ ᠬᠤᠪᠢᠯᠠᠢ ᠶᠢᠨ ᠦᠶ᠎ᠡ ᠶᠢᠨ ᠬᠤᠸᠠᠩᠲᠠᠢ ᠶᠢᠨ ᠡᠬᠢᠨ ᠰᠠᠷ᠎ᠠ ᠶᠢ ᠠᠪᠤᠭᠰᠠᠨ ᠪᠠᠢᠨ᠎ᠠ ᠂ ᠲᠡᠷᠡ ᠨᠢ《ᠲᠡᠷᠢᠭᠦᠨ ᠰᠠᠷ᠎ᠠ ᠶᠢᠨ ᠲᠥᠭᠦᠰᠬᠦ ᠰᠠᠷ᠎ᠠ（望终月）》ᠶᠢᠨ ᠬᠡᠮᠵᠢᠶ᠎ᠡ ᠪᠣᠯ ᠶᠤᠮ ::《ᠬᠣᠷ ᠰᠠᠷ᠎ᠠ》ᠳᠤ ᠬᠤᠪᠢᠶᠠᠷᠢᠯᠠᠵᠤ ᠪᠠᠶᠢᠭᠰᠠᠨ ᠨᠢ ᠂ ᠲᠡᠷᠡ ᠨᠢ《ᠮᠣᠩᠭᠣᠯ ᠤᠨ ᠰᠠᠷ᠎ᠠ》ᠪᠣᠯᠤᠨ᠎ᠠ ::《ᠬᠣᠷ ᠰᠠᠷ᠎ᠠ》ᠲᠠᠢ ᠠᠳᠠᠯᠢᠪᠲᠤᠷ ᠪᠣᠯᠤᠨ᠎ᠠ ᠂ ᠬᠢᠲᠠᠳ ᠤᠨ ᠲᠣᠭᠠᠴᠠᠭᠠᠨ ᠤ《ᠬᠢᠲᠠᠳ ᠤᠨ ᠬᠠᠪᠤᠷ ᠤᠨ ᠰᠠᠷ᠎ᠠ（夏正）》ᠶᠢᠨ ᠳᠠᠷᠠᠭᠠᠯᠠᠯ ᠢ ᠬᠡᠷᠡᠭᠯᠡᠵᠦ ᠪᠠᠢᠭᠰᠠᠨ ᠮᠥᠷᠲᠡᠭᠡᠨ ᠂ ᠮᠣᠩᠭᠣᠯ ᠤᠨ《ᠬᠣᠷ ᠰᠠᠷ᠎ᠠ》ᠶᠢᠨ ᠬᠡᠮᠵᠢᠶ᠎ᠡ ᠪᠠ ᠲᠣᠭᠠᠴᠠᠭᠠᠨ ᠤ ᠣᠨ ᠴᠠᠭ ᠢ ᠲᠣᠳᠣᠷᠬᠠᠢᠯᠠᠪᠠᠯ ᠂ ᠲᠥᠪᠡᠳ ᠲᠦ《ᠮᠣᠩᠭᠣᠯ ᠰᠠᠷ᠎ᠠ》ᠭᠡᠳᠡᠭ ᠨᠡᠷ᠎ᠡ ᠬᠠᠷᠢᠨ ᠶᠠᠭᠤ ᠶᠢᠨ ᠳᠤᠯᠠᠭᠠᠨ ᠢ ᠣᠨᠴᠠᠯᠠᠨ ᠲᠠᠢᠯᠪᠤᠷᠢᠯᠠᠵᠤ《ᠬᠣᠷ ᠰᠠᠷ᠎ᠠ》ᠭᠡᠳᠡᠭ ᠨᠡᠷ᠎ᠡ ᠶᠢᠨ ᠭᠠᠷᠤᠯ ᠢ ᠲᠣᠳᠣᠷᠬᠠᠢᠯᠠᠯᠲᠠ ᠶᠢ ᠬᠢᠵᠦ ᠪᠣᠯᠬᠤ ᠪᠣᠯᠪᠠ :: ᠡᠨᠡ ᠲᠤᠬᠠᠢ《ᠬᠢᠲᠠᠳ ᠤᠨ ᠰᠠᠷ᠎ᠠ》ᠭᠡᠳᠡᠭ ᠲᠠᠢᠯᠪᠤᠷᠢ ᠳᠤ ᠮᠣᠩᠭᠣᠯ ᠤᠨ ᠣᠷᠴᠢᠭᠤᠯᠬᠤ ᠬᠡᠯᠪᠡᠷᠢ ᠶᠢᠨ ᠠᠷᠭ᠎ᠠ ᠪᠠᠷ ᠲᠣᠭᠠᠴᠠᠭᠠᠨ ᠤ ᠪᠣᠯᠪᠠᠰᠤᠷᠠᠯ ᠢ ᠬᠡᠷᠡᠭᠯᠡᠭᠰᠡᠨ ᠶᠤᠮ ::
ᠬᠣᠷᠯᠠᠭᠰᠠᠨ《hor—zla》（ᠬᠣᠷ ᠰᠠᠷ᠎ᠠ）ᠭᠡᠳᠡᠭ ᠨᠡᠷ᠎ᠡ ᠶᠢᠨ ᠭᠠᠷᠤᠯ ᠢ ᠲᠠᠢᠯᠪᠤᠷᠢᠯᠠᠬᠤ ᠪᠣᠯ ᠪᠠᠰᠠ ᠂《ᠮᠣᠩᠭᠣᠯ ᠰᠠᠷ᠎ᠠ》ᠭᠡᠳᠡᠭ ᠨᠡᠷ᠎ᠡ ᠶᠢᠨ ᠭᠠᠷᠤᠯ ᠢ ᠪᠠᠰᠠ ᠲᠣᠳᠣᠷᠬᠠᠢᠯᠠᠬᠤ ᠪᠣᠯᠤᠨ᠎ᠠ ::

ᠭᠤᠷᠪᠠ᠂ ᠬᠣᠣᠰ ᠣᠷᠴᠢᠭᠤᠯᠬᠤ ᠰᠠᠷ᠎ᠠ ᠶᠢᠨ ᠪᠣᠯᠪᠠᠰᠤᠷᠠᠯ ᠤᠨ ᠦᠨᠳᠦᠰᠦ ᠰᠤᠷᠪᠤᠯᠵᠢ

《ᠰᠢᠷᠠᠢ ᠰᠠᠷ᠎ᠠ ᠶᠢᠨ ᠬᠡᠮᠵᠢᠶ᠎ᠡ（ᠲᠥᠪᠡᠳ ᠤᠨ ᠵᠢᠯ ᠤᠨ ᠲᠣᠭᠠᠯᠠᠯ ᠤᠨ ᠲᠣᠪᠴᠢᠶᠠᠨ）》ᠭᠡᠳᠡᠭ ᠨᠣᠮ ᠳᠤ ᠭᠠᠷᠭᠠᠭᠰᠠᠨ ᠭᠡᠷᠡᠴᠢᠯᠡᠯ ᠡᠴᠡ ᠦᠵᠡᠪᠡᠯ ᠂ ᠲᠡᠭᠦᠨ ᠦ ᠳᠣᠲᠣᠷᠠᠬᠢ
ᠲᠣᠭᠠᠨ ᠤ ᠣᠷᠴᠢᠭᠤᠯᠤᠭᠰᠠᠨ ᠬᠡᠯᠪᠡᠷᠢ ᠪᠠᠢᠨ᠎ᠠ :: ᠨᠢᠭᠤᠷ 4 ᠳᠤᠭᠠᠷ ᠰᠤᠷᠪᠤᠯᠵᠢ ᠳᠤ :《ᠪᠢᠯᠢᠭ ᠤᠨ ᠲᠣᠭᠠᠨ ᠰᠠᠷ᠎ᠠ ᠤᠷᠤᠭ ᠰᠠᠷ᠎ᠠ ᠳᠤ ᠣᠷᠣᠵᠤ ᠣᠷᠴᠢᠭᠤᠯᠬᠤ ᠲᠣᠭᠠᠴᠠᠭᠠᠨ ᠪᠣᠯᠤᠨ᠎ᠠ
ᠪᠣᠯᠬᠤ ᠬᠣᠶᠠᠷ ᠶᠢᠨ ᠭᠠᠷᠤᠯ ᠢ ᠲᠣᠭᠠᠴᠠᠭᠠᠨ ᠤ ᠲᠣᠭᠠᠨ ᠰᠠᠷ᠎ᠠ ᠳᠤ ᠣᠷᠣᠭᠤᠯᠬᠤ ᠲᠣᠭᠠᠴᠠᠭ᠎ᠠ ᠪᠣᠯᠪᠠᠰᠤ ᠰᠠᠷ᠎ᠠ ᠦᠵᠡᠬᠦ ᠣᠷᠴᠢᠭᠤᠯᠤᠭᠰᠠᠨ ᠲᠣᠭ᠎ᠠ……》ᠭᠡᠵᠡᠢ :: ᠲᠣᠭᠠᠴᠠᠭᠠᠨ
ᠨᠢᠭᠤᠷ 37 ᠳᠤᠭᠠᠷ ᠰᠤᠷᠪᠤᠯᠵᠢ ᠳᠤ《ᠬᠣᠷ ᠰᠠᠷ᠎ᠠ ᠶᠢᠨ ᠲᠣᠭᠠᠴᠠᠭᠠᠨ ᠤ ᠰᠠᠷ᠎ᠠ ᠭᠣᠣᠯ ᠳᠤ ᠪᠣᠯᠪᠠᠰᠤᠷᠤᠭᠰᠠᠨ ᠣᠨ ᠤ ᠬᠡᠯᠪᠡᠷᠢ ᠲᠣᠭᠠᠴᠠᠭᠠᠨ ᠤ ᠲᠣᠭ᠎ᠠ ᠳᠤ ᠪᠣᠯ
ᠲᠣᠭᠠᠨ ᠤ ᠬᠡᠮᠵᠢᠶ᠎ᠡ ᠲᠡᠷᠡ ᠨᠢ ᠲᠣᠭᠠᠴᠠᠭᠠᠨ ᠤ ᠬᠢᠯᠢ ᠶᠢᠨ ᠰᠠᠷ᠎ᠠ ᠶᠢᠨ ᠪᠣᠯᠪᠠᠰᠤᠷᠠᠯ ᠤᠨ ᠰᠤᠷᠪᠤᠯᠵᠢ ᠶᠢᠨ ᠭᠠᠷᠤᠯ ᠬᠡᠯᠪᠡᠷᠢ ᠪᠣᠯᠪᠠᠰᠤᠷᠠᠯ ᠪᠣᠯᠤᠨ᠎ᠠ

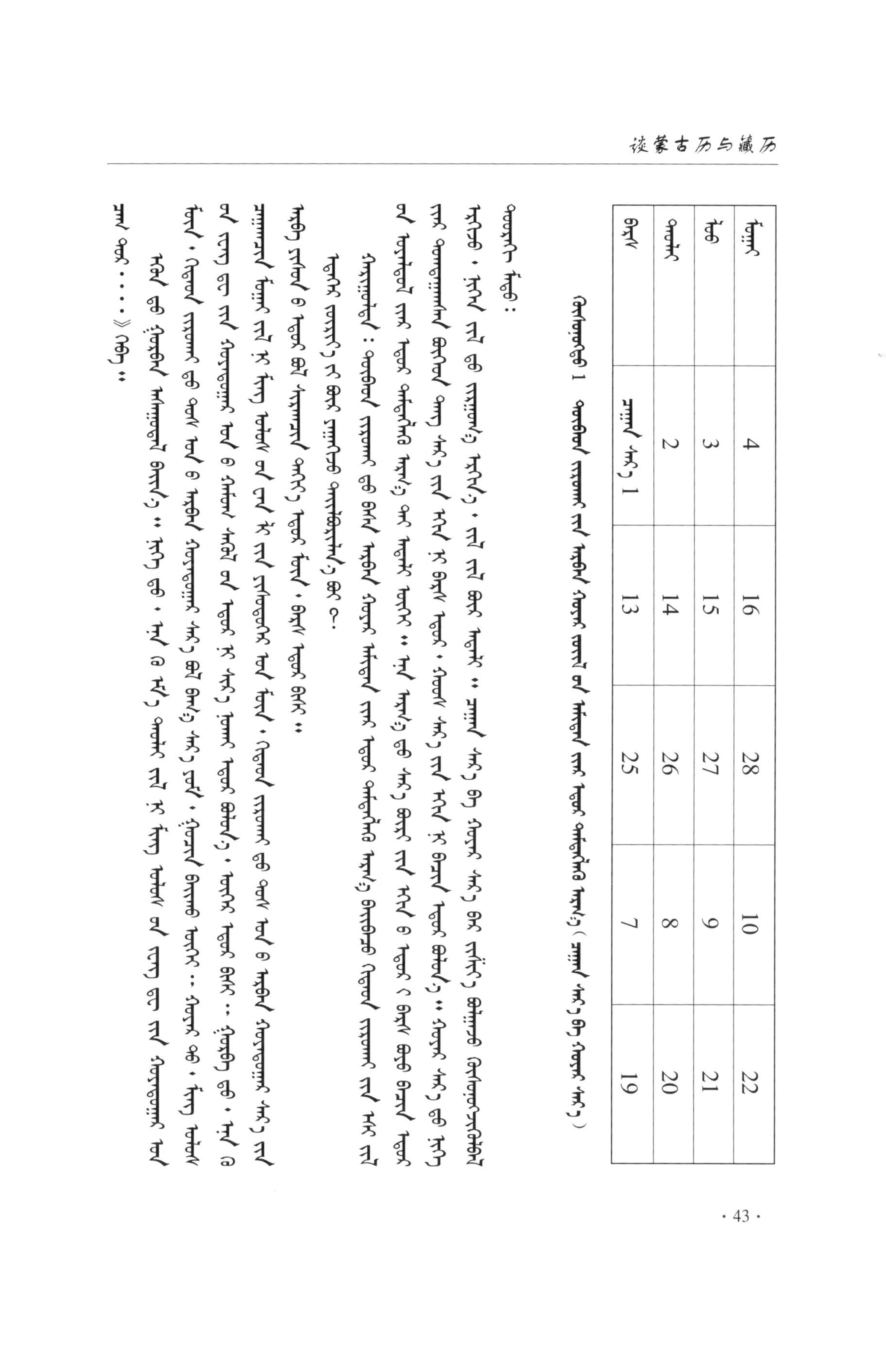

ᠮᠣᠭᠠᠢ	4	16	28	10	22
ᠯᠤᠤ	3	15	27	9	21
ᠲᠠᠤᠯᠠᠢ	2	14	26	8	20
ᠪᠠᠷᠰ	ᠴᠠᠭᠠᠨ ᠰᠠᠷ᠎ᠠ 1	13	25	7	19

ᠰᠠᠷ᠎ᠠ ᠶᠢᠨ ᠡᠬᠢᠨ ᠳᠣᠯᠣᠭᠠᠨ ᠢ ᠪᠦᠲᠦᠨ ᠡᠳᠦᠷ ᠪᠣᠯᠭᠠᠨ ᠲᠣᠭᠠᠴᠠᠳᠠᠭ ::

ᠭᠠᠷᠠᠭ ᠰᠠᠷ᠎ᠠ ᠶᠢ ᠭᠠᠷᠠᠭ ᠰᠠᠷ᠎ᠠ ᠪᠣᠯᠭᠠᠨ᠎ᠠ᠂ ᠨᠠᠷᠠᠨ ᠤᠨ :: ᠡᠬᠢᠨ ᠭᠠᠷᠠᠭ ᠰᠠᠷ᠎ᠠ ᠶᠢᠨ ᠨᠠᠷᠠᠨ ᠤ ᠡᠳᠦᠷ ᠢ ᠬᠣᠶᠠᠷ ᠡᠳᠦᠷ :: ᠤᠴᠢᠷ ᠨᠢ ᠡᠬᠢᠨ ᠭᠠᠷᠠᠭ ᠡᠳᠦᠷ ᠢ ᠲᠣᠭᠠᠯᠠᠨ ᠴᠠᠭ ᠤᠨ 《ᠰᠠᠷ᠎ᠠ ᠶᠢᠨ ᠡᠳᠦᠷ》 ᠪᠣᠯᠭᠠᠨ ᠡᠳᠦᠷ ᠦᠨ ᠦ ᠬᠡᠮᠵᠢᠶ᠎ᠡ :: ᠤᠭᠳᠠᠬᠤ ᠪᠦᠲᠦᠭᠡᠬᠦ ᠶᠣᠰᠣ ᠶᠢᠨ ᠲᠣᠭᠠᠴᠠᠭ᠎ᠠ ᠪᠣᠯᠭᠠᠨ ᠢ : ᠡᠬᠢᠨ ᠡᠬᠢᠨ ᠶᠣᠰᠣ᠂ ᠬᠣᠶᠠᠷ ᠲᠣᠭᠠᠴᠠᠭᠠᠯᠠᠯ ᠡᠨᠳᠡᠭᠦᠷᠡᠯ ᠦ ᠰᠠᠯᠭᠠᠪᠤᠷᠢᠯᠠᠭ᠎ᠠ ᠪᠣᠯᠭᠠᠨ᠎ᠠ :: 《ᠡᠳᠦᠷ ᠭᠠᠷᠠᠭ ᠤᠨ ᠲᠣᠭᠠᠴᠠᠭ᠎ᠠ》 ᠳᠤ ᠲᠣᠭᠠᠴᠠᠭᠠᠯᠠᠨ ᠡᠳᠦᠷ ᠲᠣᠭᠠᠴᠠᠭᠤ ᠡᠳᠦᠷ ᠪᠣᠯᠭᠠᠨ᠎ᠠ :: 《ᠰᠠᠷ᠎ᠠ ᠶᠢᠨ ᠡᠳᠦᠷ》 ᠳᠤ ᠰᠠᠷ᠎ᠠ ᠪᠦᠷᠢ ᠶᠢᠨ ᠪᠦᠬᠦᠯᠢ ᠨᠠᠷᠠᠨ ᠡᠳᠦᠷ ᠦᠨ ᠲᠣᠭᠠᠴᠠᠭ᠎ᠠ᠂ ᠵᠢᠷᠭᠤ ᠪᠠᠢᠬᠤ ᠰᠠᠷ᠎ᠠ ᠶᠢᠨ ᠡᠬᠢᠯᠡᠯ ᠡᠬᠢᠨ ::

ᠡᠨᠡ ᠪᠡ ᠡᠳᠦᠷ ᠲᠣᠭᠠᠴᠠᠭᠤ ᠡᠳᠦᠷ ᠢ ᠵᠠᠭ ᠤᠨ ᠪᠠᠷᠢᠮᠲᠠ ᠪᠠ ᠲᠣᠭᠠᠴᠠᠭᠤ ᠶᠢᠨ ᠡᠬᠢᠯᠡᠯ ᠦᠨ 《ᠰᠠᠷ᠎ᠠ ᠶᠢᠨ ᠡᠳᠦᠷ》(太阴日) ᠤᠨ ᠪᠣᠯᠤᠨ᠎ᠠ

ᠬᠣᠷᠢᠨ	12	24	6	18	30
ᠭᠤᠷᠪᠠᠳᠤᠭᠠᠷ	11	23	5	17	29
ᠨᠠᠢᠮᠠᠨ	10	22	4	16	28
ᠶᠢᠰᠦᠨ	9	21	3	15	27
ᠬᠣᠷᠢᠨ	8	20	2	14	26
ᠪᠠᠷᠰ	7	19	ᠭᠠᠷᠠᠭ ᠰᠠᠷ᠎ᠠ 1	13	25
ᠭᠤᠨᠢ	6	18	30	12	24
ᠲᠠᠪᠤ	5	17	29	11	23

《ᠲᠦᠷᠦ ᠶᠢᠨ ᠬᠤᠸᠠᠩᠳᠢ ᠶᠢᠨ ᠵᠠᠷᠯᠢᠭ ᠢᠶᠠᠷ ᠵᠢᠯ ᠤᠨ ᠬᠠᠭᠤᠯᠢ ᠶᠢᠨ ᠪᠢᠴᠢᠭ》 ᠢ 18 ᠳᠤᠭᠠᠷ ᠵᠠᠭᠤᠨ ᠤ ᠡᠬᠢᠨ ᠦ ᠦᠶ᠎ᠡ ᠳᠦ ᠮᠣᠩᠭᠤᠯ ᠬᠡᠯᠡ ᠪᠡᠷ ᠣᠷᠴᠢᠭᠤᠯᠤᠭᠰᠠᠨ ᠪᠠᠢᠨ᠎ᠠ᠃ ᠲᠡᠭᠦᠨ ᠦ ᠬᠠᠭᠤᠯᠢ ᠶᠢᠨ ᠪᠢᠴᠢᠭ 《ᠰᠢᠨ᠎ᠡ ᠬᠠᠭᠤᠯᠢ ᠶᠢᠨ ᠵᠢᠷᠤᠬᠠᠢ ᠶᠢᠨ ᠪᠢᠴᠢᠭ》（新法历书）ᠭᠡᠳᠡᠭ ᠨᠡᠷ᠎ᠡ ᠲᠠᠢ᠃ 《ᠴᠠᠭ ᠤᠨ ᠬᠤᠪᠢᠷᠠᠯ ᠤᠨ ᠵᠢᠷᠤᠬᠠᠢ》（时宪历）ᠭᠡᠳᠡᠭ ᠨᠡᠷ᠎ᠡ ᠪᠡᠷ ᠨᠡᠢᠲᠡ ᠳᠦ ᠳᠡᠯᠭᠡᠷᠡᠭᠰᠡᠨ ᠪᠣᠯᠬᠤ ᠪᠡᠷ 《ᠴᠠᠭ ᠤᠨ ᠬᠤᠪᠢᠷᠠᠯ ᠤᠨ ᠵᠢᠷᠤᠬᠠᠢ》 ᠶᠢ ᠣᠷᠴᠢᠭᠤᠯᠤᠭᠰᠠᠨ ᠪᠠᠢᠨ᠎ᠠ᠃ ᠡᠨᠡ ᠬᠦ 《ᠲᠦᠷᠦ ᠶᠢᠨ ᠬᠤᠸᠠᠩᠳᠢ ᠶᠢᠨ ᠵᠠᠷᠯᠢᠭ ᠢᠶᠠᠷ ᠵᠢᠯ ᠤᠨ ᠬᠠᠭᠤᠯᠢ ᠶᠢᠨ ᠪᠢᠴᠢᠭ》 ᠭᠡᠳᠡᠭ ᠨᠢ ᠮᠠᠨᠵᠤ ᠴᠢᠩ ᠤᠯᠤᠰ ᠤᠨ ᠲᠦᠷᠦ ᠶᠢᠨ ᠬᠠᠭᠤᠯᠢ ᠪᠣᠯᠤᠨ᠎ᠠ᠃ 18 ᠳᠤᠭᠠᠷ ᠵᠠᠭᠤᠨ ᠤ ᠡᠬᠢᠨ ᠡᠴᠡ ᠡᠬᠢᠯᠡᠨ ᠮᠣᠩᠭᠤᠯ ᠳᠤ ᠳᠡᠯᠭᠡᠷᠡᠭᠰᠡᠨ᠂ ᠮᠣᠩᠭᠤᠯ ᠬᠠᠭᠤᠯᠢ ᠶᠢᠨ ᠦᠨᠳᠦᠰᠦᠨ ᠪᠣᠯᠤᠭᠰᠠᠨ ᠠᠵᠤ᠃ ᠡᠨᠡ ᠬᠦ ᠬᠠᠭᠤᠯᠢ ᠶᠢᠨ ᠪᠢᠴᠢᠭ ᠢ ᠮᠣᠩᠭᠤᠯ ᠬᠡᠯᠡ ᠪᠡᠷ 18 ᠳᠤᠭᠠᠷ ᠵᠠᠭᠤᠨ ᠤ ᠡᠬᠢᠨ ᠡᠴᠡ ᠬᠣᠶᠢᠰᠢ ᠬᠡᠪᠯᠡᠨ ᠭᠠᠷᠭᠠᠵᠤ᠂ ᠮᠣᠩᠭᠤᠯ ᠤᠨ ᠣᠯᠠᠨ ᠬᠠᠮᠤᠭ ᠳᠤ ᠲᠠᠷᠬᠠᠭᠠᠭᠰᠠᠨ ᠠᠳᠠᠯᠢ ᠪᠡᠷ ᠪᠠᠰᠠ ᠮᠣᠩᠭᠤᠯ ᠬᠠᠭᠤᠯᠢ ᠶᠢᠨ ᠪᠣᠯᠪᠠᠰᠤᠷᠠᠯ ᠳᠤ ᠨᠥᠯᠦᠭᠡ ᠦᠵᠡᠭᠦᠯᠦᠭᠰᠡᠨ᠃ ᠬᠤᠪᠢᠰᠬᠠᠯ ᠤᠨ ᠳᠠᠷᠠᠭ᠎ᠠ ᠴᠠᠭ ᠲᠤ ᠮᠣᠩᠭᠤᠯ ᠬᠠᠭᠤᠯᠢ ᠶᠢᠨ ᠤᠯᠠᠮᠵᠢᠯᠠᠯ ᠢ ᠰᠡᠷᠭᠦᠭᠡᠨ ᠰᠡᠭᠦᠷᠢᠯᠡᠬᠦ ᠶᠢ ᠡᠷᠬᠢᠮᠯᠡᠨ ᠳᠠᠭᠤᠯᠭᠠᠵᠤ ᠮᠣᠩᠭᠤᠯ ᠬᠠᠭᠤᠯᠢ ᠶᠢᠨ ᠰᠤᠳᠤᠯᠭ᠎ᠠ ᠶᠢ ᠭᠦᠨᠵᠡᠭᠡᠢ ᠪᠣᠯᠭᠠᠭᠰᠠᠨ ᠪᠠᠢᠨ᠎ᠠ᠃ ᠡᠨᠡ ᠨᠢ 11 ᠳᠤᠭᠠᠷ ᠵᠠᠭᠤᠨ ᠤ ᠡᠬᠢᠨ ᠡᠴᠡ ᠡᠬᠢᠯᠡᠨ ᠮᠣᠩᠭᠤᠯ ᠬᠠᠭᠤᠯᠢ ᠶᠢᠨ ᠰᠤᠳᠤᠯᠭ᠎ᠠ ᠶᠢᠨ ᠬᠥᠭᠵᠢᠯ ᠦᠨ ᠲᠦᠪᠰᠢᠨ ᠢ ᠲᠤᠯᠭᠠᠵᠤ ᠪᠠᠢᠨ᠎ᠠ᠃ ᠡᠨᠡ ᠨᠢ ᠮᠣᠩᠭᠤᠯ ᠬᠠᠭᠤᠯᠢ ᠶᠢᠨ ᠲᠡᠦᠬᠡᠨ ᠳᠦ ᠴᠢᠬᠤᠯᠠ ᠴᠢᠬᠤᠯᠠ ᠠᠬᠤᠢ ᠪᠣᠯᠬᠤ ᠪᠠᠷ ᠦᠯᠦ ᠪᠤᠷ᠂ ᠬᠠᠷᠢᠨ ᠮᠣᠩᠭᠤᠯ ᠬᠠᠭᠤᠯᠢ ᠶᠢᠨ ᠪᠣᠯᠪᠠᠰᠤᠷᠠᠯ ᠤᠨ ᠳᠠᠷᠠᠭ᠎ᠠ ᠬᠢᠭᠡᠳ ᠡᠷᠲᠡᠨ ᠦ ᠬᠠᠭᠤᠯᠢ ᠶᠢᠨ ᠬᠡᠯᠪᠡᠷᠢ ᠶᠢ ᠵᠢᠷᠤᠭ ᠴᠢᠬᠤᠯᠠ ᠲᠡᠮᠳᠡᠭᠯᠡᠯ ᠦᠯᠡᠳᠡᠭᠡᠭᠰᠡᠨ ᠪᠣᠯᠠᠢ᠃ ᠡᠨᠡ ᠬᠦ ᠬᠡᠰᠡᠭ ᠲᠦ ᠡᠷᠲᠡᠨ ᠦ ᠮᠣᠩᠭᠤᠯ ᠬᠠᠭᠤᠯᠢ ᠶᠢᠨ ᠲᠤᠬᠠᠢ ᠨᠢᠭᠡ ᠨᠢᠭᠡᠨ ᠲᠠᠨᠢᠯᠴᠠᠭᠤᠯᠪᠠᠯ᠄

1. ᠡᠷᠲᠡᠨ ᠦ ᠮᠣᠩᠭᠤᠯ ᠬᠠᠭᠤᠯᠢ ᠶᠢᠨ ᠲᠦᠷᠦᠯ ᠵᠦᠢᠯ

ᠦᠵᠦᠭᠦᠷ ᠤᠨ ᠪᠣᠳᠤᠯ᠂ ᠮᠣᠩᠭᠤᠯ ᠬᠠᠭᠤᠯᠢ ᠶᠢᠨ ᠪᠣᠯᠪᠠᠰᠤᠷᠠᠯ ᠢ ᠡᠷᠲᠡᠨ ᠦ ᠮᠣᠩᠭᠤᠯ ᠬᠠᠭᠤᠯᠢ ᠶᠢᠨ ᠲᠦᠷᠦᠯ ᠵᠦᠢᠯ ᠳᠦ ᠬᠤᠪᠢᠶᠠᠨ ᠬᠤᠪᠢᠶᠠᠵᠤ ᠪᠣᠯᠬᠤ ᠪᠣᠯᠤᠨ᠎ᠠ

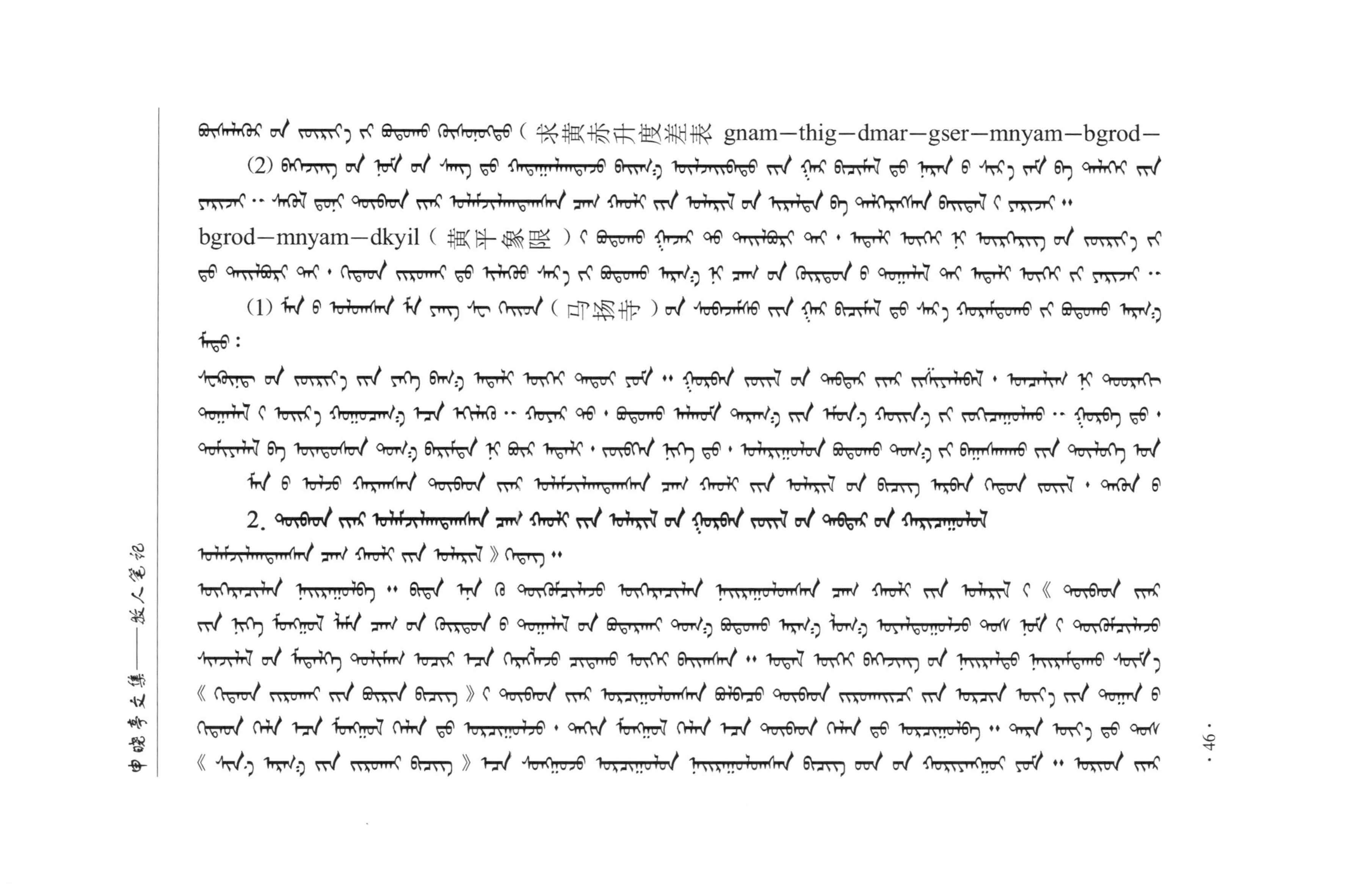

[illegible]（求黄赤升度差表 gnam—thig—dmar—gser—mnyam—bgrod—

(2) [illegible] ::

bgrod—mnyam—dkyil（黄平象限）[illegible] ::

(1) [illegible]（马扬寺）[illegible]:

[illegible]

[illegible]

2. [illegible]

[illegible] 》[illegible] ::

[illegible] 《[illegible]

[illegible]

《[illegible]》[illegible]

[illegible]

《[illegible]》[illegible] ::

zhag—gi—dman—cha) ᠶᠢᠨ ᠣᠷᠴᠢᠭᠤᠯᠤᠭᠰᠠᠨ ᠨᠢ ᠂ ᠣᠯᠠᠨ ᠢ《ᠭᠠᠵᠠᠷ ᠤᠰᠤᠨ ᠤ ᠮᠡᠳᠡᠯᠭᠡ》ᠭᠡᠳᠡᠭ ᠨᠣᠮ ᠣᠷᠣᠰᠢᠵᠠᠢ ᠄᠄ ᠬᠣᠶᠠᠷ ᠳᠤᠭᠠᠷ ᠲᠤ
ᠲᠦᠪᠡᠳ ᠬᠡᠯᠡᠨ ᠦ ᠪᠢᠴᠢᠭ ᠤᠨ ᠬᠡᠯᠡ ᠶᠢᠨ ᠳᠠᠭᠠᠭᠤ ᠳᠤ ᠨᠠᠷᠠᠨ ᠤ ᠪᠠᠢᠷᠢ ᠪᠠᠢᠳᠠᠯ ᠢ ᠬᠡᠮᠵᠢᠭᠰᠡᠨ ᠢ ᠲᠡᠮᠳᠡᠭᠯᠡᠨ ᠬᠡᠮᠵᠢᠭᠳᠡᠭᠦ ᠰᠤᠷᠲᠠᠯᠠᠭᠤᠯ
ᠨ ᠬᠡᠮᠵᠢᠭᠳᠡᠭᠰᠡᠨ ᠬᠡᠮᠵᠢᠶ᠎ᠡ ᠄᠄ ᠤᠷᠲᠤ ᠡᠳᠦᠷ ᠦᠨ 18 ᠴᠠᠭ ᠤᠨ ᠰᠤᠯᠠᠳᠤ ᠴᠠᠭ ᠳᠤ 22 ᠮᠢᠨᠦ᠋ᠲ ᠤᠨ ᠬᠡᠮᠵᠢᠶ᠎ᠡ ᠳᠦ ᠬᠦᠷᠳᠡᠭ ᠄᠄ ᠡᠭᠦᠨ
ᠳᠤ ᠭᠠᠵᠠᠷ ᠤᠨ ᠦᠷᠭᠡᠷᠭᠡ 38°30′ ᠪᠠᠢᠬᠤ ᠂ ᠭᠠᠵᠠᠷ ᠤᠨ ᠭᠦᠯᠦᠪᠡᠷ ᠪᠣᠯᠪᠠᠯ ᠢ ᠬᠢᠳᠤᠯᠬᠤᠢ ᠦᠷᠭᠡᠷᠭᠡ ᠂
ᠬᠡᠮᠵᠢᠭᠳᠡᠭᠦ ᠰᠤᠷᠲᠠᠯᠠᠭᠤᠯ ᠳᠤ 47°18′ ᠪᠣᠯᠤᠨᠠ ᠄᠄

(3) ᠰᠤᠷᠤᠯᠴᠠᠭᠠᠨ ᠤ ᠭᠠᠵᠠᠷ ᠣᠷᠣᠨ ᠤ ᠬᠡᠮᠵᠢᠶ᠎ᠡ《ᠵᠠᠭ ᠰᠢᠷ ᠦᠨ ᠬᠦᠰᠬᠡᠯᠲᠡ》ᠶᠢ ᠬᠡᠮᠵᠢᠵᠦ ᠢᠯᠡᠷᠡᠭᠦᠯᠬᠦ ᠮᠠᠨ ᠳᠤ
ᠪᠣᠯᠤᠭᠰᠠᠨ》ᠨᠣᠮ ᠳᠤ bgrod—mnyam—dkyil（黄平象限）ᠳᠤ ᠬᠡᠪᠲᠡᠭ ᠬᠡᠮᠵᠢᠶ᠎ᠡ ᠳᠤ ᠬᠦᠷᠭᠡᠨ ᠬᠡᠮᠵᠢᠭᠳᠡᠬᠦ ᠬᠡᠮᠵᠢᠶ᠎ᠡ
ᠪᠣᠯᠤᠨᠠ ᠄᠄

3. ᠰᠣᠯᠪᠢᠯᠲᠠ ᠶᠢᠨ ᠬᠡᠮᠵᠢᠭᠳᠡᠭᠦᠨ《ᠵᠠᠭ ᠰᠢᠷ ᠦᠨ ᠬᠦᠰᠬᠡᠯᠲᠡ》ᠳᠤ ᠬᠡᠷᠡᠭᠯᠡᠭᠰᠡᠨ ᠬᠡᠮᠵᠢᠶ᠎ᠡ

《ᠵᠠᠭ ᠰᠢᠷ ᠦᠨ ᠬᠦᠰᠬᠡᠯᠲᠡ》ᠶᠢ ᠵᠣᠬᠢᠶᠠᠬᠤ ᠳᠤ ᠲᠦᠪᠡᠳ ᠦᠨ ᠪᠢᠴᠢᠭ (Tycho Brahe) ᠶᠢᠨ ᠰᠤᠷᠲᠠᠯᠠᠭᠤᠯ ᠢ [illegible] 16 ᠵᠠᠭᠤᠨ ᠤ ᠡᠬᠢᠨ ᠳᠦ ᠪᠣᠯᠭ᠎ᠠ
[illegible]
[illegible]
[illegible]

ᠨᠢᠭᠡ ᠨᠢ ᠄ ᠮᠣᠩᠭᠣᠯ ᠤᠨ ᠲᠣᠯᠢ ᠬᠡᠪᠯᠡᠯ ᠳᠦ 1981 ᠣᠨ ᠤ 7 ᠰᠠᠷ᠎ᠠ ᠶᠢᠨ 31 ᠤ ᠡᠳᠦᠷ ([illegible]
ᠳᠤ ᠬᠡᠪᠯᠡᠭᠰᠡᠨ ᠰᠠᠷ᠎ᠠ ᠶᠢᠨ [illegible] ᠤ ᠡᠳᠦᠷ) ᠳᠤ ᠬᠡᠪᠯᠡᠭᠰᠡᠨ
ᠭᠠᠷᠭᠠᠭᠰᠠᠨ ᠨᠡᠶᠢᠲᠡᠯᠡᠭᠰᠡᠨ ᠢ ᠄

ᠬᠤᠸᠠᠩᠯᠢ 》

C. ᠵᠦᠩ ᠭᠦᠸᠧ ᠶᠢᠨ ᠨᠠᠨ ᠣᠳᠣᠨ ᠣᠷᠣᠨ ᠰᠢᠨᠵᠢᠯᠡᠬᠦ ᠬᠦᠷᠢᠶᠡᠯᠡᠩ ᠦᠨ ᠡᠮᠬᠢᠳᠬᠡᠭᠰᠡᠨ 《 1987 ᠣᠨ ᠤ ᠣᠳᠣᠨ ᠣᠷᠣᠨ ᠤ ᠶᠡᠷᠦᠩᠬᠡᠢ ᠳᠡᠯᠭᠡᠷᠡᠭᠦᠯᠬᠦ ᠵᠢᠯ ᠪᠣᠯᠪᠠᠰᠤᠷᠠᠯ ᠬᠦᠷᠢᠶᠡᠯᠡᠩ ᠦᠨ ᠵᠢᠯ ᠤᠨ ᠬᠤᠸᠠᠩᠯᠢ ᠶᠢᠨ ᠪᠢᠴᠢᠭ 》

B. ᠲᠥᠪᠡᠳ ᠦᠨ ᠣᠳᠣᠨᠵᠢᠷᠤᠬᠠᠢ ᠶᠢᠨ ᠰᠤᠳᠤᠯᠤᠯ ᠣᠳᠣᠨ ᠤ ᠣᠳᠣᠨ ᠣᠷᠣᠨ ᠤ ᠲᠣᠭᠠᠨ ᠤ ᠰᠤᠷᠭᠠᠭᠤᠯᠢ ᠶᠢᠨ ᠬᠦᠷᠢᠶᠡᠯᠡᠩ ᠦᠨ ᠡᠮᠬᠢᠳᠬᠡᠭᠰᠡᠨ 《 ᠵᠢᠷᠤᠬᠠᠢ (rgya—rtsis—vjams—dbyangs—dgyes—pavi—mchod—sprin) 》 ᠪᠢᠴᠢᠭ

A. ᠰᠢᠨᠵᠢᠯᠡᠬᠦ ᠶᠢᠨ ᠳᠤᠭᠠᠷᠯᠠᠯ 《 ᠲᠥᠪᠡᠳ ᠬᠢᠭᠡᠳ ᠬᠤᠪᠢᠯᠭᠠᠯᠲᠠ ᠵᠢᠷᠤᠬᠠᠢ ᠶᠢᠨ ᠬᠤᠸᠠᠩᠯᠢ ᠡᠷᠳᠡᠮ ᠦᠨ ᠪᠠᠷᠢᠮᠲᠠ ᠬᠡᠪᠯᠡᠯ ᠦᠨ ᠣᠳᠣᠨ ᠠᠰ ᠤᠨ ᠣᠳᠣᠨ ᠤ ᠡᠳᠦᠷ) ᠦᠨ ᠨᠠᠷᠠ ᠭᠡᠷᠡᠯᠲᠡᠬᠦ ᠶᠢ ᠲᠥᠪᠬᠡᠷᠡᠭᠦᠯᠬᠦ ᠰᠠᠷᠠᠳᠠᠭ ᠬᠤᠭᠤᠴᠠᠭ᠎ᠠ ᠦᠨ ᠰᠢᠯᠭᠠᠨ ᠪᠠᠳᠤᠯᠭᠠᠬᠤ ᠪᠠᠢᠳᠠᠯᠪᠠᠷ :

ᠵᠢᠱᠢᠶ᠎ᠠ ᠪᠣᠯᠪᠠᠯ : ᠨᠠᠷᠠ ᠶᠢᠨ ᠬᠠᠭᠠᠯᠲᠠ ᠤᠯᠠᠷᠢᠯ ᠦᠨ 1987 ᠣᠨ ᠤ 9 ᠰᠠᠷ᠎ᠠ ᠶᠢᠨ 23 ᠤ ᠡᠳᠦᠷ (ᠲᠥᠪᠡᠳ ᠬᠤᠸᠠᠩᠯᠢ ᠶᠢᠨ ᠨᠠᠢᠮᠠᠨ ᠰᠠᠷ᠎ᠠ ᠶᠢᠨ

ᠵᠥᠷᠢᠶ᠎ᠠ	+15m 32s	+19m 0s	1+6m 5s	+0.04
ᠣᠨ ᠬᠤᠸᠠᠩᠯᠢ（天文普及年历）ᠣᠳᠣᠨ ᠣᠷᠣᠨ ᠤ ᠶᠡᠷᠦᠩᠬᠡᠢ ᠳᠡᠯᠭᠡᠷᠡᠭᠦᠯᠬᠦ	9h 59m 16s	11h 17m 58s	12h 39m 48s	0.56
ᠲᠥᠪᠡᠳ ᠬᠢᠭᠡᠳ ᠬᠤᠸᠠᠩᠯᠢ ᠲᠥᠪᠡᠳ ᠬᠢᠭᠡᠳ ᠬᠤᠪᠢᠯᠭᠠᠯᠲᠠ ᠵᠢᠷᠤᠬᠠᠢ	10h 38m 48s	11h 38m 58s	12h 55m 53s	6/12
	ᠡᠬᠢᠯᠡᠬᠦ ᠬᠢᠷᠮᠠᠯᠠᠬᠤ	ᠲᠥᠪᠴᠢᠭᠦᠨ ᠬᠢᠷᠮᠠᠯᠠᠬᠤ	ᠲᠡᠭᠦᠰᠬᠦ	ᠬᠢᠷᠮᠠᠯᠠᠬᠤ ᠶᠢᠨ ᠬᠡᠮᠵᠢᠶ᠎ᠡ

ᠬᠦᠰᠦᠨᠦᠭ 2　1981 ᠣᠨ ᠤ 7 ᠰᠠᠷ᠎ᠠ ᠶᠢᠨ 31 ᠤ ᠡᠳᠦᠷ ᠦᠨ ᠨᠠᠷᠠ ᠬᠠᠭᠠᠯᠲᠠ ᠬᠢᠷᠮᠠᠯᠠᠬᠤ ᠪᠦᠷᠢᠳᠬᠡᠯ

ᠴᠠᠭ A ᠶᠢᠨ	−37m 35s			−36m 06s		0	+0.09	
C	8h 20m		9h 51m	11h 20m		3h	0.57	
B	8h 20m	ᠲᠣᠭᠣᠴᠠᠭᠠᠯᠠᠬᠤ ᠪᠠᠶᠢᠳᠠᠯ ᠪᠣ	9h 26m	10h 41m			2/3	
A	7h 42m 25s	ᠰᠠᠷ᠎ᠠ ᠭᠡᠷᠡᠯᠲᠦ ᠪᠠᠶᠢᠳᠠᠯ ᠡᠳᠦᠷ		10h 42m 54s	ᠰᠠᠷ᠎ᠠ ᠭᠡᠷᠡᠯᠲᠦ ᠴᠠᠭ ᠡᠳᠦᠷ	3h	8/12	ᠪᠦᠷᠢᠨ
	ᠡᠬᠢ ᠬᠢᠷᠢᠲᠡᠯᠲᠡ	ᠴᠠᠭ ᠬᠢᠷᠢᠲᠡᠬᠦ	ᠬᠢᠷᠢᠲᠡᠯᠲᠡ ᠪᠦᠷᠢᠨ	ᠲᠠᠰᠤᠷᠠᠯᠲᠠ	ᠭᠡᠷᠡᠯᠲᠦ ᠴᠠᠭ	ᠦᠷᠭᠦᠯᠵᠢᠯᠡᠬᠦ ᠬᠢᠷᠢᠲᠡᠯᠲᠡ	ᠶᠢᠨ ᠰᠢᠨᠵᠢ ᠬᠢᠷᠢᠲᠡᠬᠦ	ᠲᠣᠮᠢᠶ᠎ᠠ

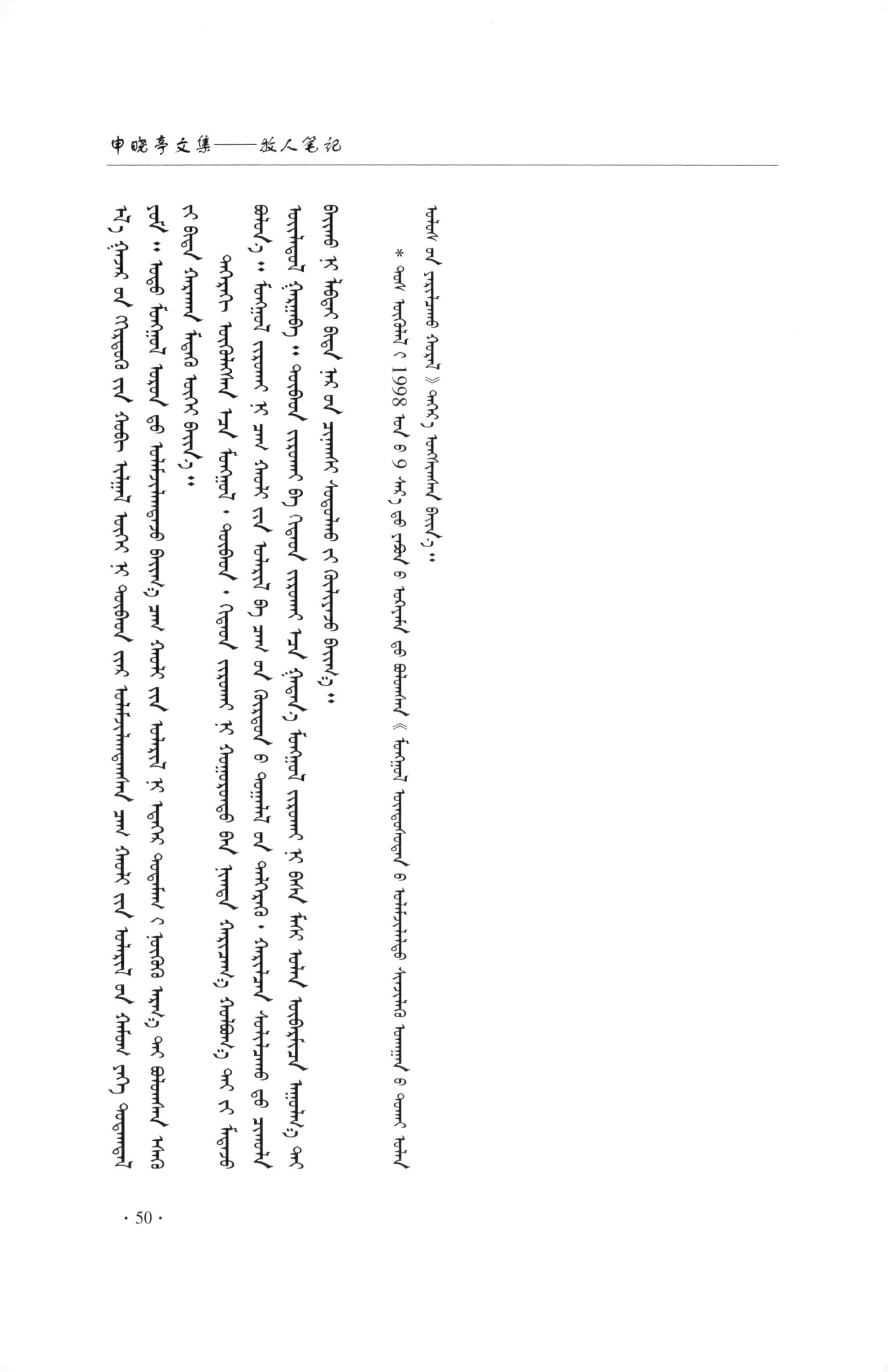

该蒙古文稿题名汉译为《谈蒙古历与藏历》，称之为一稿，曾在1998年9月日本冈山“蒙古传统科学国际讨论会”上宣读，并刊登于《内蒙古社会科学（蒙文版）》2001年第2期。

2000年4月修改后名为《蒙古历藏历汉历》，称之为二稿，刊登于《文献》2002年第1期，两稿基本内容相同。

蒙古历藏历汉历例说

黄明信　申晓亭

蒙古历、藏历、汉历都有着悠久的历史，三者之间相互影响、相互关联，有着直接或间接的复杂关系。藏历是藏族的物候历、印度的时轮历和汉历的混合体，它以时轮历为主，以汉历为辅，形成了自己独有的特色。汉历又称夏历、农历、时宪历，其内容除天文历法之外，也包括五行占算。藏历与汉历同是阴阳合历，但是在纪年法、纪月法、纪日法、日月食的推算上都有许多不同。蒙古历有自己的传统，又兼有藏历、汉历的一些成分，并在汉历向藏历的传播中起了重要的桥梁作用。这里取几个与蒙古历有关的例子，论及某些原理和方法，从中可见三者之关系。

一、纪年法

1.《蒙古源流》有关成书年代的记录，这里涉及时轮历胜生周纪年法。

蒙古文的原文为 urɣumal törögsen ǰil yisün ulaɣan killing-tü kemekü-yin tabin yisüdüger。逐字对译是“生长物出生的年，叫做九紫忿怒明王的第五十九年”。

此书有清初的汉文译本，将这句意译为“乙丑九宫值年”即康熙二十四年，公元1685年。其后近二百年都沿用此说。到1956年，比利时人田清波（Antome Mostaert）认为这句话应理解为“(作者）出生的第五十九年”，而原书的作者生于1604年，因此这个成书年代不是1685年，而应为1662年。此说出现后很快地得到各国学者的认可，内蒙古历史学会在呼和浩特于1962年举行了《蒙古源流》成书三百周年的纪念会，就是根据此说。现在国际上都采用此说，似乎已成定论。至于“九紫忿怒明王”，田氏未做解释。

我们理解，“九紫”是汉族历法（藏历同）中“九宫”里的第九宫的名称，“忿怒明王”则是指藏传时轮历的“饶迥（胜生周)”的第五十九年的名字，这里所说的不是作者出生的第五十九年，而是“饶迥（胜生周)”的第五十九年，应为1685年。

所谓“饶迥（胜生周)”，是从印度传入西藏的时轮历的纪年法，它也是六十年一周期，每一年各有一个名称，就像汉历里用“甲子”作为六十年周期的名称一样，也是用其第一年的名称作为这种六十年周期的总称。这个第一年名叫rab-vbyung，音译为“饶迥”，意译为“胜生年”，相当于丁卯年，因此也可以叫做“丁卯周”。不过，这六十个年的名称互不关联，不便于记忆，所以用之者较少。在藏历里更多是用第几个“丁卯周”（饶迥）与汉族的“甲子周”（又称干支周）相结合的办法。例如：公元1984年甲子记为第十六个丁卯周的第五十八年木鼠年，2004年甲申记为第十七个丁卯周的第十八年木猴年。在藏历里是用木、火、土、金、水五行各分阴阳来表示十天干。

蒙古历在纪年上多采用汉历的甲子周，蒙古用蓝、红、黄、白、黑五色各分深浅来表示十天干，同时也兼用时轮历胜生周纪年法。现将此例中有关的胜生周名称记录如下：

年序	梵文名	藏文名	蒙文名	汉文名
1	prabdava	rab-vbyung	sayitur-γaruγsan	胜生、饶迥

38	khrodhini	khro-mo	kilingtei	忿怒母（阴性）
59	krodhana	khro-bo	kiling-tü	忿怒明王（阳性）

梵文、藏文、蒙古文的“忿怒”都有阳性、阴性之别，时轮历的阳性忿怒年是胜生周的第五十九年，译为忿怒明王。而（第十一个）胜生周的第五十九年正是康熙二十四年乙丑（1685），清初译本与之相符。而作者出生后的第五十九年（1662）是胜生周的第三十八年，该年的名称为阴性忿怒，译为忿怒母。不知这里是否是田清波的疏忽。

2.《蒙古源流》里关于吐蕃赞普松赞干布生年的记录。这里涉及藏历里的释迦纪年法。蒙古文原文为：

tegün-ü köbegün-inü mön uridu tere uu quluɣan-a ǰil-eče inaɣsi qoyar minɣ-a doloɣan ǰaɣu tabin-u ding üker ǰil eke samri tudger kemekü qatun-ača…

汉文本译为：“其子自前戊子纪年以来，历二千七百五十年，岁次丁丑，乃母必哩玛托特噶尔（藏文 vbri-ma-thod-dkar）夫人生一瑞相全备，顶显阿弥陀佛相，美貌灵异之子（按：即与唐朝文成公主结缡之吐蕃赞普松赞干布）”。这个“前戊子纪年”和这个“丁丑”，分别各是哪一年呢？

佛教史书常用释迦牟尼诞生或入灭（即圆寂）为纪元，但是这两个年代具体的究竟是哪一年？异说甚多，藏传的就有十几种，其中最著名的有四种。

（1）萨迦派的说法，佛圆寂于公元前2134年丁亥。

（2）《旃檀瑞像记》的说法，佛诞生于公元前1027年甲寅。此说实际上来源于汉文的佛教史书。

（3）时轮历浦派的说法，佛诞生于公元前961年庚申，佛圆寂于公元前881年庚辰。其后的著作采用此说者较多。

（4）迦湿弥罗班禅的说法，佛圆寂于公元前544年丁巳。

这些都与现在国际上最普遍的公元前554年之说不同。

因此，引用藏文和蒙古文史书，凡是遇到佛诞或佛灭纪元，首先必须知道作者所用的是哪一种说法。

上述的这个“戊子年”乃是按照萨迦派的说法，释迦牟尼圆寂于公元前2134年，以此作为零年，以其次年，即公元前2133年戊子为起点进行计算。2750－2133＝617（公元），丁丑。即：松赞干布诞生于公元617年的那个丁丑年。与藏文的《布顿佛教史》《红史》《汉藏史集》所载正相符合（此三书都有汉译本）。

但不是所有的藏文史书都采用萨迦派的说法，例如五世达赖的名著《西藏王臣记》则采用浦派的说法是根据15世纪的时轮历浦派名著《白莲亲传》（pad-dkar-zhal-lung）中所说释迦成道在氐宿月，当时有月食的记载，用历算的逆推法推算出来的。而《西藏王臣记》的郭和卿汉译本（民族出版社1983年版8～10页）却错误地把佛入灭推算成公元前541年，就是不知道原作者采用的是哪种说法之故。

这种释迦纪年法在蒙古史书中也经常见到。

二、纪月法

在1994年西藏自治区天文星算研究所编的《第17丁卯周木狗年（1994）历书》中：第一个月记录为“hor-zla-gsum-pa（霍尔月第三）”，最后一个月记录为“hor-zla-gñis-pa（霍尔月第二）”。其实，1994以前，历年的西藏历书都是如此记录的。“hor”音译为“胡”或“霍尔”，这个词在各个时代所指不同，在这里是指蒙古，因此可译为“霍尔月”或“蒙古月”。什么是霍尔月？它和藏历、汉历的关系又是如何？为什么在西藏历书中的第一个月要记录为“霍尔月第三”呢？要了解这些问题，我们先看看时轮历系统纪月法的特点。

时轮历系统的纪月法有以下几个特点。

1. 以二十七宿的名字作为月份的名称

现在汉族习惯于以一、二、三等序数称呼月份，好像很自然，别无他法，无论哪个时代、哪个国家都只能是这样似的。其实不然。英文里十二个月的名称，并不都有数字顺序的意义；印度古代最常用的方法是用月亮最圆，即“望”的时刻，在二十七宿（代表天穹的恒星背景）中处于哪一宿，或其附近而命名，叫做“望宿月”。例如，望（即满月、月最圆的时刻）在角宿或其附近的那个月叫做“角宿月”相当于农历的二月十六到三月十五日。氐宿月相当于农历的三月十六到四月十五日。以下依次为：心宿月、箕宿月、牛宿月、室宿月、娄宿月、昴宿月、觜宿月、鬼宿月、星宿月，相当于农历的十二月十六到正月十五。这种方法的好处是不必因不同的历法年首不同而变更其名称。因为它有客观的天文学上的标志，不是人单凭自己的主观意志而任意规定的。无论哪个时代、哪个地方、哪个教派都不能不承认它。玄奘的名著《大唐西域记》中说“随其星建，以标月名，古今不易，诸部无讹”，就是这个意思。这种方法现在西藏仍在使用，它的使用历史要比霍尔月长。

2. 以春分作为岁首。

一年的十二个月本来是循环不断，无所谓首尾的。但是为了天文计算和日常生活的方便，不能不给它定出个头尾来。至于把起点定在哪里，则由人自己选择，没有绝对的客观标准。这个起点，又有岁首和年首之分。岁首用于天文计算，一般都是采用一个在天文上有特殊意义的位置为起点。时轮历是采用昼夜相等的春分为起点。西藏《历书》遵循时轮历，以春分作为计算起点，同时又采用汉历夏历中以寅月为正月的“霍尔月”纪月法。时轮历开始制订时，春分所在之月相当于霍尔月三月，所以现在的藏文历书里仍保留旧的传统，把霍尔月三月放在历书的开头处。

3. 朔望月的起始。

朔望月是 29.53 天，不是整 30 天。印度时轮历将从“朔”到“望”的时间称为“白分”，从“望”到“朔”的时间称为“黑分”，并且一个月的起始又有白分在前和黑分在前两种计算方法。印度时轮历的“望宿月”是以黑分在前计算的，即以月圆的望为月终日，以月圆的次日为月首日，又称“望终月”，例如，角宿月相当于农历二月十六到三月十五。藏传时轮历一般采取白分在前的计算方法，但固定月圆“望”为十五日，于是“朔”日就不能固定为初一。这与汉历又有所不同，汉历则是固定“朔”（即看不见月亮的那一天）为初一，因此“望”就不一定是十五，俗话有“十五不圆十六圆”，就是这个原因。

4. 有不同于汉历的重日、缺日大小月计算法和闰月计算法。

在大小月、闰月的计算上时轮历与汉历的计算原理、计算方法和计算结果都是不一样的。比如：汉历求月的大小以朔（日月在同一经度上）为准，朔固定为初一日，以前一个月的朔与后一个月的朔相比较，日的天干相同者前月大，不同者前月小。时轮历里月的大小是用重日和缺日决定的，重日、缺日的原理是为调节太阳日与太阴日的日序关系而设置的，重日和缺日的有无和多少，决定该月是三十天还是二十九天，即月的大小。

	重一	重二	无重
缺一	三十天	不可能	廿九天
缺二	廿九天	三十天	不可能
无缺	不可能	不可能	吉祥月

又例如：时轮历和汉历虽然都采用了“无中气置闰”的置闰月原则，但时轮历用“平气”，一年十二个月置闰的机会是均等的，而时宪历用“定气”，十二个月里置闰的机会不是均等的，因此两种历法的闰月也是不同的。

那么霍尔月又有哪些特点呢？

1. 以正、二、三等序数纪月

如上所述，以序数纪月可以说是汉历特有的方法，藏历里是在13世纪才开始使用霍尔月的正月、二月、三月……这种以序数纪月的方法，称之为“霍尔月”。

2. 以“寅月”为正月

正月初一，是过年的日子，也是年首。以“寅月”为正月，这正是汉历中的“夏正”的纪月法。汉历是以日影最短，即昼最短、夜最长的冬至为计算起点的，冬至所在之月固定为子月（十二地支之首）。周朝以子月为正月，商朝以其后的丑月为正月，夏朝以再其后的寅月为正月，这就是汉历中的所谓“周建子，商建丑，夏建寅”。现在的汉历沿用的是“夏正”，即以冬至后的第二个月“寅”月为正月。霍尔月即是以“寅月”为正月，藏历的新年不在霍尔月的三月，而在霍尔月的正月初一。

3. 固定“望”为十五日

霍尔月采用从“朔”到“望”的“白分”在前计算法，与时轮历以月圆的次日为一个月的开始不同。但霍尔月固定“望”为十五日，与藏传时轮历相同，又与汉历固定“朔”为初一不同。因此霍尔月的日期和农历的日期有时重合，有时差一天，有时差一个月，有时差一个月零一天，差一天是因为认定初一、十五的方法不同，差一个月是因为置闰方法不同。

4. 藏历中的霍尔月在计算闰月、决定大小月的重日、缺日上仍保持了时轮历传统的算法

不难看出霍尔月的前两条的特点都是来自汉历中的“夏正”，这种纪月法是在元代通过蒙古传到西藏的，并被藏历所接受，所以历史上称它为“霍尔月”（“胡月”“蒙古月”）。而后两条中有时轮历的特点，这种兼有时轮历和汉历两种成分的方法也是藏历特有的方法，从1995年起西藏的历书中已改称其为“bod-zla（藏月）”。在藏文文献中仅出现过“霍尔月”这个名称，没有出现过“霍尔年”“霍尔日”这样的名称。

上述例子的具体换算如下：第十七丁卯周木狗年霍尔月三月初一等于农历甲戌年三月初一等于公历1994年4月11日。

关于霍尔月这个名称的来源，五世达赖喇嘛所著的《黑白算答问》一书中说：“成吉思汗于第四个丁卯周的火猪年（1227）取西夏国都，隆重庆功，即以此月为蒙古岁首，星宿月遂以正月见称。”此书上距成吉思汗四百余年，达赖没有说出其根据，也许只是口头的传述。不过，藏族学者都沿用此说。近年山口瑞凤先生对此提出疑问说：“据元史本纪，成吉思汗灭西夏是在元太祖二十二年六月，而不是在正月，这种传说是怎样形成的，无法猜测。”无论其确切的年代为何年，最迟到13世纪中叶，在八思巴用藏文写的著作中已经在用时轮历的纪月方式（望宿月）之间夹有这种新的纪月方式，也叫做“王制月”，可能与汉族传统把“奉正朔”作为承认皇帝宗主权的标志有关。霍尔月的引进也是经过抵制和斗争的。布顿大师（1290—1365）比八思巴晚大约六十年，他还在指责八思巴，说他不应该穿蒙古服装，尤其是在传戒仪式中，述僧腊（即僧龄）时不该口称“霍尔月某日”。不过，后来这种纪月法还是被普遍地接受了。历史上民族之间的文化交流往往是有一个过程的。

三、纪日法

蒙古文《俺答汗传》内有两处关于日期的记录涉及时轮历的纪日法。

A. 第4页蒙古文原文：

bodisong altan qaɣan ɣal qutuɣ-tu em-e taulai ǰil-un budaday-a kökeler sara-yin ɣučin-a üker edür-tür butun qatun-ača niɣun öken qoyar tegüs törögsen-dür…

汉文本译为：“火吉祥母兔年（丁卯）十二月三十日牛日圣者阿勒坦汗生于博坦哈屯。”

B. 第 37 页蒙古文原文：

čaɣan moɣai ǰil-dur qatun-u gool-dur kökeler sara-yin arban yisün-e bars edür-tur qan ejen dalan tabun nasun-tur-iyan taqiy-a čaɣ-tur ɣaiqamsiɣ burqan-u saɣudal-iyar saɣuju tegri-yin ɣaǰar-a ögede boluγsan čaγ-tur…

汉文本译为：“白蛇年（辛巳）库胡列儿月（十二月）十九日虎日鸡时，在哈敦郭勒河（黄河）畔，君主可汗年七十五岁，结跏趺坐而升天。”

这里面有三点疑问：

1. 这个丁卯年是明朝的正德二年，这一年汉历十二月小，没有三十日。是否藏历？

2. 明正德二年最后一天的干支应该是戊戌，是狗日而不是牛日。怎样解释？

一位日本学者猜想这个三十日是二十日之误，因为这个月的二十日才是牛日，而蒙古文的二十与三十字形相近。（森川哲雄：Study of the Biography of Altan Kan，日本，九州大学教养部，1987，114 页注［24］。）

3. 这个辛巳年是明万历九年，汉历这一年十二月十九日的干支是己酉，是鸡日而不是虎日。怎样解释？

藏历中也有用十二属相纪日的方法，但不同于汉历的六十干支纪日法。这种方法是每月初一固定为虎日或猴日，单月为虎日，双月为猴日，也就是说，每两个月循环一次。以正、二两个月为例，列表如下：

虎	**正月初一**	十三日	廿五日	初七日	十九日
兔	初二日	十四日	廿六日	初八日	二十日
龙	初三日	十五日	廿七日	初九日	廿一日
蛇	初四日	十六日	廿八日	初十日	廿二日
马	初五日	十七日	廿九日	十一日	廿三日

续表

羊	初六日	十八日	三十日	十二日	廿四日
猴	初七日	十九日	**二月初一**	十三日	廿五日
鸡	初八日	二十日	初二日	十四日	廿六日
狗	初九日	廿一日	初三日	十五日	廿七日
猪	初十日	廿二日	初四日	十六日	廿八日
鼠	十一日	廿三日	初五日	十七日	廿九日
牛	十二日	廿四日	初六日	十八日	三十日

这是正、二两个月的排法，三、四两月再循环一次，以下类推，即每年循环六次。无论哪一年都是这样。那么，遇到二十九天的月份，是否顺推呢？不是的，这种算法是以“太阴日”为前提的。太阴日每月固定为整 30 天，没有大小月之别。但是把这种算法与太阳日的日期配合时，随着太阳日的重缺、有无，就会出现不连续的情况，起不到汉历的干支纪日那样的作用了。

有了这个表，上述的问题就迎刃而解了。十二月是双数月，其十九日正是虎日，其三十日正是牛日，《俺答汗传》这里的记录用的是藏历的重缺日纪日法，与汉历的干支纪日没有关系，因此，那位日本学者的猜想是不必要的。

四、时宪历的引进

检测一种历法准确程度最重要的标志归根到底还是日食、月食的预测推算。汉族历来认为日月食是凶兆，印度的佛经里与此相反。西藏于 11 世纪初从印度引进时轮历，其主要目的乃是因为佛经里所说：月食时善恶作用增长七俱胝（千万）倍，日食时增长十万俱胝倍。因此，时轮经的信徒十分注重日月食的预测。但是按时轮历推算，日食本来就不十分精密，更由于尾数的细小误差经过多年的积累，成为较大的误差，非常需要找寻一种更准确的方法。但是藏族直到18世纪以前，没有从汉族引进更先进、更准确的历法。其原因至少有两方面：一是汉族皇家严格禁止历法外传，二是时轮经在宗教上有崇高的地位。

明末，西方传教士来到中国，带来了16世纪的天文历算。这时欧洲已经有了望远镜等观测手段，其成就超过13世纪授时历的水平。于是以徐光启为首的一批中国学者向他们学习，于1635年制定出新的历法一百三十七卷，取名《崇祯历书》，已经刻板，但由于政治动乱，还没有来得及颁行，明朝就灭亡了。顺治元年（1644）清朝建立，曾经参加《崇祯历书》编写工作的意大利传教士汤若望，把这部书稍加删改压缩成一百零三卷献给清廷，取名《西洋新法历书》（后因避乾隆名讳，改名《新法算书》）。清廷果断采用，并于顺治二年（1645）颁行，并且给它定了一个新的名称叫做“时宪历”。根据“时宪历”所编的历书叫做“时宪书”，民间简称为“宪书”，后来宪书几乎成为历书的同义语。有蒙古文和满文的译本。时宪历沿用到1911年，改用公历后被称为农历，与公历并行。

藏历在发展过程中虽然吸收了一些汉历的内容，如十二生肖纪年法、霍尔月、二十四节气和春牛经等，但都是枝节的，不成体系的。有系统地从汉历引进的历法只有一种，这就是从北京引进的时宪历，其中蒙古又起了重要的桥梁作用。

时宪历颁行后，以《新法算书》为主要蓝本，于康熙五十年（1711）便完成了时宪历的蒙译工作，我们称之为《康熙御制汉历大全蒙译本》（三十八卷）。康熙五十四年（1715），又派人“携此蒙文译本送交哲布尊丹巴呼图克图，请其译为藏文”。《康熙御制汉历大全藏译本》是一部忠实于原著的选译本，只选译了其中推算时用到的实践部分，而省略了原理部分。可惜译笔生硬晦涩，加之当时的藏族的历算家们缺乏几何三角的数学知识基础，因此无法使用此书。

不久（乾隆初年，公元1740年左右），有一位雍和宫的蒙古喇嘛（很可惜他的名字没有留下来）为了蒙藏人易于接受，把它进行简化改编，创造出一套与时轮历的运算方法糅合起来的方法，随即有人用藏文写下来，题为《汉历中以北京地区为主之日月食推算法》，通称为《马扬寺汉历心要》。从此《马扬寺汉历心要》就成为藏传时宪历的祖本。1860年左右《汉历心要》从甘肃北部的马扬寺传到甘肃南部的拉卜楞寺，1879年建立喜金刚院传习这种汉历，每年自己编制“黄历”，直到1958年，80年间没有中断过。20世纪初年传到了拉萨，在藏医院里设立了传习课程，并将按这种方法推算日月食的结果载入每年编制的藏文年历里，至今保持不断，也已有60年的历史了。

时宪历在世界天文学史上属于16世纪末欧洲的第谷·布拉赫（Tycho Brahe 1546—1601）系统，已经进入近代天文学的领域，其推算日月食的结果是相当精确的，误差不过几分钟。但是经过简化之后的藏传时宪历就没有那么精确了，误差可达十几至三十几分。

目前我们所知道的蒙古历，在推算日食月食上用的方法与藏传时宪历是相同的。

五、汉、藏、蒙历法源流探索点滴

研究汉、藏、蒙历法可以发现，十二生肖纪年法及春夏秋冬四季纪月法在早期的汉历、藏历、蒙古历中都有应用，在现有的文献中，汉历可以追溯到汉代，藏历可追溯到敦煌，蒙古历可追溯到蒙古汗国。那么，其中的源流关系又如何呢？这里先讨论两个问题。

1. 十二生肖起源于什么地方？

从多方面情况来看，十二生肖应当起源于中国。其理由具体如下：

其一，在东汉王充的著作《论衡》中对十二生肖便有较为系统的明确记载。从他在《物势篇》《言毒篇》《讥日篇》中的记载可知，子鼠、丑牛、寅虎、卯兔、辰龙、巳蛇、午马、未羊、申猴、酉鸡、戌狗、亥猪的概念在东汉已相当清楚。

其二，在《周书》卷十一《晋荡公护传》中，对生肖属相已有详细说明。如："昔在武川镇生当兄弟，大者属鼠，次者属兔，汝身属蛇。"

其三，据考古出土资料《日书》可知，秦代已大体将十二地支与十二兽相联系（尽管当时的十二兽与后来的十二兽有所不同）。

其四，在先秦的古籍中，如《诗经·小雅·吉日》、《礼记》卷十七《月令》、《吴越春秋》卷四《阖闾内传》也有一些记载，但是否为十二生肖纪年，目前尚有争议。

从以上事例来看，春秋战国之前甚至周代已存在十二兽即十二生肖。这说明十二生肖在中国已有久远的历史，同时也说明十二生肖是中国人自己创造发明的，而不是从西方或其他什么地方传入的，其起源地当是中国中原地区。

1975年湖北云梦县睡虎地十一号墓出土的竹简《日书》，在占卜盗者相貌特征时系统地记载了十二生肖，填补了汉以前资料不系统的缺陷。据考证，睡虎地十一号墓下葬于秦始皇三十年（前217），因此十二生肖的产生至少可以追溯到秦以前。这样，赵翼因"更推知汉以前，则未有言及者"，而推论十二生肖源于匈奴，就显得过时了。

2. 关于西方传入说

关于十二生肖起源的时间和地点，众说纷纭。清人赵翼最早提出它是由西方诸国，经西域由突厥民族传入中国的，他的主要根据是《新唐书》卷二一七下《黠戛斯传》和《太平寰宇记》。据上述资料记载，西方的回鹘和黠戛斯人也是用十二生肖纪年。许多历法学家都不能提出足够的证据反驳他的这种看法，但只要仔细推究，其中的漏洞也就不难发现了。

《新唐书》和《太平寰宇记》所记回鹘和黠戛斯人以十二生肖纪年当是在745年以后，因回鹘人是在745年灭亡突厥汗国之后建立回鹘汗国的，而黠戛斯人则是在840年攻破回鹘汗国后而建立黠戛斯国，他们的十二生肖纪年法当是直接继承被其灭亡的突厥汗国。据大量史料记载，古代突厥各民族的十二生肖纪年法不是由西方而是由中国传入的。其原因具体如下：

首先，突厥各族在隋之前无法，其十二生肖纪年法是隋代由中原传入的。

其次，突厥人于8世纪30年代才有使用十二生肖纪年法的明确记载。

再次，回鹘时代才较为普遍地使用十二生肖纪年法。

最后，成书于11世纪的《突厥语大词典》中有关于十二生肖纪年法及其来源的记载，原句如下："突厥人取十二种动物之名称来记年。"

据资料可知，隋朝于586年颁历于突厥，而突厥只吸收了十二生肖记年法，未采用干支纪年法。据突厥碑文所载，突厥人是在730年开始使用十二生肖纪年，而在突厥之后的回鹘汗国和黠戛斯汗国，他们使用十二生肖纪年法当是从突厥人中延续下来。由此可以说明，赵翼关于十二生肖是由西方传入的说法是没有根据的。

以上是引用的有关资料，再加两个旁证：其一，匈奴也好，突厥也好，都是草原游牧民族，不可能有鸡、猪这样的动物；其二，龙是汉族的图腾，不是现实中的动物。所以，根据目前我们所见到的有关的史料考证，我们认为源于中国说比源于西方说更为有力。

关于春夏秋冬四季纪月法汉历中更是早有记载。《春秋》第一句："隐公元年春正月……"《三国志·魏书·明帝纪》："景初元年春正月壬辰，山？县言黄龙见。于是有司奏，以为魏得地统，宜以建丑之月为正。三月，定历改年为孟夏四月。……其春夏秋冬孟仲季月虽与正岁不同，至于郊祀……"

由此看来，早期的蒙古历和藏历可能受到突厥历的影响，未采用干支纪年法，只吸收了十二生肖纪年法，这其中可能也有汉语的“甲乙丙丁、子丑寅卯”不方便翻译的原因。不同于突厥历的是，蒙古历、藏历还吸收了汉历的春夏秋冬四季纪月法。不管是直接吸收还是间接吸收，溯其源，十二生肖纪年法及春夏秋冬四季纪月法应该是来自于汉历。

起初只是接受了十二生肖纪年法，经过一段时间以后，藏历大约9—10世纪，蒙古历大约是15—16世纪，藏历、蒙古历形成了具有自己特色的干支纪年法，藏历用木、火、土、金、水五行分阴阳表示十天干，蒙古用蓝、红、黄、白、黑五色各分深浅表示十天干。

于是我们可以整理出这样的脉络：藏历在11世纪以前，蒙古历在13世纪以前受到汉历的影响，接受了汉历的十二生肖纪年法及春夏秋冬四季纪月法，11世纪印度时轮历传入西藏后，藏历便以时轮历为主，但仍保留了十二生肖纪年，饶迥与干支并用。蒙古历接受汉历的影响比藏历多，从元代起就接受了汉族的朝代纪年法，常常是朝代与十二生肖并用，15世纪藏传佛教进入蒙古后，蒙古历又接受了许多时轮历的内容。

这里要说明两个问题：

其一，历法不仅仅是纪年、纪月的表示方法，更重要的是编制法——回归年和朔望月的准确长度、安排大小月的方法、闰月的方法、日月食的测算等，由于汉朝皇帝对历法传播的严格限禁，汉历的编制法很难传入其他地区。

其二，蒙古历、藏历不仅接受汉历、印度时轮历的影响，也会接受其他周边国家的影响，比如，《至元译语》《华夷译语》中的古蒙古月名，有可能受周边其他民族的影响。蒙古历、藏历中也会有自己纯民族的东西，比如蒙古历中的成吉思汗纪年法、藏历的物候历等。

蒙古历、藏历是天文历算学的重要组成部分，是民族文化的重要组成部分，具有很高的科学价值和人文历史价值，是非常值得深入研究的。从事这个领域的研究需要有专门的天文学、数学的知识，研究它们的横向关系更需要有多方面的语言、历史知识，这些都造成了深入涉足这个领域的难度。目前，在这个领域无论是纵向的、横向的，需要进一步解决的问题都很多，我们的研究非常肤浅，还只限于皮毛。我们呼吁蒙古历学者、藏历学者、汉历学者大家通力合作，共同挖掘这个丰富的宝藏，精心培育这束中华文化的奇葩，使它盛开起来，传播世界。

该《蒙古历藏历汉历例说》是继《蒙古历藏历汉历》之后于2005年又有所修改而成的，称之为三稿，刊登于2005年6月《蒙古史研究》第八辑及《蒙古学集刊》2005年第一期（总第六期）。其后，又略加改动名曰《藏历蒙古历汉历》，称为四稿，参加第七届中国少数民族科技史国际会议，并被收入《加强藏学研究发展藏族科技——第七届中国少数民族科技史国际会议论文集》（拉巴平措主编，中国藏学出版社，2006年10月）。四稿，主要内容基本相同，一稿和二稿比三稿和四稿多“藏传时宪历三种本子的比较”和“藏传时宪历的精确程度”两部分，而没有三稿和四稿中的“汉、藏、蒙历法源流探索点滴”之部分。

《中国蒙古文古籍总目》述记

一、背景与立项

蒙古族是我国多民族大家庭中的重要成员，有着自己悠久的历史及丰富的文化。千百年来保留下来的大量珍贵的蒙古文古籍文献具有很高的历史价值。国际上十分重视蒙古文古籍目录工作，有关国家和学者早已陆续出版了具有相当学术水平的著作。如：德国学者海西希1961年编辑出版的《德国东方写本目录：蒙古文手抄本、木刻本、地图卷》，1971年编辑出版的《（丹麦皇家图书馆）蒙古文手抄本、木刻本目录》；苏联学者萨济金1988年编辑出版的《苏联科学院东方研究所蒙古文手抄本、木刻本目录》，等等。而我们——蒙古族历史渊源久长的中国，仅在1979年10月由内蒙古人民出版社出版了一部《全国蒙文古旧图书资料联合目录》，其收录率与编辑质量都远不能与国外同类目录相比。

《全国蒙文古旧图书资料联合目录》编辑工作是在八省区蒙古语文工作协作小组办公室的领导下，由北京图书馆和内蒙古自治区图书馆主持进行的。它虽然有不够成熟的地方，但其意义是不可忽视的。它不仅是我国第一个蒙古文古籍全国联合目录，也是我国第一个少数民族的古籍全国联合目录。它的出版在国内外引起一定的反响，对此后蒙古文古籍的抢救、整理、复制、出版工作的开展起到了推动作用。

最早倡议编辑蒙古文古籍联合目录的是北京图书馆前任副馆长鲍正鹄先生。1976 年他在与内蒙古语言文学历史研究所所长牙含章先生的谈话中，第一次提出编辑蒙古文古籍全国联合目录之事。该提议很快得到了内蒙古方面的积极响应。1977 年 10 月在北京召开《全国蒙文古旧图书资料联合目录》第一次工作会议。参加单位有六个：内蒙古八协办、内蒙古自治区图书馆、内蒙古语言文学历史研究所图书馆、北京图书馆、中国社会科学院民族研究所、中央民族学院，收录全国 60 多个藏书单位近 3000 种蒙古文古籍，共 15 万字，从 1977 年 10 月起步到 1979 年 10 月出书，共用了两年的时间。

1979 年的《全国蒙文古旧图书资料联合目录》（简称《联合目录》）存在着一些不够准确、不够科学的问题。其中最明显的是：（1）收录不全，从今天的调查情况来看，当时收录的仅是现有藏书量的 1/3 弱。（2）在编辑体例上没有以一个版本作为一个条目，而是把不同版本合起来作为一个条目。随着改革开放和民族文化事业的发展，该目录越来越不能适应蒙古文古籍整理工作的形势，不能满足蒙古学研究发展的需要，于是，重新编辑蒙古文古籍联合目录的提案再次被提到日程上。1993 年，在北京图书馆的积极促进与支持下，工作又重新开始了。

1994 年 4 月，在呼和浩特召开了《中国蒙古文古籍总目》（简称《总目》）第一次工作会议。参加这次会议的有北京图书馆、内蒙古自治区图书馆、内蒙古社会科学院图书馆、内蒙古大学图书馆、内蒙古师范大学图书馆、民族图书馆等六个单位。会上讨论了《总目》的编辑纲要，制定了工作计划。这时，提出的工作目标是编辑蒙古文古籍全国联合目录和蒙古文大藏经目录。

为了签订该项目的协议书，于 1994 年 9 月在北京再次召开领导班子会议。在 4 月会议的基础上增加了国家民委全国少数民族古籍整理研究室、内蒙古少数民族古籍整理出版领导小组办公室、中央民族大学图书馆、内蒙古民族师范学院图书馆四个单位；正式确定由十个单位的领导组成领导小组，由各馆业务人员组成编委会；通过并签订了十个单位的“关于编制《中国蒙古文古籍总目》的协议书”。在没有项目经费的情况下搞这样大规模的社会协作，难度是很大的。

9 月会议之后，同年 12 月就向国家社科基金会提出项目申请。该申请先是在内蒙古地区得到大力支持，在地方社科基金会的讨论中被一致通过，并作为重点项目向国家社科基金会推荐，最后终获批准，成为国家社科基金资助项目。需要注意的是，这时申报项目的名称已经发展成为“研究编制《中国蒙古文古籍总目及建立其数据库》”，比最初的目标多了一个建立数据库。这显然是向现代化迈出了重要的一步，它的前途更远大，意义更深远。

国家民委对此项目十分重视，1994 年 11 月 10 日古籍整理研究室向各省、自治区、直辖市古籍办发通知要求有关部门协助和支持该项目。1996 年 5 月又召开全国少数民族古籍整理会议，借鉴《中国蒙古文古籍总目》的经验，开展编辑《全国少数民族古籍目录》工作，同时决定给《中国蒙古文古籍总目》予资金帮助。

作为《总目》的主要领导者北京图书馆时刻也没有忘记自己的责任，为了给《总目》筹集资金，做了多方努力。1995 年曾向联合国教科文组织提出申请，未能成功。1996 年再次为此项目向国际图联第三世界图书馆事业发展核心计划（ALP）提出申请，在该小组讨论通过的六个项目中该项目被列为第一名，成为国际图联的资助项目。项目经费有了一定的保证，有利于该项目的顺利进行，也对该项目提出了更高的要求。

二、《中国蒙古文古籍总目》的编撰

《中国蒙古文古籍总目》的任务有三项：一、编辑出版《中国蒙古文古籍总目》；二、编辑出版《蒙古文大藏经目录》；三、建立《中国蒙古文古籍总目》数据库。

1. 收录的规模大、珍本多

《中国蒙古文古籍总目》的收录范围是全国29个省区市各类图书馆、资料室、档案馆、博物馆、寺庙等藏书单位所藏蒙古文古籍文献。蒙古文古籍的划分时限止于1949年。古籍的类型有手抄本、木刻本、石印本、铅印本；图书、档案（主要是图书馆所藏）、经卷、金石拓片、期刊、地图以及上述古籍的复制品、缩微品等。这次《中国蒙古文古籍总目》工作最大的特点就是收录全。八个主要蒙文藏书单位通力合作，无保留提供各馆馆藏目录，其藏量约占全国蒙文文献总藏量的70%。同时，各编委馆认真完成各自分工负责地区的编目任务。中国第一历史档案馆等各参编单位、参编人员大力支持该项目，无偿提供所藏珍贵蒙文古籍目录，保证了《总目》工作的顺利进行。到目前为止，涉及的藏书单位约200个，是1979年《联合目录》藏书单位的3倍多；汇总目录近1.5万种，估计成书后所列条目最少能达1万种，也是1979年《联合目录》的3倍多。

除了数量大之外，在汇总的目录中还包括有相当数量的、1979年未能收录的珍本、特藏。比如：中国第一历史档案馆藏有上万册的内府抄本《清实录》，1979年由于人力关系，未能收录。这次第一历史档案馆的领导破例抽出专人清点蒙古文《清实录》，提供目录96种，其中各朝《清实录》55种，收录蒙古文《清实录》3160函15600余册。经调查，蒙古文《清实录》实际为五个版本，小黄绫一种，小红绫二种，大红绫二种，比通常所知道的三个版本多两种。八思巴文和回鹘蒙古文文献都属珍稀资料。1979年《联合目录》收八思巴文文献不足30种，这次仅照那斯图教授提供的八思巴文目录就有100余种。其中包括西藏自治区档案馆所藏也孙铁木儿汗泰定五年（1328）圣旨及妥欢帖睦尔汗至正二十二年（1362）圣旨等。近年来新发现的回鹘蒙古文资料有元延祐元年（1314）刻立的《蒙汉合璧少林寺圣旨碑》，上面有回鹘式蒙古文蒙哥汗 1254 年圣旨一道，忽必烈汗 1261 年、1268 年圣旨两道。此外还有敦煌石窟回鹘式蒙古文题记、伊克昭盟阿尔寨石窟回鹘式蒙古文写经等。1979 年《联合目录》中仅收了约 10 种托忒蒙古文文献，而这次仅新疆地区的托忒蒙古文文献就收录了 296 种。这次还收录有内蒙古社会科学院图书馆所藏近 4000 种历史档案资料，内蒙古大学图书馆从德国缩微复制回来的西方所藏蒙古文古籍 800 余种，以及内蒙古师范大学图书馆所藏康熙十七子果毅亲王藏经近千种。北京图书馆也仍有珍本不断出现，如明代蒙古文刻本《崇德三年军律》、清代文津阁本《御制满珠蒙古汉字三合切音清文鉴》等。

2. 对古代蒙古文进行客观著录

《中国蒙古文古籍总目》的著录原则是标准著录，各类文献的著录以国家标准为依据，依据文本为 1985 — 1987 年中华人民共和国国家标准 GB3792 系列及 1996 年广东人民出版社出版的《中国文献编目规则》。标准著录的难点还不在于格式、术语的蒙古文化，而在“客观著录”四个字上。

蒙古文古籍除了内容广泛、种类繁多、价值珍贵外，还有一个独特的地方在于随着历史的变迁和发展，其文字也曾不断地变化形成一种多文字状态。蒙古文字是一种竖写的拼音文字，最早的蒙古文字叫做回鹘式蒙古文，产生于 13 世纪初或者更早，是借助回鹘文（古维吾尔文）字母来拼写蒙古语的。元以前的回鹘式蒙古文文献保存下来的不多，多见于碑文。现存最早的回鹘式蒙古文文献是 1225 年的《成吉思汗石》。世界著名的回鹘式蒙古文写的《蒙古秘史》，遗留下来的仅是汉字注音本。现存的唯一的回鹘式蒙古文刊本是故宫所藏的元刻本《孝经》。

忽必烈汗继位后，为了使全国有统一的文字，命大国师八思巴造字。1269 年八思巴根据藏文字母创造了八思巴文，即元代的“国书”。元代八思巴文多用于官方，现在保存下来的文献有碑文、令牌、零散的公牍和书籍残叶等。同时回鹘式蒙古文也在民间使用。

元朝灭亡之后，八思巴文停止使用，蒙古地区仍继续使用回鹘式蒙古文。元代（1317）却吉敖斯尔曾对回鹘式蒙古文进行了一次改造，使其更适合蒙古语言的特点，但在字形上变化不大。明代回鹘式蒙古文的文献多为抄本，如北京图书馆所藏的《华夷译语》《高昌馆课》等。明后期，藏传佛教从西藏传入蒙古，为了翻译佛经中的藏语和梵语，1587 年固什阿尤喜在原来蒙古文近 30 个字母的基础上又增加了约 10 个字母，创造了蒙文阿礼嘎礼字。阿礼嘎礼字被广泛地应用在佛教经典和人名、地名的翻译中。

清代统治者提倡使用蒙古文，蒙古文字的使用日益普及，蒙古语言文字也日趋规范化。这时的蒙古文处于变化之中，字形比较复杂。一方面保留上述回鹘式蒙古文的特点，在保留的基础上又有一些变化。清代蒙古文处于一种古代形式和现代形式交替使用发展变化的时期。清代保留下大量的蒙古文古籍文献，除了藏文大藏经被整套地翻译刻印外，也从汉文中翻译了许多历史文学著作。同时为了学习满汉蒙古文还编了许多字典、教科书，一些著名的蒙古史书如《蒙古源流》等也在这个时期成书。

由于蒙古地区地域广阔，方言差别较大，7 世纪中（1648），咱雅班弟达在通用蒙古文的基础上又创造了字形独特的托忒蒙古文，用来记录卫拉特方言。现在新疆地区保留下来的蒙文古籍多用托忒蒙文记载。

这样统计起来，蒙古文古籍中仅蒙古文字体就有六种：回鹘式蒙古文、八思巴蒙古文、托忒蒙古文、清代蒙古文、蒙古文阿礼嘎礼字、现代蒙古文，再加上蒙古文古籍往往同汉文、满文、藏文、维吾尔文合璧刻印，因此仅书名一项，如果按照标准客观著录的话，就可能出现十种文字。不言而喻，如此著录的难度相当大。那么对这个问题应该怎样处理呢？1979 年《联合目录》采用了加以整理规范的做法。1979 年“联合目录编辑条例”中有关正字要求是这样规定的：“原书有明显笔误者予以更正。书名和著译者姓名的原来写法遇下述情况应按现行蒙古文字法加以整理：（1）凡是未用附加符号（即加“点”的办法）加以区别的字母（n、g），著录时一律添上附加符号；（2）字母 t、d 的用法同现行蒙古文正字法处理；（3）词末表示 a、e、n 的字母，著录时一律按蒙古文正字法书写；（4）藏语词（包括一般名词和专有名词）如果原来是按藏文字母逐个转写的，著录时一律按蒙古语习惯读法拼写（即音译）；（5）用满文字母拼写的名词，著录时一律用相应的蒙古文字母加以转写；（6）原来用托忒字书写的书名和著译者姓名，著录时一律按现行蒙古文正字法转写，并在文种说明中注明；（7）汉文用现行简化字。”① 实践证明，这是一种比较科学可行的方法，学术界在处理蒙古文古籍时一般采用这种方法。这种方法的好处是它把各种类型的古代文字统一整理成规范的现代蒙古文，同时纠正了大量的明显的笔误，便于出版和读者使用。但它也有两个弊端，一是没有客观地反映蒙古文古籍的文字面貌；二是编辑人员在进行文字整理时，往往因为不了解古代词义而容易出现错误。

随着图书目录工作的标准化和出版技术的现代化，今天的《中国蒙古文古籍总目》在处理这个问题时选取了客观著录的原则，即原文怎样写就怎样著录，著录入不加整理和修改。《总目编辑纲要》规定：“对蒙古文古旧文献进行客观描述，按原文献特征进行著录，经考订原文献书名、责任者等各项确有错误者，在附注项进行说明。”在著录文字上，最初也试图按照国家标准的规定使用文献本身的文字，后来在实践中难以做到，就改作仅是书名和著者用原文献文字著录，其他著录文字都用现代蒙古文。这里的“客观著录”包括两个含义：（1）保留古代文字的一切特点。（2）对一些错字、不规范字，在书名项不做修改照原样记录。这样做的好处在于可以客观地反映蒙古文古籍的面貌，保留了许多有价值的，显然具有较高的学术性。可它也有两个弊端：一是

① 这段文字当初是道布先生（现中国社会科学院民族研究所副所长）起草的。

要想正确地记录这些古代文字，没有相当的古文字学知识是很困难的。二是那些错字和误字会给读者带来很大的不方便。由此还带来一个很大的困难就是排版问题。目前的计算机技术要在一个平面上同时显现十种文字也不是一件容易的事情。但这主观和客观两方面的困难正在逐渐地被克服。随着工作经验的增长，编辑人员古文字学知识越来越丰富，著录的质量也会越来越高。虽然排版难度大，仍然有好几个出版单位竞相为此项目改进技术，增添设备，出版的条件已经基本具备。

除了标准著录，《中国蒙古文古籍总目》还在附注项中有对书名、著者、版本等著录各项情况的补充说明与研究考证。同时借鉴国际上蒙古文古籍目录的习惯做法，在需要的条目中尽量记录原书跋文的有关内容。

3. 使用《中国图书馆分类法》（简称《中图法》）分类和进行书名的汉译与拉丁转写

《中国蒙古文古籍总目》使用《中图法》进行分类。蒙古文古籍不像汉文古籍和藏文古籍那样形成了自己的分类法。《中图法》的框架基本还是适用于蒙古文古籍的。在具体工作中，根据蒙古文古籍的情况对类目进行适当调整。1979 年的《联合目录》将蒙古文古籍分为十三大类，这次《总目》分类做得比较细，形成多级类目体系。对于某些不适应蒙古文古籍，不能满足蒙古文古籍情况的类目则进行适当的修改和补充。例如：在佛教类，《中图法》对大藏经之外的经卷按经、律、论分，这个方法不太适合蒙古文经卷。蒙古族信仰的是藏传佛教，在这里按照藏经显宗、密宗的传统分类体系进行分类比较合适。佛教的分类也是工作中的一个难点，要准确地判断一部经卷属于哪一部分（甘珠尔？丹珠尔？显宗？密宗？）中的哪一类别，需要相当的佛经方面的造诣。目前经过编辑人员的努力，《总目》佛教部分的分类工作已经正常进行。

考虑到国内国外的影响与需要，《中国蒙古文古籍总目》进行书名的拉丁转写和汉文翻译。书名汉译又是《总目》工作中的一个难点。对蒙古文古籍进行书名汉译，除了会遇到上述提及的各种古文字问题之外，还会涉及古代语言词汇问题，古代诸学科内容与名词术语问题，翻译上的直译与意译问题，不同版本的不同书名问题，以及由于书名不明确而造成的一些著录问题，等等。要想把这项工作做好，没有相当成熟的古代蒙古语言文字的基础，没有广泛的学科专业知识以及相当水平的汉文翻译能力是很难做到的。尤其是佛教类，除了大量的佛教术语外，还有数量众多的藏文、梵文词汇，而且大多数是散经，可以借鉴的汉字译名很少。进行这样的经名翻译就是对于宗教专职人员来说也不是件易事。尽管如此，我们力求译名做到“信”“达”“雅”。我们在《汉译原则》中规定，“信”就是要译名准确，比如“从汉文翻译过来的作品应该还原为原有的汉文书名。某些寺庙名、人名、官名、地名、衙署名等专用名词术语也应该采用历史上汉文固有的名称”。“达”是在“信”的基础上可以做某些变通，比如“书名文字表达内容不明确时，可以根据附注项或内容考证得来的结果给予补充”。“雅”，是指文字要雅，要“尽量进行民族性、学科性、历史时代性的修辞润色”。在一些特殊的类目还有更具体的规定，比如对《甘珠尔经》规定：“有相应的汉经译名时采用汉经译名，没有相应汉经译名时，原则上依照清代蒙古文甘珠尔目录中的汉译名进行翻译”，等等。目前，经过编辑人员的努力，1.4 万余条目已经全部做完汉译名的初稿，并大部分完成了二稿，相信在专家学者的协助下会圆满完成此项工作。

书名的拉丁转写，在书本目录中，采用国际上传统的蒙古文拉丁转写方案，在机读目录中则按照国际上的最新标准由机器自动产生。《中国蒙古文古籍总目》在不到三年的时间里汇总全国各藏书单位蒙古文古籍文献目录 1.4 万余条，并进行了分学科会审汇编以及书名拉丁转写、书名汉译工作。现在工作仍在继续进行，并在准备部分类目开始上机排印，争取今年年底能够出版。预计 160 万字，分上下二册，正文后有蒙古文书名、拉丁转写书名、汉译名索引等。

三、《蒙古文大藏经目录》

《蒙古文大藏经目录》包括蒙古文《甘珠尔经》目录和蒙古文《丹珠尔经》目录。佛教文化对蒙古民族影响很大，佛教经典在蒙古文古籍文献中占有相当的比例。在明清时期，藏文大藏经（《甘珠尔》《丹珠尔》）被完整地翻译成蒙古文，但至今还没有一部完整的蒙古文大藏经的详细目录。本项目计划做《蒙古文大藏经目录》，初步打算书名做蒙藏汉三文对照，并加蒙古文的拉丁转写，书后做各种文字的书名索引，约120万字。《蒙古文大藏经目录》将在《中国蒙古文古籍总目》基本完成后着手进行。

四、《中国蒙古文古籍总目》数据库

建立数据库是信息网络化的必然趋势，也是本项目的一个新课题。从主观上讲，对现代化的计算机技术编辑人员有许多不熟悉、不了解的东西；从客观上讲，现有的计算机技术还达不到《中国蒙古文古籍总目》的要求。现有的蒙古文计算机编码是以字形为基础的，在蒙古文排版方面已经有了比较完善的系统，比如北大方正的蒙古文排版系统等。但在数据库的建设上却不成熟，据目前所知，仅有内蒙古大学语言研究所在UNIX基础上开发的语言学数据库系统和内蒙古自治区图书馆在DOS基础上开发的现代蒙古文图书馆编目系统。可是自治区图书馆的现代蒙古文图书编目系统不够完善，字段定长，也不能容纳多种文字，不适合《中国蒙古文古籍总目》的编辑要求。另外，当前蒙古文的计算机处理还面临着一个蒙古文编码标准化的问题。目前IS010646国际通用多八位编码字符集正在讨论接纳蒙古文编码问题，而即将通过的蒙古文国际编码是以语言学为基础的名义字符方案，它与目前社会通用的以字形为基础的编码方案之间有较大的差距，互不兼容。新的名义字符方案的优点在于它以语音为基础制定编码，可以节省空间并便于检索；而以字形为基础的蒙古文编码，因为蒙古文字形变化多，所以它占的位置也多，又因为蒙古文部分字母同形异音，所以它不便于检索。作为国际、国家项目当然要考虑将来的使用和流通，要尽量向国际标准靠拢。这样，首先就有待于IS010646蒙古文编码的正式确立。第二，有了蒙文国际编码后，需要开发一个能够运行基础软件的蒙古文文字平台。第三，需要将蒙古文文字平台与一个较完善的通用编目系统相结合，开发一个蒙古文古籍编目软件。现在的情况是，虽然IS010646还没有正式通过蒙古文文字编码，但名义字符编码的方案已经有了，具有编辑功能的软件已经基本研制成功，其他都还有距离，要靠我们去努力，去开创。

综上所述可以看出，《中国蒙古文古籍总目》无论是在蒙古文古籍编目领域，还是在蒙古文数据库领域，都是一个具有开创性的系统工程，有待我们继续努力。

该文发表于《北京图书馆馆刊》1997年第3期

《中国蒙古文古籍总目》

——中国第一个大型少数民族古籍全国联合目录

孙蓓欣　申晓亭*

在新世纪到来之际，中国第一个大型少数民族古籍全国联合目录《中国蒙古文古籍总目》诞生了。《中国蒙古文古籍总目》由全国少数民族古籍研究室、内蒙古自治区民委（语委）古籍整理办公室、中国国家图书馆、内蒙古大学图书馆、内蒙古自治区图书馆、内蒙古社会科学院图书馆、内蒙古师范大学图书馆、内蒙古民族师范学院图书馆、中国民族图书馆、中央民族大学图书馆十个单位联合协作，经过六年的艰苦努力编辑而成。它是国家社会科学规划基金资助项目、国家民委少数民族古籍整理资助项目和国际图书馆协会联合会促进发展中国家图书馆事业核心计划（IFLA. ALP）项目。《中国蒙古文古籍总目》由北京图书馆出版社于1999年12月出版，分上、中、下三册，共3502页410万字，是一部民族性、文献性、学术性都很强的综合性大型书目工具书。

《中国蒙古文古籍总目》的体例为：前言、目录、凡例、题名拉丁

---

* 孙蓓欣，《中国蒙古文古籍总目》领导小组组长；申晓亭，《中国蒙古文古籍总目》编委会第一副主编。

转写方案、题名汉译规则、分类大纲、书目正文、附录、文献收藏单位（含个人）代码一览表、索引、后记。书目正文又分列图书经卷、档案资料、金石碑拓和连续出版物四部分，附录为蒙古文古籍1949年以后的新版简目。索引部分有蒙古文题名索引、题名拉丁转写索引和题名汉译索引。《总目》蒙古文古籍时限的划分，内蒙古自治区为1947年5月以前，全国其他地区为1949年10月以前。收录范围限国内出版物，包括属国内出版但原件收藏在国外的文献资料。收录的档案资料主要是图书馆所藏，在金石碑拓部分收录了部分实物。收录版本类型包括蒙古文或蒙古文与其他文字合璧的手抄本、木刻本、石印本、铅印本、油印本及上述文献的复制品、缩微品等。收录数量图书经卷部分10301、档案资料部分2223、金石碑拓部分535、连续出版物56，共13115条目。收藏单位涉及全国各类型图书馆、资料室、各地区档案馆、博物馆、寺院及有关文献信息单位和个人，其中藏书单位180个、藏书个人80位。《中国蒙古文古籍总目》收录文献的数量之多、范围之广是前所未有的。

蒙古民族是一个历史悠久的民族，蒙古文古籍具有文字独特、版本珍贵、内容丰富、历史价值高等特点。

古代蒙古文字随着历史的变迁与发展而不断地发展与变化，形成多文字状态。

蒙古文字最初来自于回鹘文，学术上一般将13世纪至17世纪前期的蒙古文称作回鹘式蒙古文。粗略统计，《总目》收录回鹘式蒙古文文献66种，其中金石碑拓18种，书籍11种，石窟题记37种。著名的有《西宁王忻都公神道碑铭》《蓟国公张氏先茔碑》《达鲁花赤竹温台公神道碑》等具有数千字的大碑文以及《孝经》《华夷译语》《高昌馆课》等珍贵的元明时期回鹘式蒙古文刻本或抄本。

八思巴字，元朝称“国字”，是于1269年国师八思巴根据藏文字母创制的竖写文字，多用于官方。现存的八思巴字文献有译写蒙古文和译写汉文两种。《总目》收八思巴文的圣旨、令牌、碑文、书籍残叶等约 110 种，其中八思巴蒙古文 52 种、八思巴汉文 58 种。这些八思巴字的文献大多数为元朝皇帝授给各地寺庙的护寺圣旨，遍布全国 10 余个省区。其中，居庸关过街桥东西两壁长达 700 余字的八思巴蒙古文壁刻，以韵文形式宣扬宗教，歌颂元朝统治者政教并行的功德，体现了八思巴字发展应用的程度和水平。

17 世纪中（1648），为了记录卫拉特方言，咱雅班第达那木海扎木素又创制了托忒蒙古文。《总目》收托忒蒙古文文献 478 种，著名的有清抄本《西游记》《乌讷素珠克图旧土尔扈特与青色特奇勒图新土尔扈特之汗诺颜世系源流》及《平定准噶尔勒铭伊犁之碑》等。

清代的蒙古文也不同于现行蒙古文，它保留了许多回鹘式蒙古文的特点。明末清初，黄教的传入促进了蒙古文古籍的发展，《总目》收录的佛教经典有 5600 余条目之多。蒙古文经卷装祯形式独特，多为梵夹装的散叶经，属于珍本的为数颇多，其中林丹汗时期的金字《甘珠尔经》、明末清初的装饰精美的泥金写本《金光明最胜王经》《能断金刚波罗蜜多经》等均为罕世之宝。而清前期的北京木刻版朱字《甘珠尔经》世界上现存 8 部，中国存有 5 部，朱字《丹珠尔经》世界上仅有 3 部，中国存有 2 部。蒙古文经卷中有不少是元人、明人的译本，比如元代搠思吉斡节儿译的《文殊师利真实名经》，锡喇布僧格译的《金光明最胜王经》等。清前期、中期的刻本、抄本也占相当的比例，其中刻本以北京版为多，约数百种，刻书地有嵩祝寺、隆福寺、白塔寺、广安门外的傅达赖等。在内蒙古地区以察哈尔镶白旗察罕乌拉寺的刻经最为著名。抄本经卷中值得一提的是：在著录过程中所发现的康熙十七子果毅亲王组织翻译并钤印收藏的宁玛派“伏藏”经典 500 余种和从新疆地区收集到的咱雅班第达那木海扎木素等人以托忒蒙古文翻译的经卷 300 余种。这些珍贵的特藏，以前都是鲜为人知的。

蒙古族的历史史籍也非常丰富，许多著名史书广为传抄，版本很多。这次《总目》尽收其各种版本，比如《蒙古源流》收录24个版本、《水晶鉴》收录39个版本等。而200余条目的王公诺颜家谱也是很有特色的，其中许多是长幅巨制，最大的可数《鄂尔多斯右翼前旗巴图蒙克达延汗三子巴尔斯博罗特始十六代家谱》，71幅，每幅长102厘米，宽52厘米。清内府编写的清朝13代皇帝《实录》49种12400余册，分小黄绫、大红绫、小红绫、紫红绫四个版本，均为竹笔精抄本，封面为优质锦缎，装帧形式为古典的包背装和蝴蝶装，更是蒙古文文献的一大宝藏。

《总目》在文学部分中分列蒙古族文学、汉族文学、佛教文学三大类。英雄史诗、祝词、赞词等各种形式的民间文学作品是蒙古族文学的主要组成部分和显著特色，而百余种汉族的中、长、短篇小说被翻译成蒙古文，大量的印藏文学作品随着佛教的传入而传入，成为蒙古族文学的重要组成部分。

蒙古语言文字在清代有了长足的发展，《总目》仅“辞典、词汇”一类便收图书225条目，其中《御制满珠蒙古汉字三合切音清文鉴》与《钦定西域同文志》还被收入《四库全书》。

蒙古族在医学和天文学上也是很有成就的。从《总目》中反映出来的重要文献有《四部医典》《无垢水晶鬘之本草图解》《康熙御制汉历大全蒙译本》《五塔寺天文图刻》等。

清末开始出现石印本，民国时期，随着铅印技术的发明与使用，各种出版社、印刷所如雨后春笋般出现，主要有北京蒙文书社、东蒙书局、察哈尔蒙古图书编辑馆、蒙藏编辑局、汉蒙翻译国华书局、蒙古文化研究所、主席府印刷所、察哈尔商都蒙文印刷厂等。这些出版印刷单位出版图书的数量及内容涉及面都是可观的，其中北京蒙文书社的《新译带批三国演义》《选译聊斋志异》等可称为图文并茂的印刷精品。

在现代的复制品中值得一提的是将近800种的收藏在国外的蒙古文古籍的缩微制品。这部分古籍是20世纪30—40年代丹麦、瑞典旅行家从内蒙古土默特、察哈尔等地收集并运到国外的。现主要收藏在丹麦哥本哈根皇家图书馆和德国的墨尔本图书馆，其中百余种文献是国内未曾见过的。

《总目》2223种档案资料主要收集于伊克昭盟等地区。这些档案资料真实地记录了从清康熙年间到民国时期鄂尔多斯等地区的官制、政治、民事、司法、军事、农牧、经济、赋税、商业、宗教、寺庙等各个方面的情况，对研究历史是很有价值的。其中有许多是珍稀史料，比如关于联合国善后救济总署驻中国机构赈济内蒙古杭锦旗的文件，实是难得的历史记载。

《总目》金石碑拓部分分列金文玉刻、碑碣、壁刻、石牌、其他石刻、石窟题记、门楣匾额七大类。近年来新发现的文献有少林寺元代圣旨碑、五台山的石牌和壁刻、敦煌和阿尔寨的石窟题记等。

《总目》在连续出版物部分收录清末、民国时期所出版的期刊报纸共56种，收藏范围为222馆藏次。这次收录的刊物几乎无所遗漏，除常见的《蒙藏月报》《蒙藏周报》《蒙古月刊》等外，还有许多鲜为人知的地方报刊均被收录，如北京的《励志月刊》、榆林的《绥蒙月刊》、定远营的《阿旗简报》、海拉尔的《自由》报等。

《中国蒙古文古籍总目》有史以来第一次全面、准确地反映了我国蒙古文古籍的真实面貌与收藏情况。

《中国蒙古文古籍总目》在编辑上有以下特点：

（1）标准著录。《总目》依据国际标准书目著录（ISBD）和中国文献著录国家标准GB3792系列的原则①，结合蒙古文古籍的特点进行标准著录。标准化是现代信息社会的要求，在少数民族古籍目录中，《中国蒙古文古籍总目》是率先采用国际、国家标准进行著录的，标准著录为将来的信息数字化、文献资源共享和信息交流打下了良好的基

① 参照文献《中国文献编目规则》，广州，广东人民出版社，1996。

础。在著录项目的设置、著录顺序的安排、著录标识符号等方面，《总目》图书经卷、档案资料、金石碑拓、连续出版物各类文献均遵照相应的国际国家标准进行著录，同时也根据蒙古文古籍的特点确定了具体的著录规则。例如，《总目》遵循“客观著录”“以文献本身的文字进行著录”的原则，采用蒙古文作为著录文字。正题名、作者名称和附注项中的引文原则上以文献本身所使用的古代蒙古文进行客观著录，并列题名、自拟题名除特殊需要外一般使用现行蒙古文，其他著录项目均使用现行蒙古文。考虑到不同类型古籍的不同特点，题名著录主要信息源规定：线装古籍为正文卷端，经卷为封面，平精装图书为书名页。考虑到著录对象是民族文字，金石碑拓部分的题名、责任者、刻立地区、刻立年代、载体形态等仅著录有蒙古文的那一侧（张），其他侧面的情况在附注项予以说明，等等。

（2）数据准确。为了保证著录数据的准确性，《总目》编辑人员对所有藏书单位所藏文献进行了重新核实著录，在完成各自馆藏编目的同时，按分工负责地区先后对20个省、市、自治区和内蒙古自治区的11个盟（市）以及部分旗（县）的蒙古文古籍进行走访调研编目（含部分省市的涵调）。结合书的内容和有关资料，对题名、作者、版本等著录项目进行了认真的核实、考证、研究，解决了题名不详、不准确、一书多名等问题，考证了著译者时代、版本异同、版本时代等，并在附注项记录了必要的考证说明和原文的跋语，保证了著录质量。

（3）分类系统详实，编排科学。《总目》参照《中国图书馆分类法》的分类体系，以及蒙古文古籍的内容特点和文献保障情况，建立了“总目分类大纲”，将图书经卷分为13大类273个二至五级类目，档案资料分为9大类25个二三级类目，金石碑拓按文献类型分为7大类，再按地区和时代分为18个二三级类目。《总目》的分类是相当详细、比较科学的。例如，仅佛教类（5600余条目）就设类目124个，其中细分出阿弥陀、山居叶衣母、杂色金翅鸟等40个本尊护法的行事，以及法事念诵、诵赞、誓愿等40种显密宗仪轨，能够根据佛经的内容按藏传佛教的系统做如此详细的分类编目是很不容易的。“总目分类大纲”根据蒙古文古籍的特点调整了一些类目。例如：将宗教列为A类；佛教部分不按经、律、论列类，而按显宗、密宗体系列类；语言文字、文学、历史类将蒙古语言文字、蒙古族文学和蒙古族历史列在首位；将佛教文学作品列入文学类，等等。“总目”以文献的不同版本建立条目，并以惯用题名做小标题的方式集中一种文献的不同版本。类目下的排序根据不同内容文献特点的要求进行。

（4）检索方便。为了方便国内外学者的使用和提高目录的水平，《总目》进行了题名汉译和题名拉丁转写，并编辑了蒙古文题名索引、题名拉丁转写索引和题名汉译索引。在题名汉译工作中，比较妥善地解决了直译与意译的关系问题、汉语书名和人名蒙古文译音的还原问题、蒙古语人名汉字译音规律问题、历史、宗教等名词术语的规范和统一问题、《甘珠尔经》篇名的翻译问题、一书多名等问题。在题名拉丁转写工作中，采用国际上通用的拉丁转写方案，并解决了阿礼嘎礼蒙古文、托忒蒙古文和满文字母的拉丁转写问题。这些难度较大的问题的解决体现了《总目》的编辑水平。

如今，《中国蒙古文古籍总目》的问世像一把钥匙打开了蒙古文古籍文献这个丰富的宝藏，为人类展现了蒙古族历史文化绚丽多彩的风貌，它对于继承蒙古族的优秀文化遗产，发扬蒙古族的优良文化传统，对于蒙古文古籍文献的抢救整理、开发利用，对于国际国内蒙古学的研究，都具有重大的、深远的、不可低估的作用与影响。作为中国第一个大型少数民族古籍全国联合目录，《中国蒙古文古籍总目》的出版还将促进全国少数民族古籍目录的编辑与出版，促进西部少数民族地区的文化建设的发展，为民族团结做出贡献，为中华民族大家庭文化增添光彩。

该文曾刊登于《中国图书馆学报》2000年第6期。

案：《中国蒙古文古籍总目》1999 年 12 月由北京图书馆出版社出版，上、中、下三册。于 2000 年 8 月获《内蒙古自治区第六届社会科学优秀成果一等奖》，2001 年获《第五届中国民族图书奖二等奖》。

《蒙古文甘珠尔丹珠尔目录》2002 年 12 月由远方出版社出版，上、下二册。于 2003 年 11 月获《内蒙古自治区第七届社会科学优秀成果一等奖》及《第六届中国民族图书奖二等奖》。

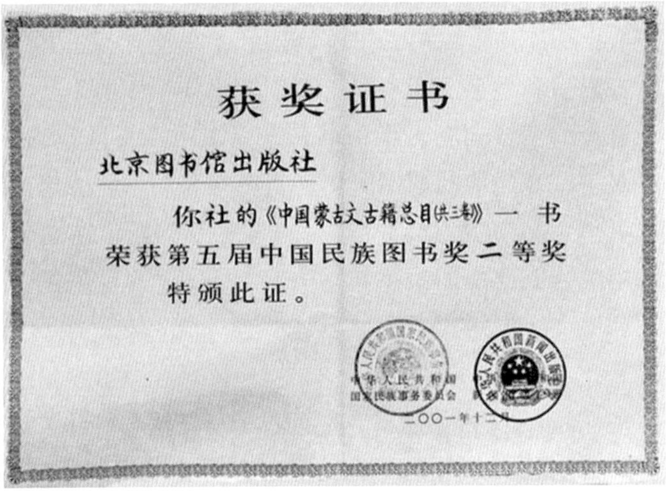
获奖证书

北京图书馆出版社

你社的《中国蒙古文古籍总目(共三卷)》一书荣获第五届中国民族图书奖二等奖

特颁此证。

二〇〇一年十二

第五届中国民族图书奖

《中国蒙古文古籍总目》

——蒙古族历史文化的荟萃与见证

蒙古民族是一个历史悠久的民族，广阔的大草原赋予了蒙古民族奇迹般的历史舞台和多姿多彩的草原游牧文化。在近千年的历史进程中，勤劳智慧的蒙古族先民遗留下丰富的蒙古文古籍文献。为了继承和发扬蒙古民族优秀的文化传统，为了更好地抢救、整理、研究、利用这部分人类优秀的历史文化遗产，由全国少数民族古籍研究室、内蒙古自治区民委（语委）古籍整理办公室、中国国家图书馆、内蒙古大学图书馆、内蒙古自治区图书馆、内蒙古社会科学院图书馆、内蒙古师范大学图书馆、内蒙古民族师范学院图书馆、中国民族图书馆、中央民族大学图书馆十个单位联合协作编辑出版了《中国蒙古文古籍总目》（上、中、下三册，410 万字）。《中国蒙古文古籍总目》是国家民委资助项目、国家社会科学规划基金资助项目和国际图书馆协会联合会促进发展中国家图书馆事业核心计划（IFLA. ALP）项目，它是一部民族性、文献性、学术性都很强的综合性大型书目工具书，收录了全国 180 个各类型藏书单位、80 位个人藏书家所收藏的 1949 年以前中国刻写印刷的蒙古文图书经卷、档案资料、金石碑拓、期刊报纸共 13115 种，全面地反映了中国蒙古文古籍文献的实际面貌与收藏情况。蒙古文古籍文献以它悠久的历史、独特的文字和特殊的文化内涵引起世界的注目。一部《中国蒙古文古籍总目》可以说是蒙古族历史化的荟萃与见证。

蒙古民族发源于额尔古纳河流域，于13世纪初勃兴于大漠南北，始无文字。1204年成吉思汗西征乃蛮，得畏兀尔人塔塔统阿，遂命："教太子诸王以畏兀尔字书国言。"学术上一般将13—17世纪前期的蒙古文称作回鹘式蒙古文。粗略统计，《总目》收回鹘式蒙古文文献66种，其中金石碑拓18种、书籍11种、石窟题记37种。《总目》收录最早的文献即为1225年的回鹘式蒙古文碑文《也松格石》，该碑文是成吉思汗时代军事生活的一个真实的写照。近年来在少林寺发现的圣旨碑中有蒙哥汗1254年回鹘式蒙古文圣旨一道，忽必烈汗1261年、1268年回鹘式蒙古文圣旨两道，也说明在元以前蒙古族便接受了佛教。

元代的回鹘式蒙古文经搠思吉斡节尔改进后有了进一步的发展。除了有《西宁王忻都公神道碑铭》《蓟国公张氏先茔碑》《达鲁花赤竹温台公神道碑》等具有数千字的著名大碑外，也曾用回鹘式蒙古文翻译、刻印出版汉籍、藏经。可惜这些珍贵的刻版书籍遗留下来的很少，其中保存最完整的当数蒙汉合璧的《孝经》（一说是明代刻本），其次为佛经《入菩提行释》的残页。据《元史》记载："（元大德十一年八月）辛亥，中书（右）［左］丞孛罗铁木儿以国字译孝经进，诏曰：'此乃孔子之微言，自王公达於庶民，皆当由是而行。其命中书省刻版模印诸王而下皆赐之。'"此处的"国字"应为八思巴字，虽然未见八思巴字的《孝经》，从中也可以看出元朝统治者接受儒家哲学，以儒道治国的方略。

除了回鹘式蒙古文，在元朝时期还创造了八思巴字。为了"译写一切文字"，元世祖忽必烈曾于至元六年（1269）下诏书："故特命国师八思巴创为蒙古新字。""蒙古新字"即八思巴字，又称元朝的"国字"，是根据藏文字母创造的竖写文字，多用于官方。现存的八思巴字文献有译写蒙古文和译写汉文两种。《总目》收八思巴文的圣旨、令牌、碑文、书籍残叶等约110种，其中八思巴蒙古文52种、八思巴汉文58种。这些八思巴字的文献大多数为元朝皇帝授给各地寺庙的护寺圣旨，遍布全国10余个省区，从中可见元朝政府保护宗教的政策。其中，居庸关过街桥东西两壁长达700余字的八思巴蒙古文壁刻，以韵文形式宣扬宗教，歌颂元朝统治者政教并行的功德，体现了八思巴字发展和应用的程度和水平。从我国新疆吐鲁番发现的八思巴蒙古文的西藏萨迦班第达贡噶坚赞所著《善语宝藏》残片，则是罕见的元代刻本，证明在元代曾用八思巴蒙古文刻版印刷过书籍。

元朝灭亡以后，八思巴文停止使用，回鹘式蒙古文继续使用和发展。明朝政府很重视少数民族文字的学习和翻译，官方组织译馆进行翻译和辞书编辑工作，比如《华夷译语》《高昌馆课》等均为珍贵的明前期回鹘式蒙古文抄本或刻本，是语言学、翻译学的重要文献。

明末，黄教传入蒙古地区，促进了蒙译佛经的发展。1587年阿尤喜固什在原来近30个字母的基础上又增加了约10个字母，创造了蒙古文阿礼嘎礼字，加强了蒙古文的翻译能力，为吸收印藏文化创造了条件。据史料记载，明万历三十年（1602）至万历三十五年（1607），在那穆岱彻辰汗等人的支持下，锡呼图固什绰尔济等曾将一百零八卷的《甘珠尔经》翻译成蒙古文。可惜当时的写本没有遗留下来，但这个时期的译本于清代刻本中可见。二十年后（1628—1629）在林丹汗的指令下，贡噶鄂特萨尔等三十人又对其进行了整理和补充翻译，编成一百一十三卷《甘珠尔经》，并曾用金粉和银粉抄写。庆幸的是，目前这部金字《甘珠尔经》有十九卷，银字《甘珠尔经》有一卷被保留下来。除了这部成套的金字《甘珠尔经》外，明末清初还不乏有《甘珠尔经》散出篇目的金字抄写本，如《金光明最胜王经》《能断金刚波罗蜜多经》《圣者授记牛首山大乘经》等，均为磁青纸、泥金竹笔抄本，字字光泽夺目，有的镶嵌珠宝彩绸，有的装饰精美的夹版经盒，均为罕世之宝。

现存的明代蒙古文古籍多为手抄本，刻本比较罕见，清太宗皇太极于崇德三年在对明战争中颁布的《军律》可称为罕见的明末回鹘式蒙古文刻本。

到了清代，由于疆域的扩大、社会的发展和清朝统治者对蒙古族的优惠政策，蒙古文字使用范围大大扩大，在宗教、政治、历史、文学、语言、医学、天文学等各个方面都产生了相当数量的蒙古文古籍文献。清代的蒙古文处于一种古代形式和现代形式交替使用发展变化的时期，字形比较复杂，一方面保留了回鹘式蒙古文的某些特点，在保留的基础上又有一些变化。木刻版的佛教经卷是保留回鹘式蒙古文特点较多的一部分。

清朝统治者积极扶持和发展藏传佛教，大量兴建寺庙，收纳喇嘛，印制佛经。于清康熙年间（1717—1720）组织大批人力对一百零八函《甘珠尔经》进行补充翻译和核对整理，并于北京刻版朱字印刷，这就是著名的北京朱字版《甘珠尔经》。北京版《甘珠尔经》世界上现存有八部，中国存有五部。到了乾隆年间（1742—1749），又将二百二十五函的《丹珠尔经》翻译成了蒙古文，并于北京刻版朱字印刷。北京版《丹珠尔经》世界上仅有三部，中国存有两部。《甘珠尔经》为“佛说”含篇目 1108 种。《总目》收《甘珠尔经》的散出篇目约 590 条目，按《甘珠尔经》自身系统排列。《丹珠尔经》是对“佛说”的注疏和阐明，含篇目 3461 种。《总目》中将《丹珠尔经》的散出篇目与西藏、蒙古本土的注疏与阐明合在一起，按显宗密宗的体系分类。显宗分戒律、般若波罗蜜多、对法、中观、菩提道次第五部分，共收经卷 370 余条目。密宗分无上瑜伽、瑜伽、行事三部分，共收经卷 1800 余条目。其中，在行事部下又设了四十个本尊护法下级类目，共收经卷 700 余条目；在显密宗各种仪轨下又设了四十种仪轨下级类目，共收经卷 1600 余条目。从这里也可以看出宗教部分分类的详实。佛教教义是很深奥的，能够根据内容按藏传佛教的系统做如此详细的分类编目，也是《总目》学术成就的一个体现。在这些显密宗经典中，除了译自印度人和西藏人的著述外，也不乏有蒙古本土喇嘛的著作，比如察哈尔格西洛桑楚臣的《菩提道次第念诵读音法事愿皆成》、乌喇特墨尔根格根的《文殊师利上师瑜伽》、青海蒙古人三世章嘉若必多吉的《护法息瞋优婆提舍甘露长流》等。

蒙古文经卷装祯形式独特，多为梵夹装的散叶经。清代的蒙古文佛经属于珍本的为数颇多。从著译角度看，有不少是元人、明人的译本，比如元代搠思吉斡节儿译的《文殊师利真实名经》、锡喇布僧格译的《金光明最胜王经》，明代阿尤喜固什译的《圣八明经》、锡呼图固什绰尔济译的《贤愚经》等。从版本上看，清前期、中期的刻本、抄本占相当的比例。其中刻本以北京版为多，约数百种，反映出的刻书地有嵩祝寺、隆福寺、白塔寺、广安门外的傅达赖等。在内蒙古地区以察哈尔镶白旗察罕乌拉寺的刻经最为著名，《总目》收该处清中期刻印的经卷有《察哈尔格西洛桑楚臣传略》《育民甘露》等。抄本在蒙古文古籍中数量是很大的，抄写方式也很多，主要分竹笔抄本和毛笔抄本两种，清前期、中期多为竹笔抄本，清末和民国多为毛笔抄本。经卷中以竹笔抄写为主，清早期的红黑套色抄本更是珍贵。其中值得一提的是，在著录过程中发现的康熙十七子果毅亲王组织翻译并钤印收藏的宁玛派“伏藏”经典500余种和从新疆地区收集到的咱雅班第达那木海扎木素等人以托忒蒙古文翻译的经卷300余种，这些珍贵的特藏，以前都是鲜为人知的。

《总目》宗教部分共收经卷5600余条目，将近《总目》收录条目的二分之一，可见佛教文化在蒙古族历史文化中的重要地位。

《总目》历史部分突出了蒙古族历史，该部分收录史籍约290条目。蒙古族有记录自己历史的优良传统，沿着史籍所记载的道路走过就可以把握蒙古族历史发展的脉膊。《蒙古秘史》、《罗布桑丹津黄金史》以文学的语言记述了成吉思汗统一蒙古部落建立蒙古汗国的经过；《十善福法白史》记载了元朝政教并行的典章制度；《俺答汗传》《诸汗源流黄金史纲》《蒙古源流》等真实地记录了明代蒙古地区的封建割据战争及黄教在蒙古地区传播的情况；《金鬘》《水晶鉴》等则叙述了清代满蒙藏的宗教关系、蒙古各部落的变迁、盟旗制度的建立及社会风俗等情况。这些著名的史书广为传抄，版本很多，比如《蒙古源流》有24个版本，《水晶鉴》有39个版本。在《总目》中，经过对内容和版本的鉴定，以惯用题名做小标题，将同一种书的不同版本集中，再按版本的历史年代排序，增加了《总目》的科学性和学术性。

家谱也是其中具有特色的部分。《总目》收伊克昭盟、喀尔喀、乌兰察布盟等地王公诺颜家谱200余条目。其中许多是长幅巨制，最大的可数《鄂尔多斯右翼前旗巴图蒙克达延汗三子巴尔斯博罗特始十六代家谱》，71幅，每幅长102厘米，宽52厘米。从这里也可以体会到蒙古民族的源远流长。

《总目》历史部分收元廷八思巴文圣旨19条，清廷满蒙藏合璧圣旨20条，其版本和史料价值均为极品。同时还收录了清朝十三代皇帝实录49种12400余册，分小黄绫、大红绫、小红绫、紫红绫四个版本，均为宫廷内府竹笔精抄本，封面为优质锦缎，装帧形式为古典的包背装和蝴蝶装，堪称蒙古文文献的一大宝藏。

与历史紧密相关的是档案，《总目》收录了有关伊克昭盟等地近2000种档案资料。这些档案资料真实地记录了从清康熙年间到民国时期鄂尔多斯等地区的官制、政治、民事、司法、军事、农牧、经济、赋税、商业、宗教、寺庙等各个方面的情况，对研究历史是很有价值的。其中有许多是珍稀史料，比如，有两条关于联合国善后救济总署驻中国机构赈济内蒙古杭锦旗的文件，实是难得的历史记载。

蒙古族的文字产生较晚，但蒙古族的文学却产生很早。独特的草原游牧生活和富有韵律的蒙古语言创造出丰富的蒙古族民间文学，如神话、传说、故事、英雄史诗、民歌、祝词、赞词、谚语、格言等，其种类和数量在《总目》蒙古族文学类中是占主导地位的。有了文字以后，这些口头文学大多数转化成书面文学，有的独立成篇，有的为历代史书记载；有的是长篇巨制，也有的是短小精悍、脍炙人口。如《江格尔》《格斯尔汗传》《孤儿舌战成吉思汗九卿》《成吉思汗的两匹骏马》《智慧钥匙》等。清代，文人的创作有了很大的发展，尹湛纳希的小说、贺希格巴图的诗歌、墨尔根格根的幽默诗诙谐诗、公爷召活佛伊什丹津旺济勒的训言等都是蒙古族文学史上独具艺术特色的重要文学成就。其中，尹湛纳希的《青史演义》和《一层楼》《泣红亭》为继承蒙古族文学和吸收汉族文学的典范和代表作。尹湛纳希的手稿《红云泪》和《杜鹃传》作为珍品为《总目》所收录。

在民族交流与融合的过程中，蒙古族受中原汉族文学影响也很大。百余种汉族的中、长、短篇小说被翻译成蒙古文，其中有的汉文本已经失传，而蒙古文译本却保留了下来，如《钟国母传》。佛教的传入又给蒙古族引进了印藏文学，大量的佛教文学作品被翻译成了蒙古文，如《三十二个木头人的故事》《魔尸的故事》《布谷鸟的故事》《善语宝藏》《譬喻之海》等。这些来自汉、印、藏的翻译作品极大地丰富了蒙古族文学，并在蒙古族文学中占有一席之地。

一部《中国蒙古文古籍总目》也可以说是一部蒙古文的文字史。除前面谈及的回鹘式蒙古文、八思巴文、清代蒙古文、蒙古文阿礼嘎礼家外，17 世纪中（1648），为了记录卫拉特方言，咱雅班第达那木海扎木素创造了托忒蒙古文。《总目》收托忒蒙文文献 478 种，除了佛教经典近 300 种外，其他著名的还有清抄本《西游记》《乌讷素珠克图旧土尔扈特与青色特奇勒图新土尔扈特之汗诺颜世系源流》及《平定准噶尔勒铭伊犁之碑》等。

清代，蒙古语言文字日趋规范化，产生了许多有关蒙古文文法的著作，比如丹津达格巴的《蒙文启蒙诠释苍天如意珠》、阿旺丹达尔的《善说蒙文文法语饰》、赛尚阿的《蒙文指要四种》等。清朝统治者提倡蒙古文的学习与使用，大量的各种各样的辞典、辞书、读本、教科书应运而生。《总目》仅“辞典、词汇”一类便收图书225条目。其中《御制满珠蒙古汉字三合切音清文鉴》与《钦定西域同文志》还被收入《四库全书》。

除了宗教、历史、文学、语言这些领域外，蒙古族在医学、天文历算方面也有突出的成就。

清代是蒙古族医学的重要发展时期。蒙古民族在自己传统医学的基础上吸收了印、藏、汉等其他民族的医学成就，形成了富于民族特色的蒙医学。对蒙古族医学影响最大的是藏族医学。云登贡布的《四部医典》于乾隆年间（1720）被翻译成蒙古文，并在北京木刻出版，广为流传。同时解释《四部医典》的著作《兰塔布》也于乾隆年间被翻译成蒙古文。《总目》收《四部医典》的各种版本为54种，收《兰塔布》的各种版本为10种，可见其影响之大。追溯《四部医典》的源头则是来自印度马鸣大师所著的《医经八支》。蒙古族医学同时也吸收了不少汉族医学的成果，如陈谦的《医学金鉴》、陈实功的《外科正宗》等。在吸收外来医学精华的过程中，蒙古族发展着自己的医学。蒙医在诊断、治疗、药物学、方剂学等方面都有独到之处。如贡布扎布的《秘方杂集》、和兴额的《普济杂方》、伊什敦啰布丹毕扎勒森的《无垢水晶鬘之本草图解》及《德尔茂医师密旨》等。它们之中，有的论及蒙医基础理论、药物学和术疗方法，有的汇集了治疗常见病的各种民间验方，有的还是图文并茂，多种文字合璧的精美图书。《总目》收医学方面的著作共400余条目，这些著作对现代蒙医的研究和发展有着不可低估的作用。

蒙古族在天文历算方面有着独到的成就和独特的地位。蒙古历就是在吸收藏族的时轮历和汉族的时宪历的基础上结合本民族的传统历法而产生的。呼和浩特五塔寺天文图是蒙古族天文学成就的优秀代表作，该图刻于乾隆年间，有很高的学术价值。而《康熙御制汉历大全蒙译本》（三十八册）则是蒙古族科学家聪明才智的充分体现。《汉历大全》指的是当时先进的时宪历，翻译它是需要很高深的天文数学知识的。《汉历大全蒙译本》不仅为蒙古族打开了时宪历的大门，而且对于时宪历在藏地的传播起了重要的作用，藏族是通过《汉历大全蒙译本》才得以接受时宪历的。

除了抄本、刻本之外，在清末开始出现石印本，到了民国时期，由于铅印技术的发明与使用，蒙古文图书事业又有了新的发展。各种出版社、印刷所如雨后春笋般出现，主要有北京蒙文书社、东蒙书局、察哈尔蒙古图书编辑馆、蒙藏编辑局、汉蒙翻译国华书局、蒙古文化研究所、主席府印刷所、察哈尔商都蒙文印刷厂等。这些出版印刷单位出版图书的数量及内容涉及面都是可观的，其中北京蒙文书社的《新译带批三国演义》《选译聊斋志异》等可称为图文并茂的印刷精品。

印刷技术的发展还促进了蒙古文的新闻报刊事业。《总目》收录清末、民国时期所出版的期刊报纸共 55 种，收藏范围为 222 馆藏次。其中最早的期刊为 1908 年吉林蒙务办事处所出版的石印本的《蒙话报》，最晚的为 1946 年兴安报社所编辑的油印本报刊《内蒙古》。这次收录的刊物几乎无所遗漏，除常见的《蒙藏月报》《蒙藏周报》《蒙古月刊》等外，还有许多鲜为人知的地方报刊均被收录，如北京的《励志月刊》、南京的《大国师章嘉呼图克图驻京办事处月刊》、长春的《蒙古人民》、榆林的《绥蒙月刊》、定远营的《阿旗简报》、伊克昭盟的《民众日报》、海拉尔的《自由》报等。这些报刊反映了时代的声音，是研究民国时期蒙古历史的珍贵资料。

《总目》还收录了将近 800 种收藏在国外的蒙古文古籍的缩微制品。这部分古籍是 20 世纪 30—40 年代丹麦、瑞典旅行家从内蒙古土默特、察哈尔等地收集并运到国外的。现主要收藏在丹麦哥本哈根皇家图书馆和德国的墨尔本图书馆，其中百余种文献是国内未曾见过的。《总目》的收录为研究和使用这部分资料提供了方便。

纵观《中国蒙古文古籍总目》，可以看出蒙古族历史文化与中华多民族大家庭文化的密切关系。在《总目》中，蒙汉合璧、满蒙汉合璧、满蒙汉藏合璧的文献数量是相当多的。各民族文化相互交流、互相促进，共同造就了中华民族文化的辉煌。

以上仅就蒙古文古籍中有特色的部分做了简略的介绍，蒙古文古籍文献的文字独特、版本珍贵、学科广泛、内容丰富、类型多样、历史价值高等特点已经脱颖而出了。为了如实地反映古籍的面貌，建立科学的目录系统，《中国蒙古文古籍总目》依据国际、国家标准著录的原则，用蒙古文进行客观著录，并参照《中国图书馆分类法》建立了符合蒙古文古籍特点的分类体系，同时进行了题名拉丁转写和题名汉译，编制了蒙古文题名、拉丁转写题名、汉文题名索引，可以说是一部收录完整、著录准确、分类科学、检索方便、学术价值高、有国际水准的高水平目录。如今，《中国蒙古文古籍总目》的问世像一把钥匙打开了蒙古文古籍文献这个丰富的宝藏，为人类展现了蒙古族历史文化绚丽多彩的风貌，它对于继承蒙古族的优秀文化遗产，发扬蒙古族的优良文化传统，对于蒙古文古籍文献的抢救整理、开发利用，对于国际国内蒙古学的研究，都具有着重大的、深远的、不可低估的作用与影响。同时，它对全国少数民族古籍整理工作也是一个很好的促进，为《中国少数民族古籍总目提要》工作提供了经验与借鉴。

该文曾参加“中国图书馆学会2000年学术年会”，被收入《中国少数民族古籍论·4》，李晋有等主编，巴蜀书社，2001年。

《中国蒙古文古籍总目》题名汉译谈

在我国丰富多彩、源远流长的历史文化中，有着蒙古民族不平凡的历史和独特的草原游牧文化。千余年的蒙古族历史给后人留下了大量珍贵的蒙古文古籍文献。这些古籍文献具有文字独特、内容丰富、历史价值高等特点。《中国蒙古文古籍总目》收录了 1949 年以前我国用蒙古文刻写印刷的图书、经卷、档案、金石拓片、期刊等近一万三千种文献资料目录，是一部大型的综合性蒙古文古籍目录，基本上反映了我国蒙古文古籍的全貌。

《中国蒙古文古籍总目》是用少数民族文字本身进行著录的少数民族古籍目录，它采用国家文献编目规则进行标准著录，同时考虑少数民族古籍的特点和国内外的需要，对其题名进行汉译和拉丁转写。《总目》题名汉译工作有相当大的难度，表现在以下几个方面。

一是书名翻译难。书名翻译与一般翻译相比，它的要求更高，也就更难做。首先，书名是一部书的第一信息，具有第一重要性，不能有丝毫的马虎和掉以轻心。其次，书名本身既反映了书的内容和特点，同时又是高度浓缩和精练的，书名的翻译也需要具有同样的性质。第三，书名作为一部书的外在标识，它需要有文雅的装扮，就像每个人都要给自己取一个好听的名字一样。第四，书名难译还在于它一旦被译出就具有一定的权威性和很强的实用性，它将引导千百万人去读书，也将被千百万人所检验。

二是语言文字难。民族文字难，民族文字古籍中的民族古文字更难。从蒙古文古籍中反映出来的古代蒙古文字种类可多达7种：回鹘式蒙古文、八思巴字、具有清代特点的蒙古文、具有现代特点的蒙古文、蒙古文阿礼嘎礼家、满文式蒙古文、托忒蒙古文。除古代蒙古语词汇之外，还有许多来自藏语、梵语、汉语的词汇。蒙文古籍中还存在许多错字、别字和不规范字，这些都给题名翻译造成了许多困难。

三是内容难。《总目》是一个大型综合性的目录，除档案、金石拓片、期刊这些特殊领域外，仅图书部分就分宗教、哲学、政治、法律、军事、文化教育、语言文字、文学、艺术、历史地理、天文学、医药卫生、农牧科学、工业技术14大类，细类约200项。涉及面非常广，每一类都可以说是一个独立的专业学科，没有相当造诣的专业学科知识，想把各个学科的古籍题名翻译得准确、翻译得好是很困难的。

四是蒙古文古籍题名的汉译基础差，可供借鉴的文献资料、工具书不足。蒙古文古籍除少数蒙汉合璧的书上有并列汉文题名外，绝大多数都是没有汉译名的。1979年出版的《全国蒙文古旧图书资料联合目录》中的汉译题名也仅有1500余条，而我们现在却有近13000余条目。由于古籍目录工作基础差，过去的汉译名不准确的也很多。最近几年来虽然也出了几部专业词典，但至今还没有一部像《藏汉大辞典》那种规模的，包括古蒙古文、佛教等名词术语，方便使用的蒙汉大辞典。

《总目》题名汉译工作虽然有这样许多困难，但路是人走出来的，迄今为止，在大家的帮助和共同努力下，13000条目近20万字的汉译工作已经基本完成。从工作中我们总结出一个“《总目》题名汉译原则”，结合这个“原则”谈一谈《总目》题名汉译工作的有关问题。这里说明一下，谈到翻译会涉及直译、意译、信、达、雅等翻译理论问题，由于翻译的对象不同，翻译的实践不同，可能会对这些理论有不同的理解和解释，我现在所谈的仅是从《总目》题名汉译实践中总结出来的，适用于《总目》题名汉译的一些理解和解释。

一

先谈谈直译与意译

直译，我的理解，它并不是元代白话文式的硬译，仍需要在对原文准确理解的基础上按照汉语的语言原则去进行表达，必要的语法、修辞上的调整是免不了的，只是相对意译而言不做大幅度的改动和增减，比较地忠实原文字。直译是本《总目》题名汉译的主要方法，特别是那些特殊专业部类，如宗教部分、档案部分，多采用直译的方法。

意译，一般来说是指在准确理解原文的基础上，旨在译出其中的含义，而不多受原文的限制。《总目》中的意译有一些特殊的含义。比如，根据汉译书名的习惯，对某些较长或修饰词较多的题名择其关键词摄其要旨进行翻译。例：《蒙古源流》，原文直译为“诸汗源流珍宝史纲”；《七世达赖格桑嘉措传略》，原文直译为“胜自在一切智金刚持达赖喇嘛罗桑格桑嘉措传述略如意树宝穗”。这两个例子都是略去了修饰词。

又比如，由于原题名或不完整，或不准确，或表意不明等原因而对其进行有根据的补充和修改。例：《俺答汗传》最早版本的封面题名直译为“宝贝精义”，但是根据内容和其他抄本的题名，仍将其译为《俺答汗传》。又例：《九世达赖隆朵嘉措传》，原文直译为“依胜自在圣呼毕勒罕宝身佛教众生之怙主获无误真实道圣迹日导引经”，该题名表意不明，所以根据内容将其译为《九世达赖隆朵嘉措传》。

意译一般会对原文进行较大幅度的增减和修改。意译容纳了“约定俗成”，上述《蒙古源流》《阿勒坦汗传》的翻译也是约定俗成的一种体现。

直译和意译是两种不同的翻译方法，就准确而言，也不能厚此薄彼。比如《蒙古源流》一名，虽然它与题名文字略有出入，可我认为它译得很准确，它反映了书的主要内容的，同时也是有所依据的，木刻版《蒙古源流》的书口题名即为“mongɣol qad-un eki ündüsün”。在实际工作中哪些书的题名直译，哪些书的题名意译，则是根据不同类型书的具体情况而定，意译多出现在历史、人物传记、文学部分。

二

其次，谈谈“信”“达”“雅”。前人对翻译工作总结出来的“信”“达”“雅”三个字，我认为是很精辟，很有指导意义的。《总目》题名汉译的基本原则就是“信”“达”“雅”，其中“信”是第一位的，是“达”和“雅”的基础。“信”就是要准确，那么什么才叫做“准确”呢？本文从四个方面谈及。

（一）《总目》题名汉译原则规定：“不论是直译还是意译，译名要努力做到与题名文字和书的内容两相符合。”

“与题名文字相符”这句话很容易理解，但实际做起来却很不容易，这里涉及许多语言学和翻译学的问题。首先要对蒙古文题名的词义、语法、语境、潜在语义等有透彻的理解，其次要对汉语的词汇、语法、修辞等也要有相当的造诣和熟练的驾驭能力。蒙古语文是独具特色、相对较难的一种文字。文字上一字多音，语法关系上有时也很容易出歧义，再加上古代蒙古语及专业术语等因素，许多题名译起来都不轻松。随便举一个例子，宗教部分有一条目蒙古文题名按照字面直译为“吉祥长寿威猛炽火金刚手成就法及秘密甘露海”。仔细推敲内容及参考其他条目，发现有一些不妥的地方。“金刚手”一词应该往前提，“吉祥金刚手”是一个紧密结合的词组，是一个本尊的名称。这个题名的中心意思是“（依）吉祥金刚手（修）长寿成就法”，而句末的“秘密甘露海”是前部分题名的修饰，不是并列成分，所以“及（jiči）”

一词在译文中应该减去。这个条目比较准确的翻译应该是《吉祥金刚手长寿威猛炽火成就法秘密甘露海》。这样译是不是完全没有问题了呢？也不见得，也许还有值得推敲的地方，从内容和修辞两方面考虑是否译作“吉祥金刚手威猛炽火长寿成就法”更好一些呢？没有把握，暂时按原语序翻译。这类因语序而引起的理解问题在翻译中是经常遇到的。比如“密中密忿怒明王现证法”，根据内容似乎应该译作《忿怒明王密中密现证法》；“秘密成就马头明王法门”，参考其他条目似乎应该译作《马头明王秘密成就法门》，等等。

以上可以说是辨别句义、短语义，还有一类是辨别字义、词义。《总目》题名中有一些不规范字，如宗教部分某条目中有一词，原文写的是“quuri（或 qoori）”，那么这是个什么字呢？蒙古文“毒”字为“qoor-a”“雨”字为“qur-a”，从字形上看它比较像“毒”字，但从前后文意义理解还是“雨”字比较合适，译出来是“天龙八部降雨法”。又比如，对“itegel”一词，要辨别什么时候译作“皈依”，什么时候译作“怙主”。总之，“与题名文字相符”要有对文字和内容两方面的透彻理解，并不是一件容易的事情。

“与题名文字相符”是指要符合题名这个小的语言环境，作为书名它是整部书的提纲挈领，还应该考虑书的学科内容这个大的语言环境。因为词是有多义性的，不同的学科内容对词会有不同的解释。比如，“dürben ündüsün”这个词组，如果在医学类它就是“四部医典”，到了宗教类它则是“密宗四续”；“ündüsün”一词，在宗教类常被译作“本续”，到历史类则常被译作“源流”。不同学科内容的书名在修辞上的要求也是不同的。比如，“üliger-un dalai”一词，在普通文学中译为“故事之海”，在宗教文学中则译为“譬喻之海”；同是“silüg”一词，在普通文学中译为“诗”，在佛经中译为“偈、颂”。就连人名的音译也要考虑被译的对象。比如，“lobsang”一词，一般人按蒙古语的规律译作“罗布桑”，如果是活佛或名僧可能就要按照藏语的规律译作“洛桑”。所以我们提出，题名汉译的原则是“不论是直译还是意译，译名要努力做到与题名文字和书的内容两相符合”。

（二）《总目》题名汉译原则规定：“从汉文翻译过来的作品应还原为原有的汉文题名。寺庙名、人名、官名、地名、衙署名等专用名词应采用历史上汉文固有的名称。”这些都是需要许多知识的、很艰巨、很细致的工作。我们在这方面付出了很大的努力，尽可能地查阅有关的工具书，请教专家学者，使这类译名有所依据，达到上述要求。

1. “从汉文翻译过来的作品应还原为原有的汉文题名”，这一条对于某些众所周知的作品来说并不困难，如《金史纪事本末》《三国演义》，等等。但是对于某些鲜为人知的作品就十分困难了，特别是用蒙古文音译汉文题名的作品。比如，档案部分有一条目蒙古文为“daičing ulus-u ǰing sing bötön sudur”，开始我把它译作“大清进奉全书”，认为是有关纳税进贡的书。后来得专家指教，汉文有一部《大清缙绅全书》。经仔细斟酌内容确定其为《大清缙绅全书》。又比如，《升仙传》一书，蒙古文原文有“seng siyan ǰuwan”和“sen siyan ǰuwan”两种写法，而汉文书籍又有《升仙传》和《神仙传》两种，到底是一种书还是两种书？是《升仙传》还是《神仙传》？通过查阅内容确定其应为同一种书，同时书中有济小塘的故事，应该是《升仙传》。类似这种蒙古文音译汉文的题名，有一些是有据可查的，还有一些是经过努力仍然无法还原的。比如文学类的《安乐明》《安顺》《马第臣》之类是一点把握也没有的；而《全缘楼》《双钗记》之类译出来像那么回事，可又没有确实的书籍可以对证，只好抛砖引玉了。这类问题主要出在文学类，粗略统计这类书约60种，其译名三分之二是有证可查，还有三分之一没有十分把握。

2. 人名、官名、地名、衙署名的翻译大多数都核查了相关的历史资料，有一定的依据。从《理藩院则例》《外藩蒙古回部王公表传》可以得到当时的盟、旗、官、衙、王、公的名称。从《归绥道志》《蒙古鉴》《辛亥以后十七年职官年表》等有关史料中可以得到相关的历史资料。例：档案部分一条目译名为“大中华民国和谈外蒙古事务全权专使都统衔毕桂芳、少卿衔上大夫驻墨西哥国特命全权公使陈箓致自治外蒙古政府全权专使司法副长额尔德尼济农贝子希尔宁达木丁、财务长土谢图亲王察克都尔扎布函”，如果光凭蒙古文题名的音译记录，这些官衔名、人名是绝对译不出来的，这是核实了记录在《蒙古鉴》一书中的有关恰克图条约的汉文原文而译出来的。同时在翻译中我们也注意到同一个机构在不同的历史时期会有不同的名称。比如“理藩院”这个机构在清代时称“理藩院”，清末时称“理藩部”，民国初1912—1915年称“蒙藏事务局”，1916—1928年称“蒙藏院”，1928年以后称“蒙藏委员会”；蒙古文同是“呼和浩特（kökeqota)”，汉文在清代称“归化”，在民国称“归绥”，等等。

3. 寺庙名是最不可马虎的，因为几乎是不能“自译”的，必须采用其本身曾经拥有的汉文名称。所以在译寺庙名时是十分谨慎的，尽一切可能查证寺庙原有的汉文名称，实在查不到的，短的一般给予音译，长的进行意译时加方括号［］以示区别。粗略统计《总目》中寺庙名约有80个，自行意译的不到20个，音译的十余个，其他都是查有出处的。遇一寺多名时可酌情进行取舍，必要者在附注项加以说明。例：包头附近的aɣuu yeke onoltu süm-e（这是古籍文献上出现的名称），依清廷赐名译为“广觉寺”，并在附注项说明“广觉寺”又名“五当召”或“巴达格尔召”。

4. 人名的翻译。这里主要指的是蒙古语人名的汉字译音。这类翻译在《总目》中出现频率还是很高的，仅档案一类人名的出现率就有千余次。实践证明，在这种文献工作中如果没有一个统一的译音规律，就会仁者见仁，智者见智，此一时，彼一时，译名纷乱多变给读者造成混乱。在工作中，我根据清乾隆六十年编制的《钦定外藩蒙古回部王公表传》中的译音规律总结出一个“《中国蒙古文古籍总目》蒙古语汉字译音基本规律表”。在这个基本规律下有几个问题需要说明。

（1）涉及中世纪的蒙古人名一般采用中世纪的译音规律，例：“孛儿只斤（borǰiǰin）”、“孛斡儿出（boɣurǰi）”等。

（2）民国时期的蒙古人名一般采用该译音规律进行翻译，有名人物可沿用当时已有的汉译名，例：“塔旺布理甲拉（lhawangbörögǰil）”、“图布升吉尔嘎勒（tübsinǰirɣal）”等。

（3）僧职人员的名字基本上按照蒙古文的发音习惯进行翻译。例如罗布桑、扎木素、扎勒森等。但对于有名望的活佛、僧人则按照已有的、藏文的发音习惯进行翻译，例如七世达赖洛桑嘉措、四世班禅却吉坚赞等。

（三）有关《甘珠尔经》篇目题名的翻译。蒙古族信仰的是藏传佛教，蒙古文的佛经也多是译自藏文大藏经。藏文大藏经分为《甘珠尔》《丹珠尔》两个部分。《甘珠尔》为“佛说”，大致相当于经、律、论三藏中的经部和律部中的佛说部分；《丹珠尔》为“论”，相当于经、律、论三藏中的论部与律部中的非佛说部分。清康熙年间刊印藏文《甘珠尔经》时，有四体合璧《甘珠尔目录》，该目录近年来被重新整理出版，可以利用，以下简称“清译”。另一方面，汉译大藏经已经有了相当长的历史，虽然不是藏传佛教的体系，但许多经卷是共同的。所以在翻译《甘珠尔经》时有如下几条规定。

1.“有相应的汉文大藏经译名时，原则上采用汉文大藏经译名。”当然汉文大藏经也有一经多名的，因而我们以日本影印北京版《藏文大藏经》目录部所注汉文大藏经译名为主。例如，清译为《最胜能除十方黑暗大乘经》，汉文大藏经译名为《佛说灭十方冥经》，这种情况一般取汉文大藏经译名。但也有个别例外的。例如，清译《最胜大智慧到彼岸千百颂》和清译《圣慧到彼岸万八千颂》，日本影印北京版目录所注汉文大藏经译名都是《大般若波罗蜜多经（德格版分为“初会”和“第三会”》。本《总目》将其译为《圣般若波罗蜜多十万颂》和

《圣般若波罗蜜多一万八千颂》，与清译和汉文大藏经译名都有所差别。粗略统计，这种有汉文大藏经译名依据的近 30 种，占《总目》《甘珠尔经》部分散出经卷的三分之一强。

2. “没有相应汉文大藏经译名时，原则上依照清代北京版四体合璧《甘珠尔目录》中的汉译名进行翻译”。（参见双福等主编的蒙古文《甘珠尔经目录卷》）例如，《佛说七宿星曜经》《圣无量寿智大乘经》《圣八明经》等。这类有清代汉译名和上述有汉文大藏经译名的合起来约占《总目》《甘珠尔经》部分散出经卷的三分之二强，还有近三分之一没有找到出处，是自己补译的。

3. “考虑到清译中某些术语现在已经不常用，为了整体译名的统一，修改其中几个术语。如：bilig-ün činadu qiǰaɣar-a kürügsen，清译为“智慧到彼岸”，修改为“般若波罗蜜多”；ilaǰu tegüs nögčigsen，清译为“出有坏”，修改为“薄伽梵”；mandal，清译为“中围”，修改为“曼荼罗”；ǰang üile，清译为“道场”，修改为“仪轨”。这就是为什么前例不依清译译为“圣慧到彼岸万八千颂”，而译作“圣般若波罗蜜多一万八千颂”的原因。

《丹珠尔经》是对“佛说”的注疏和阐明，由于目前蒙古文经卷中哪些是出于印度人的注疏和阐明，哪些是出于西藏、蒙古本土的注疏和阐明——换句话说即《丹珠尔经》与非《丹珠尔经》，很难加以区分，所以《总目》中《丹珠尔经》的散出经卷是与其他佛教典籍混在一起按照显宗、密宗的体系进行分类的。另外，《丹珠尔经》虽然也有清代的四体合璧目录，但至今没有整理出版，不方便使用。所以，《总目》中《丹珠尔经》散出经卷的翻译基本上没有考虑清译，而是同其他经卷一起以后人的有关翻译为主要参考的。

（四）《总目》题名中有大量的各种类型的名词术语，翻译这些名词术语，一是要有依据，有出处；二是要统一。宗教部类的名词术语尤其为多，这里举几个很常见又费斟酌的例子。

1. 优婆提舍，蒙古文 ubadis，来自梵文 Upadesa。《佛学大辞典》解释：“此译论义，以理法论义问答之经文也”；《藏汉大辞典》解释：“口诀、窍门、秘法、门路，梵音译为优婆提舍，佛书译为教授”；《蒙古语大辞典》解释：“法术、说教、卜筮”。汉文经书中常将其译为“优婆提舍”，藏文经的汉译中又将其译为“教授”。从蒙古文佛经的应用看，该词兼有“论义”和“秘法”两个含义，本人在《总目》中将其统一译为“优婆提舍”。例如：“大圆满智慧自解脱优婆提舍”“语优婆提舍”“能断优婆提舍最胜金鬘”“除垢优婆提舍”等。

2. 护摩，蒙古文 ɣal mandal 或 tülege öglig，来自梵文 Homa。《佛学大辞典》解释：“译为烧”；《藏汉大辞典》解释：“火供、烧施，梵音译作护摩。燃烧有浆树枝等进行的火祭”。

3. 羯磨，蒙古文 üile，来自梵文 karma。《宗教词典》解释：“梵文 karma 的音译，意译为‘业’或‘办事’，佛教名词。指僧团按照戒律的规定处理个人或僧团事务的各种活动”。

4. 放咒，蒙古文 sor qayaqu，相应藏文为 zor-hphen-ba。《藏汉大辞典》解释：“放咒，宗教徒在某一物体上诵咒，然后向一定方向抛去，以驱策鬼神，诅咒敌人”。

5. 回遮，蒙古文 qariɣulɣ-a，相应藏文为 phyir-bzlog。《藏汉大辞典》解释：“驱逐，佛书译为回遮、转还”。

6. 救脱轮回界，蒙古文 orcilang-un töb-ece getülgegči。是参照《民族文化宫图书馆藏文典籍文集类目录》（以下简称《藏文典籍目录》）第二册中五世达赖文集相应条目而翻译的。

7. 灵器，蒙古文 dungli，相应藏文为 mdos。《藏汉大辞典》解释：“灵器，供施代替品”；《蒙古语大辞典》解释：“献给神灵的偶像”。

8. 导引，蒙古文 küdelbüri。《藏文典籍目录》二世章嘉文集中将其翻译为“导释”，四世班禅文集中将其翻译为“导引”，本《总目》取“导引”之译。

9. 本续，蒙古文 ündüsün，相应藏文为 rgyud。《藏汉大辞典》解释："①传统、系统，旧译相续。……④族类，种属。⑤密宗，佛教密乘。旧译为续、本续。梵音为坦特罗，佛教密乘及有关密乘等经典书籍"。

10. 酬愿，蒙古文 qangɣal，相应藏文为 bskang-bshags。《藏汉大辞典》解释："酬忏，酬谢神佛，忏悔罪过的仪式"。四世班禅文集（《藏文典籍目录Ⅱ》）将其译为"酬供"。在蒙古文佛经中常与"愿望"一词合用，本《总目》将其译为"酬愿"。

这些名词术语的翻译都是有其或梵文、或藏文、或汉文的依据的。粗略统计《总目》宗教部分这类名词术语有几百个。历史、文学等其他类目也不乏需要统一的名词术语，例如管旗章京、佐领、参领以及对答词、训谕诗，等等。

当然，名词术语的统一也不是绝对的，对于某些多义词还是要根据语境酌情处理。比如蒙古文"ǰasal"一词就有以下多种翻译："妖魔对治""常见病治疗""八卦方术集略"和"病死尸三禳解法"等。

三

以上从四个方面谈及了"信"，即题名翻译的准确性，下面再简单谈一谈"达"。"达"，一般来说就是融会贯通，具体到《总目》中即："在准确的基础上可以做某些变通。"前面谈到的"意译"就是融会贯通，"达"的一种表现。这里再谈谈有关的另外三条规定。

1. "题名文字表达不明确时，可以根据附注项或书的内容或考证得来的结果给予补充。"例如，宗教部分有一条目，蒙古文题名原只有一个字"忿怒"，根据附注项所记录的结束语补充汉译名为《秽迹忿怒明王羯磨会供》（经卷的结束语中经常重复叙述经的题名，但有时与封面和卷端题名不尽相同）。除了这种个别条目的补充之外，普遍加以补充的有以下几个方面。

（1）在档案部分将“某某某函”作为正书名处理，而将“致某某某”作为说明文字处理，汉译名则将其补充完整，译作“某某某致某某某函”。

（2）伊克昭盟的档案中往往没有写清楚是哪一个旗的札萨克王公，汉译名将其补充进去。例如，“鄂尔多斯**左翼中旗**札萨克多罗郡王巴宝多尔济等致**右翼后旗**札萨克固山贝子敦多布色棱等函”。

（3）以书的开头作为题名著录而又不能成其为题名的，根据书的内容补充汉译名。

（4）经考证后补充题名中记录不完整的人名。例如，“主席傅”补充为“主席傅作义”，“都统马”补充为“都统马骐”等。

（5）补充寺庙所在地。例如，“**茂明安旗**甘丹敏珠尔寺”。

2. “一书有多种蒙古文题名，酌情取其规范的、常用的题名做统一的汉译名，保留一书多名时，在附注项加以说明。”在蒙古文古籍中经常遇到这样的情况：同一种书，或由于刊刻版本不同，或由于经过多次传抄，它可以有多种不同的题名。比如：《蒙古源流》有七种不同的蒙古文题名；《善语宝藏》有十一种不同的蒙古文题名（译出如下：a. 善语宝藏、b. 善语宝藏苏布喜、c. 善语宝藏之智者辩相第一品、d. 宝藏苏布喜地、e. 善述宝藏、f. 名宝善藏之善语经、g. 宝贝苏布喜地、h. 善述宝藏苏布喜地、i. 名宝藏之善语经、j. 善述宝贝经、k. 善述宝贝苏布喜地）；《龙树所著大誓愿阶》的题名有八种不同的写法；《中阴救难祈祷》的题名有四种不同的写法，等等。如果把这些题名一一译出很可能会给读者造成误解，以为它们是不同的书，而不是同一种书，也会使汉译名显得十分混乱。所以，在确定它们确实是同一种书以后（比如宗教部分加了统一小标题的），酌情将其汉译名统一。

3. “一书存在有多种被认可的汉译名，取其准确、通用的一种，其他译名有必要者可以在附注项加以说明。”例：《善语宝藏》一书，在附注项注明："汉译名又作'萨迦格言'或'苏布喜地'。"可是，《蒙古源流》一书虽然蒙古文题名很多，但从汉译名来说，无论是"印藏蒙白史"也好，"珍宝史纲"也好，都没有被认可，被认可的只有一个——《蒙古源流》。

四

最后，再谈一谈"雅"。"雅"是指译名的文字要雅驯，不仅要译得准确，还要译得好听，好看。在语言简洁、明确、规范的基础上要斟酌文字，注意修辞表达。

首先是斟酌用词，要选择最恰当的用词。比如：baɣatur，译"勇士"，不译"英雄"；erke-dür quriyaɣči，译"调伏"，不译"纳入权力"；ɣaǰar-un eǰen，译"地祇"，不译"地主"；altan neng qailumal，译"最赤金"，不译"最熔金"；sira čaɣasutu ebkemel，译"黄卷宗"，不译"黄纸卷"，等等。

其次要斟酌句法，句子要通顺，要符合汉语的表达习惯。比如，一题名直译为"咱雅班第达罗布桑普棱列得道自传明鉴"。但是这样译，从汉语来说总觉得不顺，若稍微变动一下，译为《咱雅班第达罗布桑普棱列自传得道明鉴》，就好多了，而且也不违反原意。作为书名，我的感觉是有时采用宾谓倒装句更好一些，比如《魔障禳除经》《五祟对治法》《口孽回遮》《苦难解脱经》，等等。题名末尾的"经"，三藏中的"经"严格定义为"佛语"，这里的"经"是佛教典籍的泛指。有时也看修辞的需要，比如"绿度母经"，就是加上好，而"绿度母祈祷"，就可以不加了。

在斟酌词句的过程中，还要尽量进行民族性、学科性、历史时代性的修辞润色。也就是说要译什么像什么，要说行家话，用不同的修辞去表达不同内容的不同特色。说到民族特色，非必要的、非不得已的、太多的音译不等于是民族特色。太多的音译会使人读起来、理解起来都十分吃力，而且破坏了汉语本身的协调性。比如，有一部著名的语法书，以前曾译为“鄂突尔贵嘛呢”，不懂蒙古文的人就很难理解这是什么意思。现在译为《蒙文启蒙诠释苍天如意珠》，既表意明确又不失原文的文采。在题名的主要部分之后加上修饰词语，这是蒙藏文经卷题名的普遍特点。如“智慧之源”“水晶鉴”“珍珠鬘”“降悉地甘霖”等。这些修饰词语除了语言修饰作用之外，还是区别题名的重要标识，甚至有的就以其修饰词著称。比如，叫做“蒙文启蒙诠释”的文法书可以有好几种，但是叫做《蒙文启蒙诠释苍天如意珠》的只有一种，而且该书确实以“苍天如意珠”著称。这里顺便说一下，藏文经卷题名汉译时采用了在主要部分与修饰词之间加圆点以示区别的方法，《总目》题名汉译没有采用这种方法。一是因为《总目》不是单纯的经卷目录，是个综合性的目录，内容比较复杂；二是因为《总目》采用标准著录，圆点是合刻书名的标识符。

有关修辞的学科性和历史时代性，前面已经有所涉及，这里再举几个例子：祝词、对答词、箴言、训谕诗等是文学类的行话；袭爵、袭职、诰封、告文、道、厅、衙门等是历史类的行话；众生、本尊、护法、菩提、次第、瑜伽、随许、加持、成就法、往生等是宗教类的行话。总之，译得准确不容易，译得好更不容易。

以上围绕着直译、意译、信、达、雅几个方面粗略地谈了一些《总目》题名汉译的情况，实际上如此难度的一万三千余条题名的汉译并非是万把字所能够讲清楚的，具体做起来比上面所谈的又要复杂得多。规范性是其中的一个方面，当然是主要方面，同时也存在某些不规范的地方，尽管尽了很大的努力，仍然有解决不了的问题，有力不从心的地方。比如，有些难解词从梵文、藏文、古蒙古文都无从查找，这些词可能是生僻的术语，也可能是误写、误抄；有些题名表意不明，难以理解而又因条件所限未能查阅原书。遇到这些问题，有的只好回避，有的只好以模糊对模糊，有的只好抛砖引玉了。值得庆幸与感谢的是，《总目》题名汉译工作曾经得到许多专家学者的热心指教与帮助，并期待着更多专家学者的批评指正和帮助。我希望《总目》的题名汉译能够伴同《总目》成为献给蒙古族人民的，献给我们中华民族图书馆事业的一份厚礼。

该文曾刊登于《文献》2000 年第 2 期。

蒙古文音译规律试探

音译规律的研究具有很强的实用性，它可以使译名规范化，也可以使译名便于还原，还可以使利用电脑自动进行双向翻译成为可能，它是民族语文工作现代化的一个有机组成部分。

蒙古文音译，特别是人名、地名、专用名词的翻译在日常生活和文献工作中是经常遇到的。而目前蒙古文音译的现状是没有一个统一的规范，一些常用词的翻译常常是习以俗成。而这些习以俗成的译名其语言学的规律又是怎样的呢？比如：乌力吉（ölǰei）、宝力格（bulaɣ）、毕力格（bilig）三名中的“力”字蒙古文中分别为 l、la、li；乌云（oyun）、乌兰（ulaɣan）、乌力吉（ölǰei）三名中的“乌”字，蒙古文中分别为 o、u、ö；乌力吉（ölǰei）、道尔吉（dorǰi）二名中的“吉”字，蒙古文中分别为ǰei、ǰi。这反映了现代蒙古文音译的语音对照规律不严格，存在许多多音一译的现象。

同时，一个蒙古文名字又可以有多种翻译，这里有其历史的原因、宗教的原因、方言的原因，以及某些纯个人的原因。比如，车臣、伯颜、多尔济是历史上的译法，而斯琴、白音、道尔吉则是现代人的译法；洛桑、嘉措、坚赞是藏族人名的译法，而罗布桑、扎木素、扎拉森是蒙古人名的译法。扎、嘉的不同反映了方言的差别，而把仁钦（rinčin）译作林沉、亦邻真，把宝音呼（boyanküü）译作薄音湖等则含有纯粹个人的另辟蹊径的选择。上述这些现象究其根由也还是有一定的原因，而那些不循规蹈矩，也没有任何原因，信手译来的情况也比比皆是。

那么这些现代音译现象哪些是合理的？哪些是不合理的？蒙古文音译要不要有一个统一的规范呢？我认为，尽管蒙古文音译的情况比较复杂，但基本的统一规范还是需要的。地名等专用名词的翻译显而易见是需要统一的。人名的情况比较复杂，从个人的、主动的角度来说，有选择用什么样译字的权力，但不应超出语音对应的范畴。从整体的、被动的角度来说没有一个统一的规范还是不行的。比如《中国蒙古文古籍总目》中有2000多种档案料，人名的出现率大约1000次，若是没有一个统一的规范，肯定是仁者见仁，智者见智，译名纷乱多变，给读者造成混乱。本文所说的音译规律主要是针对被动翻译的基本规律而言。从语言学的角度讲，既然是音译，那么基本原则就要遵循被译语言的语音规律，这样才客观，才为“信”，译名也能具有一定的可逆行。其次是“名从其主”，要兼顾各种原因所造成的差异性，这也可谓“达”吧。然后还要尽量采用文雅的用字，“雅”确实是一种文明社会的共同追求。

考察蒙古文音译的历史，发现历史上的蒙古文音译是有一定规律的。以《元朝秘史》为例，在中世纪就能用汉字将《元朝秘史》全部转写下来，可见当时的音译水平是相当高的。中世纪的音译规律是比较严格的，比如：为了区别舌边音 l 和颤音 r，在颤音 r 的译字前都加一个小“舌”字。如，la 剌、ra 舌剌，li 里、ri 舌里等。而为了区别不含元音的辅音和含元音的辅音音节，则用大小字的形式给予表示，如，b 卜、bu 卜，m 木、mu 木。可见当时的人在进行翻译时译字与语音之间是有较严格的对应关系的。（参见陈乃雄先生关于中世纪汉字记录蒙古语一览表）

清代蒙古文音译的情况又是怎样的呢？我们在进行《中国蒙古文

古籍总目》汉译名的工作中，利用了一部叫做《钦定外藩蒙古回部王公表传人名索引》的书，由内蒙古大学宝音图、包文汉编写。该书是对乾隆六十年版《钦定外藩蒙古回部王公表传一百二十回》中的人名所做的索引。它以汉文索引为主，包括汉、蒙古、拉丁转写三种文字索引，约收录人名 1400 个。开始我们只是用它来查找具体人名的译法，后来发现当时的译名具有很强的规律性，译字和译音之间有着固定的联系。我试着从中找出语言学的规律，于是整理出了“清乾隆六十年《钦定外藩蒙古回部王公表传》蒙古文音译规律表”。

该表共含蒙古文音节 246 个，相对汉字 344 个（包括重复使用）。其元音基本规律为：a—阿，e—额，i—伊、依、宜，o—鄂，u—乌，ö—鄂，ü—乌。依此规律，如：奥其尔（očir）应译做鄂齐尔，乌力吉（ölǰei）应译做鄂勒斋。

其辅音基本规律为：na—纳、讷，ba—巴，pa—帕，qa—哈、喀、噶，ɣa—噶、格、阿，ma—嘛、默、穆；la—拉；sa—萨、塞；sa—沙；ta—塔；da—达；ča—察；ǰa—扎、嘉；ra—喇，ya—雅，wa—瓦，ka—嘎、喀，ce—策，za—咱，hi—希。清译辅音舌边音 l 系列与颤音 r 系列是有区别的，舌边音 l 相对的汉字主要为：l—勒，la—拉，le—埒，leng—楞，li—里，lo—罗，lu—禄。颤音 r 相对的汉字主要为：r—尔，ra—喇，re—哷，reng—棱，ri—哩，ro—啰，ru—噜，大多数带有“口”字边。所以在清代，qaračin 译做喀喇沁，而不译做喀拉沁；altan 译做阿勒坦，而不译做阿拉坦；sereng 译做色棱，而不译做斯楞。清译不含元音的辅音与含元音的辅音音节之间大部分也是有区别的，如：l—勒，le—埒；m—木，mu—穆；ɣ（g）—克，ge—格；s—斯，se—色等。例：gegen—格根，bulaɣ—布拉克，geleg—格埒克，namǰal—纳木扎勒，muning—穆宁。

这个译音表也体现了蒙古文音素文字相对汉文音节文字的特点。如：ba—巴，ban—班，bai—拜，bang—邦，bam—本，bao—包，boo—

宝，bei—贝，bing—冰；da—达，dan—丹，dang—当，dayi—岱，deng—登，ding—定，don—敦，dong—栋，düi—对。

这些清代的蒙古文音译规律对于我们的实际工作起了很大的帮助，《中国蒙古文古籍总目》中清代人名的翻译基本是遵循此原则进行的。下面举一些实际应用的例子：

düngrübǰamsu 栋啰布扎木素　dondobsereng 敦多布色棱
rasidarǰi 喇什达尔吉　sudnamdubǰai 索特纳木多布斋
nooɣondar-a 诺观达喇　bilig 毕里克
erinčinpungcuɣ 额琳沁朋楚克　ǰigmeddorǰi 济克默特多尔济
buyandelger 布延德勒格尔　očir 鄂齐尔
ölǰeitü 鄂勒斋图　batumöngke 巴图蒙克
altan gerel 阿勒坦格哷勒　caɣan rabtan 察罕喇布坦
lobzang 罗卜藏
erdeni erke toɣtonai 额尔德尼额尔克托克托鼐

从清代蒙文音译规律表中也可以看到蒙古文音译的复杂性。比如，qa 的译字有三个，即“哈”“喀”“噶”。“哈”“喀”的差异有其方言或历史的原因，例如，qatun—哈敦、qalqa—喀尔喀，同时在方言中也有把“哈”读做“噶”的情况出现。ɣa 的译字也有三个，即“噶”“格”“阿”。“ɣa”字出现在 ng 辅音后，音变为“阿”，如 quturingɣ-a 瑚图灵阿；“格”字则是在非第一音节元音弱化的情况下出现的，如 ǰirɣal—济尔格勒。这两个多译字的出现是有一定的语言学的原因的。而用“鄂”字来表示 o（第四元音）和 ö（第六元音），用“乌”字来表示 u（第五元音）和 ü（第七元音）则是由于蒙古语和汉语语言文字上的差距所造成的特殊情况。如此种种，有些经验是可以借鉴的，有些情况是值得认真研究的。同时，该表也表现出清代音译也不是完全规范的，不明原因的一音多译字也不少，有的译字出现的频率是很低的。

从历史中我们得到了很大的启发，即，蒙古文音译是应该有规律可循的，也是可以有规律可循的。即使清译和现代的习惯译法有一定的差距，如多尔济—道尔吉、毕里克—毕力格、车车克—其其格、鄂勒斋图—乌力吉图、喇什—拉西、鄂齐尔—奥其尔、琳沁—仁钦等，但是其中基本的语言学原则是可以借鉴的，大多数的用字在今天也是适用的，问题是对清代的译音规律怎样进行改造和补充，使它更适应今天的需要。

现代的蒙古文音译有一种规律淡化的倾向，如果不适当地强化规律，可能在实际上行不通。借鉴历史的经验并基于现代蒙古语语音的特点，我试着拟了一个“现代蒙古文音译规律试列表”。这个“试列表”是以现代蒙古语语音为基础的，它与历史的语音规律相比有一些新的设想。

1. 基本元音译字的设置。蒙古文第四元音“o”清译为“鄂”。汉字“鄂”，今音为“è”古音为“o”。蒙古文“o”，也许在清代时其发音接近于“鄂（o）”，而在今天其国际音标标为“ɔ”，发音更接近“奥”字。实例有očir 奥其尔、odon 奥登（星）、odo 奥都（现在）等，因此定第四元音 o 的基本译字为“奥”，不为“鄂”。以此类推，相应的辅音音节的基本译字为“宝”“浩”“高”“茂”“陶”“道”“朝”；不为“博”“和”“莫”“托”“多”“绰”。但是 no、so、ro、ǰo 仍依清译为“诺”“索”“罗”“卓”，这缘由于汉字的局限和现代音译的习惯，例如近似于蒙古文 no（汉音 nao）的恰当汉字几乎没有。如此修改，奥其尔、浩特、陶高、道尔吉、朝克图等就名正言顺了。

蒙古文第六元音“ö”，清译为“鄂”，这与现代的译音“乌”相差较远，如乌力吉图（ölǰeitü）、呼和浩特（kökeqota）。蒙古文第六元音“ö”，如今的国际音标标为“ɷ”，现代汉语来看最接近其音的字是“喔”，这显然也不是理想用字。因此我试着将第六元音“ö”的基本译字定为“乌”，以此类推其他相应辅音音节为：nö—努、bö—布、kö—呼、gö—古、mö—穆、lö—禄、sö—苏、šö—舒、tö—图、dö—都、čö—楚、ǰö—珠、yö—玉、rö—鲁等。

2. 关于区别长元音与短元音。蒙古语文长、短元音是区别词义的重要因素，长元音、短元音的差别反映了书面语和口语、古代语和现代语的差别。历史上在遇到有关问题时处理是不一致的，比如 baɣatur（英雄），有译做“巴特尔”的，也有译做“巴噶图尔”的；aɣula（山），有译做“乌拉”的，也有译做“阿古拉”的。那么今天，我们想使译音既能反映现代口语的特点，又能反映书面文字的特点，因此在这个表里采用以音同（或音近）形异的汉字系列来区别长、短元音，如，na 纳—naɣa 那、ba 巴—baɣa 吧、ta 塔—taɣa 他等。

3. 关于区别不含元音的辅音和含元音的辅音音节。考虑到现代人的翻译习惯，如čečeg清译“车车克”，现译“其其格”，bilig 清译“毕里克”，现译“毕力格”，以及口语中元音弱化（或脱落）等因素，如 qota（城市）口语中读为 qote 或 qot（浩特）。为了使用方便，在这个表里是这样处理的：b—布、bu—布，l—勒、le—乐，m—木、mu—穆，s—斯、se—斯，d—特、te—特，ɣ（g）—格、ge—格，r—尔、re—日。

4、关于区别舌边音 l 和颤音 r。采用不同的汉字系列给予区别。例：la 喇、le—乐、li—力、lo—罗、lu—禄，ra—拉、re—日、ri—里、ro—洛、ru—鲁。

下面是该表的实用举例：

aɣula（山）—斡喇

bаɣatur（英雄）—吧图尔

čečeg（花）—其其格

bilig（天赋）—毕力格

badaraqu（兴旺）—巴达拉呼

oyun（智慧）—乌云

ulaɣan（红）—乌兰

dorǰi—道尔吉

buyan（福）—宝音

böke（结实）—布和

ölǰei（吉祥）—乌勒杰

sečen（聪明）—斯琴

基于前述历史的、方言的、语言的、习惯的等各种原因，实际音译的情况是非常复杂的，并不是“现代蒙古文音译规律试列表”所能囊括的，所以“现代蒙古文音译规律试列表”本身，即音译规律本身就应该具有容异性。比如：定第四元音 o 的基本译字为“奥”，那么 oboɣa—敖包、ordos—鄂尔多斯、oros—俄罗斯这些译名都有其历史的原因，都属于容异的范围之内。以此类推，各种各样的情况还会有很多，实是有必要将其一一列出，做一个详细的、具体的人名地名译音表。

在书面语与口语的问题上，倾向以书面语为主，需要时兼顾口语。如 nidü（眼），口语中读为 nüd（努德），这类情况也应给予考虑。

从人名主动翻译的角度来讲，应该在语音对照的原则下，为名主提供一个可以选择的译字范围，一个主观音译数据库。当然，从人的名字越是特指越好的角度来讲，被动译者在一定条件下也可以选择译字。

完整的蒙古文音译规律应该包括三个时期：中世纪、清代和现代。

总之，以上关于蒙古文音译规律的研究仅仅是个探索，所拟的这个“现代蒙古文音译规律试列表”也仅是个尝试。它很不成熟，需要不断地实践和补充修改，比如在如何处理书面语和口语的关系方面需要继续探讨；它也很不完整，还有许多问题没有考虑到，比如某些复合音节的翻译、语法助词的翻译，等等。但是，不管怎样，把问题提出来，希望能够引起注意，起到抛砖引玉的作用。

该论文参加 1998 年内蒙古大学第三次蒙古学国际学术讨论会，被收入《论文提要》，后被收入《中国少数民族语言文字现代化文集》（李晋有主编，民族出版社，1999 年）。

附一　清代蒙古文音译基本规律表

附二　现代蒙古文音译基本规律表

附一

清代蒙古文音译基本规律表

——根据清乾隆六十年《钦定外藩蒙古回部王公表传》整理

元 辅		a	e	i	o	oo	u	ö	ü	ai	ei	oi öi	ui üi	ua	an am	en em	in im	on ön	un ün	ang	eng	ing	ong öng	ung üng
		阿	额	伊	鄂	奥	乌	鄂乌	乌				韦		安		尹	温	温	昂	鞥			
n	音	纳	讷	尼	诺		努	诺努	努	鼐	内	内			南					囊		宁		
ng	英																							
b	布卜	巴	伯	毕必	博	宝	布	博布	布	拜	贝				班	本	宾	贲		邦		冰		
p		帕		丕			普		普														朋	朋
q k		哈喀	克	奇	和		呼	和呼	呼库	海			奎	华	罕	肯			珲昆	杭			洪	
ɣ g	克	噶	格	吉	郭		固	郭固	固古	盖	给		贵		干	根		观	衮	刚		金		贡
m	木	玛嘛	墨	密	莫	茂	穆	莫穆	穆	迈					满	门	敏	们		莽		明	蒙	
l	勒	拉喇	埒	里	罗洛	劳	禄	罗禄	禄	赉							林		伦	郎	楞	龄	隆	
s	斯	萨	色	什锡	索		素	索素	素	赛					三	森	信	逊		桑	僧		松	
š		沙	舍		硕		舒		舒						善					尚			双	

续表

元 / 辅		a	e	i	o	oo	u	ö	ü	ai	ei	oi öi	ui üi	ua	an am	en em	in im	on ön	un ün	ang	eng	ing	ong öng	ung üng
t		塔	特	提	托		图	托 图	图	泰			推		坦	腾				腾	腾		通	
d	特	达	德	第	多		都	多 都	都	岱			对		丹	登		敦	敦	当	登	定	栋	栋
č		察	车	齐	绰		楚	绰 楚	楚				垂 吹		禅	臣	沁		春	常	成	青		充
ǰ		扎	哲	济	卓		珠	卓 珠	珠	斋	斋				占	珍	津		准	彰		旌	忠	忠
y		雅	叶	伊	岳		玉		玉						延				云	扬				永
r	尔	喇	呼	哩	啰		噜	啰 噜	噜			垒			兰	琳	琳			朗	棱	凌		咙
w		瓦									威									旺				
f							富								凡								丰	
ǩ		喀 噶							库	开														
c			策																	仓				
z		咱													赞					藏				
h				希																				
lh		拉																						

附二

现代蒙古文音译基本规律表

辅＼元		a	e	i ii	o oo	u uu	ö	ü üü	ai	ei	oi	ui öi üi	eü	ua	an	en	in	on	un ön ün	ang	eng	ing	ong	ung öng üng	aɣa	aɣan	aɣu	ege	egü	iɣa	iya iye	ige	iɣu igü	oɣa	oɣo	uɣu ügü	öge
		阿	额	依	奥	乌	乌	乌	爱	亦	埃	维			安	恩	尹	盎	温	昂	恩	英	汪	翁	啊		沃	俄	兀						敖	兀	沃
n	音	那 娜	讷	尼	诺	努	努	努	乃	倪	内				南				嫩	囊	能	宁			纳		淖	呐	奴				奴		瑙		
ng	英																																				
b	布	巴	伯	毕	宝	布	布	布	白	贝					班	本	宾	贲		邦		冰		崩	吧		包								包	包	勃
p		帕	裴	丕	珀	普	普	普																朋													
q k		哈 喀	和	黑	浩	呼	呼	呼	海		怀	辉	忽	华	罕	很		欢	珲	杭	恒		洪	洪	铪	汗	豁	贺			辖				豪	胡	豁
ɣ g	格	嘎	格	济	高	古	古	古	盖	给		贵			干	根	金	观	衮	刚	根	精	贡	贡											皋		
m	木	玛 嘛	莫	米	茂	穆	穆	穆	迈	梅	梅				满	门	敏		们	莽		明	蒙	蒙			毛										
l	勒	喇	乐	力	罗	禄	禄	禄	赖			列			蓝		琳			郎	棱	琳	隆	隆		兰	逻				莲						
s	斯	萨	斯	西	索	苏	苏	苏	赛	塞	隋	隋	叟		三	森	信	逊	逊	桑	僧	兴	松	松	撒		娑	瑟	素							素	
š		沙	舍	师	硕	舒	舒	舒							善	申				尚			双	双													
t		塔	特	提	陶	图 土	图 土	图 土	泰	惕	托	推	屠		坦	腾		屯	屯	唐	腾	汀	通	通	他		妥	忒	荼					桃	妥	荼	
d	特	达	德	第	道	都	都	都	岱	迪		兑			丹	登		敦	敦	当	登	丁	栋	栋	答		多	得	笃						多	笃	
č		查	其	齐	朝	楚	楚	楚	柴		却	垂			禅	琴	沁	春	春	昌	成	青	崇	崇	察		绰	车							绰	刍	
ǰ		扎 札	哲	吉	卓	珠	珠	珠	斋	杰		鞠			占	珍	津	准	准	章		京	忠	忠	吒		照	柘	玖	嘉		节			照	祝	

续表

元/辅		a	e	i ii	o oo	u uu	ö	ü üü	ai	ei	oi	ui öi üi	eü	ua	an	en	in	on	un ön ün	ang	eng	ing	ong	ung öng üng	aɣa	aɣan	aɣu	ege	egü	iɣa	iya iye	ige	iɣu igü	oɣa	oɣo	uɣu ügü	öge
y		雅	也	伊	瑶	玉	玉	玉	叶						颜	音		云	云	扬			永	永	牙		尤										
r	尔	拉	日	里	洛	鲁	鲁	鲁	赉		蕾	蕾			仁	仁	林	伦	伦	朗	楞	林	龙	龙	啦		络									噜	
w		瓦								威										旺																	
f		发				富	富	富							凡						丰																
ǩ		卡	柯	奇	阔	库	库	库	开						堪	肯				康																	
c		察	策			措														仓																	
z		咱	泽												赞					藏	增																
h				希																																	
lh		拉																																			

关于建立少数民族语文图书目录数据库的一点思考[①]

我国的56个民族中，除汉族以外还有21个民族拥有自己的文字，其中不少属跨国语言文字。这些语言文字不仅是我们国家的宝贵财产，同样也是世界性的有待开发利用的重要文化资源。在信息社会和知识经济时代的今天，少数民族文字能否进入信息高速公路，直接关系到这个民族及其文化的生存与发展，关系到我中华民族在世界上的完整形象。

近几年来，在进行《中国蒙古文古籍总目》工作和与美国哥伦比亚大学合作编目的过程中对建立少数民族图书目录数据库的问题进行了一些调查和研究，结合我馆（中国国家图书馆）少数民族语文的工作，以蒙古文为主，谈一点有关建立民族语文图书目录数据库的思考。

近十几年来，在国家的大力支持和资助下，少数民族语文计算机技术的开发取得了很大的成绩。于20世纪90年代初陆续推出了蒙古文、藏文、维吾尔文、哈萨克文、朝鲜文、彝文、壮文、傣文的DOS排版

① 本文结合《中国蒙古文古籍总目》和与美国哥伦比亚大学合作编目的工作实践，以蒙古文为主，谈及ISO10646国际标准字符编码和Win2000/Unicode文字平台问题，谈及建立少数民族语文图书目录数据库的要求与民族语文计算机技术现状的差距问题。

系统。这些出版系统已经完全代替了铅字排版。在DOS平台上还开发了许多应用软件和管理系统，比如，内蒙古自治区图书馆的蒙古文图书机读编目系统、蒙古文自动校对系统、微机激光蒙古文台式印刷系统、藏汉双语藏药管理信息系统、藏汉双语历算系统、藏文字幕机系统、彝文字幕机系统等。同时也建立了一些数据库，如中世纪蒙古语文数据库、现代蒙古语文数据库、藏语词库、壮语词库等。

20世纪90年代，朝鲜文已经使用韩国的Win95的编辑软件，90年代末，蒙古文、藏文、维吾尔文等已经有了Windows编辑排版系统。这时的蒙古文排版系统已经基本具备了同时处理传统蒙古文、汉文、英文、托忒蒙古文、满文、八思巴文、蒙古文阿礼嘎礼字、回鹘式蒙古文、蒙古文拉丁转写的功能。目前，北大方正正在研制Win 2000的蒙古文排版系统，据说新疆也在研制维吾尔文的Win 2000排版系统。

但是，仅有编辑出版系统显然还不能完全符合现代信息发展的要求，无论是建立数据库还是网上信息交换，都需要一个能够运行相应软件程序的具有国际统一标准编码的民族文字平台。又因为少数民族文种多，文字特殊，Win95的平台不能解决多文种兼容和统一编码的问题，所以必须需要Win 2000的平台。具体到蒙古文，这方面的情况又是怎样的呢？

首先是编码问题。

从20世纪80年代初开始，我国和蒙古国、德国、日本、匈牙利、美国等国家的蒙古学学者分头研制了不同的蒙古文编码。在一定范围内使用着的或具有特点的蒙古文编码有如下几种。

1. 我国信息处理交换用蒙古文七位和八位编码图形字符集（GB 8045 87），1987年。

2. 我国北大方正蒙古文编码，1990年。

3. 我国内蒙古大学计算机系的智能蒙古文编码，1991年。

4. 东京外国语大学亚非语言文化研究所蒙古文编码，1987年。

5. 德国 Hans Peter Vierze 教授开发的 vMong 蒙古文编码，1987 年。

6. 蒙古国国立大学的 SUDAR 编码，1992 年。

7. NEC 公司和蒙古国教育部合作开发的 NEC 蒙古文编码，1992 年。

8. 德国柏林自由大学 Oliver Corff 开发的 MLS 蒙古文编码，1993 年。

9. 国际标准化组织（ISO/IEC 10646）蒙古文编码，1999 年。

这些编码相互之间是有区别的。国内应用最多的是“北大方正”编码，欧洲使用较多的为“vMong”编码，蒙古国使用较多的为“SUDAR”编码。《中国蒙古文古籍总目》使用的是“北大方正”的编码。

现有的蒙古文编码的字符单位很不一致，有以字素为单位的，如 MLS；有以字母为单位的，如 ISO10646 和 SUDAR；也有以音节为单位的，如 NEC。但更多的是字素、字母、音节、非音节合体字都有的混合型编码，如 GB、方正、智能、vMong 等。这种编码不统一的现象在一定程度上阻碍了数据的交流，阻碍了蒙古文信息技术的发展进程。

字素编码和混合型编码可以看作是以字形为主要依据的“形码”，字母编码和音节编码可以看作是以语音为主要依据的“音码”。“形码”注重印刷功能，不利于后续的字处理和词处理。比如，一个字母 ü 被分为三个字素字符，类似将一个汉字分作若干笔画。蒙古文的字母、音节、字词中约有 30% 的“形同音不同”现象。比如，元音中第四元音 o 与第五元音 u 同形，第六元音 ö 与第七元音 ü 同形，辅音 t 与 d 同形等。形码不能区分“形同音不同”的字母，因而它不具备按蒙古文读音检索和按蒙古文字母表排序的功能。这样的编码是不符合数据库对文字平台的要求的，数据也不方便上网交换。因此，国内的几个编码系统，GB 也好，北大方正也好，内蒙古大学的智能也好，都面临着过时的危险。

ISO10646 蒙古文国际编码的名义字符集，是以字母为单位的。蒙古文是音素文字，但是它同英文等拼音文字又不相同，同是一个字母，它的词头、词中、词尾的形式是不同的，字母的单独形式和音节形式也有所区别，相同位置的一个字母也可能会有几个不同的变体。ISO10646 蒙古文国际编码将字母的名义形式与它的显现形式放入不同的区域，以其名义形式为基本字符。ISO10646 蒙古文国际编码可以区分形同音不同字母，具备检索和排序功能，适用于国际多语种的大平台与数据库建设和网上信息交换。

ISO10646 蒙古文国际编码将逐渐替代其他编码，这是发展趋势。但因为蒙古文音和形的关系是一对多的关系，要将数据从现有的混合型形码直接转换到 ISO10646 音码是很困难的。具体到《中国蒙古文古籍总目》，想要采用编码直接转换的方法去实现建立《中国蒙古文古籍总目》数据库的目的是困难的，要全部从头做，投入又太大。

若是借助拉丁转写来实现数据的转换，就方便多了。为了方便研究少数民族文字，国内，尤其是国外通常将少数民族文字进行拉丁转写。这种转写是与民族文字一一对应，可以还原的。有时一种文字会有多套转写方案，但可以有通行的、标准的转写方案。因为少数民族语文的语音、文字比较独特，所以它的拉丁转写方案有时会超出 26 个英文字母。比如，蒙古文的 7 个元音国际上通行的拉丁转写为 a、e、i、o、u、ö、ü。这也给它的建库带来一定的问题，如，丹诚机读目录软件目前不支持 ö、ü 这样的字符。不过这样的问题总还是比民族文字的问题要好解决得多，必要的时候可以根据计算机的条件修改拉丁转写方案。总之，拉丁转写可以替代民族文字，可以借助于拉丁转写解决计算机上显现民族文字的难题，在条件没有成熟的时候，可以先用拉丁转写做数据，待条件成熟时再转换成少数民族文字。目前与美国哥伦比亚大学合作的少数民族图书编目项目，就是基于这种考虑。从某种程度上来讲，这是一个科学的、切实可行的方法。

其次是平台问题。

记得在我们探讨建立中国蒙古文古籍总目数据库时，蒙古文 DOS 平台还不完善，输出问题还没有完全解决。上述的“内蒙古自治区图书馆的蒙古文图书机读编目系统”也不是在蒙古文环境下做的，而是在汉文环境下做的，蒙古文是用拉丁转写。为了解决蒙古文显现问题，在这个系统上再接上北大方正的排版输出系统。这个机读编目系统虽然是 DOS 系统下的，不符合《中国蒙古文古籍总目》数据库多种少数民族文字共同建库的需求，但是作为蒙古文机读目录数据来说，它是标准 MARC 格式，是拉丁化的蒙古文，是可以升级和转换的。而真正的 Windows 的蒙古文平台——可以运行机读目录软件的蒙古文环境，据了解目前是不具备的。目前 Win2000/Unicode 中只有朝鲜文，还没有蒙古文、维吾尔文、藏文等。即使是北大方正很快推出 Win2000 的蒙古文书版，它和现有的 Unicode 系统的兼容性如何？和机读目录系统的兼容性如何？它的价位将如何？这些都使得前景不很乐观。

那么，在现有的条件下想要建立中国蒙古文古籍总目数据库是不是完全没有办法了？也不是。可以在全文扫描的基础上进行标引，实现检索。一个在 Windows 和网络环境下可以显示可以检索的文本式数据库可以说是达到了中国蒙古文古籍总目数据库的要求。从《中国蒙古文古籍总目》本身存在多种蒙古文古文字、不规范字和多种少数民族文字的特点来说，用扫描做文本式的数据库也是比较经济和实际可行的。

我馆的少数民族语文图书的数据库工作又该怎样呢？现在进入 ISO10646 编码的文种有朝鲜文、藏文、蒙古文（包括满文）、彝文，维吾尔文、哈萨克文，柯尔克孜文通过对阿拉伯文进行相应的补充也基本进入 ISO10646。但是进入 Windows2000/Unicode 的只有朝鲜文（现在在机器上看到的“哈萨克文”很可能是斯拉夫哈萨克文，不是我国使用的阿拉伯哈萨克文）。待引进了大的编目系统，朝鲜文问题是解决了，那么其他文种呢？蒙古文、藏文、满文、维吾尔文、哈萨克文，这些都是大文种，有的除了新书之外还有大量的古籍，是不是只能等待？还是可以采取一些渐进的措施？我们现在已经比社会上落后十几年了！

回过头来再谈谈和美国哥伦比亚大学的合作项目。这个项目的内容如下：美国哥伦比亚大学东亚图书馆藏有部分中国少数民族古籍文献，想请我馆协助进行编目。虽然目前该项目还只是协商阶段，没有正式签订合同，但是其中有些特点和经验是值得注意和借鉴的。

1. 用拉丁转写替代民族文字建库。拉丁转写在某种程度上是可以替代民族语文的，这点国内的有些同志不太容易接受，但是在国外拉丁转写的应用比民族文字本身更普遍。拉丁转写容易识读，本身也是对民族文字的一种研究，它还可以解决某些民族文字在计算机上使用不便的问题，使民族文字不会因为自身的特殊性而阻碍了发展。这个经验我认为在我馆的民族语文工作中也是可以借鉴的。

2. 少数民族文字、汉文两种文字同时著录。哥伦比亚大学要求对少数民族古籍文献，除了用罗马化的少数民族文字著录外，同时再用汉文重复著录，这样既客观地反映了少数民族文献的情况，又增加了学术性，便于利用和管理。这个经验对我馆少数民族古籍的编目也是很好的借鉴。长期以来，国内的少数民族文字古籍的编目就存在着是以少数民族文字为主著录，还是以汉文为主著录的问题。其实如果有条件的话，还是少数民族文字著录一遍，汉文著录一遍为最好。汉译本身就是一项学术性很强的工作。

3. 用 US MARC 格式著录中国少数民族古籍图书。我对 CN MARC 和 US MARC 都没有什么深入的研究，只是在做的过程中感觉到，从总的著录内容上来看，两者没有什么太大的差别，只是在字段的设置上差别较大，US MARC 更注重著者项，把它作为主要款目放在了首位。从细节上来看，中国少数民族古籍具有许多中文古籍的特点，在著录上与普通图书还是有些不一样，比如卷、回数的表示、版本的多样性、出版年代的传统表示方法、板框尺寸的表示方法等。因此我在 US MARC 中加进去了一些中文古籍的特点。如果合作成功，这也是中西结合的一次尝试吧。

不管怎样，形势是发展的，前途是光明的，我们应该努力去创造条件，努力去学习新的知识，准备迎接新的挑战。

该文曾被收入《21 世纪图书馆可持续发展战略》，中国图书馆学会编，北京图书馆出版社，2001 年 8 月。

案“中国国家图书馆哥伦比亚大学东亚图书馆转写、转换中国少数民族文献合作协议”，2001 年 9 月签署，2002 年 12 月完成。其内容为：中国国家图书馆为美国哥伦比亚大学东亚图书馆编辑该馆所藏的少数民族古籍文献的机读目录，包括书目和规范文档两部分。该目录使用民族文字的拉丁转写作为主要著录文字，同时用汉文重复著录。目录各个项目均遵循 US MARC 格式进行著录，在遵照 US MARC 的基础上保留了一些中国少数民族文字古籍的特点。最终完成了满文、蒙古文、西夏文、苗文、女真文五个文种 100 余种古籍文献机读目录的编辑工作。本人为该项目的负责人（Manager）。

建立国际中国少数民族古籍目录数据库的背景和设计

21 世纪将是信息数字化的世纪。电讯技术的新发展、全球网络基础设施的扩大以及新的数字化服务的快速增长对传统图书馆的功能和发展模式提出了挑战。放眼世界，数字化和网络化的图书目录已经具有了相当的规模并取得了很大的成就。现在，我们若不迎头赶上，就会被时代远远地抛在后边。

该论文谈及的是关于中国少数民族古籍①数字化和网络化问题。

一、建立国际中国少数民族古籍目录数据库的背景

中国的少数民族古籍文献包括回鹘文、西夏文、蒙古文、藏文、满文、纳西文、彝文、傣文、水文等近 20 种文字，是非常珍稀独特的、引人瞩目的、重要的文献资料。它们是我中华多民族大家庭文化的珍贵遗产，同时也是世界的人类优秀文化遗产。国内的少数民族古籍文献藏

---

① 在中国少数民族古籍中，有些民族古籍不仅仅是中国的，同时也是其他国家的，在那里，“少数民族语言”也许就是相应国家的官方语言，比如，蒙古文古籍和蒙古语等。

书有数十万种，国外的藏书大约也有数万种。关于国外藏的中国少数民族古籍藏书，近几十年来已经出版了许多很好的书本目录。国内少数民族古籍目录工作近几年来也有很大的发展和成就。主要情况如下。

1. 藏文藏书①

日本：《影印北京版西藏大藏经总目录》，四册，大谷大学藏书并监修，西藏大藏经研究会编辑出版，东京—京都，1961 年。
《西藏大藏经总目录》，德格版大藏经目录，日本东北大学文学部编，1934 年。

法国：《国家图书馆藏敦煌藏文写本目录》，M. 拉露编，三卷本，巴黎，1939 年、1950 年、1961 年。

苏联：《布里亚特综合科学研究所藏文手抄本和木刻本目录》，Б. Д. 丹达龙编，二卷本，1960 年、1965 年。

中国：《民族图书馆藏文典籍目录文集类子目》，孙文景、木雅公布等编，第一辑，四川民族出版社，1981 年；第二辑，民族出版社，1989 年；第三辑，民族出版社，1997 年。

2. 蒙古文藏书

丹麦：《（丹麦皇家图书馆）蒙古文手抄本和木刻本目录》，W. 海西希编，哥本哈根，丹麦皇家图书馆，1971 年。

德国：《德国东方写本目录：蒙古文手抄本、木刻本卷》，W. 海西希编，威斯巴登，1961 年。

俄国：《苏联东方科学院蒙古文手抄本木刻本目录》，A. Г. 卡泽金编，第一卷，莫斯科，1988 年；第二卷，2001 年。

美国：《华盛顿地区蒙古文手抄本木刻本目录》，D. M. 法夸尔编，《中亚杂志》第一卷第三期（1955 年）。

① 参见冯蒸：《国外西藏研究概况（1949—1978）》，北京，中国社会科学出版社，1979。

中国:《中国蒙古文古籍总目》，三册，乌林西拉、申晓亭等编，北京，北京图书馆出版社，1999年。

3. 满文藏书

日本:《东洋文库满蒙文藏书目录》，N. 鲍培等编，东京，1964年。

俄国:《俄国科学院东方研究所圣彼得堡分所所藏满文手抄本木刻本目录》，T. A. 潘编，威斯巴登，2001年。

美国:《美国国会图书馆所藏满洲语文献目录》，松村润编，《东洋学报》，卷57，nos. 1～2，1976年。

中国:《全国满文图书资料联合目录》，黄润华、屈六生等编，北京，书目文献出版社，1991年。

4. 西夏文藏书

俄国:《苏联东方科学院西夏文宗教文献目录》，E. И. 卡恰诺夫编，京都，1999年。

《俄藏黑水城文献》西夏世俗部分7—11卷，5册，史金波等编，上海，中国上海古籍出版社，1997年。

以上所列仅仅是众多目录中的一小部分。

这些书本目录的编辑特点是拉丁转写和本国文字相结合，即，标题、著者、引文用民族文字的拉丁转写记录，叙述文字用本国语言，如英语、德语、俄语、日语、汉语等。这些目录题录的数量多少不一，编辑内容的详略不一，但大多数目录的编辑质量都很高，记录准确，描述详细，有分类，有译名，编有各种索引。

例如，W. 海西希编的《(丹麦皇家图书馆）蒙古文手抄本和木刻本目录》，除了题名的转写和英译之外，还有文章开头、结尾的转写和英文翻译，除了常规著录之外，还有一些有关的参考说明。日本的《影印北京版西藏大藏经总目录》，有大藏经详细的子目，题名的藏文拉丁转写、梵文拉丁转写、汉文译名或日文译名，以及梵文、藏文的著译者。Е. И. 卡恰诺夫编的《苏联东方科学院西夏文宗教文献目录》，题名用的是西夏文原文，行文用俄文。题名有汉文和汉文的俄文拼音。西夏文引文有俄文翻译。这些都是水平很高的学术目录。

国内目录值得一提的是《中国蒙古文古籍总目》，它是一部综合性的大型全国联合目录，共题录各类蒙古文古籍文献13115条。收藏范围涉及全国各类型图书馆、资料室、各地区档案馆、博物馆、寺院等，其中藏书单位180个、藏书个人80位。文献覆盖率约是全国藏书的90%以上，充分反映了国内蒙古文古籍的藏书情况。它以蒙古文作为基本著录文字，题名有拉丁转写和汉译名，有详细的附注说明，采用ISBD标准著录。

另外，目前，在国家民委的领导下，国内正在开展大规模的《中国少数民族古籍总目提要》工作，要对所有的少数民族古籍文献进行编目，并且做出提要。这是一个很大的工程，得到国家的大力资助，计划2008年完成。《总目提要》以汉文作为基本著录文字，题名附有民族文字及拉丁转写。

以上众多目录的编辑，说明了中国少数民族古籍文献在国际上是很受重视，具有很大影响的，同时也为进一步的目录数字化工作打下了很好的基础。仅目前我们从这些目录中所得知，国外中国少数民族古籍文献的藏书已达3万余种，而且还会有许多藏书散落各处，没有专业人员，没有目录，等待我们去开展协作。今天，已经是信息数字化网络化的时代，已经不能仅仅满足书本目录了，面对那些规模庞大的、现代化的、拥有上千万数据的西文、中文网络目录，中国的少数民族文献信息的数字化不能再等待了，一个国际性的中国少数民族古籍文献数据库应该被提到日程上来了。我希望与中国少数民族古籍文献工作有关的国家联合起来，共同建立一个国际化的中国少数民族古籍文献数据库。

二、建立国际中国少数民族古籍目录数据库的条件

1. 中国少数民族文字的计算机平台问题

近十几年来，国际、国内少数民族语文计算机技术的开发都取得了很大的成就。在中国，于20世纪90年代初陆续推出了蒙古文、藏文、维吾尔文、朝鲜文、彝文、壮文、傣文的文字处理系统，到现在许多文种已经有了Windows2000的文字处理系统，而且蒙古文、藏文、维吾尔文、朝鲜文、彝文等还建立了ISO 10646国际标准编码。在国际上，许多国家也都开发了蒙古文、藏文、维吾尔文、哈萨克文、朝鲜文的文字处理系统。但是，文字处理系统和文字平台还有一定距离。目前，在国内适用于建立中国少数民族古籍目录数据库的多文种平台还不具备。比如：藏文，虽然有了藏文的ISO 10646国际标准编码，但是实现它的软件还没有；蒙古文虽然有了实现蒙古文ISO 10646的软件（WPS蒙古文Office），但是，WPS蒙古文Office在微软Win2000unicode平台上的运行是横向，不能竖向运行。国际上，据我们所知，微软Win2000系统上没有开发和设置中国少数民族文字，目前国际上也不具备适用于建立中国少数民族古籍目录数据库的多文种平台。

那么，中国少数民族古籍目录数据库的问题怎么解决呢？是要等到具备这些文字平台之后再去做吗？我的回答是：不用等。根据国外编辑中国少数民族古籍目录的传统，可以用民族文字的拉丁转写建库。

2. 拉丁转写建库的可行性和科学性

中国的少数民族文字有三种类型：（1）拼音文字，比如藏文、蒙古文、满文、傣文等；（2）形声字，比如彝文、西夏文等；（3）象形文字，比如东巴文。

对拼音文字可以用相应的拉丁字母去进行转写，这种转写在字母上是一对一的，是可以逆行，可以还原的，而且它具有阅读功能。所以现

在用拉丁转写建库，待条件成熟时可以自动添加或转换成民族文字，这是很科学的。国外有关中国少数民族文字的研究，通常都是使用它的拉丁转写。国内，随着科学的发展，也有越来越多的人认识并掌握了这一工具。而且我认为即使将来有了多文种少数民族文字平台，作为文字的识读和研究工具，拉丁转写也会有与民族文字共同存在的必要，比如现在国际上用汉语拼音的地方就很多。拼音文字约占中国少数民族古籍的80%以上，采用拉丁转写方法基本可以解决中国少数民族古籍的建库问题。

对于形声字，可以采用拉丁拼音（或国际音标）和原文同时使用的方法。因为像西夏文、彝文这样的形声字，仅用拉丁拼音不容易解决还原问题，所以最好是同时使用原文。没有文字平台，是否可以用扫描粘贴等方法去解决呢？有的古文字无法解决它的读音问题，如契丹文等，只好用汉文或英文译名替代。

象形文字东巴文可以用国际音标来记录它的语音。

对于某些比较特殊而罕见的文字，如西夏文、东巴文、回鹘文、契丹文、女真文等，不仅考虑做目录数据库，还可以考虑做全文的数据库。

3. 国际上中国少数民族古籍目录数字化的情况

目前，除了各国、各馆有自己的网站之外，还有成为世界编目中心的 OCLC、RLIN 等网络系统。系统的网上中国少数民族古籍目录虽然还没有看到，但是新近出版的民族图书目录及零散的民族古籍目录在网上是找得到的。如美国国会图书馆网上可以看到藏文、蒙古文的目录，日本东洋文库的网上有藏文的数据库，而美国哥伦比亚大学东亚图书馆与中国国家图书馆最近合作的哥伦比亚大学东亚图书馆所藏的中国少数民族古籍目录将在 RLN 和 CLOT 网上发布。该目录有100余条目，文种包括满文、蒙古文、西夏文、苗文、女真文。该目录采用 US MARC 格式，著录文字全部是民族文字的拉丁转写，同时再用汉文重复一遍。有主题词，有责任者文档。另外值得一提的与中国少数民族古籍有关的是正在进行的“国际敦煌项目（IDP）”。这是由英国大英图书馆主持的国际合作项目，它将把世界上所有的敦煌文献数字化，其中会包括西夏文、藏文等中国少数民族文献。“国际敦煌项目（IDP）”的开展给了我们许多启发和借鉴。

上述网上少数民族图书目录有一个共同的特点就是使用拉丁转写或文本扫描。

三、国际中国少数民族古籍目录数据库项目设计

建议成立“国际中国少数民族古籍目录数据库协作中心”。任务为：

国际：为有藏书但没有专业人员的藏书单位提供专业编目服务；与有藏书也有专业技术人员的藏书单位或著有相关专题目录的学者专家协商建立网上国际联合目录。

国内：同样使用拉丁转写进行建库，待具备民族文字平台时自动添加民族文字。争取与有关方面开展协作，可以先从条件比较成熟的《中国蒙古文古籍总目》做起。

具体的技术问题有：

1. 规定模式。国际联合目录可以有两种模式。

模式一：按照统一的格式、统一的要求重新录入数据。

模式二：直接利用已经出版的目录，通过 OCR 文字识别技术实现数字化。

2. 协调文字的使用。国际联合目录需要协调著录文字中民族文字与英语、汉语及其他藏书国语言的使用。在上述各国所出版的目录中，除了记录题名、著者、引文的民族文字（拉丁转写）外，叙述文字是各不相同的，是使用各国自己的文字。在国际联合目录中，文字问题应

该怎样统一呢?

在第一种模式中，有两种选择。

(1) 叙述文字同时采用三种文字：民族文字、英文、汉文。叙述文字应该尽可能地使用现行的民族文字（拉丁转写），如蒙古文、藏文等，然后可以将其翻译成英文、汉文。而对那些现在已经不再使用的古文字，比如回鹘文，除了题名、著者、引文用民族文字（拉丁转写）外，叙述文字用英、汉两种文字。因为英文是世界通用文字，汉文是中国的通用文字。

(2) 叙述文字用英文。除了题名、著者、引文用民族文字（拉丁转写）外，只用英文做叙述文字，题名加汉译名。

在第二种模式中则尽可能地保留了各国的文字。可以进行加工，建立统一的索引，也可以利用原书的索引进行检索。

3. 协调 MARC 格式的使用。目前国际图联有 UNI MARC，中国有 CN MARC，美国有 US MARC。这些 MARC 主要是格式上有所区别，在著录内容上没有太大的区别，而国际联合目录需要使用统一的 MARC 格式。从中国的角度，从国内文献数量较多的角度考虑，可以采用 CN MARC，但从目前国际上的趋势来看，还是使用 US MARC 的比较多。近来，还出现另外一种趋势，即采用 Dublin Core 替代 MARC。

4. 确立网络系统。途径有二：(1) 与现有的国际联机编目系统接轨，如 RLIN、OCLC CJK；(2) 开发新的专门的系统。国际中国少数民族古籍联合目录对系统的要求，一是国际性，二是兼容多种文字。目前，该目录计划使用民族文字的拉丁转写、英文、汉文，若是采用第二种模式则还包括德文、法文、日文、俄文等，而从长远来看是要添加少数民族文字的，如藏文、蒙古文、满文等。

5. 统一拉丁转写方案。目前，国际国内都存在一种少数民族文字有多种拉丁转写方案的现象，需要确立一个统一的转写方案。

6. 确定著录要求。根据《国际标准书目著录（ISBD）》的要求，考虑各种文字的特点并借鉴已出版目录的编辑经验确定统一的著录要求。

看起来这是一个规模庞大的、复杂的、专业技术要求很高的计划，但也是一个可以从个别做起，然后汇个别为整体的可实施计划。

项目经费来源途径：

向有关方面申请专项资金，争取社会各界的赞助，主办国提供基本资金，各合作单位提供协作资金，将成果商品化等。国内国外对此项目有兴趣，并提供基本基金者都可以成为该项目的主办单位。

该项目的实施可以为中国少数民族古籍文献的数字化和网络化打开局面，促进少数民族文字平台的开发，对这些珍稀文化遗产的资源共享、抢救整理、开发利用具有深刻、长远的历史意义和国际意义。

希望该项目建议与设计能够得到国际、国内的积极反应和大力支持。

除了上述全球性的合作外，还可以根据需要开展局部的、地区性的合作。

该论文于2002年参加在北京举行的“2002数字图书馆新世纪信息技术的机遇与挑战国际研讨会”，刊登于《文津流觞》2002年10月（总第8期），后被互联网转载。

附

The Grounds and Design About Setting up International Catalogue Database of Ancient Chinese Ethnic-Minority Books

Shen Xiaoting

Abstract: Ancient Chinese ethnic-minority books and documents constitute very valuable and unique cultural bequests of China as well as excellent cultural legacies of the humankind of the world. Ancient Chinese ethnic-minority books and documents number many hundred thousand titles in China and several ten thousand titles abroad. A lot of catalogues have been published in foreign countries on collected ancient Chinese ethnic-minority books. But there are still many libraries possessing ancient Chinese ethnic-minority books without catalogues. Great progress and achievements have been made in cataloguing ancient ethnic books in recent years in China. However, along with the speedy development of digital technology, the bibliography work of ancient Chinese ethnic-minority books is likewise being faced with opportunities and challenges. At present, though there are still no platforms suitable for database of ancient Chinese ethnic minority books in China or abroad, yet in line with the tradition of compiling catalogues of ancient Chinese ethnic-minority books in many countries, database may be established by means of Latin transliterations of ethnic characters.

Project design: Establish "Collaboration Center of International Catalogue Database of Ancient Chinese Ethnic-Minority Books". Its objectives are:

International dimension: To provide professional bibliographic service to book-holding units, which collect ethnic books, but are in want of necessary professionals. And to hold consultations on establishing international digital union catalogues with book-holding units already staffed with technical specialists, or with scholars and specialists who have compiled related professional catalogues.

National dimension: Likewise to establish database by means of Latin transliteration of ethnic characters. When platforms of ethnic characters are created, ethnic characters are to be added automatically.

The project will coordinate the use among ethnic languages, English, Chinese and languages of other book-collecting countries; coordinate the use of MARC formats; decide applicable network system, define bibliography requirements and standardize the schemas of Latin transliterations.

The execution of the project is conducive to digitizing and networking ancient Chinese ethnic-minority books and documents, and their global dissemination. And it would have a profound and important significance for the protection, sorting out and use of these unique and valuable cultural bequests.

Keywords: international; ancient Chinese ethnic minority books; database; cooperation

*　　　*　　　*

The 21st century will be an information-digitizing century. The advances in telecommunications, the expanding global network infrastructure and the proliferation of new digital services present challenges and opportunities to traditional function and development pattern of library. Looking the world, digital online catalogues have achieved mighty scale and made considerable headway. If we don't get ahead now, we would be left far behind.

This paper addresses problems relating to digitization and networking of ancient Chinese ethnic-minority book [1] catalogues.

1 The grounds of setting up International Catalogue Database of Ancient Chinese Ethnic-Minority Books

(omit)

2 The conditions of establishing an International Catalogue Database of Ancient Chinese Ethnic-Minority Books

2.1 Computer platform of Chinese ethnic-minority characters

Over ten odd years, the development of computer technology of Chinese ethnic-minority characters has made great headway both at home and abroad. In China, since the beginning of the nineties, character-processing systems of Mongolian, Tibetan, Ouigour, Korean, Yi, Zhuang and Dai have been launched in succession. By now many ethnic characters have been provided with character- processing systems of Windows 2000. Moreover, international standard codes ISO10646 have been established for Mongolian, Tibetan, Ouigour, Korean and Yi. Many foreign countries have also developed character-processing systems of Mongolian, Tibetan, Ouigour, and Korean. There are, however, gaps between character-processing system and character platform. By now no platform suitable for database of ancient Chinese ethnic-minority books is yet available in China, which can simultaneously process diverse ethnic characters. For example, although there is code ISO10646 for

Tibetan, the software that can apply it is still not available. Another example, although there is a software for Mongolian, WPS Mongol office, applicable to ISO10646 code, it can, however, only breadthways-process (horizontally), but not erect-process (vertically) on the platform of Microsoft Win 2000 Unicode. Internationally, as far as we know, Microsoft Win 2000 system has not developed and set Chinese ethnic-minority characters. So, internationally, there is not in existence a platform suitable for database of ancient Chinese ethnic-minority books, which can simultaneously process diverse ethnic characters.

Under the circumstances, how can we resolve the problem with regard to the ancient Chinese ethnic-minority books database? Shall we be waiting until the platform was created? My answer is No. In line with the tradition of compiling catalogues of ancient Chinese ethnic-minority books in many countries, the database may be established by means of Latin-transliteration of ethnic characters.

2.2 Feasibility and scientific basis of establishing database by means of Latin-transliteration of ethnic characters.

Chinese ethnic-minority characters fall under three categories: (1) alphabetic, such as Tibetan, Mongolian, Manchu, Dai, etc. (2) pictophonetic, as Yi, Xixia, etc. (3) pictographic, as Dongba.

We may use corresponding Latin letters to transliterate alphabetic characters. This transliteration takes place one to one by letter. They may reverse and return to the original writing. The transliterated version is readable. Hence, we can establish database by means of Latin-transliteration for the present. And when the platform incorporating diverse ethnic characters is created, ethnic characters are to be added or reversed automatically. Thus, it is a quite scientific way out. Research works abroad to Chinese ethnic-minority characters are normally done by using their Latin- transliteration. In China, with the development of science, more and more people begin to recognize and make use of this tool. And I am of the view that, even when the platform incorporating diverse ethnic characters is created in the future, there will still be the need to have Latin-transliterated versions as a tool of reading and research along with ethnic characters. Such as nowadays, in many regions in the world, Chinese phonetic letters are often used. Since over 80% of ancient Chinese ethnic-minority books are written in alphabetic characters, the issue of establishing database of ancient Chinese ethnic-minority books can basically be resolved through Latin-transliteration.

To denote pictophonetic characters, we may use Latin phonetic symbols (or international phonetic symbols) together with original ethnic characters. For, if pictophonetic characters, such as Xixia and Yi, are indicated by phonetic symbols only, it would be no ease to return to original writing. So it would be better to use phonetic symbols together with original characters. Well, in the absence of character platforms, can scanning and pasting be used instead? As the phonation of some ancient characters like Qidan is not available, their titles have to be expressed by translations of Chinese or English.

For Dongba pictographic characters, international phonetic symbols may be used to record their phonation.

In respect of certain relatively special and rare characters such as Xixia, Dongba, Huigu, Qidan, Nuchen etc., we ought not only to consider establishing catalogue database, but complete text database as well.

2.3 Worldwide digitization of ancient Chinese ethnic-minority books

At present, besides networks in various countries, there are also the OCLC and RLIN systems, which have become global cataloguing centers. Although I am not aware of any systematic catalogues of ancient Chinese ethnic-minority books online, some catalogues of newly published ethnic books and sporadic catalogues of ancient ethnic books can be found online. For example, Tibetan and Mongolian catalogues are to be found on the net of CL USA, and Tibetan texts database on the net of Toyo Bunk, Japan. And a catalogue of ancient Chinese ethnic-minority books of the Colombia University C. V. Starr East Asian Library, produced jointly by the Colombia University C. V. Starr East Asian Library USA and the National Library of China and kept by the latter, will shortly be made public on the net RLIN and CLOT. This catalogue comprises upwards of a hundred items dealing with Manchu, Mongolian, Xixia, Miao and Nuchen characters. It adopts the format of USMARC. All items are written by means of Latin-transliteration of ethnic characters, and repeated in Chinese. Included are also subject headings and authority works. Apart from the above, what is worth mentioning and of relevance to ancient Chinese ethnic-minority books is the "International Dunhuang Project" now being under way. This is an international collaborative project sponsored by British Library. It is designed to digitize all Dunhuang documents in the world, which may include some ancient Chinese ethnic-minority documents in Xixia, Tibetan and other characters. The operation of "International Dunhuang Project" sets an inspirational example for us.

The above-mentioned online catalogues of ancient Chinese ethnic-minority books share a common feature, i. e. they all employ the method of Latin-transliteration or scanning.

3 The design about setting up International Catalogue Database of Ancient Chinese Ethnic-Minority Books

Propose to establish "Collaboration Center of International Catalogue Database of Ancient Chinese Ethnic-Minority Books". Its objectives should be:

In the international dimension: to provide professional bibliographic service to the book-holding units which collect minority books, but in want of necessary professionals; and to hold consultations on establishing international online union catalogues with book-holding units already staffed with technical specialists, or with scholars and specialists who have compiled related professional catalogues.

In the national dimension: likewise to establish database by means of Latin transliteration of ethnic characters. When the platform incorporating diverse ethnic characters is created, ethnic characters are to be added automatically; and to develop collaboration with interested parties, starting with work on the better prepared 〈Catalogue of Ancient Mongolian Books and Documents of China〉.

Specific technical problems to be tackled:

3.1 Determination of modes of operation. International online union catalogues may have two alternative modes:

Mode one: to enter catalogue data anew according to unified format and requirement;

Mode two: to make use of published catalogues directly, i.e. to implement digitization by means of OCR character-discerning system.

3.2 Coordination in the use of language characters. In compiling international unified online catalogues, the use of ethnic languages should be coordinated with that of English, Chinese and languages of other book-collecting countries. In the published catalogues of various countries mentioned above, except for the ethnic languages (through Latin-transliteration) used to record titles, authors' name and quotations, each country uses its own language, different from one another, in descriptive writing. How to coordinate language use in international unified online catalogues?

With regard to the first Mode, there are two options. Option one: three languages—ethnic language, English and Chinese—are to be used simultaneously in descriptive writing. A contemporary ethnic language (Latin-transliteration) like Mongolian, Tibetan, etc. is to be used as far as possible, and then translated into English and Chinese. As for ancient ethnic languages no longer in use, for example Huigu, except for the use of ethnic languages (Latin-transliteration) in recording titles, authors' name and quotations, English and Chinese are to be used in descriptive writing. For English is the most spoken language, while Chinese ethnic-minority documents are related to Chinese in varied ways. Option two: English is to be used in descriptive writing. Except for the use of ethnic languages (Latin-transliteration) in recording titles, authors' name and quotations, only English is to be used in descriptive writing, while Chinese may be used for title translations.

In the second Mode, the characters of respective countries will be retained as far as possible. After processing, a common access system may be established. And indexes in original catalogues may be made use of to access.

3.3 Coordination in the use of MARC formats. As is known, there is now UNIMARC in the IFLA, CNMARC in China, and USMARC in the US. It seems to me that they are mainly some different in format, but not so much different in content. The international online union catalogues require a common MARC format. If we proceed from China's perspective, and if we take account of the fact that China has a greater number of ethnic documents, it is appropriate to adopt CN MARC. However, judging by the current tendency internationally, US MARC is more used. Lately, there is too another tendency, which adopt Dublin Core to instead of MARC.

3.4 Decision on applicable network systems. There are two ways: (1) Joining with existing international cataloguing systems pool like RLIN or OCLC CJK. (2) To develop new, special systems. International online union catalogues of ancient ethnic books require systems that are internationalized and applicable to different languages. For the present, the catalogues are planned to use Latin transliterated ethnic characters, English and Chinese, in case the second mode is chosen, German, French, Japanese, Russian and some others may also be included. And ethnic characters such as Tibetan, Mongolian and Manchu are sure to be added in the long run.

3.5 Standardization of schemes of Latin transliterations: Nowadays, there are several schemes of Latin transliteration for one ethnic language in China and abroad alike. There is, therefore, a need to establish a standard scheme of Latin transliteration.

3.6 Defining description requirements: There is the need to define common description requirements in consonance with the International Standard Bibliographic Description (ISBD), taking into account special features of various ethnic languages and editing experiences of published catalogues.

It would appear to be a huge-scale, complex project that requires very high specialty technology. Notwithstanding, if we start with individual schemes, and then pool them into a whole, it can become a practicable project.

Funding sources of the project: to apply for special funds from relevant organizations and seek support from various society circles. Principal sponsoring countries should provide prime fund, while cooperative entities provide auxiliary funds. And the product should turn into commodity, and so on. It is to be hoped that National Library of China will become the sponsoring body. Or some major international investing entities may be envisaged to become such sponsoring bodies.

In conclusion, the execution of this project would be conducive to digitizing and networking ancient Chinese minority books and documents. It can help develop platforms of Chinese ethnic-minority characters. It would have a profound, enduring historic and international significance for resources sharing, sorting out and salvation, opening up and availability of the unique and precious cultural bequests.

Hopefully, this project proposal and its design will get positive response and vigorous support both internationally and in China.

Annotation

1. The term "ancient Chinese ethnic-minority books" includes some ancient ethnic books which belong not only to China, but also to some other country where this ethnic language maybe become national language, for example ancient Mongolian books and Mongolian language, etc.

2. Cf. Feng Zheng 〈General Situation Regarding Tibet Research Abroad〉. China Social Science Press, 1979.

民文信息技术国际化标准化二三谈

——从数字图书馆看民文信息化

一、民文信息化的大好形势 及民文数字图书馆对民文操作系统的要求

作为一个民族语文工作者，看到今天民族语文信息化的大好形势，真是由衷地高兴。想到我们在民文数字化道路上的艰辛步伐，真是百感交集。我在国家图书馆从事民族语文工作，当汉文和西文已经用编目软件建立机读目录时，民族语文却因不为软件兼容而被拒之于外；当大家都已经实现了办公自动化的时候，只有我们——少数民族语文，在用手工写片子。于是国内许多图书馆使用汉文编写民族文字文献机读目录。目前国家图书馆，朝鲜文可使用原文，蒙古文、藏文可使用拉丁转写进行大系统编目，这也总算是前进了一步吧。1994 年《中国蒙古文古籍总目》（国家、国际级项目）立项时就有建立数据库的任务，10 年过去了，书是出版了，受到学术界的极大欢迎，但是建立《中国蒙古文古籍总目》数据库，我们竭尽了努力，由于编目软件不兼容蒙古文，到目前为止仍是个梦。2002 年，我们与国外合作编辑网络化的少数民族古籍目录，国际大平台上虽然有众多的国外民族文字，却没有开发中国

的少数民族文字，所以我们使用的是民族文字的拉丁转写。

由此可见，少数民族文字在数字化方面的滞后现象，已经极大地影响了它的发展甚至是生存。我国是一个多民族多语言国家，有传统通用民族文字（包括古文献文字）的少数民族有30余个。少数民族的语言文字是中华民族的优秀文化，是我国的宝贵文化资源，同时也是世界的优秀文化，世界的宝贵文化资源。发展少数民族的语言文字不仅是我国语言文字工作的一项重要任务、我国重要的民族政策，同时也是得到国际关注的、极具影响力的问题。今天，在改革开放的大好形势下，终于迎来了民文信息化的春天。比起从前只有DOS版的编辑软件来说，现在可以说是“鸟枪换炮”了。各文种的、多方面的Windows版的应用软件如雨后春笋般涌出，基本解决了民族语文的日常应用和办公应用的需求，民文信息化的领域出现了蓬勃的生机。最可喜的是：

1. 蒙古、藏、维吾尔、哈萨克、柯尔克孜、朝鲜、彝、傣这些少数民族文字已经有了自己的国际标准编码ISO 10646、国家标准GB13000，这样就可以改变过去编码不规范、不统一，各自为政，数据难以交换的状态，给民族文字的相互兼容、相互交换提供了基础。编码的标准化对于民族文字来说是一个十分重要的问题，由于民族文字的特殊性，许多老编码都是很不规范、很不标准的。如蒙古文，由于一个字母可表示多个语音，造成过去使用的编码多是以字形为主要依据的形码，而这种形码则不利于文字的检索和排序，不能满足信息发展的需求。蒙古文ISO 10646的名义字符集是以语音为基础的音码，与过去的以字形为主的形码是很不相同的，弃旧用新也是蒙古文计算机领域的一个很大的变革，因此是否真正采用了ISO 10646是关系到民文信息是否标准化的一个关键问题。类似这种问题在藏文等其他民族文字中也同样存在，所以应该高度重视采用ISO 10646少数民族标准字符集的问题。

2. 蒙古、藏、维吾尔、哈萨克等文字都有了基于ISO 10646的、在Windows系统下开发的应用软件。就蒙古文来说，有蒙科立的WPS蒙古文Office、北大方正书版9.1、内蒙古大学智能蒙古文编辑器、明安途的读音输入法、明安途数字图书馆的模板等。

关于蒙科立的WPS蒙古文Office，前两年我们曾在以色列的编目大系统Aleph500中试用过，结果是能够显现蒙古文字母，但是是单独的、横向的字母，不能竖向运行。这说明WPS蒙古文Office的蒙古文字库是基本适合于Windows操作系统的，至于在编目系统中不能兼容从左向右竖写的这种特殊的蒙古文形式是可以理解的。如今的WPS蒙古文Office的功能更加强了，它已经解决了多种蒙古文的文字处理、网上浏览传送、幻灯演示、表格制作等问题。从中我有个发现，即表格中的蒙古文是横向的。于是我想，如果按照WPS蒙古文Office中把蒙古文横过来的方法，那么在通用软件中，比如国际通用编目软件中也是可以使用蒙古文的了。不知我的感觉对不对。但是，即使这样也还不够，单行蒙古文横过来还可以阅读，多行蒙古文还是不好办，还是没有从根本上解决问题。

明安途的数字图书馆的开发对于图书馆工作者来说是个福音，想当初只有DOS版的蒙古文编目系统，如今有了Windows版的、标准10646编码的蒙古文编目系统，如能进一步发展、推广，想必是可以解决一般图书馆蒙古文新书的编目需求。但它毕竟是WPS局部环境下开发的应用软件，不能满足大型的、复杂的、多文种的编目需求，像以色列的Aleph500、国内的丹诚这样的通用软件，想来是与WPS不兼容的。

从大型书目数据库、数字图书馆的角度出发，民族文字的操作系统，或者说操作系统的民族文字化是必要的，少数民族文字只有融入大环境、大平台，才能互相兼容，才能与西文、汉文在一个水平线上，共同使用大型的书目数据库系统。目前，无论是蒙科立也好，明安途也好，方正也好，智能也好，都还是属于应用软件，不是操作系统，难以兼容其他通用软件。当然，把通用软件改进成民族文字的也许并不是不可能的，但是，是让通用的软件系统适应于某一民族文字方便呢，还是让少数民族文字去适应通用的软件系统方便呢？显然是后者更方便、更长远一些。归根到底，还是一个要在 Windows（或 Linux）操作系统上建立兼容多种少数民族文字的大平台问题。据说蒙科立现在正在研究开发在蒙古文 Office 中兼容其他少数民族文字问题，研究开发扩大蒙古文 Office 的功能，明安图也在开发数字图书馆，我担心离开基本操作系统这个条件，是否能够取得真正的、完全的成功，同时也真心地期盼蒙科立、方正、智能、明安途等研发单位能够有所突破，走出一条道路来。

反过来说，凡是按照 ISO 10646 标准编制的软件，都应该被 Windows Unicode 操作系统兼容（当然类似蒙古文横板竖版不兼容的问题例外），如果不被兼容，就可以被怀疑是否是真正的 ISO 10646；凡是真正符合 ISO 10646 的，其数据都是可以互相交换的，如果数据不能直接交换，也要怀疑其是否为真正的 ISO 10646。如果所开发的应用软件不仅仅是基于、而且是切实遵循了 ISO 10646，那么，这些应用软件中的字库和输入法部分应该同时兼容于操作平台，成为操作系统的一部分（当然，属 Windows 的局限问题除外）。维吾尔、哈萨克文的从右往左书写的问题在 Windows 操作系统中不是已经解决了吗？那么蒙古文的从左向右的竖写格式，以及其他文种的什么个别问题在 Windows 操作系统中也是应该能够解决的。如果因为 Windows 本身的局限，一些特殊问题解决不了，那么，有两条道路，一是改进 Windows，二是开发其他操作系统，比如 Linux。从国际化、从目前国内大多数用户使用的都是 Windows 的角度来考虑，我觉得是改进 Windows 更捷径一些，能够更快地实现少数民族文字信息技术国际化。Linux 是要的，但是，如果少数民族文字能乘上 Windows 的这条快船早日飞起来，不是更好吗？所以期望国内外能够积极协作配合、优势互补，若能如此，少数民族文字信息化的腾飞就指日可待了。

不知我这样理解和考虑问题的方法对不对。

二、重视和利用少数民族文字拉丁转写的功能，统一拉丁转写方案

少数民族文字的拉丁转写，也可以说是拉丁化的少数民族文字，既是识读工具，又可作为替代文字，类似汉语的汉语拼音，是研究和使用少数民族文字的重要辅助工具。中国的少数民族文字有三种类型：（1）拼音文字，如藏文、蒙古文、满文、朝鲜文、维吾尔文、傣文等；（2）形声字，如彝文、西夏文、苗文等；（3）象形文字，如东巴文。

对拼音文字可以用相应的拉丁文字去进行转写，这种转写在字母上是一对一的，是可以逆行、可以还原的，而且它具有阅读功能。拉丁转写与国际音标是有区别的，国际音标注重的是标准化的语音描写，而拉丁转写注重的是字母对应。拉丁转写的特点是以文字为基础的，不考虑口语中的语音变化，所以它与原文字是相互对应的，可以互换的。而且，一般是采用一套特定的适合于原语音文字系统的拉丁字母来构成，因此民族文字的拉丁转写也是具有特色的、相互区别的文字，具有阅读功能。在国内外，特别是在国外，拉丁转写不仅作为语言研究的识读工具，而且作为原文字的替代文字，用于撰写著作、转写原文、出版印刷，已有时日了。拉丁转写的这些功能在计算机上是大有用武之地的。拉丁化的少数民族文字同样是少数民族文字，它在计算机里运行起来就方便多了。比如，拉丁化的蒙古文是横写的，可以在通用的编目软件中运行。这样在条件不成熟的时候，即没有相应的文字平台时，就可以用拉丁转写替代原文建库，待条件成熟时再自动添加或转换成原来的民族文字。如果当初采用了这个办法，现在《中国蒙古文古籍总目》数据库也就成功了。目前国外网页上有关民族语文的信息使用的也都是拉丁转写。特别是在多文种交叉作业时，使用拉丁转写要比使用原文字方便得多。比如，使用横写的蒙古文拉丁转写替代竖写的蒙古文原文，比起

把软件程序格式竖起来、把西文竖起来或把蒙古文原文横过来都要方便可行。而且即使是有了民族文字平台，作为文字的识读和研究工具，拉丁转写也有与民族文字共同存在的必要，例如，现在国际上汉语和汉语拼音同时使用的地方就很多。国外在用 US MARC 做汉文图书目录时，往往是汉字和汉语拼音同时使用，或者是在常规字段中使用的是汉文的汉语拼音，在规定字段中再做相应的原文链接，目前国内的 CN MARC 在必要字段也添加汉语拼音。

对于形声字、象形文字，可以采用拉丁拼音（或国际音标）给予标音，类似汉语拼音，当然对于形声字、象形文字来说，借鉴标音文字进行还原是有一定困难的，但它仍然还是可以替代原文的。

拉丁转写的这种功能在国内被重视得不够，比如在 WPS 蒙古文 Office中只有国际音标输入法，却没有拉丁转写输入法。明安图的 Unicode 读音输入法里倒是有拉丁蒙古文的输入法，但是其拉丁转写方案不是国际标准的。

信息化社会要求有统一的、标准的拉丁转写方案。目前国内外有关我国少数民族文字的拉丁转写方案是多种多样的，很不一致。以蒙古文为例：国内，以 1976 年内蒙古大学蒙古语文研究室编的《蒙汉辞典》为代表，方案是元音靠拢国际音标，哈（h）、嘎（g）不分阴阳性；国外通行的蒙古文拉丁转写方案，除了个别不常用字母有点区别外，各家基本是一致的，它的最大的特点就是哈（q、k）、嘎（ɣ、g）分阴阳性。国外通行的拉丁转写方案应用的时间长，应用范围也比较广泛，相对比较成熟，而且更接近原来的蒙古文字形，阅读起来比较方便。目前，由国际标准化组织制定的 ISO 蒙古文拉丁转写方案即将出台。ISO 蒙古文拉丁转写方案的元音靠拢国外通行转写方案（o、ö、u、ü），但哈（x）、嘎（g）不分阴阳性，这是因为国际标准化组织规定拉丁转写要与 10646 编码相配合，而且不允许使用希腊字母。国际标准的拉丁转写方案与 10646 编码相配合，这样就很便利两者之间的相互转换。现在设计拉丁化蒙古文的输入法，应遵循拉丁转写国际标准，但是，明安图的拉丁蒙古文又有独创，由此可见，统一拉丁转写方案是十分必要的。

据我粗浅的了解，藏文的拉丁转写方案在国内外也是不同的，不知藏文有没有国际标准拉丁转写方案。各个少数民族文字都应该建立国际标准拉丁转写方案，希望国际标准的拉丁转写方案尽快出台并推广使用，避免再走弯路。

三、建议开发人名、地名等专用名词汉字译音软件

双语双向（少数民族文字、汉文），或三语多向（少数民族文字、汉文、英文）的电子词典是亟待开发的软件。我们从《中国蒙古文古籍总目》的工作中总结出一个人名的汉字译音规律，进而认为开发一个人名、地名等专用名词汉字译音软件是很有必要的。我国是一个有56个民族的大家庭，而汉语又是通用语言，所以民族语文的汉字译音规律的研究开发具有很强的实用性，它可以使专用名词的译名规范化，也可以使译名便于还原，自动进行双向翻译。

民族文字的汉字译音特别是人名、地名、专用名词的翻译在日常生活和文献工作中是经常遇到的。而目前少数民族文字的汉字译音的现状是没有一个统一的规范，一些常用词的翻译一般是习以为常。而这些习以为常的译名其语言学的规律又是怎样的呢？以蒙古文为例，可见一斑。蒙古语中的乌力吉（ölǰei）、宝力格（bulaɣ）、毕力格（bilig）三名中的“力”字，在蒙古文中分别为 l、la、li；乌云（oyun）、乌兰（ulaɣan）、乌力吉（ölǰei）三名中的“乌”字，在蒙古文中分别为 o、u、ö；乌力吉（ölǰei）、道尔吉（dorǰi）二名中的“吉”字，在蒙古文中分别为ǰei、ǰi，等等。这反映现代蒙古文音译的语音对照规律不严格，存在许多多音一译的现象。同时，一个蒙古文名字又可以有多种翻译，这里有其历史的原因、宗教的原因、方言的原因，以及某些纯个人的原

因。比如车臣、伯颜、多尔济是历史上的译法，而斯琴、白音、道尔吉则是现代人的译法；洛桑、嘉措、坚赞是藏族人名的译法，而罗布桑、扎木苏、扎拉森则是蒙古人名的译法。扎、嘉的不同反映了方言的差别，而把仁钦（rinčin）译作林沉、亦邻真，把宝音呼（boyanküü）译作薄音湖等则含有纯粹个人的另辟蹊径的选择。上述这些现象究其根由也还是有一定的原因的，而那些不循规蹈矩，也没有任何原因，信手译来的情况也比比皆是。

那么这些现代译音现象哪些是合理的？哪些是不合理的？少数民族语言文字的音译要不要有一个统一的规范呢？我认为，尽管民族文字音译的情况比较复杂，但基本的统一规范还是需要的。地名等专用名词的翻译显而易见是需要统一的。人名的情况比较复杂，从个人的、主动的角度来说，有选择用什么样译字的权力，但不应超出语音对应的范畴。从整体的、被动的角度来说没有一个统一的规范还是不行的。特别是在文献工作中如果没有统一的规范，仁者见仁、智者见智，此一时、彼一时，必然会造成混乱。

从语言学的角度讲，既然是音译，那么基本原则就是要遵循被译语言的语音规律，这样才客观，才为“信”，译名也能具有一定的可逆性。其次是“名从其主”，要兼顾各种原因所造成的差异性，这也可谓“达”吧。然后还要尽量采用文雅的用字，“雅”确实是一种文明社会的共同追求。

专用名词汉字译音软件的设计就是要在遵循基本语音规律的同时，兼顾各种差异性。比如时代的差异性、地区的差异性、民族的差异性、被动翻译和主动翻译的差异性，等等。给被动翻译和主动翻译都提供一个规范的、可供选择的范围，这样无论是对社会还是对个人都是有益的。

另外，从建设数字图书馆的角度来说，需要扫描大量的图书文献，因此亟须开发少数民族文字的 OCR 文字识别软件。蒙古文是黏着语，又存在一字多音的问题，可能困难要大一些，如果确实采用了ISO10646，对这个问题的突破是否会有帮助？

总之，少数民族文字信息化要有大视野、大目标，而标准化是各项工作的基础，有了标准化，国际化也就在里了。

该论文曾参加“中国少数民族语言信息技术与语言资源库建设学术研讨会”(2004年4月，北京)，并被收入鲍怀翘、金星华、宗成庆主编的《少数民族语言信息技术研究进展——中国少数民族语言信息技术与语言资源库建设学术研讨会论文集》。

少数民族文字拉丁转写的意义与方案

统一的、标准的少数民族文字拉丁转写方案的制订是当前急需解决的问题。本文以蒙古文的拉丁转写为主，谈及以下问题。

一、少数民族语文拉丁转写的意义

中国是个多民族、多语言的国家，除了汉语文之外，其他有传统通用民族文字（包括古文献文字）的少数民族有30余个，其中比较大的文种有蒙古文、藏文、维吾尔文、哈萨克文、柯尔克孜、朝鲜文、彝文、傣文、满文等。少数民族文字是记录少数民族语言的，它们有独特的字符及特殊的文字结构，比如蒙古文、满文从左向右竖写，维吾尔文、哈萨克文、柯尔克孜文从右向左横写，藏文除了左右行走之外还有上下叠字，东巴文是古老的象形文字。

少数民族文字需要拉丁转写，如同汉文需要汉语拼音。我们看看汉语拼音的历史：

中华人民共和国成立之初，党和政府确定“简化汉字、推广普通话、制定和推行汉语拼音方案”为文字改革三大任务。毛泽东、周恩来以及陈毅、吴玉章等老一辈无产阶级革命家亲自指导方案研制工作，海内外人士提出了一千多个方案。经过慎重的研讨，1956年2月，中国文字改革委员会发表了采用罗马字母的拼音方案草案；1958 年 2 月 11 日，第一届全国人民代表大会第五次会议通过了《关于〈汉语拼音方案〉的决议》；1977 年联合国第三届地名标准化会议通过了《采用汉语拼音作为中国地名罗马字母拼法的国际标准的决议》；1979 年联合国秘书处决定采用汉语拼音作为在各种罗马字母文字中转写中国人名和地名的标准；1982 年国际标准化组织（ISO）将《汉语拼音方案》作为中文文献罗马字母拼写的国际标准；2001 年开始实施的《中华人民共和国国家通用语言文字法》，确定了《汉语拼音方案》作为国家通用语言文字的“拼写和注音工具”的法律地位。

数十年来，汉语拼音的推广取得了丰硕的成果，在发展教育、科学、文化事业等方面发挥了重要的作用，已经成为现代社会生活中不可缺少的一部分。在国内，利用汉语拼音辅助教学，推广普通话，作为书刊、文献、档案资料、工具书等诸多领域主要排序检索方式，用作工业产品、工程建设等的型号和代号，是计算机键盘输入和网络信息资源管理的必不可少的得力助手。在国外，它的影响极大，汉语拼音是中外文化交流的切口和纽带。通过汉语拼音学习汉语已经成为对外汉语教学的基本模式。新加坡、马来西亚政府采用《汉语拼音方案》作为本国华语的拼音方案，英、德等十多个国家出版的地图中采用汉语拼音拼写中国地名；汉语拼音拼写的中国人名、地名及其他专有名词进入英、美等国出版的权威工具书；美国国会图书馆和欧洲一些国家的图书馆采用汉语拼音拼写中文图书目录，等等。

从这里，我们可以看出汉语拼音的重要性。拉丁转写对于少数民族文字来说也具有同样的重要性，不是可有可无的。这里先要解决一个认识问题，即，使用少数民族文字的拉丁转写与保护和发展少数民族语言文字有没有冲突，是不是伤害了民族感情？引一段中国文字改革委员会主任吴玉章的讲活：“我们采用拉丁字母，是不是可以说我们的爱国心不够呢？不能这样说。拉丁字母是现在世界上六十多个国家共同使用的字母，而且是全世界任何一个民族中受中等教育的人在代数、几何、化学、物理课上所必须学会的一套共同符号。像阿拉伯数字、公历纪元、公制度量衡、五线谱一样，它不是某一个国家专有的东西，而是全人类共有的公物。正如胡琴（它跟拉丁字母一样，不是汉民族固有的）能够适应我们民族的需要而成为我们的民族乐器一样，拉丁字母也能够适应汉语的需要而成为我们的民族字母——不仅是能够，而且在我们的方案中已经这样做到了。用这套汉语拼音字母拼写出来的正是地道的汉语——以北京语音为标准音的普通话。它丝毫不会损害我们民族语言的纯洁，因此也就不会跟正当的爱国感情有任何抵触，这是十分明白的道理。”

实践证明，作为汉语的“拼写和注音工具”，汉语拼音的推行和使用没有损害我们的民族感情，而是推动汉语走向了世界，扩大了汉语文的使用范围，大大地提高了中华民族的地位与影响，增强了我们的民族自豪感。同样的道理，拉丁转写只是少数民族文字的辅助工具，拉丁转写的使用与推广只会促进少数民族语言文字的使用和发展，不会伤害任何民族感情。最早使用蒙古文拉丁转写的是外国人，俄国的施密德，德国人的海涅士、海西希，美国的鲍培等，他们将珍贵的蒙古文古籍文献进行拉丁转写、整理研究、印刷出版，用拉丁转写编写蒙古文文献目录，这些工作对保护、研究、发展蒙古族的历史文化都做出了很大的贡献。因此不能因为曾经有过用拉丁文字替代传统民族文字的事情，就排斥拉丁转写。拉丁转写和拉丁文字是不同的，我国宪法规定：“各民族都有使用和发展自己语言文字的自由。”在确定传统文字是法定文字的基础上，拉丁转写同汉语拼音一样是“拼写和注音工具”，是识读和研究传统少数民族文字的辅助工具，就像钢琴本身并不是音乐，而是演奏音乐的很好的工具一样。

相比之后，少数民族文字比汉文更加迫切需要拉丁转写。正是由于少数民族语言文字的特殊性，在教学和研究工作中更需要注音和转写的工具；由于排版印刷不方便，常常需要用全文的转写来替代原文字；地名、人名等专用名词也只有转写成拉丁形式才符合国际标准，适应国际的要求；信息技术的飞速发展更扩大了拉丁转写的作用。当计算机统治了各行各业走进了家家户户以后，当中文（汉文）平台问题得到解决和普及以后，当全球实现网络化以后，少数民族文字被远远地被抛在了后边。由于少数民字文字特殊，某些文字，如蒙古文、藏文，没有 Windows 大环境的文字平台，被许多通用系统不兼容，因而极大地阻碍了它们的发展，甚至是生存。虽然通过广大民文信息工作者的努力，在民文信息领域取得了很大的成绩，但还是远远赶不上形势的发展。部分少数民族文字虽然已经具备了 10646 国际标准编码，但是实现国际标准编码的软件却存在不标准、不成熟、不完善的问题，常常是形成自己的小系统、小环境，相互不兼容，也难以跟通用的大系统和多文种的大环境兼容。在这种情况下，拉丁转写很有用武之地，是一个必不可少的工具。除了使用通用键盘进行输入，然后转换成民族文字，进行排序检索等功能之外，它还可以替代原文字直接在通用的大系统里运行，许多内部运行工作、储存工作都可以用拉丁转写形式进行，只需在需要的时候再转换成传统文字。如此，蒙古文的拉丁转写可以作为互不兼容的各蒙古文系统数据转换的中间文字，各个少数民族文字的拉丁转写可以作为兼容多种民族文字大平台的中间地带。即使有了成熟的民族文字的平台，拉丁转写作为识读、拼写的工具也有必要与传统文字共同存在，如同在国际上汉语与汉语拼音、希腊文与它的拉丁转写常常共同使用一样。

二、关于《少数民族语地名汉语拼音字母音译转写法》

实际上，拉丁拼音也好，拉丁转写也好，在少数民族语言文字的领域内也早有使用，如语言教学中的注音、字典编纂中的文字转写，语言研究中的语言描写等。从国内来说，在考虑汉语拼音的同时，也在探讨少数民族文字的拉丁转写问题。为了适应国际上拼写地名的需要，国家测绘总局、中国文改会于1965年5月制定了一个《少数民族语地名汉语拼音字母音译转写法》，并于1976年6月修订，成为国家标准。方案为：a b c d e f g h i j k l m n o p q r s t u w x y z ô û，按蒙古文字母顺序是：a e i ô û o u n b p h g m l s x t d q j y r w f k c z。

这里提到“音译转写法”，需要解释几个概念。

广义的拉丁转写包括字母转写（又称文字转写、译文转写、书面语转写、书面文字转写）和语音转写（又称译音转写、音译转写、口语转写）两种形式。

字母转写是描写文字的，转写文字的拉丁字母与被转写文字的非拉丁字母是一一对应的，是可逆的。字母转写考虑每一字母的读音，而不考虑字母组合的读音、口语中读音的变化以及方言中的读音，字母转写用于转写拼音文字中的书面文字。现在一般称作拉丁转写的是指这种用于转写拼音文字的书面文字、可替代原文字出版印刷的、在计算机中可以与原文字相互转换的字母转写。

语音转写是描写语音的，考虑的是发音的准确对应，不考虑字母的对应，是不易还原的。语音转写用于转写形声字的语音、象形文字的语音以及拼音文字的口语、方言。语音转写一般又称作拉丁拼音、拉丁音标，如“汉语拼音”“国际音标”。形声字、象形文字借助语音转写（拉丁音标）进行文字还原虽然有一定困难，但它仍然还是可以描写语言，替代原文的，就像汉语拼音所起的作用一样。

中国的少数民族文字有三种类型：（1）拼音文字，如藏文、蒙古文、满文、朝鲜文、维吾尔文、傣文等；（2）形声字，如彝文、西夏文、柏格里苗文等；（3）象形文字，如东巴文。其中如蒙古语和藏语都是书面语和口语（书面文字和语音）差距较大的语言，可以有字母转写和语音转写两种转写形式，而形声字和象形文字一般是用语音转写。

《少数民族语地名汉语拼音字母音译转写法》明确规定是转写语音、是描写口语的，也可以称其为“标音法”。该转写法在蒙古语部分有个说明：“蒙古语地名的音译转写，以书面语和口语通用语音相结合的习惯读法为依据。”这句话实际上很难理解。蒙古语的书面语和口语是有差距的，而字母转写和语音转写又是两个不同的概念，有时是难以“通用”和“相结合”的。比如，书面语中长元音常由一组字母组成，口语中又有词尾元音脱落和音变现象。例如（拉丁字母为ISO方案）：“山”，字母转写为agula，而语音转写为uul；“云”，字母转写为egüle，语音转写为üül；“刀”，字母转写为xitug-a，语音转写为xutag。两者之间是有差距、互相区别的。

1977年联合国第三届地名标准化会议决定采用汉语拼音拼写中国地名后，在我国出版的汉语拼音版分省地图中，维吾尔语、蒙古语、藏语地名采用音译转写法，受到了国内各兄弟民族的热诚欢迎和国际上的高度重视。1986年2月，国家测绘局、总参谋部测绘局依照此《少数民族语地名汉语拼音字母音译转写法》编写了《蒙古语地名译音规则》，其中包括了拉丁音译转写和汉字译音。这些规则应该说是沿用至今。

该《少数民族语地名汉语拼音字母音译转写法》的意义和问题分析如下。

意义：（1）明确规定少数民族地名的拉丁转写以少数民族文字为依据，排除少数民族文字的地名根据汉译名转写的做法，保持了少数民族语言文字的特色。（2）将各少数民族文字地名转写的拉丁字母尽量统一在汉语拼音的范畴内，使得多民族国家的地名转写具有兼容性和统一性。（3）确定该转写方案是按语音转写的，在书面语和口语有差距时转写的是口语，这样便于识读，便于与汉译名相呼应，也是有积极意义的。

但由此也产生问题：（1）社会发展到现在，各少数民族需要更适合于自己语言文字系统的转写方案，而中国的少数民族语言文字与国际上有着千丝万缕的联系，完全把少数民族文字拉丁转写方案限在汉语拼音的范畴已经不太合适了。蒙古文ISO国际拉丁转写方案（中国、蒙古国联合方案）与1976年的地名转写方案就有不少差距。（2）基于口语的语音转写是难以进行文字还原的，与现在普遍需求的可逆的字母转写是不相同的，出现一个需不需要并轨的问题。

建议：地名、人名的拉丁转写不依照口语而依照书面语，也就是说，对于拼音文字来说转写的是书面文字，不是语音。我认为转写书面文字更科学一些，英语也是语音和文字差距比较大的语言，但很少有用英文的音标来替代英文的。懂语言的人必然懂得文字的读音规律，不懂语言的人不懂文字的发音是正常现象，就像不懂德语、法语，看见德文、法文不会发音一样。国际上其他非拉丁的拼音文字，其地名也未必是按语音转写的。更重要的是，字母转写忠实于书面文字，可以还原，可以避免因读音不准确而出现的混乱以及方言不同带来的麻烦，便于统一的拉丁转写方案的制订与实施。常规情况下应该使用字母转写，有需要可以另附标音。

《少数民族语地名汉语拼音字母音译转写法》虽然限于地名的转写，但它是第一个少数民族文字拉丁转写的国家标准。

三、拉丁转写方案需要统一

国内影响较大的蒙古文拉丁转写方案还有内蒙古大学1976年版的《蒙汉辞典》中的拉丁转写方案。这个方案为a e i ɵ ʋ o u n b p h g m l s x t d q j y r w f k c z h zh ch sh。可以看出它是借鉴了《少数民族语地名汉语拼音字母音译转写法》的，除了第四、第五元音所用的字母不一样外，两者可以说是基本一样的。1976年版《蒙汉辞典》中的拉丁转写是转写书面语的，是与文字相对应的。

1999 年 6 月，内蒙古大学出版《蒙汉词典（增订本）》修改了原拉丁转写方案，向国际通用和标准化靠拢，修改后的新方案为 a e i o u ö ü n b p $\chi_{阳}$（$x_{阴}$）$\gamma_{阳}$（$g_{阴}$）m l s š t d č ǰ y r w ng f k c z h lh zh ch。修改后的拉丁转写方案反映了拉丁转写方案国际化、标准化的趋向，对于蒙古文拉丁转写方案的统一起了积极的促进作用。《蒙汉词典（增订本）》在拉丁转写书面语的同时，还用国际音标标出了口语音，这样就解决了书面语和口语读音不同的矛盾。

1979 年，八省区蒙古语文工作协作办公室第三次蒙古语文专业会议讨论通过了《蒙古语基础方言、标准音和拉丁音标（试行）方案》，1980 年由内蒙古自治区政府正式批准并发出通知大力推广。内蒙古自治区的这个“拉丁音标（试行）方案”已经不再局限于地名的拼写，而是针对一般蒙古语。这个方案为 a e i o u ɵ ʉ n b p h g m l s š t d c z y r w f k č ž zh ch sh lh，这个方案明确标明是“音标表”，“长元音用单元音的复合形式表示”，它的影响和应用不是很广。

国外通行的蒙古文拉丁转写方案各家基本是一致的，只是在个别不常用字母上有点区别。现以鲍培（N. Poppe *Grammar of written Mongolian*）的转写方案为例，即 a e i o u ö ü n b p $q_{阳}$（$k_{阴}$）ɣ$_{阳}$（$g_{阴}$）m l s š t d č ǰ y r w f h ǩ。它的最大的特点就是哈（q、k）、嘎（ɣ、g）分阴阳性，这里 q、ɣ 用于阳性字，k、g 用于阴性字。这套方案与上述国内的方案差距较大，但它在国外应用的时间长，大约从 20 世纪初就有使用，应用范围也比较广泛，相对比较成熟，更接近哈（q、k）、嘎（ɣ、g）分阴阳性的原蒙古文字形，阅读起来比较方便，已经为许多人接受。

在制定蒙古文计算机国际标准编码 ISO 10646 的同时，1993 年起，国际标准化文献工作委员会 ISO/TC 46 也进行了编制国际标准蒙古文拉丁转写方案工作。经过多次与蒙古国、德国等国专家的协商研究，数次修改方案，于 2002 年 12 月在呼和浩特，中国、蒙古两国达成联合方案，很快，国际组织 WG3 就要就此方案进行讨论。根据 ISO 国际标准化原则，中国、蒙古国联合制定的蒙古文拉丁转写方案为 a e ë i o u ö ü n ng b p x g m l s š t d č ǰ y r w f k ķ c z h ž lh ẑ č。除了 x（哈）、g（嘎）不分阴阳之外许多是与国外的拉丁转写方案相同的。x（哈）、g（嘎）不分阴阳性是因为国际标准化组织规定拉丁转写要与 10646 编码相配合，一个名义字符相对一个转写字母，而且不允许使用希腊字母。

从以上可以看出，国内外蒙古文的拉丁转写方案曾经很不一致，现在趋于统一，但仍有许多问题没有解决。其实不只是蒙古文，其他少数民族文字也存在类似的问题，藏文的各个拉丁转写方案之间的差别就很大。虽然拉丁转写无论是在国内还是在国外、是在日常生活中还是在计算机上都有意无意、或多或少地在被使用着，但由于没有统一的标准方案，大家各取所需，各行其是，于是出现“百花齐放”的局面，每一本书、每一个团体、每一个个人都可以根据自己的意愿制定一套拉丁转写方案。这种不统一、非标准化的混乱现状是不符合高速发展的信息社会要求的，极大地限制、阻碍了少数民族语文的使用和发展。目前，国外在用少数民族文字的拉丁转写作数据，美国国会图书馆和欧洲一些国家的图书馆不仅在采用汉语拼音拼写中文图书目录，也在采用拉丁转写编制少数民族文字图书目录，网上还有许多用少数民族文字拉丁转写制作的应用数据库。如果没有统一的转写标准，如何做到数据共享和数据转换呢？

统一少数民族文字拉丁转写方案势在必行。统一有哪些问题，需要做什么工作？

1. 国家组织。制定少数民族文字的拉丁转写方案是一种国家行为，需要有相应的国家职能部门与少数民族语言专家相结合的组织机构去专门从事这项工作，才能顺利完成这项专业性很强、权威性要求很高的工作。

2. 国际协调。少数民族文字拉丁转写方案的制订又是国际性很强的一种国际范围的行为，国际上有专门负责拉丁转写组织。所以，在考虑中国特色的同时，要充分考虑国际上惯常做法，考虑相关国家的意见，进行国际协调工作。

3. 对于少数民族拼音文字来说，急需的是可逆的字母转写方案，字母转写应该是少数民族拼音文字的第一转写方案。

4. 制定拉丁转写方案，不能只考虑特定的需要，还要考虑普遍的需要。通用民族文字的转写、地名的转写、人名的转写，其方案应该是统一的，要通盘考虑。

5. 如果产生新的拉丁转写方案，要考虑如何和旧的方案接轨。

建议：现在就以国家标准的名义试行推广使用 ISO 国际标准蒙古文拉丁转写中国—蒙古联合方案，规定现行的人名、地名拉丁转写规范工作使用此方案。同时以国家标准的名义报与国际组织，争取早日确定为国际标准方案。

总之，少数民族文字的拉丁转写问题是一个具有实际意义的、具有国际影响的，刻不容缓、急需解决的实际问题。以上谈到的一些问题在藏、维吾尔、哈萨克、柯尔克孜等其他文种中也都存在。呼吁有关职能部门加强组织领导，呼吁有关专家尽快做出相关的研究，争取早日出台少数民族文字拉丁转写标准方案。

本论文参加了 2007 年在云南举办的第十一届全国民族语言信息学术研讨会，并被收入《民族语言文字信息技术研究——第十一届全国民族语言信息学术研讨会论文集》，2007 年 2 月，西苑出版社。

互联网转载——道客巴巴。

少数民族文字古籍文献的特点及保护修复工作

申晓亭　郑贤兰　全桂花

一、少数民族文字古籍的特点

中国是一个拥有56个民族的多民族国家，灿烂辉煌的中华民族文化是由56个民族共同创造的，而少数民族古籍文献又是中国古籍文献中独具特色的重要的一部分。中国的少数民族古籍文献珍贵独特、丰富多彩，数量也十分可观。仅国家图书馆善本部少数民族语文组所藏民族古籍文献就有藏文、满文、蒙古文（包括托忒蒙古文）、八思巴文、彝文、傣文、西夏文、契丹文（大字和小字）、女真文、水文、回鹘文、察合台文、突厥文、焉耆—龟兹文、哥巴文、东巴文16个文种，约20种文字，数量为11000余种34555余册（件、函、包）。这些少数民族文字古籍是在我馆（中国国家图书馆）历届工作人员的努力和社会各界仁人志士的协助下收集而来的。20世纪20—40年代，当时的馆务主持者尽力收集了存在北京的满、蒙古、藏文图书，其中包括武英殿、嵩祝寺、隆福寺、琉璃厂、黄寺、广安门外傅达赖、北京蒙文书社等处刻印的经卷、书籍等。于30—40年代又从民族地区收集到西夏文、察合台文、东巴文、彝文等珍贵文献。解放后，又陆续收集到德格版和塔尔寺版的藏文大藏经，蒙古文北京版《甘珠尔经》，傣文贝叶经，水文古籍以及女书，等等。这些收藏，无论是从数量上还是从质量上来说都是屈指可数的。

少数民族古籍文献有以下几个方面的特点。

1. 历史悠久、文字独特

少数民族古籍文献的时间下限是 1949 年。我馆的少数民族古籍文献最早可以追溯到唐朝，如 735 年的突厥文《毗伽可汗碑》碑文和 9 世纪以前的藏文敦煌写经。有数量可观的宋、元、明时期珍贵文献，突出的是 139 册西夏王朝时期的西夏文佛经、100 余种元代的八思巴文文献及数十种元明时期回鹘式蒙古文、回鹘文文献，如《孝经》《高昌馆课》《华夷译语》。清代的珍品、精品也层出不穷，如 4000 余册东巴文经（有说为明代）、577 册的彝文经、200 余种贝叶经、108 函蒙古文北京版朱字印本《甘珠尔经》、26 函藏文银字《宁玛派续部全集》、上千册的《满文大清汇典》《八旗满洲氏族通谱》等。同时，民国时期的石印本和铅印本也很有特色，如蒙古文《成吉思汗传》《聊斋志异》等。这些少数民族古籍文献无论是在版本上还是在历史价值上都是十分珍贵的。尤其应该引起重视的是，其中许多都是现在已经不再使用的鲜为人知的古代少数民族文字，如西夏文、契丹文、女真文、回鹘文、八思巴文、察合台文、突厥文等，因此它们不仅具有文献价值，而且还具有文物价值，许多文献都可以称为罕世之宝。

2. 种类繁多，形式多样

从文献类型上说，少数民族古籍文献包括图书、经卷、档案资料、地图、金石拓片、报纸期刊，可以说是应有尽有。佛教经卷是少数民族文献中独具特色的一部分。从数量上来讲，约占文献总数的 1/2，有的文种要占 2/3 以上，如藏文、西夏文等。从文字上讲，有藏文佛经、蒙古文佛经、满文佛经、西夏文佛经、傣文佛经等。从刻写方法来说，有金字写本、银字写本、竹笔写本、毛笔写本、朱刻本、墨刻本、石印本等。这些经卷，大的带有雕木厚夹板，重有20余公斤，小的只有寸余宽，可握于手掌。有的在夹板上装嵌珍珠宝石，绸缎锦帘，有的在经叶四围绘有图案；有的锦被包裹，有的置于玻璃罩里或置于考究的紫檀雕木盒中。它们的装订形式也很特殊，采用的是梵夹装。梵夹装的原型是贝叶经。古代印度人将贝多罗树的长条形叶子沤水加工，直接在上面刻写佛经，然后涂漆、抹金，上下附夹板，叶中间打孔，用线穿连，称之为梵夹装。傣文的贝叶经则保留至今。后来，树叶演变为纸张，仍是长条，多为散叶，两面书写或刻印，上、下夹板（或无夹板）。大量的藏文、蒙古文的佛教经典都是这种形式。梵夹装这种装订形式，汉文书籍里没有，是少数民族古籍中独有的。

少数民族佛教经卷中也有类似汉文佛经的装订形式，如藏文的敦煌卷子和经折本的西夏文佛经。满文古籍在形式上类似汉文，大量的是线装，其中不乏有包背装、蝴蝶装、毛装、折装、卷轴、散页等。

3. 纸张的特点

由于少数民族文字古籍上至唐朝，下至民国，时间跨度大，又由于少数民族文献来自地域广阔的边疆，所以民族古籍所用的纸张总的特点是“杂”和“糙”。除了汉文古籍中常见的皮纸、麻纸、竹纸、木浆纸外，民族古籍中出现的最多的是草纸。梵夹装的经卷多用的是草纸。其中有的比较厚、比较光滑，如蒙古文康熙版的《甘珠尔经》。但也有许多是很粗糙的，甚至藏文银字写经《宁玛派续部全集》的纸板都非常粗糙。而彝文、水文、东巴文的纸都呈很重的黄色，看来也是地方上比较粗糙的草纸。这些草纸纤维比较短，含酸性也比较强，时间久了很容易褪色、破碎。那塘版的藏文经虽然用的是皮纸，但很薄、很粗糙，大小纤维历目可见。民国时期印制的书，纸张表面看起来很光滑，实际它们的酸碱度的pH值只有3～4，是很容易老化的。民族文字古籍普遍比汉文古籍含酸度要高，汉文善本的平均酸碱度pH值为6，而民族文字古籍的平均酸碱度 pH 值为 5（pH7 为中性，7 以下酸性渐增）。

4. 损坏比较严重

由于少数民族多处于偏远的边疆地区，民间信教供经的不少，但保护条件却比较差，再加上少数民族地区经济文化相对不够发达，少数民族文字古籍文献相对不被重视，所以这些收集来的少数民族文字古籍许多未能被妥善保护，褪色、破损、粘连、霉烂、虫蛀、烟熏的情况和数量还是很多的，抢救工作的压力是很大的。

二、对民族文字古籍文献的保护修复工作的意见

1. 给予充分重视

在民族文字古籍文献工作中，收集整理、保存保护、开发利用，三个环节相互联系，缺一不可。要充分认识民族文字古籍的价值和保护民文古籍的重要性，不要因为看不懂或暂时不能利用而忽略它。民族文字古籍文献不只是我中华民族的重要文化遗产，同时也是全世界、全人类的珍贵文化遗产，越是民族的东西越具有世界性，国际上对我国的民族文字文献是很感兴趣、很重视的。在民族文字古籍文献的许多领域，我们已经落后了，当前我们的主要任务就是保护好自己的国宝。

2. 要有专业人员配合

从事民文古籍的保护工作，需要有专业人员的配合。从鉴定内容价值、识别文字到页码顺序的编排都需要专业人员的协助，才能顺利进行修复保护工作。民族文字比较复杂，有竖写的，也有横写的，有从左向右书写的，也有从右向左书写的，不懂的人看起来就像天书，很容易颠三倒四、张冠李戴的。专业人员的问题可通过延揽人才或社会协作去解决。

3. 加倍保护

前面讲到民族文字古籍在装订形式和纸张上、文字上都有一些独特

性，这些特殊性决定对民族文字古籍要进行“加倍的”保护。因为，梵夹装的佛经是双面刻写的，如果破损修补，不能从背面托裱，也不像线装书那么方便从中间夹纸，需要浸泡，把书页揭开，这就又涉及它的纸质和墨质是否适应浸泡的问题。所以一般不从中间揭开夹纸，只从外部贴补，如果损坏严重就难以修复了。这些经卷用的草纸虽然比较厚，但是很脆，容易破碎。那些珍贵的金字写经、银字写经、贝叶经，损坏后就更难以修复了。所以应以保护为主，应加倍妥善、小心保护才是。如何加倍保护呢？（1）严格制度，强化常规保护工作。除了恒温、恒湿之外，严格冷冻制度，有霉菌嫌疑的要施去霉药水，定期施放樟脑等。（2）进一步改善地库环境，比如通过改善空气环境来降低纸张的酸化速度。（3）特殊照顾。除了普遍做书套外，我们曾给一些特别珍贵的书籍定做了带樟木夹板的楠木书盒，楠木可以防潮，樟木可以防虫；对于特别珍贵的残片做了玻璃夹，这些保护图书的有效方法，应该继续坚持和扩大。（4）缩微复制，减少原书的使用率。总之，要防患于未然，要在“加倍”二字上下工夫。

4. 关于修复

我馆很重视少数民族古籍的收集工作，同时也做了许多修复工作，比如：满文书、彝文书、水文书的修复。对于修复人员的精湛技术，是有目共睹的。同时，我馆的修复人员近几年来帮助内蒙古地区修复了不少民族文字的图书，又取得了很多的经验。关于修复技术，我们是外行，我们只是在工作中接触到一些问题，在这里提出来向专家们请教。（1）有些民族文字的佛教经卷具有很高的供养、观赏、展览的价值，比如那些镶嵌锦缎珠宝的，在磁青纸上用金粉、银粉书写的佛经。可是，如今字迹没有了光泽，甚至漫漶，花纹也模糊了，是否可以重新加色，重新描绘，整旧如新，再现它历史的辉煌面貌呢？（2）有些古籍年代久远，它们的纸张、字迹、装订都已是珍贵的文物，在修复时既要达到延长书的寿命的目的，又要兼顾保持书的原貌，这也带来一些技术上的难点。如馆藏的经折装西夏文经卷，有近千年的历史，折缝已有不少断裂，纸张也老化了，脆了。但因为怕损坏了原貌，一直未能修补。而且，西夏文经还有个特殊的问题，它的墨迹透过了背面，专家根据背面深浅不同的字迹，将某些经卷考证为活字印本，如《大方广佛华严经》。可见书的原貌不仅有文物价值，也有学术价值。为了保留原貌，托裱是不适宜的了，那么有没有可能只衬不托呢？线装书可以这样做，经折装是不是也可以这样做呢？（3）前述梵夹装的经卷是双面刻写，一般不宜将书页揭开修补，是不是能有一种类似透明胶带的修补材料，既可以从外部粘贴，又不掩盖字迹呢？现在修补用的薄型纸是否能够达到这个要求呢？

总之，少数民族文字古籍的保护修复工作，无论是从其意义，还是从其内容来说都有着它的特殊性，要解决少数民族文字古籍的保护修复问题，除了上述技术、人力的问题外，最大的问题还是财力，也就是资金问题。为了抢救这些珍贵的少数民族文字古籍文献，使它们能够流芳千古，发扬光大，我们真诚地呼吁有关方面与领导给予大力支持与资助。

本文收录于《中文善本古籍保存保护国际研讨会论文集》，北京，北京图书馆出版社，2002 年 9 月。

马祖常与《石田先生文集》

中华民族是一个多民族的大家庭，中华民族文化也是由中华各民族共同创造的。一方面，汉族悠久的历史文化吸引、影响着其他少数民族；另一方面，各少数民族也为丰富发展中华民族文化做出了贡献。元朝时期这个特点表现得尤为突出。元代文化，由于多民族统一国家的扩大发展，东西方文化交流的广泛开展，在历史继承的基础上，又形成了其特有的多元成分的时代特点。元代少数民族作家比前朝任何时期都多，仅诗而言，诗人就有200余人，作品达4000多首。马祖常和他的《石田先生文集》即为其一代表。

一

“马氏之先，出西域聂思脱里贵族。始来中国者和禄罙思（一世）……辽主道宗咸雍间（1065—1074）奉大珠九以进……遂家临洮之狄道（今甘肃省）。”（黄溍《马氏世谱》）聂思脱里即基督教的聂斯脱利派，唐贞观九年（635）传入中国，被称为“景教”。文中提到的“西域”，应是西迁后的回鹘（参见周清澍《汪古的族源》）。

二世，帖木尔越歌，始仕辽。“以军功累官马步军指挥使，为政廉平而有威望，人不敢斥其名，惟称之曰马元帅，因以为氏。”（《马氏世

谱》）

三世，把造马野礼属。曾为金兵所掠，迁至辽东，后被金太宗放还，迁居静州之天山（今内蒙古乌兰察布市四子王旗西城子村），始为汪古部，属色目人。

四世，马庆祥，字瑞宁，教名习礼吉思。笃孝君子，曾依汉俗为父母守丧三年。习礼吉思不但善骑射，而且知书礼，凡诸国语言文字无所不通。于金章宗泰和年（1201—1208）间以六科中选，试尚书省译史。曾受卫绍王命通使成吉思汗，成吉思汗爱其才，欲挽留他，庆祥视其为不忠不信，誓不从。后随宣宗迁汴，擢开封府判官，又改凤翔府（今陕西）兵马都总管判官。元光二年（1223），元军攻城，力劝降不从，死于节。马庆祥以忠孝仁义为本，可见受儒学影响之深。

五世，月合乃，字正卿。金亡，遂仕元。初为断事官，治于燕京。月合乃罗致名士授业馆下，慨然以治道自任。“岁壬子（1252），料民丁於中原，凡业儒者试通一经，即不同编户，著为令甲。儒人免丁者实月合乃始之也。”（《元史》卷一百三十四，月合乃传）宪宗九年（1259），从行南征留汴，运盐百万斤而不惊恐农商。后拜礼部尚书，月合乃更是有意识地接受汉文化。马祖常记述他：“俾其子孙百年之间革其旧俗”，又道：“我曾祖尚书，世非出於中国，而学问文献过於邹鲁之士。”（《石田先生文集》卷十三《故礼部尚书马公神道碑》）

六世，马世昌，官行尚书省左右司郎中。

七世，马润，字仲泽。以文学入官，累官漳州路同知。大德年间，守光州，有惠政，为光州百姓抵制苛征暴敛，光州人思念，遂家于光州（今河南省信阳市潢川县）。

八世即马祖常。祖常七岁知学，延祐初开设科举，乡试、会试均第一名，廷试国人第一祖常第二，曾累阶要官，始终五朝。马祖常更以文学名天下，被时人誉为中原之硕儒，有《石田先生文集》十五卷留世。

纵观马祖常家世，一个由西域东迁的基督教世家，经八世，历辽、金、元三朝，于信仰、习俗、语言、文化以大变，至祖常成为中原之硕儒，能与帝王论孔孟，敢与古人比风骚。马祖常自己也写诗道："昔我七世上，养马洮河西。六世徙天山，日日闻鼓鼙。金室狩河表，我祖先群黎。诗书百年泽，濡翼岂梁鹈。曾观汉建国，再世有日磾。后来兴唐臣，胤裔多羌氐。春秋圣人法，诸侯乱冠笄。夷礼即夷之，毫发各有稽。吾生赖陶化，孔阶力攀跻。敷文佐时运，烂烂应壁奎。"（《石田先生文集》卷一《饮酒》之五）这正是一个最好的民族融合史的写照。

二

马祖常（1279—1338），字伯庸。延祐二年（1315）进士，授翰林应奉，擢监察御史。至治间累迁翰林待制，泰定元年（1324）除典宝少监，历太子左赞善、翰林直学士，拜礼部尚书。至顺元年（1330）参议中书省事，累迁南台中丞。顺帝立，除徽政院同知兼知经筵事，改御史中丞，阶正二品资德大夫。马祖常为官尽忠职守，廉正清明，政绩显著。苏天爵在《石田先生文集》序中评价道："及为台臣，端重正大，百辞镇肃，议论廊庙有关於治体。"《石田先生文集》卷七有章疏十三篇，或议朝制，或论刑法，或辨忠奸，篇篇正谪时弊，章章理法分明，其中以《建白一十五事》为代表，一睹便知其为官为人。开篇之言，便是马祖常为官的宗旨。

"窃惟古者立言事之官，非徒摘拾百官短长，照刷诸司文案，盖亦拾遗补缺，振举纲维，上有关于社稷，下有系乎民人。礼文风俗，治体所存，名爵谥赠，政理斯在。教化有方，则善恶自别；设施有法，则缓急自明。重谷则农自勤，定制则官自守，修武则先恤兵，严试则可劝吏。"

"上有关於社稷，下有系乎民人。"自古至今，有以此道哗众取宠、欺世盗名者，也有以此道为行为准绳，脚踏实地身体力行者。前者为社稷的蛀虫、民族的败类，后者是民族的精英、国家的脊梁。马祖常虽然摆脱不了封建士大夫的桎梏，但此言之出，确是不虚。在他建白于仁宗的一十五事中可见一斑。

1. 劝仁宗不要饮酒过度，“更乞於进御之际，命近待臣邻当思一献百拜之义”。

2. 劝仁宗亲自主持郊祀，“郊祀者国之大礼……伏愿今后郊祀之日大驾亲有事于南郊”。

3. 劝仁宗不要久居东宫，“伏愿赐御大明正衙，镇服华夏，统体天地”。

4. 主张严肃朝仪。“且夫群臣奏对之际，御史执简，史官执笔，缙绅佩玉，俨然左右，则虽有怀奸利、乞官赏者，亦不敢公出诸口。”

5. 建议兴礼乐，纳儒臣，择皇太子师。“古之为治，盖有礼乐，非徒事刑法之末也。”

6. 建议设吏试，“随朝二品、三品正流衙门吏人欲求转补三府（中书省、枢密院、御史台）掾史者，就其所业於律学、算学博士之前应试……则立贤无方，公道不偏”。

7. 奏请精减宣慰司的设置，“诸道宣慰司除吐蕃、南诏、两广、福建外，如淮东、浙东、荆南、山东四道，并为无用，徒月费俸廪坐养官吏而已”。

8. 主张设立武举。因“老将既已病死，承袭骄脆子弟但知酒色裘马为华好”，而奏请“诸翼军官自万户下至百户子弟承袭父兄之职者，合参酌古今之宜，设立武举，并须习学兵法武艺”。

9. “司徒司空皆古三公之流”“此官近岁屡有杂人等”，故进言司徒司空之位尤应沙汰冗滥之辈。

10. 主张革去冗吏。因“行省所差府州司县提控案牍都吏目典史之徒，往往恃其名役之细微，纵其奸滑，舞文弄法，操制官长，倾诈庶民”，建议“命中书省除各路存留流官、经历、知事照磨外，其余革去”。

11. 论御将之方，“要先知其艰难劳苦之情，平居使之顺其逸乐，略其深文密法而不责其小廉曲谨，然后效死也”。

12. 为防止征戍岭海及漳汀等处汉军军官乘兵士患病之危厚息借贷而致其破产，建议由所在官府无息借贷，“如此庶不致中原军户日蹙军官日富”。

13. 主张谥赠公允。“近岁谥号之称不公殊甚，如今后太常定谥不公，宜令监察御史纠弹，庶使舆情稍伸，国典不旷。”

14. 主张减轻侍卫军的劳役负担。侍卫亲军“除镇卫守把外，不令与官员作工盖造役使劳苦幸甚”。

15. 因近年弃农就商者众多，为恢复农业生产，建议“今后乞将各路府州县达鲁花赤专管诸军奥鲁，总管、知府、知州、县尹专劝农事”。

不难看出，马祖常所建白之事，确实是上有关于社稷、下有系于民人，又因其建白剀切，故多见于施行。

马祖常为政最值得称道的在于他敢弹奸佞善荐贤能。他“三为台臣，务镇以肃，或挠宪度，辄摒弃之”（苏天爵《马文贞公墓志铭》）。时奸臣帖木迭儿为丞相，威权自恣，受贿侵田，无恶不作。马祖常上书《弹右丞相帖木迭儿》：“伏见中书右丞相帖木迭儿贪纵不正，擅弄威福，国之奸邪，民之蟊蠹，已曾上章论列。今复体察到不公不法等事一十一件，如蒙宪台早为闻奏追问，则天下生灵不胜幸甚。”（《石田先生文集》卷七）。据《元史》卷二百五《奸臣传》记此事：“内外监察御史凡四十余人，共劾帖木迭儿桀黠奸贪，阴贼险狠，蒙上罔下，蠹政害民，布置爪牙，威詟朝野，凡可以诬陷善人、要功利己者，靡所不至……”仁宗闻奏，震怒，罢其相位。弹劾奸佞是需要胆识的，马祖常为此也付出了很大的代价。仁宗去世，帖木迭儿复居相位，谪祖常开平尹县，实欲加以中伤。祖常退居光州，“婴虎口之毒，摈斥五年”。马祖常能因“笃信古道”，不怕“动辄得咎”，知无不言，可见其立言之不虚、人品之修洁。

《石田先生文集》中所收弹劾之文还有《弹大都路总管范完泽》《弹中书参议索罗等官》《论秦州成纪县等处山移事》等。

马祖常并非徒摘拾百官短长之人，他在弹劾那些当言不言的在官之佞的同时，非常注重荐拔那些当用不用的在野之贤。在礼部为尚书时，马祖常曾两司贡举，泰定四年（1327）取士85人，至元二年（1336）复取士97人。祖常取士务求实学，空言浮词悉弃不取，中选者多知名于时。例如，苏天爵就是马祖常监试国子时登的科名。苏天爵在《马文贞公墓志铭》申述道："昔者，公以御使监试国子，天爵偶忝科名，始迁应奉。间以所作就正於公，公曰：勉之，当负斯文之任於十年后也。"之后，果如其言。又如，同知制诰兼国史院编修官陈旅在《石田先生文集》序中写道："旅，光州人而生于瓯粤。延祐中，公以杂事入闽，归而告诸朝之公卿大夫士曰，'闽中有陈旅者，可与言文事也'。则公亦旅之知己者矣。"马祖常所荐之人还有袁桷、陈观、吴澄、王伯弘、萧拜住、刘敏中、史惟良、黄溍、吴炳等，"一时荐拔者皆重厚清慎之士"（《石田先生文集》苏天爵序）。历来是"荐贤者贤，荐能者能"，祖常之德之才，显而易见。

马祖常是个胸怀开阔，较少束缚和敢于进取的色目人，再加他汲取了汉文化中的积极部分，故能有所作为。但元朝社会是个有种种黑暗面的封建社会，马祖常的上述性格与这个社会是要发生碰撞的，马祖常的经历也不是一帆风顺的。从《饮酒》诗第六首中可以看到他的这种困惑："嗟哉寡谐合，苍发秃不齐。觞至即饮酹，猫恐逢诃诋。众人以儒进，我不限吏资。入官养交誉，惟恐不合时。含笑作雅咏，遭骂亦诡随。出入践华要，諈诿成其私。积阶渐崇贵，剽猎章句辞。鼓颊说古今，证据称云为。斯世岂可诬，小夫甘自欺。兴言发喟叹，饮者终不知。"（《石田先生文集》卷一）他感到和周围有许多的不合时和寡谐合，他厌恶官场的丑陋、俗儒的迂腐，可又不得不迁就环境，委曲于世俗，表现出一种不得意、无可奈何的心情。但马祖常毕竟是个有理想、有抱负的文人志士，在《伤己赋》中他又发出了铿锵之音："我涉大波孰为航兮，我载大涂孰为箱兮，古声喤喤金石之扬兮，世无伥兮！"（《石田先生文集》卷五）其志终不可摧，其才终不可没。

三

马祖常更以文学著称于世。"石田"一名来自光州寓所的"石田山房"。祖常少时，乡人"思慕郡伯（祖常父马润）文政，念其子之能劳而将去也"（《石田先生文集》卷八《石田山房记》），于其家屋之侧旁临溪水的丘地上，以竹木和菅茅为其造一房所。岁时，里邻酒食往来，寒冬不耕，"其父老各率子若孙，持书籍来问《孝经》《论语》孔子说"（同上）。此地土略硗瘠，而祖常因乐而居，名其屋"石田山房"。由此，人们称祖常为石田先生。

一部《石田先生文集》，诗五卷，750余首，文十卷，约140篇。

南宋由于士风颓弊于科举之业，而造成文章气萎苶而词骫骳，"凡以文鸣者皆靡然若绪风之泛弱卉"（《石田先生文集》，陈旅序）。入元以来，戴表元、姚燧、元明善、马祖常、袁桷、虞集等文坛巨子，相继而起，慨然以振起斯文为己任。王守诚《石田先生文集》序中论祖常："公志气修洁而笔力尤精，诣务刮除近南北文士习气，追慕古作者与姚文公燧、元文敏公明善实相继后先。故其文词简而有法，丽而有章，卓然成家。"

马祖常为文精核，务去陈言，质实但也不乏文采。简而有法、丽而有章相并存。比如《小石山记》，欲写淮南山石之小，先写四方岳镇之大，以大托小，从微见著，确实是新奇而不凿。而《记河外事》采用对话形式，既借吏之语道出时弊，又使行文富于变化。《息畊传》叙述中也不乏生动之处。而马祖常的另外一些文章，如《伤己赋》《适忘赋》《草亭赋》《酒箴》等，则更是洋洋洒洒不负美文之称了。

马祖常诗歌的成就更高于文。许有壬《马文贞公神道碑铭》中述道："（祖常）师先秦两汉，尤致力于诗，凌轹古作，大篇短章，无不可传者。"马祖常的长篇巨制有《都门一百韵》《壮游八十韵》等，皆回薄奔腾，具有不受羁勒之气。《壮游》（《石田先生文集》卷一）一篇描写了马祖常上嵩山，发天秘；临黄河，忧涝溢；游三峡，寻禹迹；问西夏，过流沙；巡上都，观烽燧的游历经过。足迹踏过，他看到的是"万夫废穑事""艰难谋树蓺"，人民的苦难生活。人生过走，丢不掉的是豪情壮志，他"十五读古文，二十舞剑器""三十能歌诗""纵谈诋汉魏""四十得俸禄，仅可给饔饎"，"当曳邹阳裾，愿拥文侯慧"！全诗起伏跌宕，有慷慨悲凉之风，一泻千里之势。

马祖常的诗，题材非常广泛，风格也各异。除书怀咏志之外，题画和友，讽时哀民，写景咏物，无所不及。

马祖常乡居时，还写了不少田园诗，生动明快地描写了乡景和乡情，如《田间》《田居二首寄元参议》《五言九首》《淮南田歌十首》《淮南渔歌十首》等。这些诗颇有一些淡泊淳朴的神韵。《饮田家留题》（《石田先生文集》卷一）一首："田家酒初熟，邀予坐篱根。我复不辞饮，喧哗辄倾樽。耳热歌击缶，杂坐急卑尊。论古似嘲谑，颠倒羲与轩。礼容或稍稍，爱此情义敦。丘原正春意，归路花柳繁。翻翻乌飞去，悠悠寄情言。"从中可见马祖常与普通农民的交往与情谊。

马祖常为人正直，痛恨奸佞与腐败的性格也表现在他的诗歌中。《题四皓图》（《石田先生文集》卷四）中以"我恨紫芝翁"，直抒胸臆，抨击那些表面清高实际参与阴谋的假隐士。《诮燕》（《石田先生文集》卷四）里以"世间多少宽闲境，辛苦营巢傍屋梁"，讽刺那些忙碌奔走投靠权门的市井小人。《湖北驿中偶成》（《石田先生文集》卷二）："明年载米入长安，妻封县君身有官"，则讽刺以钱买官的商人。

马祖常描写各地风土人情的边塞诗也很有特色，如《河湟书事二首》《丁卯上京四绝》《上京翰苑书怀三首》《河西歌效长吉体》《灵州》等，这些诗将边塞风光、民族习俗描写得逼真如画，令人耳目一新。而另一类描写人物、景物的作品《杨花宛转曲》《菊枕》《贡待制文修撰王都司同赋牡丹分得色字》《李夫人》《崇真宫西梨花》等，则文辞绮丽清新，有“金盘托露最多情”（虞集《与萨都剌进士》）之风，多为世人所称道。

马祖常诗中思想成就最高的是反映民生疾苦的作品，其中以《石田山居八首》（《石田先生文集》卷二）最富代表性。录其二首。其首一：“甲子人愁雨，河田麦已丹。岁凶捐瘠众，天远祷祠难。贾客还沽酒，王孙自饱食。更怜黧面黑，征戍出桑乾。”其首五：“无麦夫何极，吾忧陇亩空。岂能驱盗贼，得忍鬻儿童。荼蓼充肠熟，樵苏救口穷。无端县小吏，召役到疲癃。”这两首诗真实地描写了灾年的悲惨状况。一方面是灾民卖儿卖女，饿殍遍野，另一方面却是王孙贾人花天酒地，官府衙役征逼差役，揭露了封建社会中尖锐的阶级矛盾。《马户》和《六月七日至昌平赋养马户》两首反映了元代养马户的悲苦。他们卖田保马，远徙深山，仍是旦不保夕，横遭鞭打。《踏水车行》（《石田先生文集》卷五）一首，则写进了作者亲身的经历。大旱年间，一面是田干禾槁，一面是米价上涨，“老父踏车足生茧，日中无饭倚车哭”。祖常深深地哀其不幸：“人生莫作耕田夫”，想帮助老农踏水车，却“欲踏水车脚失力”，只好“宛转长谣陇亩间”。写得凄恻动人。反映这方面内容的作品还有《缫丝行》《拾麦女歌》《古乐府》《室妇叹》《宿迁县》等。这些描写民生疾苦的诗篇，真实地反映了当时的社会现实，有着现实主义的精神。马祖常能够取得这样的成就，一方面基于他有着深厚的生活基础，另一方面也是与他“上关社稷，下系民人”的理想与抱负分不开的。

最后，谈谈《龙虎台应制》（《石田先生文集》卷三）。至顺间，文宗曾驻驿龙虎台，祖常应制赋诗，尤被叹赏，曰：“孰谓中原无硕儒乎?”（许有壬《马文贞公神道碑铭》）。该诗写道：“龙虎台高秋意多，翠华来日似鸾坡。天将山海为城堑，人倚云霞作绮罗。周穆故惭黄竹赋，汉高空奏大风歌。两京巡省非行幸，要使苍生乐至和。”开头两句写眼前之景，秋高日爽，山花烂漫，紧接着由此而兴，天马行空式的想象力：“天将山海为城堑，人倚云霞作绮罗”，暗喻元朝疆域之广古之未有，元皇英豪如一代天骄。到此兴意未尽，由天上转向历史，“周穆故惭黄竹赋，汉高空奏大风歌”，辞中之意是说周穆王和汉高祖的功业都比不上元朝的帝王。最后一句又回到现实，“两京巡省非行幸，要使苍生乐至和”，其中既有规谏之意，又含有远大的理想和抱负。全篇文辞富丽而苍健，立意深刻而雄奇，虽为应制颂功之作，其意其辞都不失为佳品。

一个色目人，经过百年革俗，在汉文学上取得了如此高的成就，除了他本身的才华之外，历史的造就也是重要的原因。正是元朝这个民族融合特定的历史环境提供了“维天生才，无间中外”（《马文贞公墓志铭》）的社会条件，而又正是马祖常等文坛巨擘成就了大德、延祐以来的文学盛况。马祖常和他的《石田先生文集》在元代文化中的地位是不言而喻的。

参考文献

［1］苏天爵．马文贞公墓志铭．滋溪文稿．卷九，清抄本．

［2］黄溍．马氏世谱．金华黄先生文集，卷四十三．《四部丛刊》本．

［3］王德毅等编．元人传记资料索引．北京：中华书局，1987.

［4］陈垣．元西域人华化考．励耘书屋丛刻上．北京：北京师范大学出版社，1982.

［5］宋濂等．元史．北京：中华书局，1976.

［6］永瑢等．四库全书总目．北京：中华书局，1965.

［7］钱大昕．《元史氏族表》．见《二十五史补编》．北京：中华书局，1995.

［8］汤晓方．论元朝文化的历史地位．内蒙古社会科学，1985（5）．

［9］周清澍．汪古的族源．文史（第十辑）．北京：中华书局，1980.

[10] 柯劭忞．新元史（影印）．北京：中国书店，1988.
[11] 韩儒林主编．元朝史．北京：人民出版社，1986.
[12] 周良霄，顾菊英．元代史．上海：上海人民出版社，1993.
[13] 邓绍基主编．元代文学史．北京：人民文学出版社，1991.
[14] 王叔磐等选注．元代少数民族诗选．呼和浩特：内蒙古人民出版社，1982.
[15] 蔡美彪等．中国通史（第七册）．北京：人民出版社，1983.
[16] 游国恩等主编．中国文学史．北京：人民文学出版社，1963.

该文刊登于《北京图书馆馆刊》1996 年第 3 期

试评哈斯宝的《〈新译红楼梦〉回批》

《红楼梦》这部中国文学史上最伟大的现实主义作品，是我国各族人民引以为骄傲的共同的文化财富。在二百多年源远流长的《红楼梦》研究史上，有蒙古族评论家哈斯宝写下的灿烂的一页。让我们将此页打开，领略一下其中的内涵与风采。

一、哈斯宝的思想观

哈斯宝，清嘉庆、道光时代卓索图盟人，自号“施乐斋主人”“耽墨子”。他在19世纪上半叶将一百二十回本的《红楼梦》节译为四十回本，取名《新译红楼梦》。其中，除了译文外，还包括“序”、“读法”、“总录”、四十回“回批”，共八万余字的评论文字。1979年亦邻真教授将其评论文字部分全部译成汉文出版，题名为《〈新译红楼梦〉回批》，本文所引原文即以此本为依据。

“序”是哈斯宝人生观的自述。

哈斯宝评译《红楼梦》受金圣叹、张竹坡等人的影响较大，这篇“序”就是直接脱胎于金圣叹的《第六才子书西厢记·序》。其笔法是金圣叹的，思想上也有许多一脉相承之处。金圣叹“恸哭古人”，哈斯宝为“人世间事”而叹息；金圣叹以“批之、刻之，以代恸哭也”作为消遣人生之法，哈斯宝则“趁这时光作一番译著之业，聊以消遣此生”。正是这种“留赠后人”的精神境界，这种“衣带渐宽终不悔”的进取精神，构成了哈斯宝进步思想观和艺术观的基础。

“读法”和“总录”是哈斯宝有关《红楼梦》主题思想的评论。

哈斯宝认为：“《红楼梦》一书的撰著，是因忠臣义士身受仁主恩泽，唯遇奸逆挡道，谗佞夺位，上不能事主尽忠，下不能济民行义，无奈之余写下这部书来泄恨书愤的。”何以这样说？“论来世界上最真莫过于纲常，最假不外乎财色。”可是“自来是欲业使人迷于财色，由财色生冷热，冷热搅乱真假”。冷热又是如何搅乱真假的呢？“富贵是热，热则莫不成真，其真即是假。贫贱是冷，冷则莫不成假，其假中亦有真。”于是有了“假父假子假兄假弟”“假母假女”“假妯娌”“假夫妇”这一等人。“彼辈作为，为行其奸谄，使我辈之真皆致贻害”，“于是有此书成，写成此书，岂不就能以墨水洗恨，以笔剑报仇么？”这就是哈斯宝“泄恨书愤”主题论的思想脉络。

“大凡物不得其平则鸣”（韩愈《送孟东野序》）。书愤说中国自古有之，司马迁将其总结为“此人皆意有所郁结，不得通其道，故述往事，思来者。”（《报任安书》）至小说稗官又有蒲松龄之孤愤，假鬼狐以发之；施耐庵之孤愤，假盗贼以发之；《金瓶梅》之孤愤，假秽言以发之等说（参见二知道人的《红楼说梦》和张竹坡的《竹坡闲话》）。哈斯宝论真假的这篇文字就直接借鉴于张竹坡评论《金瓶梅》的《竹坡闲话》。《金瓶梅》在思想高度和艺术水平上与《红楼梦》是有很大差距的，但二者在现实主义创作方法上有着渊源关系。

以纲常为最真本身就是一种迂腐的封建观念。不同时代、不同社会、不同阶级的人对真假的认识都不相同。在我们现在看来，封建纲常本身就是假的，因为它不过是维护封建统治的工具，是为维护贫富贵贱的封建等级差别而存在的。但是，在哈斯宝的面前却横着一条鸿沟不能逾越，这就是无力摆脱封建思想意识，除了四书五经、孔孟之道以外，他手中没有其他武器了。

既然是以纲常为最真，那么把忠君解释为“泄恨书愤”的原初动机，也就不足为怪了。但是这种认识显然是错误的，既不符合作者本意，更不符合作品内容所表现出来的思想意义。《红楼梦》封建叛逆的思想倾向是十分鲜明的。其中贾宝玉和林黛玉就是两个封建叛逆者的形象，贾宝玉自始至终不肯读书做官走仕途经济之路，林黛玉则因至死不渝地追求真挚的感情而终为封建礼教及世族利益所不容。怎么能说作者有“欲作忠臣义士”“事主尽忠”的意图呢？事实是，曹雪芹具有非凡的洞察力，他看到了封建社会的腐败、不合理，看到了这个社会必然崩溃的命运，具有了某种反封建的民主主义思想萌芽。他用他那支笔，融注了“不移如一的深情”——是对真善美的爱，对假丑恶的恨，而不是对“仁主的恩泽”“皇恩的深厚”的怀念，描绘了一幅无与伦比的、生动的封建社会的生活图画，并通过这幅图画揭示了封建社会必然崩溃的命运。这一切，哈斯宝显然是没有认识到。哈斯宝虽然对“奸逆挡道，谗佞夺位”切齿痛恨，但也可能他受数千年封建思想的影响太深，也可能他身处偏僻落后的蒙古地区，仅达到了只反奸佞不反皇帝的境界。他没有曹雪芹那样的生活经历，更没有曹雪芹那种对封建社会本身的深刻认识，所以他没能理解作者的原初动机，更不可能理解那些大于作者思想的形象所内含的深刻意义，只好用自己的正统封建观念去解释了。

哈斯宝的书愤说尽管带着一条封建思想的尾巴，但仍然有着不可忽略的思想价值。其实，哈斯宝口中的纲常，也只是他头脑中对封建统治阶级自身的幻想，是一些抽象的概念；而他眼中的对财色的贪欲，却是活生生的客观现实，他笔下对“假父假子假兄假弟”的讨伐，才是他真实情感的流露。哈斯宝把《红楼梦》看作是现实生活的反映，从社会矛盾的角度去评论《红楼梦》的主题思想，这比起那些“经学家看见‘易’，道学家看见淫，才子看见缠绵，革命家看见排满，流言家看见宫闱秘事……”（鲁迅《集外集拾遗补编》）的种种冬烘之说是有天壤之别的。

比如，哈斯宝对第四回中门子所说欲做清官“不但官爵，只怕连性命也难保”一段很重视，由此评出“邦无道”这样深刻的社会问题，并“替作官的人大大为难”。而与哈斯宝几乎同时的王希廉的《新评绣像红楼梦全传》，则把《红楼梦》当作一部专言“情事”的书来批，认为第五回“是一部书之大纲领”。王希廉虽然也说“《石头记》一书，全部最要关键的是真假二字”，但他的“真”“假”只是两个抽象虚幻的概念而已。二知道人虽然也有“曹雪芹之孤愤，假女儿以发之”一句（《红楼说梦》），却不见其说愤，只见其说梦，终不明何为曹雪芹之孤愤。而当时颇受吹捧的张新之则说“《石头记》是暗《金瓶梅》，故曰意淫”，“较《金瓶梅》尤造孽”。又说什么“《石头记》乃演性理之书”，“全书无非‘易’道也”（《石头记读法》）。江顺怡和王国维也认为《红楼梦》意在“解脱”，是部“悟书”。著名的脂评，在主题论上也不外是“情”“淫”“幻”“空”这些陈腐、抽象的观念。此外，颇具势力的以穿凿附会为特点的索隐派中更是五花八门，什么刺和珅说、陈康祺的纳兰性德说、周春的金陵张侯家事说、王梦阮的董小宛说、蔡元培的反满说、邓狂言的明清兴亡史说，等等。

总之，在众多的主观唯心主义的主题论中，哈斯宝的书愤说无疑是放出了现实主义的光辉。他矛头直指“假父假子假兄假弟这一等人”，距离揭示整个封建社会本身就是假的——这个《红楼梦》的本质主题，已经不远了。

作者又是怎样“以墨水洗恨，以笔剑报仇”的呢？下面看看哈斯宝的人物论。四十回“回批”的精华在于对书中人物的评论。

哈斯宝根据“最真莫过于纲常，最假莫过于财色”的认识，把书中人物分为“清明灵秀之气与残忍乖僻之气”（二回）正邪两大阵营。凡属“清明灵秀之气”的，他就给予热情的歌颂与辩护；凡属“残忍乖僻之气”的，他就给予无情的揭露与批判。

在《红楼梦》的人物评论上，历来存在着尊林贬薛和尊薛贬林对立的两派。如涂瀛、草舍居士、姚燮都是鲜明的尊林贬薛派，而脂砚斋、王希廉、李辰冬等是坚决的尊薛贬林派。还有一些调和派，比如张新之的各打五十大板和俞平伯的钗黛合一论等。哈斯宝可算是最坚决的尊林贬薛派了。哈斯宝认为：“作者写的这部小说却每个字都是抨击奸谄之徒的”（第六回），因此在他的人物评论中，占分量最大也是最精彩的部分是对薛宝钗和袭人的评论。

哈斯宝对薛宝钗的基本认识是：“读她的话语，看她行径，真是句句步步都像个极明智极贤淑的人，却终究逃不脱被人指为最奸最诈的人”（第三十八回）。面对着薛宝钗这个多层次性格的典型人物，哈斯宝透过她表面的“和颜悦色”“极明智极贤淑”，指出“最奸最诈”才是她性格的本质。哈斯宝的这种认识，当然有他本人的生活经验、思想感情、艺术修养、兴趣爱好等先结构的作用，但最主要的是来自于具体的情节和形象本身。他说：“因而读此书，看那许多人的故事都容易，唯独看宝钗的故事最难。……乍看全好，再看就好坏参半，又再看好处不及坏处多，反复看去，全是坏，压根没有什么好”（第三十八回）。哈斯宝就是经过了这么一个“乍看”“再看”“又看”“反复看”的文学鉴赏过程，才得出了“全好”的宝钗“全坏”的结论。

比如，在第五回中评薛宝钗巧合认通灵，说：“写这等情节，令人觉不出她的奸诈狡猾，回目上也只写‘巧合’二字，就这样却淋漓尽致地揭出了她是何等奸狡。”哈斯宝通过“仔细读”，悟出“她费尽心机，故意要赏鉴那块玉”的目的是为了“千方百计僭夺宝黛之盟”，是“因为妒嫉宝玉对黛玉的爱情”。这便指出了宝钗行奸的动机，也是她的要害之处，等于暴露了她的灵魂。又比如，在第八回中问：贾母“为什么给来了才一周年的宝钗作生日？”哈斯宝围绕这个情节进行细致深入的分析之后，得出了答案：“呵，我明白了，就因为宝钗得了上谄贾母、凤姐等人，下则取悦仆妇丫环之力。”这便披露了宝钗行奸的方法，等于脱去了她的伪装。像这样中肯犀利的评论，还有许多，例如评宝钗给金钏送衣（第十三回）、评宝钗送黛玉土物（第二十二回）等。

如果说上面哈斯宝所论及的内容，读一遍没有觉察，读两遍即可体会到，还是属于浅层的东西。而下面哈斯宝评到的内容，则非得读三遍、四遍以上，才能领悟到，较之是属于深层的东西了。

第十八回（《金兰契互剖金兰语　风雨夕闷制风雨词》）批语中，哈斯宝先以《汉书》中刘季召见英布作比喻，披露宝钗“行权弄术”，说：“现在宝钗在蘅芜院无人处，讥笑黛玉有失检点，想打掉她逞强好胜之心，又在稻香村聚会中夸她说笑有趣，迎合黛玉。……后来亲自去探病送药，黛玉才心服。”接着评论道：“咳，不明内情的人以为本回里钗黛已经和好，岂知在这一回里钗黛已走到裂痕难缝的地步。何以见得？若没有本回钗黛和好，黛犹往日之黛，钗犹往日之钗，在黛玉面前便施展不开狠毒骗术。读了这回就应知道，黛玉之衰已经很快，而宝钗之兴更为加速了。此又何以见得？若不是钗黛和好，宝钗怎能在黛玉面前说‘又不老，又不少，成什么，也不是个常法’？黛玉之病加重是因何故？她的心渐渐死去又因何故？宝钗这几句话便是投向黛玉的一把穿心断肠的匕首。反之第二十七回中又用了一把利剑（指宝钗作赋四篇），可怜黛玉便经不住了。所以我说到本回已是裂痕难缝，请高明之士鉴察。”

这段评论很深刻，很有独到之处。黛玉的确是自此之后不再妒恨宝钗，就像李辰冬所说的那样：“即黛玉后来也敬爱她”（《红楼梦研究》）。于是，黛玉便自己解除了武装，连一点可怜的防御和软弱的进攻也都放弃了，只好任人宰割了。甚至至死都没有醒悟，只是怨恨宝玉。这就是“有德有才”（王希廉语，《新评绣像红楼梦全传·总评》）的，具有“中国女性一切美德”（李辰冬语，《红楼梦研究》）的薛宝钗做人的胜利；这就是黛玉为她的“待人忠厚”“性格温柔”（李辰冬语，同上）所付出的代价。比较反差如此鲜明的评论，更说明宝钗形象的真实性。正是因为它真实，所以才引起那么多的争论，产生那么大的影响。薛宝钗这个形象来自中国特有的国情，反映了中国特有的国民素质，这就是有几千年历史的封建社会和被封建思想扭曲了的国民性。中国封建社会就是骨子里凶残腐败，表面上又用礼义忠孝打扮起来，装作一副温良恭俭的面孔。因此像薛宝钗这种热面冷心、内怀奸狡外露忠厚会做人的人，是大有人在，而且自然被认为是大大的好人，做人的楷模。这种人就在我们现实生活之中，只是平时不被觉察，没有引起人们的注意而已。但当曹雪芹用他那支摄魂之笔，加以典型化，将其再现出来的时候，人们才为之感到惊讶，并且意识到了自身的危机。于是乎那些认为社会本是如此，做人本应如此的人，就极力褒赞宝钗，而那些深受凶残腐败之害，认为社会不该如此，做人不该如此的人，自然更加痛恨宝钗了，就像哈斯宝一样。

哈斯宝对薛宝钗、花袭人之辈似乎有着特殊的憎恶，其评论部分以感情的强烈和文字的尖锐给人以深刻的印象。如果说曹雪芹的情感是隐藏在形象之后，那么哈斯宝的情感则是表露在字里行间。比如，第八回中哈斯宝说：“作者憎恶奸狡以宝钗作例，写出罪源发自宝钗，并且让她大大方方地道出‘我成了个罪魁了！’这是何等中的，何等严峻！罪魁非君而何？君即令不语，十目所视，十手所指，焉得逃过！”又比如，第三十一回中写道：“‘相鼠有皮，人而无仪。人而无仪，不死何为！’奢饰华服，装作不闻不见的模样，宝钗真是连老鼠也不如。何等无耻，何等无耻！我见这等人，真想唾她一脸！”，等等。

哈斯宝的感情如此激烈，这里除了一般社会的、个人的因素之外，还不能忽略一点，即蒙古族的特殊气质。哈斯宝自己说：“我总是厌恶权术之诈”（第十八回）。不要小看这句话，著名的蒙古族作家尹湛纳希也曾说过：“这是梗直的我之天生忠厚性格”（《青史演义》第六十七回），这表明了一种民族性格。尹湛纳希曾根据蒙古族的社会地理环境分析过这种性格：“……这十种优异合而为一，则是没有麻烦；没有麻烦便为直率，直率的另一个意思是公正，能公正即近于忠诚”（《青史演义·纲要》）。尚“诚”恶“奸”可以说是蒙古族的一个性格特点，所以哈斯宝深恶痛绝那些表面“忠厚”实际“恶极残极”的“深奸细诈”之徒（第五回）。

把封建的纲常奉为最真的哈斯宝，面对着这位被某些封建文人誉为知书达礼的标准淑女的薛宝钗，却又认为她是彻头彻尾的假的，这就是现实和理性的矛盾，也是他那个时代的进步文人普遍存在的矛盾。令我们感到惊奇的是，道光时代的哈斯宝对薛宝钗的评论，竟与我们今天的认识如此地接近（参见游国恩的《中国文学史》等），这也是他高出同时代人的一个所在。当然，哈斯宝的评论中也不免有个别主观牵强之处，有一些迂腐的封建道统思想的痕迹。

袭人是宝钗的影子，观哈斯宝对宝钗的讨伐，可以想到他是不会放过袭人的。他对袭人的总认识是：“读《红楼梦》的人都说袭人是第一等好人。我看再没有比她更精通奸计诈术的人了”（第五回）；袭人“最要紧的”是“私心妒意”（第六回）；袭人与晴雯的死（第七回）和黛玉的死（第二十五回）都有干系；袭人和薛宝钗是“一对斧子砍枯林”（第二十六回），是“同恶相党，同志相谋”（第八回）。道光时代的哈斯宝就这样的不喜欢袭人，怎么能够说“即是旁观地位的读者，也都会感到这位姑娘的确是很可爱的啊！”（太愚语，《红楼梦人物论》）

在残乖邪气的行列中，哈斯宝批判的对象还有王熙凤、贾母、贾政、贾雨村等。他评王熙凤“背理而行”“假仁假义”，“委实是曹孟德的女儿，李林甫的姊妹”，称她为“小母猴”；他评贾母不是什么“福寿才德”“四字兼全”（王希廉语），而是“性情不定”行“不公之事”，称她为“老妖婆”“老母猴”；评贾政并非“有德无才”（王希廉语），而是“弄虚作假”“真是假正”；指责贾雨村“徇情枉法”是

“奸臣赃官”……

一部《红楼梦》以其高度艺术的形象体系，“有意无意间指斥谄奸”“不知不觉间作深贬”（第三回），怎不“令人生畏”？谁说小说稗官没有史臣臧否之法，只是臧否之法不在笔墨之内，全在笔墨之外，全在人物情节之中而已。一部《回批》以其鲜明的爱憎、锐利的笔锋，力排众议，掀开“有意无意”的纱幕，变“不知不觉”为怵目惊心，其智识、其胆量、其勇气同样是可敬可畏的。

那么，哈斯宝眼中的“清明灵秀之气”又是什么呢？

首先，哈斯宝认为贾宝玉、林黛玉就是“清明灵秀之气”的化身。哈斯宝对宝玉、黛玉这两个形象倾注了极大的热情与同情，特别是对林黛玉这个邪恶势力的受害者，从未说过什么“心窄情痴”“器量褊浅”（王希廉语）之类的话，而是自始至终地同情她，赞美她，为她辩护。比如，在第八回评贾母给宝钗过生日时说：“写黛玉起初留在房中不肯出来，后因被人取笑吵了起来，能说不是怜悯同情么？”又比如，在第九回中为黛玉读《西厢记》辩护道：“不可以此责备黛玉……黛玉并无那种行为，才能那样谈论”等。可惜的是，由于封建正统思想作怪，哈斯宝没有认识到林黛玉的叛逆性格，只把黛玉看作是“志如松子之坚”，不失妇节严守女子之贞的“玉洁冰澈”的佳人，一位“德言工容俱佳”的才女。

哈斯宝对贾宝玉的认识更是模糊，在他眼里，宝玉不过是个有灵秀之气的才子。他对宝玉的不读书、不进取仕途、交往优伶、沉溺脂粉等离经叛道的行为均持否定态度。但又把这一切“过失”都推到他祖母和父母身上，说：“宝玉原是极好的，全是他祖母带坏了”（第二回）；“知道了宝玉对父母不孝，不可以悟出他父母又会是怎样的么?”（第五回）哈斯宝不但没有理解宝玉身上体现的种种民主主义思想的萌芽，而且认为写宝玉是为了告诫后人，他说：“作者虽以顽石自喻，却以宝玉为后生之戒。这里我才明白第一回中‘背父兄教育之恩，负师友规训之德’这句话。”哈斯宝之所以这样解释宝玉的形象，一方面有他个人的思想局限，另一方面也有着其特定的社会历史根源。清代，在蒙古地区不设科举，实行世袭制，而且大力宣扬黄教。在当时蒙古族进步文人看来，自然是儒学比佛学好，科举比世袭好，读书识理比愚昧无知好，因此不读书、不进仕的宝玉也就不被理解了。

在这样的思想基础上，哈斯宝对宝黛之间的爱情，只能用才子佳人的旧套俗词去解释，不可能认识到其中更深刻的意义。但哈斯宝对宝黛之间生死与共的木石之盟是寄有无限同情的，他全身心地投入了进去，体验着其中的真诚与苦衷，甚至到了呼吸与共的程度。可是，哈斯宝一方面为宝黛“生不能合在一起”“又奈何死也不能在一起，现在只好面对而泣”的苦与悲哀而“高歌”，而“痛哭”（第二十二回）；一方面又喋喋不休地谈什么“取妻如之何？必告父母”，“取妻如之何？匪媒不得”（第十四回，引自《国风》），“神童慕才女，自是定理，但又敬慕先王，神童便可谓才子。才女慕神童，乃人之本性，但又敬畏古法，才女便可谓之佳人”（第十四回），等等。难道不正是这些冠冕堂皇的纲常、礼教，逼死了林黛玉，毁掉了贾宝玉，破坏了他们的木石之盟吗？这里，我为哈斯宝感到悲哀了，因为他用来进行批评的武器恰恰是他应该批评的对象。

其次，难能可贵的是，哈斯宝的灵秀正气的阵营中，有许多是地位低贱、身受迫害但敢于反抗的丫环、婢女。他赞紫鹃“真是忠臣、义士、孝子、勇夫”（第二十六回），紫鹃与潇湘是“最知心的”，“鹃姐向林妈说那几句话，便是心中不平的缘故”（第三十一回）；他评鸳鸯之死并非“真是舍不得贾母”，而是遇到贾赦逼妾这等“大苦大难处”，“借大义大节自缢”的（第三十六回）；他论傻大姐之所以傻，是因为“在习而相远的一群奸诈之人中，有一个本性相近的正直人，便得了一个‘傻’名”（第三十回）。这些具有独特见解的进步观点，无疑使哈斯宝的评论倍增光辉。

二、哈斯宝的艺术观

哈斯宝的艺术观是中国古代小说艺术理论的继承和发展。他直接继承了金圣叹的批评理论和方法，在第二十回回批中曾声明：“此种妙理，若问我是如何悟出的，是读此书才悟得的。若问此种悟会是向谁学得的，是金人瑞圣叹氏传下来的。”回批中许多地方都有金圣叹的影子。比如，金圣叹有小说虚构说：“《史记》是以文运事，《水浒》是因文生事”（《水浒·读法》）；哈斯宝则说：《红楼梦》是“村假语”，虽然“与真的一样”，但终是“虚构”（第十三回）。又比如，金圣叹有动心说：“惟耐庵于三寸之笔，一幅之纸之间，实亲动心而为淫妇，亲动心而为偷儿”（《水浒》55 回总评）；哈斯宝有心动说：“该是本书作者以半尺之笔在掌大的纸上，忽而心动，变成游荡的鬼魅，忽而心动，变成奸佞之徒了”（第三十回）。再比如，金圣叹有描写人物宾主映衬说，哈斯宝则直接引用其“亦赏观于烘云托月之法乎？……”（《西厢记·惊艳》）一大段文字，评说：赞赏紫鹃，“这也就是赞赏颦卿，不唯赞赏颦卿，也褒扬紫鹃，颦卿紫鹃二人，欲合之固不可，欲分之则不可”（第二十回）等等。

《〈新译红楼梦〉回批》的另一个突出成就在于善于用形象生动的比喻，用美学的观点，对《红楼梦》的艺术特点做细致妥帖的分析。哈斯宝评《红楼梦》的艺术特点，涉及面很广，但他用笔最多的还是在艺术结构方面，几乎贯穿四十回回批的始终。

众所公认，《红楼梦》的艺术结构在中国古典小说中成就是最高的，是最宏伟、最严密、最完整的。艺术结构的本质就在于同生命活动的同构关系，它的基本原理就是有机统一原理。哈斯宝的评论就体现了这种有机统一的艺术辩证思想。

1. 主题性和完整性

文章要有主题，音乐要有主旋律，结构要有主干，只有主旨鲜明，作品才能表现它的生命力，用金圣叹的话说是：“文章最妙是先觑定阿堵一处”（《西厢记·读法》）。哈斯宝评道：“‘玉在椟中求善价，钗于奁内待时飞’，这是一整套情节的枢纽。玉是黛玉，钗是宝钗，全书故事写的都是这两人……”（第一回）；“贾家获罪之前，有甄家获罪，甄家起复世职之后，贾家又复世职，这便是全书大纲”（第三十七回）。这里评出了《红楼梦》写人繁而不乱，写事细而不杂，紧紧围绕宝黛爱情和贾府盛衰的线索展开的主题性特征。

结构的完整性要求作品有头有尾有中段。“此书始于一梦，以一梦收场”（第一回），这是有头有尾。第十六回（《史太君两宴大观园　金鸳鸯三宣牙牌令》）中评道：“这两回（指该回与下一回《贾宝玉晶茶栊翠庵　刘姥姥醉卧怡红院》）便是全书的结纽，用衣服作比喻便是腰带，拿四季打比方就好比夏天，热极盛极。”这全书的结纽即是中段的高潮。

2. 必然性和有机性

必然性的内容是“部分和部分、部分和全体，都要各得其所，完全调和”（柏拉图《文艺对话集》）。有机性的含义是各个部分之间实现了有机的联系，“任何一部分一经挪动或删削，就会使整体松劲脱节”（亚里士多德《诗学》）。《红楼梦》中“千里伏线长绵不断”（第二回）、“前言后语都有呼应交代”（第三十三回），这种通前贯后、交错连环的特点，就是必然性、有机性的突出表现。哈斯宝在回批中点出的“伏线”“环结”竟有几十处之多。例如，第十六回中说：“本回与第十七回一气相通在哪里？下回的题儿在本回里有三起：刘姥姥插了一头花；黛玉亲手给她端了一杯茶，让她坐在自己床上；探春给板儿一个佛手。后几回的伏线这里还有三条：贾母说让惜春画一画大观园如何；贾母行令必得鸳鸯提着；黛玉和令，宝钗回头看她。其中两条是近在第十八回的环节，另一条是远远接应第三十五回的衬宾。”仅这一段就点出六条伏线。

更重要的是，这种必然性和有机性，主要还不在于表面的呼应、环结，而在于其内部的联系，金圣叹的“斗榫合缝”也是这个意思。哈斯宝在第七回中批道：“这一段里收了一人，放出一人。收了谁？李嬷嬷。放出谁？史湘云。何谓收？李嬷嬷大吵大闹一阵，非常伤心，宝玉也厌之异常，两方冷下来了。何谓放出？史湘云这回与众人惯熟了，湘云之越发得意，众人也更加爱惜，两方热起来了。此前，湘云虽出现，只像晨星；此后，嬷嬷虽还来，已如暮霭，故特地在本回里交代清楚。”该放则放，该收则收，都是按照情节发展的必然所安排。联系下文所说“李嬷嬷是为揭示袭人之奸而出场的”“现在才放出湘云，为的是揭橥黛玉的倔强”，更可理解其中的内在联系。

3. 多样性和节奏性

有机统一的原理是建立在多样性的基础上，是以一统多。具体体现为结构的富于变化，不单一、不单调，用金圣叹的话就是“既是风无成心，便是云无定规。”（《西厢记·读法》）《红楼梦》结构的艺术成就不仅在于能够把众多的人物和复杂纷繁的事件主次分明、有条不紊地组织起来，而且还在于每一个人、每一件事都写得摇曳多姿、千变万化、腾挪跳跃。哈斯宝在这方面也有较深的体会，他说：“文章变化不在于事先可料变化反复，而是在于事出突然且又合乎事理。”比如，“现在王熙凤戏谑之间借着送茶叶说了那几句话，使读者觉得宝黛姻缘已定不可移”，“后来突然折转，无意中生变，而且变得端端在理，这是何等之奇”（第十回）。他又说：“迎春出嫁，是隐写的，中山狼的折磨蹂躏却好似历历在目。探春出嫁，是明写的，周公子恩爱备至却隐而不显。这全是文章变化翻复之妙”（第三十三回）。哈斯宝评论多样性用的比喻和术语也非常丰富。比如，第十五回中评写海棠诗说："选中题目之后，并不全盘写出，必从远处绕来，曲曲折折，最后正好点在本题上"，这叫"曲径通幽"（在金圣叹《西厢记·读法》中有过类似的文字）。仍是第十五回，评写螃蟹咏又说："恰似楼台只画了一柱一隅，便画出山峦树林遮住了"，这叫"十画九遮"。其他还有什么"穿针引线之法"（第一回）、"旁敲侧击之法"（第二回）、"牵线动影之法"（第十回）、"交错互易之法"（第十一回）、"因缘直结之法"（第十九回）、"宾主之法"（第二十五回），等等。这里许多评论都是在继承前人的基础上有所创新。其中，第二回回批中"拉来推去之法"一例就很有代表性。哈斯宝从一个小姑娘如何捉蝴蝶做比喻，从分析读者欣赏心理的角度入手，去分析作品的结构和手法，写得非常细腻形象，令人耳目一新，情趣盎然。

生命运动是有节奏的，文章结构也有其节奏性。金圣叹评《水浒》时将其概括为"横云断山法"，毛宗岗又将其总结为"笙箫夹鼓、琴瑟间钟"之法。哈斯宝的有关评论有："……若两场热闹连在一起，便不免吵扰，不能不使人耳噪眼乏，因此中间写出这一段恬境雅音，特地使读者有一番心旷神怡。好比伶人唱戏……"（第十八回）；"下一回的故事忽然像刮风掣电暴风疾雨般到来，这一回却写皎月晴夜的幽景，长空无尘，流光清彻，明月像一捧洁水，透凉而不久长"（第二十四回）；等等。

4. 深层结构

哈斯宝的评论不但注意到了情节的安排、场面的组织、叙事的快慢等浅层结构的内容，而且还力求捕捉各部分内容在表面顺序之下的内在时空关系、内在生命节奏运动以及象征意蕴等深层结构的内容。哈斯宝在第一回回批中说："全四十回的大纲便是真假二字。真，内热而外冷。假，外热而内冷。故开头部是冷，无一丝热处。后来贾家父子诸兄弟一出场，便写得炽热。一点冷也没有了。但是假的终究不长远，最后一旦返冷，便落得个破瓯碎罐一般。”“写这部书，不仅写了人的性情，而且暗射了天时。看官请看，书中开始暖，中间热，继而生凉，最后是寒，以天时比喻人的性情，怎会不写得淋漓尽致？”从纲常的真假引出人情的热冷，从人情的热冷写到天时的冷热，以天时的冷热影射贾府的盛衰——这既是哈斯宝眼中的思想体系，也是哈斯宝眼中的结构体系。暖时写贾雨村求官，热时写两宴大观园，凉时写黛玉焚稿，寒时写贾府被抄，这些都是其内在的时空关系和生命节奏。同时，这个与生命同构的结构体系中又含有“天将拂晓要昏暗一阵，火将灭时陡然旺起来”（第二十三回），“热极生凉，生凉终有极寒”（第二十七回）等更深一步的哲学意蕴，象征了封建社会腐朽没落、必然衰败的命运。

哈斯宝的艺术观是以美学思想为基础的。“美学”这个术语是近代兴起的，在哈斯宝那个时代大概还没有这个词，但是整部《回批》无不体现了个“美”字。贯穿全文的“妙”和“巧”字，蒙古文 uran，是个多义词，其中就有“艺术”“美”的含义。“文章之作，其不易处就在一个妙（美）字”（第三十六回），这就是哈斯宝的基本美学思想。与“妙”和“巧”字相联系，经常出现的还有“奇”“细”“异”几个字。再举几个例子：“呵，作者的笔是神是鬼？为何如此细腻工巧？”（第三回）；“不意文章家还有这种天工之巧”（第七回）：“写一样的两件事，又同又异，异中见同，缝合得十分工巧”（第十六回）；“此等雷同之事，写得细腻别致，委实见奇”（第二十五回）；“文章中，有笔至意尽的，这不足为奇。笔不至而意已尽才是奇妙”（第二十七回）；“写众人，也各具特色”（第十三回）；“这两玉心情不同，性情也不同，写了一个性情怪僻的宝玉，又写了一个性情怪僻的黛玉，已经是奇，却又慢慢研墨蘸笔，还写出了一个怪僻的妙玉，这一玉的心情、性情与那两玉又不同”（第十七回）。细、异、奇，再加上巧，才有妙，才有美，才有味。这些美学思想，不仅在蒙古族文学理论中有着划时代的意义，在中华民族的文学理论中也是不可多得的珍品。

总之，哈斯宝的评论，虽然存在着某些真实情感与抽象说教的矛盾、进步思想与封建糟粕的矛盾，但他继承了我国古代文学评论的优秀传统，对《红楼梦》的主题思想、人物形象、艺术特点所做的分析，有许多是触到了问题的本质，也有不少自己的独特见解，具有较高的思想价值和艺术价值。再加上其文笔的细腻、生动，善用比喻，不愧是《红楼梦》研究史上的一株光彩夺目的奇葩。哈斯宝是蒙古族人民的骄傲，哈斯宝的《〈新译红楼梦〉回批》是我中华民族大家庭文化交流的见证。

主要参考书目：

[1] 郭豫适．红楼梦研究小史稿，红楼梦研究小史稿续．上海：上海文艺出版社，1980，1981.

[2] 郭豫适．红楼梦研究文选．上海：华东师范大学出版社，1988.

[3] 徐立，陈瑜．文坛怪杰金圣叹．长沙：湖南教育出版社，1987.

[4] 金圣叹评．傅开沛，袁玉琪校点．第六才子书西厢记．郑州：中州古籍出版社，1987.

[5] 童庆炳．文学概论．武汉：武汉大学出版社，1989.

[6] 童庆炳．文学活动的美学阐释．西安：陕西人民出版社，1989.

[7] 游国恩．中国文学史．北京：人民出版社，1989.

[8] 方铭．金瓶梅资料汇录．合肥：黄山书社，1986.

[9] 朱一玄．红楼梦资料汇编．天津：南开大学出版社，1985.

[10] 扎拉嘎．尹湛纳希年谱．呼和浩特：内蒙古大学出版社，1991.

[11] 巴·格日勒图．蒙古文论精粹（蒙古文）．海拉尔：内蒙古文化出版社，1985.

[12] 新译红楼梦（蒙古文）．哈斯宝选译带批．呼和浩特：内蒙古大学蒙语专业，1975.

[13] 梁一孺，色音巴雅尔．哈斯宝和他的《新译红楼梦》．光明日报，1977.

[14] 宝音贺希格．哈斯宝《新译红楼梦》年代考．内蒙古大学学报：社科版，1978（1）.

[15] 阿尔丁夫．关于哈斯宝《新译红楼梦》成书年代考．内蒙古大学学报：社科

版，1990（2）.

［16］关于哈斯宝的《新译红楼梦》及其他，论哈斯宝在蒙古文学的历史地位．格日勒图．内蒙古大学学报：社科版．1976（1），1988（2）.

［17］曾宪东．奇特的蒙古红学家哈斯宝．内蒙古社会科学，1989（1）.

附：　　臧克家先生的信：

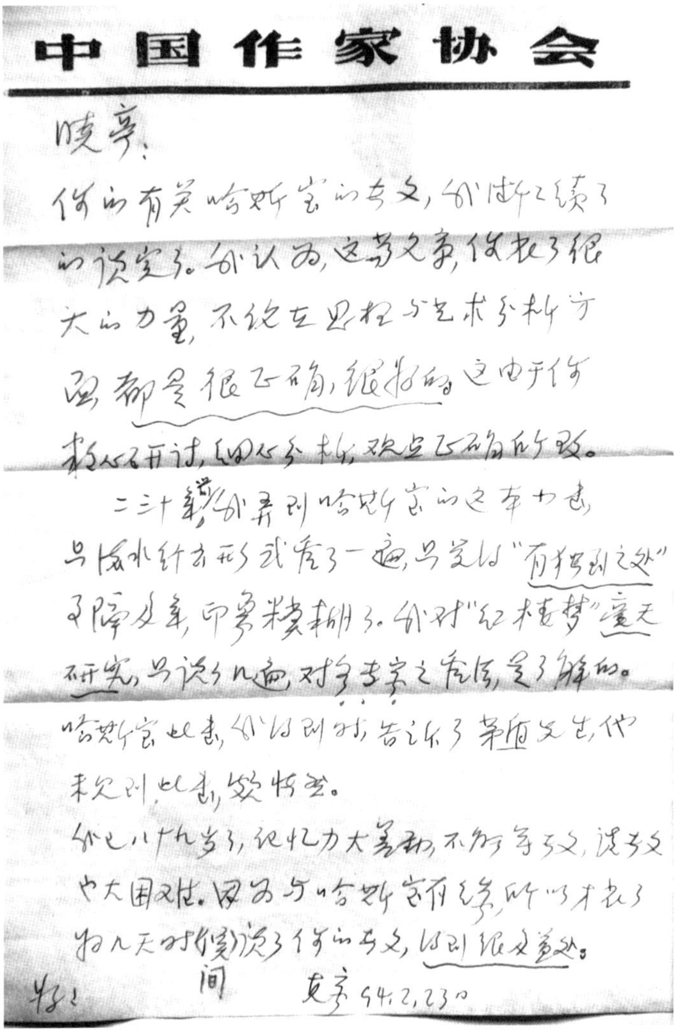

中国作家协会

晓亭：

你的有关哈斯宝的长文，我断断续续的读完了。我认为，这篇文章，你花了很大的力量，不论在思想上艺术分析方面都是很正确，很精辟，这由于你精心研讨，细心分析，观点正确所致。

二十年前，我弄到哈斯宝的这本书，是陈水纤寄我的，我看了一遍，只觉得"有独到之处"，可惜文章，印象模糊了。我对"红楼梦"毫无研究，只读了几遍，对于专家之意见，是了解的。

哈斯宝此书，我得到时，告诉了茅盾先生，他未见到此书，颇惊异。

我七八十岁了，记忆力大差，不能写长文，读长文也大困难。因为与哈斯宝有缘，所以才花了好几天时间读完了你的长文，得到很大益处。

问好！　克家 94.2.23日

晓亭：

你的有关哈斯宝的长文我断断续续的读完了。我认为，这篇文章，你花了很大的力量，不论在思想与艺术分析方面，都是很正确，很好的。这由于你精心研讨，细心分析，观点正确所致。

二三十年前，我弄到哈斯宝这本小书，只流水行云形式看了一遍，只觉得“有独到之处”。事隔多年，印象模糊了。我对《红楼梦》毫无研究，只读了几遍，对各专家之看法，是了解的。哈斯宝此书，我得到时，告诉了茅盾先生，他未见到此书，颇怅然。

我已八十九岁了，记忆力太差劲，不能写长文，读长文也太困难。因为与哈斯宝有缘才花了好几天时间读了你的长文，得到很多益处。

克家　94. 2. 23

该文曾刊登于《中央民族大学学报》1994 年第 1 期。

前辈的革命史

抗日一家人

——五枚纪念章和十一位老八路

2005年9月3日，当国家领导人为十位抗战老战士戴上抗战胜利60周年纪念章的那个时刻，我家的五个亲人胸前也光荣地挂上了这个纪念章。在全国，70万个纪念章后面是几百万个抗日英雄和革命烈士；在我家，五枚纪念章的后边有着十个老八路和一个革命烈士，他们是父亲申伯纯、母亲郭西、二姐申伸、二姐夫成荫、二哥申仲义、二嫂齐翔延、三姐申小丛、三姐夫李成、四姐申晓白、四姐夫王炎堂和大哥申仲仁。

记载着历史的纪念章，金光灿灿，耀眼夺目，从延安的宝塔，看到了岁月的留痕，从冲锋陷阵的战士中，看到了父兄们的身影……

一、西安事变的亲历者——父亲申伯纯

申伯纯，父亲，1899年生，1934年参加革命，1937年加入中国共产党。

父亲是河北宛平县辛庄人（现北京丰台区辛庄）。1919年，五四运动那一年，他考上北京大学经济系。北大六年，父亲接触了各种思想，也参加了各种活动，对父亲影响最深的有两种思想：一种是以陈独秀、

李大钊为背景的以《新青年》为代表的社会主义思想；另一种是胡适首创的以《新潮》或《每周评论》为代表的改良主义思想。1920 年冬，长辛店成立劳动补习学校的时候，父亲就曾同张国焘、邓中夏一同去讲过话，大概因为经济状况比较好，家庭生活比较温暖，父亲更倾向于后一种思想——改良主义。

北大毕业时，国共两党结成统一战线，广东的国民革命形势正蓬勃发展。1926 年 5 月，父亲到了广东汕头市，给何辑五——何应钦之弟当秘书。在此期间，父亲虽然在国民党部队，但他是亲共的，他曾调解了潮汕一带的共产党与国民党右派的冲突，支持了何应钦第一军的北伐战争，还解决了国民党反动分子绑架潮梅工人领袖杨石魂的案件。因此，何辑五对他很重视，升他为汕头市公安局政治部主任并兼潮梅警备司令部的秘书。共产党在汕头的负责同志，也都与他很熟悉，遇事给予支持。

1927 年四一二反革命政变，父亲不满蒋介石屠杀共产党，愤然离开汕头，投奔西北军，到东路军总司令鹿钟麟部当政治处长。那时父亲认为西北军在政治上是进步的，在国民革命中立过功，军纪好，能打仗，幻想着跟着他们可以做一番事业。从 1927 年冬到 1930 年夏，父亲跟随鹿钟麟转战南北，参加了对直鲁联军张宗昌和对奉军张作霖的北伐战争。北伐战争结束后，在蒋、冯、阎及桂系四大势力的角逐中，他斡旋奔走于冯玉祥、何应钦、阎锡山之间，在关键问题上都曾向鹿钟麟进过言、献过策，但最终未能避免西北军失败的命运。三年辛苦，一事无成，结果又碰上一个大失败，父亲的期望变为失望。

在这期间，父亲最大的收获是与南汉宸等共产党人结为好友。后来杨虎城任陕西省主席，南汉宸任陕西省府秘书长，电召父亲去西安。父亲于 1930 年末到西安，先被任命为民政厅秘书主任，代行厅长职务，后被任命为长安县县长。

1933 年，日本军队向热河、冀东进攻的时候，杨虎城派父亲为驻北平代表，办理十七路军部分军队参加华北抗战的联络工作。5 月 31 日国民党与日本侵略军签订了丧权辱国的《塘沽协定》，出卖了华北，彻底打破了父亲对国民党最后的幻想。眼看民族危机当头，国破家亡就在眼前，可国民党死不抗日，父亲看清楚了，要想抗日只有跟共产党走。于是，父亲毅然决然排除了一切障碍，在南汉宸的引导下，走上了革命的道路。

1934 年春，父亲开始为共产党做情报工作，利用自己的身份地位为党收集情报和开展上层关系工作。

1935 年 10 月《八一宣言》发表，我党发出了“停止内战，一致抗日”的号召。争取杨虎城联合抗日的最初工作是由天津地下党开始做的，父亲作为具体联络人。11 月初，父亲奉南汉宸之命去南京见杨虎城，那时杨虎城正参加国民党五全大会。父亲首先向杨虎城介绍了《八一宣言》的内容，并向杨提出与红军建立抗日友好互不侵犯协定的建议，杨虎城听了甚为动容。当时中央红军已抵陕北，十七路军与东北军的“剿共”军队连遭惨败，他与张学良之间互相猜疑也很深，正是最苦闷的时候。杨虎城听了父亲的一番谈话，认为有了新的希望，表示可以接受这个提议，并让父亲返天津向南汉宸要具体办法。父亲拿到南汉宸有关停战合作六条协议的亲笔信后，于 12 月 16 日来到西安示与杨虎城，并把南汉宸要另派专人来商谈具体条件和沟通与陕北关系以及建立秘密交通站地点等具体意见详细地告诉了他。杨虎城表示基本都同意。

1936 年 2 月，杨虎城与王世英、汪锋在西安就两军停战、合作抗日、建立交通站等问题正式交换了意见，从此杨虎城与陕北中央建立正式关系。

1936 年 2 月，杨虎城成立绥靖公署交际处，委任父亲为处长，开展对东北军中上层的联络工作，并秘密进行联共抗日的活动。父亲在取得党的联系下，为推动杨虎城反对内战，联共抗日，去除张杨间的猜疑，形成三位一体的联合抗日局面，做了许多有价值的工作。

其中有这样一段经历：

事变前不久，蒋介石下令省党部逮捕了张学良掩护下的共产党员宋黎，途中恰巧被十七路军的宪兵营截住。宪兵营解晋生连长一时找不到张学良和杨虎城，便给身为绥署交际处长的父亲打电话告知此事。父亲认为此事关系重大，立即起身到端履门宪兵连部，与解连长和宋黎商量之后，打电话给张学良说："如张副司令要宋回去，我可以做主放宋。"张学良立即派孙铭久带了卫队乘汽车来到宪兵营连部，由父亲负责将宋黎交给他接走。父亲随后告解晋生说："省党部如再来要人，就说宋黎被张副司令派军队提走了。"这件事十分危险，若是特务得逞，不光会牺牲几个党的好同志，还会影响张杨联共抗日的大局，危急时刻父亲处理得果断、机智，挫败了蒋介石的阴谋，加强了张、杨的团结。

12 月 12 日，华清池捉蒋之后，根据张学良的指示，组织成立了由高崇民、杜斌丞、父亲等人组成的设计委员会。设计委员会是事变的政治设计机构，对张学良、杨虎城负责，研究张、杨交办的问题，也可以向张、杨提出建议。同时，为了加强军队中的政治工作，东北军原来的政治处改组，十七路军成立政治处，以父亲为处长。

12 月 14 日，西安各界在南苑门大礼堂召开群众大会，到会群众有两千多人，由父亲代表设计委员会作报告，宣讲这次事变的经过和意义。到会群众反映非常热烈。父亲还曾向十七路军驻西安部队连排级以上官佐作过几次同样的报告。

12 月 25 日张学良送蒋回南京后，29 日，在西师大礼堂，西安学生救国联合会召集学生开会，到会者千余人，要求当局对放蒋介石回京一事进行解释，军委会（抗日联军临时西北军事委员会）特派父亲参加。父亲根据党的和平解决的宗旨即席演讲，解释了抗日大局的需要和放蒋的保障条件，稳定了群众的情绪。

不料，蒋介石背信弃义，回到南京就扣押了张学良，并调遣三四十个师向陕西逼近，威胁杨虎城与东北军。围绕着是战是和，东北军和十七路军内部发生了日益激剧的分歧和斗争。父亲遵循党的指示，坚决主和，反对战争，因与杨虎城的旨意有违背，被杨撤职，并几乎遭到极端者的暗害。

虽然之后事情的发展有所曲折，但西安事变毕竟和平解决了，建立了全国抗日民族统一战线，成为中国历史的转折点。

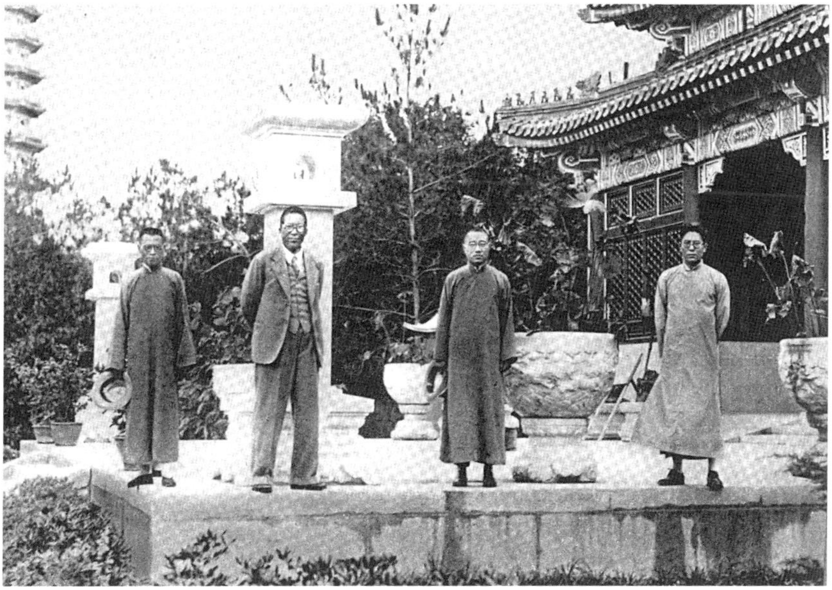

1937 年 6 月杨虎城出国前在南京。左二杨虎城、右一父亲申伯纯、右二李志刚

1937 年 3 月，在三原安吴堡，叶剑英找父亲谈话，南汉宸、张文彬、王炳南三人介绍，父亲加入中国共产党。这里有个插曲，当时父亲去问南汉宸：“1934 年，你不是说我已经是共产党员了吗?”南汉宸说：“中央发展你，你就再补个手续吧。”

西安事变是中国历史上辉煌的一页，也是父亲革命生涯中重要的一章。

七七卢沟桥事变之后，父亲根据周恩来的指示，到鹿钟麟部做统战工作和情报工作。1939 年 4 月离开鹿部到八路军总部工作，任总部高级参议，1940 年任八路军总部秘书长，1941 年被选为晋冀鲁豫边区参议会议长，1943 年任总部情报处副处长，处长由滕代远兼。

1945 年争取高树勋起义。这项工作从一开始就在一二九师刘伯承司令员、邓小平政委的直接领导下进行的，具体工作由父亲负责。当时父亲是北方局联络部部长和争取高树勋起义情报小组的组长。从 8 月中旬开始与高树勋的代表王定南接触，10 月 30 日，起义当天，父亲等亲临邯郸马头镇，协助高树勋成功率领新八军和一个纵队共一万多人宣布起义，对平汉战役的胜利起了决定性的作用。邯郸战役以后，父亲被任为华北局国军工作部副部长，部长是薄一波。

1946 年 1 月，父亲参加军调部工作，任八路军驻北平办事处副处长，处长是滕代远。

1946 年冬，父亲由张家口去延安，做起义将领范龙章参观团及云南起义将领张冲的工作，是张冲的入党介绍人之一。父亲在延安曾数度晤见毛主席。12 月 12 日延安召开西安事变十周年纪念大会时，父亲在大会上作报告《回忆双十二》，文章由新华社发到各解放区报纸登载。

1949 年 1 月周恩来在西柏坡召集齐燕铭、申伯纯、周子健、金城四人谈话，命令四人立即赴北平担负接管工作。接令后，齐、申、周、金等十五人乘大卡车火速由石家庄赶赴北平，分头接管了中南海、北京饭店和励志社，为迎接中共中央进城做准备工作。

全国解放以后，父亲曾任政务院秘书厅主任，政务院机关事务管理局副局长，政协第二届、第三届、第四届全国委员会委员兼副秘书长，第五届全国委员会常务委员，文史资料研究委员会副主任委员等职。在父亲担任秘书厅主任期间，据统计，仅由周恩来总理和陈云、邓小平等副总理召开的政务会议和其他重要会议，就有近两百次之多。

解放后，父亲有过几次挫折。

1953 年，“三反”“五反”运动后期，由于他主管的单位抓不到“老虎”，而被免去领导运动的职务。1957 年“整风反右”时，党外群众贴大字报，批评一些党员领导干部的错误思想和不良作风，他认为是事实，不许“反击”，因此被撤了机关领导小组的职务。1958 年“大跃进”时，政协委员视察徐水县的生产队，他不相信生产队队长介绍的一棵大白菜能长五百斤，被批评是“给群众泼凉水”。1959 年，对于庐山会议给彭德怀的不公正处理，父亲流露出深切的同情。他在党内会上说“昔日功臣，今日祸首”，因此被作为机关批判右倾的重点。1966 年“文化大革命”，主持文史资料工作的父亲又成为政协机关第一个被揪出来的“走资派”。

父亲敢讲真话，“官”却越做越小。但是，作为一名共产党员，尽管遭受到许多不公正，他也总是正确对待，认真学习，努力工作。不论是交际处的接待工作，还是文史资料的工作，他都竭尽全力去做，而且做出了很好的成绩。仅“文化大革命”前在父亲主持工作时期就出版《文史资料选辑》55 辑，并留下了 3 亿字的文史资料原始文稿。

1961 年 12 月，在周恩来总理的指示下，成立九人小组和七人小组编写西安事变史料，父亲为七人小组的召集人。

父亲一直感到有责任把自己亲知亲闻的有关情况如实地记录下来，从 1955—1979 年，25 年的时间，工作之余，完成了《西安事变纪实》的写作，为后人留下了珍贵的历史资料。

1979 年 7 月，父亲怀着没有见到两岸统一，未完成总理嘱托的遗憾溘然长逝，享年 81 岁。

二、“我要当作战参谋”——母亲郭西

郭西，母亲，1912 生，1937 年参加革命，1942 年加入中国共产党。

母亲是山西原平县人，家里比较穷，因为是女孩子，所以就更不受重视。她很要强，非要上学，考上了太原女子师范。1937 年 8 月，洛川会议后，周恩来赴太原同阎锡山谈判，开展抗日民族统一战线工作，

曾在太原国民师范学校作报告，还应女子师范学校的邀请，参加了该校师生座谈会。母亲和女师的几个同学专门跑去听周恩来演讲，被他的讲话深深打动，由衷佩服。听完报告之后，母亲一心要抗日，要上前线打鬼子。她去报考国民党中央军校，但是国民党中央军校不收女生，她一生气转身就去投奔八路军。11 月，当一二九师在辽县的时候，她找到了一二九师师部，要求当作战参谋。一个女学生要当作战参谋，从来没有过。事情惊动了刘伯承。刘伯承亲自跟她谈话，十分赞赏她的胆识，还真的让她当了作战参谋。作战参谋郭西，身背背包，和男同志一起行军打仗，挺惹人眼目的，成了小有名气的“女八路”。一次母亲奉命侦查敌人碉堡，遇敌袭，被流弹打中腿部，她以顽强的意志，拖着伤腿回到司令部，及时汇报了敌情，立了战功。

母亲的前夫安道敦，原名安子西，山西平遥人，革命烈士。安道敦1927 年加入中国共产党，曾在中共山西省特委工作。1935 年经党组织介绍在张荫梧教导团第五队任化学教官，为党搞兵运工作。七七事变后，张荫梧建立河北抗日民军，安道敦任第七大队政治主任。1938 年秋，张荫梧部不断袭击八路军，杀害共产党人。安道敦等领导的民军则坚持团结，反对摩擦。1939 年 6 月 15 日，当安道敦部队行进到河南北店村附近时，遭到张荫梧部围歼，安道敦为掩护同志突围被捕，被张荫梧活埋，残酷杀害。那时母亲已经有了两个孩子，腹中还有个遗腹子。

两年之后，1941 年，母亲到麻田八路军总部情报处，当会计，遇父亲。父亲经常拿一本《联共党史》去给她念，后经介绍，两人便结婚了。

他们结婚的那几年，正是抗日战争最艰苦的时期。百团大战重创了敌人，敌人疯狂反扑。敌人通过残酷的“强化治安”手段，对根据地实行“蚕食”政策。1942 年 5 月 3 日军连续发动大扫荡，进行“铁壁合围”，企图消灭八路军总部、北方局等首脑机关。5 月 25 日，当八路军总部、北方局、野战政治部等机关转移到麻田东部的南艾铺、十字岭一带时，遭到万余日军包围，敌军集中炮火猛烈攻击，并有六架飞机狂轰滥炸。八路军被围部队奋起应战。为了避免更大损失，总部领导决定“分路突围”的措施。母亲讲述当年的情况说：“我们那会儿就是打不垮、打不散的八路军，让日本鬼子包围了，下令分散突围，各跑各的，规定一个集合点，只要跑出去的，大伙全来集合。日本鬼子拿我们八路军没办法，你一打，就散了，找不着人了，没过几天这个队伍又集合起来了。”当时的情况十分危急，左权参谋长就是在这次战争中，为了掩护部队突围牺牲的。母亲和父亲都是总部的工作人员，也跟着突围。当时父亲生着重病，发高烧，不省人事。他们有一个警卫员，母亲带着警卫员把父亲拖到一个山洞里，她和警卫员守着山洞口，就两把手枪，还有一颗手榴弹。如果被敌人搜着，子弹打完了，就拉手榴弹，与敌人同归于尽。幸亏日本鬼子没有搜到他们，他们一直躲到天黑，等日本鬼子撤了，再继续寻找部队。

母亲是很爱孩子的，但是，当情报工作干部——献县保安联队副联队长张鸿烈夫妇在敌占区急需一个小孩做掩护时，她就将不满两周岁的小儿子，由根据地送到了张鸿烈夫妇身边。

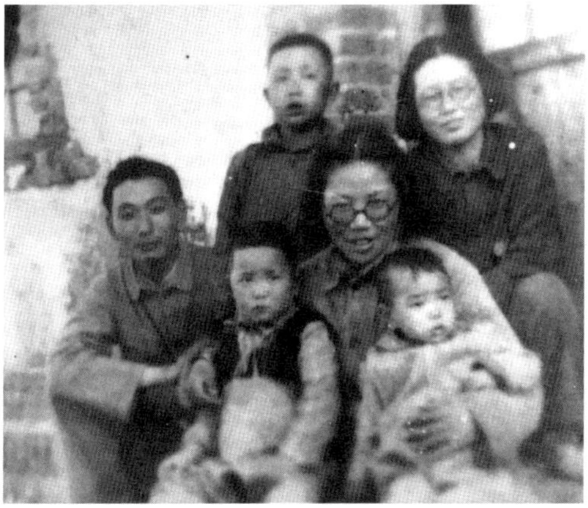

1946 年母亲离开麻田前往北平军调处工作，途经邯郸，与三姐三姐夫合影

母亲和父亲又生育了六个子女，战争时期生儿育女是非常艰苦的。1949 年以前生的五个，不，是八个，因行军打仗不便抚养，都是生下来就交给了老乡抚养，解放后费了一番周折才陆续都给找了回来。

解放后，母亲曾任政务院秘书厅秘书、国务院机关托儿所所长、国务院秘书厅信访处科长等职。

母亲1981年去世，享年69岁。

三、“我以无线电为妻”——大哥申仲仁

申仲仁，大哥，又名申铭鸿，1916年生，1935年参加革命，1936年加入中国共产党，1940年牺牲于延安，革命烈士。

大哥青少年时受父亲的影响，思想进步。14岁时曾被父亲送到洛阳冯玉祥的军事学校学习，一年多后军事学校解散，被接回北平，先上师大附小高年班，然后以优异的学习成绩考上北京师大男附中。在学校里，他积极参加革命活动，并用业余时间自学无线电收发报。

1935年大哥参加了一二·九、一二一六学生运动。一二·九那天，他走在学生队伍的前边，高呼口号。警察来了，用高压水龙向游行队伍激水，他穿的大棉袍，瞬间就冻成个大冰块。警察驱散了游行队伍，开始抓人。几个警察追捕大哥，大哥往小巷里跑，左拐右拐，跑进一个死胡同，一看，旁边有一家油盐店，灵机一动，翻墙而入，院里摆着许多大酱缸，他藏在大酱缸后面，躲过了警察的追捕。

学生运动以后，大哥没有再回学校上学。这是因为中共北方局地下党在天津租界有一部电台，急需报务员，当时懂无线电的人不多，父亲就把大哥介绍给南汉宸，做了秘密电台的报务员。

大哥的电台负责天津地下党与中央联络。1936年初，蒋介石坚持“攘外必先安内”的反动政策，进行大规模“剿共”，全国陷入极度白色恐怖之中。秘密工作了约半年，日本宪兵队跟踪电台信号，发现了这部电台。一天，大哥发完电报出来，手里拿着一份报纸，电报底稿就夹在报纸里。一出门，就让日本宪兵给围上了：“不许动，举起手来!”大哥非常机警，不动声色地把拿着报纸的手举了起来。趁日本宪兵冲进屋里搜电台的机会，一下子把底稿抽出来，塞到嘴里吞了下去。等日本人回过味来的时候，底稿已经销毁了。大哥被抓到日本宪兵队，受到严

刑拷打，辣椒水、老虎凳、夹棍都上了，十个手指全被夹烂了，但是他始终没有承认自己是共产党，坚持说：“我是商业电台，是做生意的，是给老板报告商业行情的。”当时上海等地有的电台，由于叛徒的出卖，几遭破坏。而大哥凭着共产党人的信念与意志，坚贞不屈，用自己的鲜血和生命保护了党的地下组织。数月之后，在组织的积极营救下，大哥终于脱离虎口，可是他的健康却从此恶化，由于被灌了大量的辣椒水，肺部严重受损。

大哥回到北平时，十个手指全裹着纱布，脸色十分憔悴，二姐问他：“你的手是怎么啦?”他说：“从天津回来，坐火车，托窗户，砸的。”

大哥在北平休息了几天，就去了延安，在军委三局做通讯工作，改名申铭鸿。

1936 年大哥加入中国共产党，在某种意义上说是我家的第一个共产党员。

西安事变发生后，党中央派出以周恩来为首的代表团前往西安协助张学良、杨虎城。代表团携带一部电台，随行人员有曾三、申仲仁（申铭鸿）、童小鹏、李金德。周恩来一行到达西安后，设立红军驻西安联络处，电台安置在很深的地下室。据说，事变前后张学良公馆内负责与延安联络的电台的报务员也是大哥。

在西安工作一段时间后，大哥又被组织派往苏联去学习无线电。1937 年年底苏联学习结束后，大哥经新疆迪化（今乌鲁木齐）返回延安，是由当时到新疆接送收容西路军失散人员的陈云安排回到延安的。1938 年 1 月大哥回到延安后在军委三局任第二科科长，负责与上海、新疆等地电台的联络。大哥年轻又肯干，同志们都很喜欢他。他的党性很强，有一次父亲知道他身体不好，曾从太行发电报询问他的病情，他立即复电批评父亲：“使用军用电台询问私事，实属不应该。”

1940 年年初的冬天，牲口驮着电台过桥，翻到河里，他不顾身体的不适，跳到冰河去打捞，电台是打捞上来了，他却连续多天发高烧。在那个缺医少药的艰苦环境下，大哥的病一天天地沉重，终不能支，默默地倒在了盐店则的窑洞里，那年他仅仅 24 岁。

父亲闻讯大哥去世，大恸，赋诗一首：“自信年来少私意，却怎偏哭我亡儿!”

凡与大哥工作过的同志，无不称赞他的优秀，无不惋惜他的早逝。

1945 年，为了缅怀革命烈士，军委三局在盐店则村西侧建烈士陵墓，安葬了在三局工作时为革命牺牲的七位烈士。大哥的墓碑在正中间，碑正面为王铮 1945 年清明题字：“申铭鸿同志之墓”，墓碑两侧有军委三局撰文：

申铭鸿同志，又名申仲仁，河北宛平人。十九岁初中毕业，习无线电，翌年加入中共，于极度白色恐怖中担任党之秘密通讯工作。曾为敌寇所捕，虽于严刑下始终保持布尔什维克高尚气节。敌无已，乃释放，但病根痼结。抗战爆发后，来八路军任三局第二科科长。其为人埋头苦干，虚心学习，意识进步之迅速尤为知识青年通信技术人员之榜样。虽于肺痨缠绕中，始终关心组织，从未强调个人，终以病入绝境，于四零年与世长辞，享年二十四岁。

第十八军团［集团军］通讯联络局
一千九百四十五年四月立

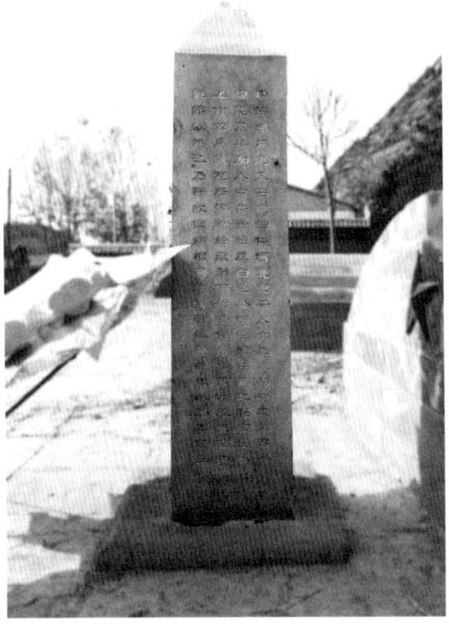

申铭鸿（申仲仁）墓碑

据年长者和与大哥同事过的前辈说，

大哥长得很英俊，可惜由于战争的动荡、环境的严酷，竟没有留下一张照片，留下的只有回忆。

三姐小丛回忆说："那一年，母亲为你准备了结婚用的缎被面，有玫瑰紫的、墨绿的、鹅蛋黄的、浅绿的，可你却说：'我与无线电为妻！'从此一去不回……"

四、"哪儿打日本鬼子，我上哪儿去"——二姐申伸

申伸，二姐，1920 年生，1938 年参加革命，1940 年加入中国共产党。

1937 年七七卢沟桥事变以后，父亲决定离开北平，当时二姐 17 岁，上高一，因北平沦陷，不愿再继续上学，要求跟父亲一起走。父亲说："也好，能走的都走吧。"

二姐随着父亲辗转来到武汉。1938 年 3 月，父亲帮她联系去黄安的新四军训练班学习。训练班里大多都是流亡学生，讲统一战线、游击战等。学习了大约两个月，快毕业的时候，大队长聂鹤亭找二姐谈话，说："你挺能吃苦，表现积极，应该入党了吧。"

二姐感到有点突然，犹豫了一下说："我不行，我什么都不懂，我哪能入党啊！"

从黄安出来，二姐几个人到武汉找董必武办事处给安排工作，可是人太多，见不到董必武，于是他们就找到武汉青年救国团。当时要把二姐分到工厂去做工人工作，她说："我要打日本，有日本人的地方我才去呢。"后来，4 月底 5 月初，徐州会战，青年救国团要组织一个十三军（汤恩伯的部队）青年战地服务团，在武汉招人，说是去台儿庄。那时，台儿庄大捷刚打完，一听说去台儿庄，二姐几个人连夜就参加了这个团，坐着火车到了徐州。二姐分到的那个组叫运河服务站，运河（邳县）离台儿庄很近。到了那儿，他们找了几间房子，安定下来，弄

来很多书、小册子。战场上下来伤兵，就来到这儿休息。服务团里有书，给他们看；不识字的，给他们讲，给他们念。那时候平型关大捷刚打完，二姐给他们讲述平型关的战斗，有声有色，就跟她去过似的。受伤的人需要赶快跟家里联系，二姐等帮着写家信，士兵没钱，就自己掏钱给买邮票。天天写，一大堆，当时邮政也不通，就堆在那儿。没多久，敌人打过来了，他们跟着身边的军队往南撤，日军的飞机在天上轰炸，他们日伏夜行，经蒙城、涡阳，涉淝河、汾河，徒步800多里，从江苏的运河一直跑到河南的漯河，才摆脱了敌人的追击。二姐坚持了下来了，经受了战争的考验。战地服务团后来被汤恩伯解散了，汤恩伯说："服务团是好样的，可惜领导成员都是共产党。"

二姐到武昌找到了父亲，这时候父亲正要跟鹿钟麟往河北走，她说："我跟你去，河北那儿八路军打游击，我上八路军打游击去。"这样就跟着鹿钟麟的队伍到了河北。当时父亲是鹿钟麟部的政治部主任，二姐就留在政治部帮助父亲翻译秘密电报，八路军的、国民党的，各方面的都有，还收听广播，记录战区情况。后来，鹿钟麟闹摩擦，遣散了政治部。

离开鹿钟麟部后，当时有人去延安，劝二姐一块去，她说："我不去。打日本，上延安干吗，见不着日本人，哪儿有日本人我上哪儿。"后来，二姐跟着几个从鹿钟麟那里下来的一起去了在深县的冀中抗战学院，在冀中抗战学院，当了少先队的教导员。

半年以后，冀中抗战学院毕业，又到了冀中文协的一个工作团。二姐和另外一位女同志的工作是编小报，"翻译"、刻印《论持久战》和《论新阶段》。二姐回忆说："我们的所谓'翻译'，就是用老百姓易懂的通俗语言叙述文章内容，然后再加以解释。其实毛主席的文章语言已经很通俗了，我们当时也不知怎么就那么大本事，还要一段一段地去'弄通俗'。那时候，一切为了抗战，印小报，做宣传，只要对抗战有利就去做。"《论持久战》二姐读了很多遍，差不多可以背下来了，她感叹地说：“这才真正说出了学问，真正让人看到了抗战的胜利前途。”经过这一年多的经历，二姐亲眼看到了，中国共产党及其领导下的军队是真正抗日的，真正进步的，真正有前途的！她说：“就冲这两本书我也要加入中国共产党！”

在工作团，她们跟老乡同吃同住，敌人来了，跟老乡一块儿跑，关键时刻老百姓总是拼命保护她们。后来，地方组织护送她们过了封锁线，来到晋察冀根据地司令部所在地城南庄。二姐经组织部门介绍，去了在七祖院的一二〇师的战斗剧社。

1939 年 6 月 20 日刚到战斗剧社，赶上 7 月 1 日要汇报演出，演莫耶等编写的《丰收》，导演成荫见她一身乡村妇女打扮，就让她上场，而且还是第一个出场的人物。二姐从来没演过戏，很着急，可这是革命工作，不会也得学着干。在导演与同志们的热心帮助下，二姐以朴实自然的表演风格，成功地完成了她的第一场演出。从此，二姐成了一二〇师战斗剧社的一名演员。之后的许多剧目里都有她扮演的角色：在《虎列拉》里她演婆婆，在《三个女婿拜新年》中她演丈母娘，在《雷雨》中她演四凤的母亲侍萍，在《水灾》《打得好》《求雨》《自家人》《日出》《悭吝人》里，她都有出色的表演。二姐虽然没有修过专业，但通过实践中的摸索和学习，演艺水平也逐渐达到了“演什么像什么”。战斗剧社鼓励创作，二姐也曾独立编写了独幕剧《三八节》，合作编写了三幕话剧《把敌人挤出去》，写过《纺车歌》的歌词。

到了战斗剧社，二姐就提交了入党申请，1940 年成为一名光荣的共产党员，在追寻抗日的道路上找到了自己的人生归宿。

此时，二姐正是十八九岁的大姑娘，长得靓丽，加上有个参议会议长的父亲，于是在一二〇师成了人物，写信的、介绍对象的很多。她自己很有主见，都给回个“不”字。原来，二姐看上了战斗剧社的导演成荫。成荫当时不显山、不露水的，又矮又瘦。可她就看上了，看上他人好，有才气，踏实肯干。二姐的眼光果然不错，成荫后来成为了著名导演。

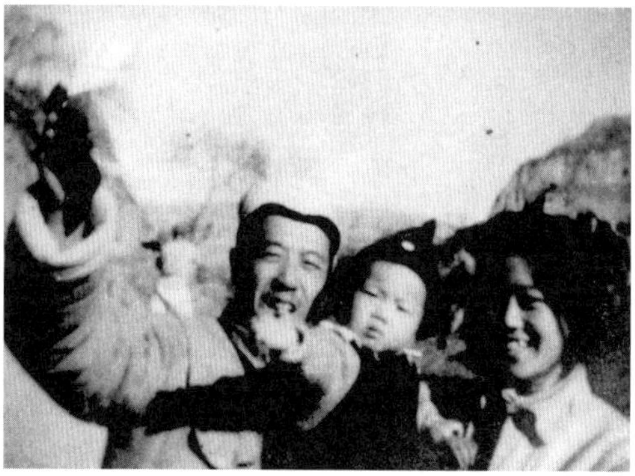

1947年姐夫成荫、二姐申伸和其子果果在山西兴县石岭子村

1944年战斗剧社到延安汇报演出，这年的腊月二十八正是成荫的生日，二姐与成荫在延安的七里堡兵站结为伉俪，成为战斗剧社的一段佳话。

解放后，二姐曾任电影局人事处处长、北京电影学院党委副书记等职。

2014年二姐申伸去世，享年94岁。

五、从战争硝烟中走出来的艺术家——二姐夫成荫

成荫，二姐夫，1917年生，1938年参加革命，同年加入中国共产党。

成荫原名蕴保，出生于山东曹县。幼年丧母，父亲虽是东吴大学毕业，但家境艰难。成荫从小喜欢文艺，有艺术天分。抗日战争爆发后，他唯一的念头是要抗日，不当亡国奴，于是离家去寻找抗日之路。1937年10月到武汉，与同学组织“怒号”救亡歌咏队，演出《放下你的鞭子》等抗日节目。1938年3月到延安，入陕北公学第一期十九队学习，5月加入中国共产党。

陕北公学毕业后，原准备到抗日军政大学学军事，因参加了毕业演出，被鲁迅艺术学院老师发现，调鲁艺二期戏剧系学习，从此开始了他的军旅艺术生涯。鲁艺学习期间，他就创作了活报剧《傀儡戏》《国际玩具店》。鲁艺毕业后被分配在一二〇师战斗剧社，先后任导演、指导员、副社长等。

战斗剧社跟着作战部队，挺进冀中，回师晋西北，以文艺宣传为武器活跃在广大的晋察冀边区和冀中平原。火热的战斗生活，为文艺创作提供了丰富的素材。成荫从中汲取了养料，相继创作了《晋察冀的乡村》《自家人》《求雨》《虎列拉》《打得好》等多个抗日题材的独幕剧，并导演了《丰收》《水灾》《警觉》《雷雨》等多种剧目。

1939年年底，一二〇师回师晋察冀。日寇扫荡非常残酷，对抗日根据地实行杀光、烧光、抢光的“三光”政策，敌人所到之处，留下一片凄凉。反扫荡结束后，在萧瑟的西风里，聂荣臻司令员面对着坚持反扫荡的军民庄严地宣告：“烧毁我们的房屋，烧不毁我们的土地，杀死我们的人，杀不死我们千百万人的心！”成荫目睹了这一切，这诗一般的语言，钢铁一般的意志，就成为他创作《晋察冀的乡村》的主旋律。无对白音乐剧《晋察冀的乡村》构思巧妙，表现手法新颖独特，通过一幅幅写意的画面，活脱脱地把根据地人民在敌人面前坚韧不拔、顽强刚毅的形象矗立起来。

当时，由于各种思潮的影响，解放区也出现了一些单纯追求艺术，热衷“大戏”“洋戏”的偏向。1942年5月，延安召开文艺座谈会，毛主席提出“为什么人服务”和“如何服务”的问题，纠正了这种脱离群众、脱离实际的风气。

1942年七八月间，贺龙带战斗剧社到延安汇报演出，带去的节目就是《丰收》和《晋察冀的乡村》。毛主席看完演出之后写信道：

> 欧阳山尊、朱丹、成荫：你们的信收到了，感谢你们！你们的剧我以为是好的，延安及边区正需看反映敌后斗争生活的戏剧，希望多演一些这样的戏。
>
> 敬礼！
>
> 毛泽东　十一月二十三日

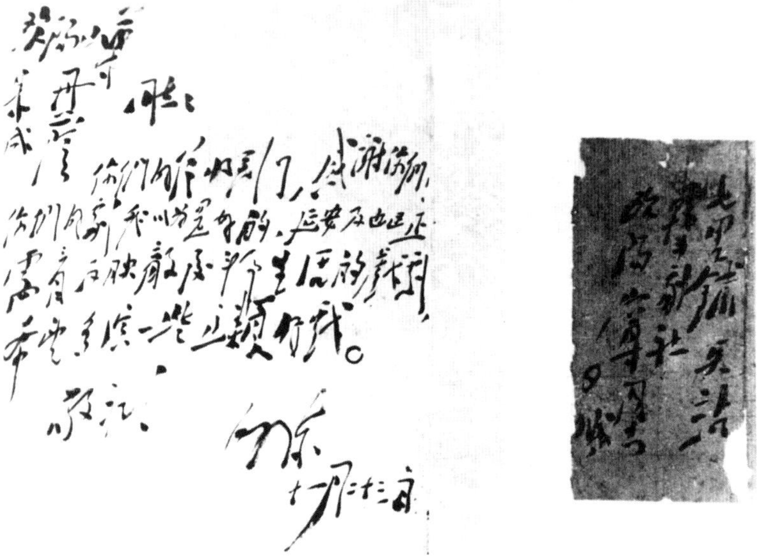

1942 年毛主席给战斗剧社的信

这期间，正赶上中央即将召开一个重要的会议，领导指定要战斗剧社拿出一个晚会的新节目为大会演出。距离演出的时间只有七天，成荫承担起突击编导的任务。他去领了一些煤炭，两斤面粉，几根大葱，数两灯油，把窑洞门死死地关了起来，挑灯夜战。一个晚上写一个，三天写了三个，晚上写作，白天排练，终于赶上了演出，这就是《求雨》《虎列拉》《自家人认自家人》三个独幕剧，总称《敌我之间》。这组戏描写了边区人民如何机智勇敢地与鬼子、汉奸做斗争，并用晋西北方言表演，深受边区军民欢迎，被他们亲切地称为“我们的战斗家”。

1944 年成荫又写出了独幕话剧《打得好》，获“七七七”文艺奖，同时作为晋绥边区模范工作者，出席了群英大会。2005 年，《打得好》被重新搬上舞台，被列入了“纪念抗日战争胜利 60 周年优秀剧目”，再次燃烧起当年的红色激情。

日本投降后，成荫被调出战斗剧社。1945 年 9 月被派到晋绥南线参加解放汾阳战役。建立吕梁军区后任政治部宣传科长，1947 年 3 月，随王震率领的西北野战军二纵队星夜赶到甘谷驿，参加了保卫延安的甘谷驿，羊马河、蟠龙、青化砭、沙家店等战役。

1947 年 10 月，成荫与其他同志一起受贺龙的派遣，经过半年之久的长途跋涉，到兴山东北电影制片厂学习。1949 年，在东北电影制片厂，根据所经历的战斗生活，编写并导演了第一部故事片《回到自己的队伍来》，这是他从战场走进电影厂的开始。

1949 年 10 月 1 日，当五星红旗在天安门广场升起的时候，成荫站在参加庆典的千万人之中激动不已，浮想联翩，想到那些在战争中失去的战友，想到自己的幸存……于是有了 1950 年的《钢铁战士》。影片生动地塑造了张排长、炊事员老王、通信员小刘的英雄形象，片尾最后一句台词是："不要忘记，我们的胜利是多少烈士们的血换来的……"《钢铁战士》1951 年获卡罗维发利第 6 届国际电影节和平奖，1957 年获 1949—1955 年文化部优秀影片一等奖。

1951 年成荫调北京任中央电影局艺委会秘书长。

成荫是从战火硝烟中走出来的艺术家。他曾说："我曾梦想过，在我这一生中，能把革命历程中几个重大关键搬上银幕，在银幕上使观众看到当时历史的真实情景，是件多么有意义的工作。"从 50 年代到 80 年代，他的主要作品都是反映革命历史和革命战争的题材，并获得巨大的成就，被誉为新中国电影艺术奠基人。

1952 年成荫拍摄《南征北战》。《南征北战》是大题材，以 1947 年华东战场的莱芜战役和孟良崮战役为背景，叙述了我军击破蒋介石南北合围消灭我军主力的企图，在运动战中消灭了蒋军的南北两个主力，歼敌近十万人的壮举；大场面，影片动用了千军万马，展现了颇为宏伟壮观的战争场面；大视野，表现了我军在敌强我弱的形势下，正确运用毛泽东运动战的战略思想，取得了解放战场的主动权。《南征北战》深受广大观众喜爱，久映不衰。

1954 年秋至 1955 年底成荫随中国电影工作实习团到苏联学习。回国后，1956 年起任北京电影制片厂导演。

1959 年成荫又将伟大的二万五千里长征搬上了银幕，拍摄了《万水千山》。影片中李教导员等红军战士“为有牺牲多壮志，敢叫日月换新天”的革命精神，深深地打动了亿万观众的心。

1980 年成荫被任命为北京电影学院院长。

1981 年成荫拍摄了《西安事变》（上下集）。《西安事变》标志着成荫导演艺术的高峰，它不仅如实地再现了一个时代的重要人物和重大事件，并且提供了一批性格丰满的历史人物形象和跌宕起伏的戏剧性情节。《西安事变》得到海内外华人的一致好评，被认为是客观、公正的大气之作，获得文化部 1981 年优秀影片奖、1982 年第二届电影金鸡奖最佳导演奖、1983 年第一届解放军文艺奖。1981 年《西安事变》上映时，观众多达四亿五千万，影片在香港连映二十多天，许多台湾同胞也赶到香港观看影片。

影片《西安事变》成功的另一个渊源则来自他的岳父——我的父亲申伯纯。父亲是西安事变的亲身参加者，从 50 年代就开始写《西安事变纪实》，此书的史料翔实，文笔生动。父亲常和姐夫成荫谈起当年的经历及轶闻琐事，促使成荫在 1962 年就想把西安事变搬上银幕，他曾据此撰写了一个拍摄提纲呈给周总理，但直到“文化大革命”以后才得以开拍，实现心愿。

成荫所拍的优秀影片还有《停战以后》、京剧《红灯记》《拔哥的故事》《上海姑娘》《浪涛滚滚》等。成荫影片中宏阔的历史视野，英雄品质的深情述说以及浓郁的家国情怀深深地影响了一代人的成长。新华社记者熊蕾——熊向晖的女儿曾说：“我就是看了成荫的《停战以后》，才走上了记者的道路。”

1984 年 4 月 26 日，姐夫成荫在工作岗位上猝然长逝，享年 67 岁。

六、延安的特等劳动英雄——二哥申仲义

申仲义，二哥，1922 年生，1937 年参加革命，1939 年加入中国共产党。

卢沟桥事变之后，1937 年 8 月 10 日，跟着父亲从北平出来的还有二哥。二哥见到父亲和二姐要走，也要跟着走。当时康丽母亲不愿意让他走，说："两个儿子，你已经送走一个了，这个儿子是我的。"但是二哥执意要走，说："我不当亡国奴!"那年他 15 岁。

10 月武汉有了八路军办事处，父亲就把二哥送往延安去学无线电。二哥受大哥的影响，也从小喜欢无线电，上初中时，他把家里给的午餐钱省了下来，买无线电零件，上业余无线电学校，还取得了毕业证书。

1937 年 10 月，二哥到延安后，到军委三局通信学校学习。他在通信学校找到一本英语工科大学的课本，就一边学英语，一边啃无线电技术专业，以仅有的初中文化水平，凭着刻苦，硬是可以读英文无线电原著了。不久，由于学习成绩优秀，很快便被聘为通信学校教员。1939 年 10 月调军委二局任通信教员、机务员。

1941 年二哥调到军委三局通讯材料厂实验室，任实验员、实验室主任。所谓实验室，仅有的设备是 2 张杜梨木做的工作台和一些小仪表以及简易手工工具。1940 年、1941 年，正是陕甘宁边区最困难的时期，敌人对边区进行军事进攻，实行经济封锁，部队的物资极端匮乏，部队几乎没有衣穿，没有被盖，没有油吃，没有菜，没有纸，通讯器材更是奇缺。但是，电台的工作一天都不能停止。当时最大的问题是电源问题，发信机可以用手摇发电机供电，而收信机则需要用电池供电。由于国民党的严密封锁，部队得不到电池补充，在这十分困难的关头，二哥领受了尽快解决电源问题的任务。在那种情况下，由实验室试制干电池是没有条件的，他想尽了各种办法，都不能很好地解决问题，最后还是

在手摇发电机上打主意。他因陋就简，对手摇发电机高压部分采取了降压、分压、滤波、排除整流子火花干扰等措施，克服了重重困难，经过日夜奋战，终于试验成功，用手摇发电机代替电池，解决了电台能源的老大难问题，保证了我军联络通讯的通畅。

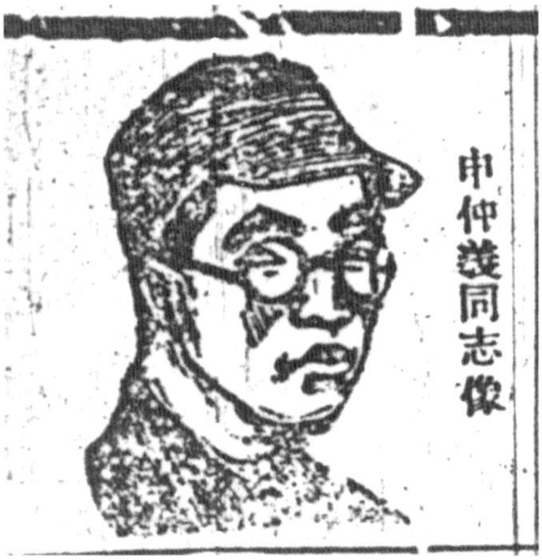

特等劳动英雄申仲义

二哥创制的手摇发电机从1941年开始在各个系统普遍使用，直到1945年日本投降后，有了其他电源后才逐渐停止使用。由于二哥的特殊贡献，1944年5月，在延安边区工厂职工代表大会上他被评为特等劳动英雄。5月27日《解放日报》刊登文章《申仲义同志创造通讯器材多种》，称誉他为“技术与政治统一，科学原理与技术经验相结合的青年技术家”。当时评为边区特等劳动英雄的只有八人，5月29日《解放日报》头版头条刊登了他们八个人的木刻头像，二哥是其中最年轻的一个，年仅22岁。特等奖奖品有毛主席题字一幅，给二哥的题字为“日夜苦干”。

1947年3月，胡宗南进攻延安，延安新华广播电台随中央机关进行战略转移，留下部分器材在山西临县三交镇，准备不久在延安重建广播电台。二哥此时是晋西北军区司令部三科工程师、西北军区通联处科长，重建延安电台的任务由他全面负责技术工作。经过重新设计、重新布局、重新安装，运到延安后，安装调试一次成功。1949年1月5日正式向全国播音，西北新华广播电台由此诞生。

全国解放后，1950年6月，也就是朝鲜战争爆发的时候，聂荣臻签发命令，年仅28岁的二哥作为第三任军代表接管了南京国民党“国防部第六厅雷达研究所”，更名为“军委通信部第一电信技术研究所”，二哥任所长。该所后历经沿革，简称南京十四所。1964 年二哥任国防部第十研究院副院长兼第十四所长，1978 年任四机部副部长兼第十研究院院长，又兼总参四部副部长。

二哥是我国第一个雷达厂厂长和第一个雷达技术研究所所长，也兼总工程师。

抗美援朝时期，防空警戒雷达是战争的急需，二哥组织人员走遍全国各地，收集美日遗留的雷达器材，把它们修复起来，送往抗美援朝前线。二哥曾亲自奔赴朝鲜战场，在离敌人雷达阵地几百米的地方，测算数据，破解雷达修复的难题。我国年轻的雷达兵就是用这些修复起来的老旧雷达在抗美援朝期间创造了奇迹，他们发现、跟踪敌机七万多架次，配合志愿军高射炮兵和航空兵击落击伤敌机 1200 多架，狠狠地打击了侵略者。

1953 年，为了发展我国自己的雷达技术，在外国人借口“保密”不让中国人操作、参观的情况下，二哥用望远镜观察，并想办法搞到一部残缺不全的 П－3 雷达样机，然后组织技术人员重新设计，研制成功了第一部 314 型国产中程警戒雷达，后改进为 314－乙型，大量生产装备部队，结束了中国自己不能制造雷达的历史。

抗美援朝结束了，但美国不甘心失败，支持国民党经常在我国沿海挑衅。1954 年，二哥组织研制对海低空警戒雷达。1957 年研制成功了 402 型微波雷达，在我国漫长海岸线上装备了两百多台微波雷达，填补了我国海防预警的空白。与此同时二哥还组织研制了 406 型米波远程警戒雷达，于 1956 年定型并批量生产，初步组建了我国的对空情报网。

国民党使用飞机对我沿海的骚扰受到严重打击后，改用了 U－2 高空侦察机。1962 年，406 雷达协助导弹部队打下第一架美国 U－2 高空侦察机。1965 年二哥又组织研制成功－408 大型远程警戒雷达，协助地空导弹部队又打下 5 架 U－2 高空侦察机。－408 雷达在抗美援越作战中发挥了很大的作用。从 1964 年至 1969 年协助空军、海军、地空导弹部队打下美国无人驾驶高空侦察机 19 架，击落击伤美军入侵战斗机 19 架，立下了赫赫战功。－408 后发展为 408 系列产品，使用这种雷达的空军部队非常满意，1978 年科学大会上，该雷达获科学大会奖。

这时的警戒雷达还只能获得目标的二维信息（即方位和距离），而目标的高度则需另一种测高雷达——三坐标雷达来完成。三坐标雷达是装备于中大型水面舰艇的，是引导飞机作战的关键设备。当时外国专家认为中国水平低，研究不出这种技术复杂的三坐标雷达。二哥从 50 年代末就开始研制三坐标雷达，1972 年研制成功了 583 型三坐标雷达，80 年代初又研制成功了实用型、多波束三坐标雷达。在 1988 年的南沙海战中，三坐标雷达亮相，发挥了它的威力。

60 年代，我国试验“两弹一星”，需要精密的跟踪测量雷达。当时使用部队曾提出仿制苏联一种不够先进的圆锥扫描体制雷达，二哥根据十四所的技术储备，决定研制先进的单脉冲体制跟踪测量雷达。1969 年 5 月，研制出－154 Ⅱ型单脉冲跟踪测量雷达，于 1970 年 1 月 30 日和 1970 年 4 月 24 日成功执行了中国发射“东风四号”中程导弹和“东方红一号”人造卫星的跟踪测量任务，使中国雷达技术又迈上了一个新的台阶。

二哥既是努力攀登雷达尖端技术的带头人，又是一位卓越的科研管理者。他不仅顽强地学习钻研雷达的专业知识、制造工艺，还非常尊重人才，善于培养人才。在他的领导下，十四所科技成果累累，人才辈出，迎来了科学的春天。1964 年，国防科委在南京十四所召开贯彻《科研十四条》的现场会。张爱萍主持，刘伯承到会接见代表。国防科委所属研究院、所、基地及各军兵种、中国科学院代表等 600 多人参加会议。二哥向与会代表作了报告。十四所成为国防科研战线上的一面旗帜，大会号召全国科研单位学习十四所。

二哥领导科研工作有远见卓识，他常说雷达产品的研制要有吃的、看的、想的。正因为他看得远，跟得紧，在毛主席倡导的 640 国家反导工程中，由他领导主持的7010大型战略预警相控阵雷达和110单脉冲超远程精密跟踪雷达相继于1976年、1977年全面部署，使我国成为继美苏之后第三个拥有这种大型雷达的国家。7010和110雷达于1979年准确预报了美国“天空实验室”陨落，1983年准确预报了苏联“宇宙1402”核动力卫星残骸的陨落，引起世界的巨大反响。

随着我国“两弹一星”技术的发展，需要建立陆地到远洋的规模更大更完善的测控网。1967年1月18日国防科委立项（718工程），十四所承担了研制船载运程精密测量雷达180型的任务。180型船载运程雷达先后装备了远望1—6号远洋测量船，并数十次远征三大洋，圆满完成了“巨浪一号”潜地导弹水下发射、第一颗同步轨道试验卫星、首颗探月卫星“嫦娥一号”、神舟系列飞船等重大海上测控任务。1985年，180型船载运程雷达获得国家科技进步特等奖，被国防科委领导誉为“功勋雷达”。

二哥是我国雷达事业的创始人之一，是我国雷达事业得以迅速全面发展的重要创建人与领导者。《申仲义生平》写到：“我国每一代新技术雷达多数都是他首先提出研制或亲自倡导推动的。在我国刚刚批量生产警戒雷达时，就开始组织测高雷达的探索工作。50年代末，他预见到三坐标雷达的重要性，不失时机地集中力量研制这种体制的雷达。70年代起预警雷达、相控阵雷达、全固态相空阵体制雷达，超视距雷达的研究，80年代预警机的开发，多数都是他亲手创建或亲自推动开发的。他为保卫祖国安全、加强国防建设，建立了不可磨灭的功勋。”

二哥从一个15岁的初中生到为国家做出重大贡献的科学家，其动力就来自于共产党人的信仰。表面上看，他不多言语，埋头苦干，实际上他的内心有着一种“自信人生二百年，会当水击三千里”的气魄和勇气。所以，为了祖国的安全与强盛，他敢于拼搏，敢于奉献，敢于自力更生，敢于占领高地。

二哥1988年去世，享年66岁。1993年纪念二哥去世五周年之际，中国电子学会雷达分会决定设立“申仲义奖”。“申仲义奖”是目前中国雷达行业的最高荣誉。

七、14 岁的通讯侦察兵——二嫂齐翔延

齐翔延，二嫂，蒙古族，1931 年生，1945 年参加革命，1949 年加入中国共产党。

1940 年，翔延随母亲来到延安找父亲，其父齐燕铭当时在中央研究院当研究员。这一年翔延 9 岁，是孩子中的老大，同去的还有两个妹妹和一个弟弟。到了延安，母亲冯慧德在陕北公学当教师，翔延和两个妹妹上了延安保育院小学，弟弟只有 5 岁，上了保育院幼儿园。

保育院小学在安塞，当时条件很差，最初连教室也不够，老师带着学生跟着太阳走，哪里有太阳就在哪里坐。冬天很冷，讲一会儿课，老师就喊：“起立！跺脚。”学生们站起来跺脚暖身子。纸、笔很缺，吃的、穿的也都很困难。保小算是受到照顾的，菜是老师带着他们自己种，最困难的时候也能吃到一点点菜。平时小米是主食，但偶尔也能吃到发了芽的麦子蒸出来的死面馒头。开展大生产运动以后，条件有所好转。老师带着学生挖窑洞，逐渐地有了教室，有了小板凳，有了课桌。学生们也参加生产，大一点的孩子去烧炭，小一点的孩子去开荒、播种、纺线、织毛袜。

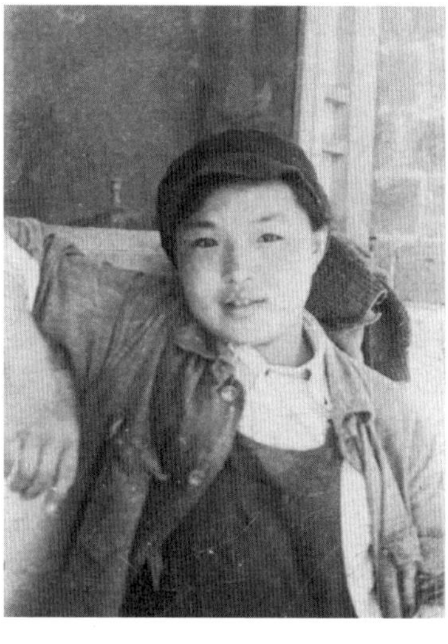

齐翔延在延安

保小的条件虽然艰苦，但生活很丰富。课外活动做手工、讲故事、

唱歌跳舞、演节目，配合形势向群众作宣传，大家团结友爱，互相帮助，生活得很愉快。

1944 年，翔延因打摆子生病住院，休学其间参加中央党校秧歌队，排演李伯钊同志编写的大型歌剧《刘红英》。这是一个描写 30 年代女革命英雄的戏，翔延扮演了刘红英的妹妹。

1945 年，翔延升入延安中学。赶上延安修飞机场，他们成了主力军，课也不上了，每天去砸石头、铺路，大家的干劲高得很。半年之后，部队来延安中学招收人员，翔延报名参军，被分配在军委二局。6 月参加培训，8 月正式工作，年仅 14 岁，就成为了一名通讯侦察兵。

在延安时，二哥常去军委二局安装维修电台，也可以说，那时候他们就认识了，不过翔延记得的只是有关二哥的一些笑话。比如，看书，让麻油灯把棉帽子烧了个大窟窿；一心只知道干工作，把找他谈恋爱的女教师推出窑洞外，等等。而二哥当时也不会留意这个十来岁的小姑娘。

1948 年，翔延随部队转移到河北平山西柏坡，驻在米家沟，在这里作为通讯侦察兵经历了辽沈、淮海、平津三大战役。

解放初期，在齐燕铭任政务院副秘书长，我父亲任政务院秘书厅主任时，都在中南海，住在一个院里。1951 年，翔延回家休假，父亲见到，就给当时在重庆接收国民党器材的二哥打电报："有佳人，速归。"二哥此时已 29 岁，之后又几经周折，于 1955 年二人终于结成伴侣。

翔延 1952 年离开总参三部，1959 年从苏联留学回来后曾在北京师范大学和南京大学任教，1965 年调中央马列主义研究院工作，1974—1978 年先后在人民出版社和商务印书馆工作，离休前在中国社会科学院马列主义研究所工作。

嫂子翔延现年 88 岁，2015 年又获得了抗日战争胜利七十周年纪念章。

八、“来晚了，没打上日本鬼子”——三姐申小丛

申小丛，三姐，1924 年生，1944 年参加革命，1946 年加入中国共产党。

1937 年父亲离开北平时，把康丽母亲同三姐小丛、四姐晓白留在了北平。后来康丽母亲得了癌症，病情日益严重，三姐就成了家里的顶梁柱。

康丽母亲过世以后，前总情报处派联络员李成到了北京。李成约三姐在沙滩的医院会面，对她说：“你父亲的意思，第一，把你和晓白带到根据地；第二就是把巡捕厅的房子交给组织。”巡捕厅的房子是父亲在长安县当县长时候花 3000 大洋买的。三姐按照李成所说，将房子交给了北平的地下党组织，地下党组织将房子卖了 70 两黄金作为活动经费。1944 年 11 月 20 日，李成带着小丛和晓白，从联络站宫门口五条 20 号出发，前往麻田八路军总部。

李成在来接她们之前，就常听父亲讲两个女儿的情况。敲开申家大门，看见的就是三姐，大灰棉袄和白头绳都掩盖不了她的秀气和朝气。他第一眼就认准了“这就是我的老婆”。一路上他关心、照顾着姐妹俩，也有意培养感情。到麻田不久，李成和三姐就确定了恋爱关系。

12 月到达麻田之后，父亲把三姐留在了总部情报处材料科。不久，父亲到北平办事，又将小丛的表哥安克、吴晨、王立人带了出来，几个年轻人在一起，先是参加各种政治学习，后又参加情报人员训练班。一天晚上，总部突然来电话：“日本宣布无条件投降了！”他们一开始全愣了：“怎么？日本投降了？我们还什么也没干呢！”三姐说：“哎呀！来晚了，没打上日本鬼子。”

1945 年 9 月，组织上送李成、三姐等去抗大六分校学习，不久学校迁到长治，改为军政大学，三姐是抗大最后一期、军政大学第一期学

员，算是赶了个末班车。

1946 年 3 月，三姐小丛三喜临门，一是入党，二是结婚，三是回北平。

在北平，李成的公开身份是北新桥实业商行的副经理，化名刘长富，实际身份是前总平津地区情报组的负责人。三姐的身份就是刘太太。

开始他们住在宫门口，总部派遣科科长林一来了，指示说："暴风雨马上就要来到了，军调部调了半天都不行，看来内战还得打，你们得做长期隐蔽在这里的打算，多交朋友，要隐蔽。"第二天，他们就搬到花枝胡同花梗 5 号情报工作人员张鸿烈的房子，张鸿烈的内弟刘儒林夫妇带着小女孩住这个院。李成夫妇搬到这里，准备隐居下来。

1947 年 2 月，由于前任情报组负责人姚继鸣的亲戚王俊卿的出卖，李成被捕。他当时十分机警，敌人审问他时，他就说："姚先生叫我告诉王俊卿，别做坏事，要做好事。"实际上是在暗示三姐。此时三姐已怀孕，是双胞胎，快要临产。三姐想起李成平时的嘱咐："如果组织一旦被破坏，你第一个任务就是立刻通知你所认识的人立刻转移，最后你再转移。"于是她就让刘儒林赶快走，同时将李成的话转告给组织。几天后，特务派刑警队把这个小院监视了起来。由于李成平时的谨慎和小丛及时通知了组织，一个同志也没有被敌人抓住。三姐大着肚子，坚持和敌人作斗争。18 天之后，刑警队撤走。三姐为营救李成，四处奔波，结果早产了，生了一女一男，女儿在前，叫小平，儿子在后，难产，叫小安，都很轻很小。一个多月后，组织派人营救，接三姐回根据地。三姐带不了两个孩子，小安的身体很弱，带走怕养不活，就送进了福利院。8 个月后，李成出狱，接回李安，李安患肺炎、百日咳合并脑膜炎，经组织上资助黄金住进医院才救活了他。

1947 年 5 月三姐回到根据地，7 月进北方大学医学院（后改为华北医大）学习。1948 年 10 月分配到中央医院（即朱豪医院）工作。1949

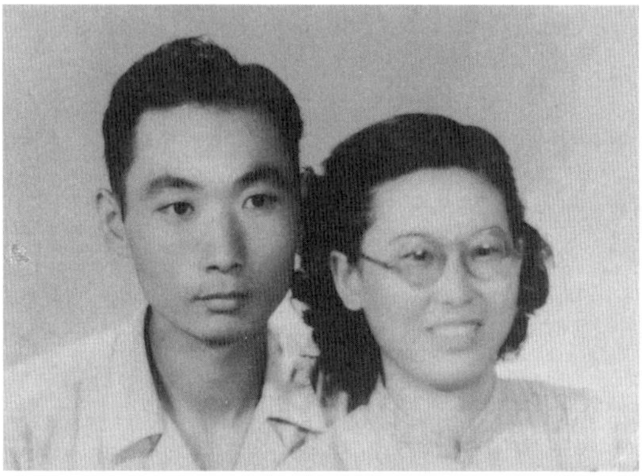

1946 年春姐夫李成和三姐申小丛在北平

年 5 月进京，在香山门诊部、中南海门诊部当实习医生。

1949 年 11 月三姐随李成南下到广州，先后任广州市公安局机要科科长、《广州日报》常务编委和机关党委副书记、广东省人民医院党委书记等职。

三姐申小丛现年 95 岁，2015 年又获抗日战争胜利七十周年纪念章，她乐观地说："我还要再得一枚纪念章。"

九、八路军前总的情报联络员——三姐夫李成

李成，三姐夫，1921 年生于河南通许县，1937 年参加革命，同年加入中国共产党。

李成的父亲曾是冯玉祥的部下。李成 14 岁考上杞县的大同中学，老师是姚雪垠。李成在学校参加了"民族解放先锋队"。西安事变之后，李成在父亲的支持、老师的帮助下，拿着"民先"组织的介绍信，一行四人，最先离开学校，奔赴延安。

1937 年 5 月李成到达延安，被分配在抗大（红军大学）第二期第十四队学习。两个月后抗大毕业，因为他年纪小又到陕北公学一期两队继续学习。9 月，在陕北公学加入中国共产党。从陕北公学出来又到了中央党校十三班学习，毕业后，就被分配在党校党总支做青年干事。

1938 年 8 月李成被调到枣园的中央保卫局特别秘密训练班学习，中央保卫局后来改称社会部，这是第二期训练班，同期学员有林一、罗

青长等，训练班是专门培养情报人员的。培训结束后，时值在延安召开全国战地青年代表大会，李成作为河南省代表参加。10 月，李成被派到中央青年委员会工作，先后在安吴堡青训班担任教务处干事、二连党支部书记、人事科副科长。

1939 年 2 月李成调西北青年战地工作团第二区团任党总支书记兼秘书长。他带领四五十人组成的第五分团，赴晋东南前线作战地宣传工作。

1940 年 1 月，他从中央青年委员会又回到社会部，曾在枣园办公室与林一、王炎堂一起工作；在通报组与许明一起工作；在政治研究室与梁化之、罗青长一起工作。从老同志身上，他学到了很多东西。1942 年 11 月，为了加强前总情报处的力量，李成被派到前总情报处派遣科任参谋。李成的工作是负责总部和各地派遣人员之间的联络，他将总部的指示传达给打入敌人内部的情报人员，再把情报人员获得的情报带回来。他经常往来于北平、天津、邢台、邯郸、安阳、开封等地的情报站、交通站。

联络员的工作十分重要，也十分辛苦、十分危险。李成往往是回到总部汇报完工作之后，呆不了几天就又得出发。冬天，有一次，凌晨下火车，到联络点敲不开门，只好又折回火车站，依偎在烤白薯炉边，直到天亮。夏天，有一回，边发疟疾，边走路，实在无法忍耐，只好躺在大树下，等到退了烧，再继续往前走。白天沿途经常受到伪军敲诈，日军检查，就走夜路，有一次，太疲劳，竟掉进一口枯井，腿部摔出巴掌大的伤痕。就这样，他多次将上级指示、党的重要文件秘密带到敌占区，又将敌占区军、警、宪、特的动向和分布图带回根据地。凭着对革命的忠诚，凭着勇敢和机智，几年来，他无数次圆满地完成党交给的任务。张鸿烈的养子是他送出去的，七大会议的重要文件是他亲手交给打入中南海警卫部队的王鉴平，姚继鸣的“谦祥号”干鲜果品店、中南海怀仁堂、宫门口 5 条 20 号等都是李成经常来往的联络站。而直接听取他汇报并指导工作的除了林一、申伯纯，还有李克农、滕代远、冯炫等。

1946 年 6 月，由于原北平情报站负责人姚继鸣暴露，总部命李成接替姚继鸣的工作，进驻北平。1947 年 2 月，李成被姚继鸣的亲戚出卖被捕入狱，无论敌人怎么审讯，他都始终坚持说是在北平做买卖的商人，敌人一无所获，10 月取保释放。出狱后，李成以开粉坊做掩护，继续工作。

1948 年春李成回到根据地，参加东黄逕干部培训班，准备接收北平城。

1949 年 2 月进驻北平后，李成担任北平市公安局二外分局局长。10 月 1 日国庆大典后，南下广州，先后担任广州市公安局政治保卫处处长、市检察院副检察长、广州钢铁厂党委书记、市工商局副局长等职务，在公安、政法、监察、钢铁、工商、财贸等方面为广州市的建设做出了可贵的贡献。

2007 年姐夫李成去世，享年 86 岁。

十、千里姻缘一线牵——四姐申晓白

申晓白，四姐，1927 年生，1944 年参加革命，1946 年加入中国共产党。

四姐是康丽妈妈生的六个孩子中最小的一个，长得俊秀，皮肤白皙细嫩，所以起名叫“晓白”。1944 年 12 月到太行时，四姐不满 18 岁。和姐姐小丛一起在八路军总部情报处学习了几个月以后，时值晋冀鲁豫军区参谋长阎揆要带一批干部从太行山到延安去，父亲就建议四姐跟着到延安去学习。那时候去延安，尽管有武装护送，有交通掩护，但要过铁路、过日本的封锁线，要化装走敌占区，很危险。他们主要是夜行军，一夜要走一百多里路，非常艰苦。四姐有一头骡子骑，那还是父亲带着她们去见邓小平时说“这是我的两个女儿，房子也交给组织了，我现在也是无产阶级了”，邓小平鼓励她们好好学习，并指示给予奖励，于是组织上给了一些边币，给四姐买了头骡子。但还没有走到延安，骡子就掉进山沟摔死了。

从 1945 年 4 月到 6 月，走了两个月，才到了延安。在交际处又等了两个月，8 月，四姐上了延安大学，学财经。上学才一个月，9 月，就被调到社会部。父亲原是让四姐去找南汉宸的，南汉宸当时在陕甘宁边区政府当财政厅长。可是她去的时候，李成写了封信给许明——孔原的夫人、社会部所属部门领导，信中提到把四姐介绍给王炎堂。王炎堂和李成同在枣园工作过，是最要好的朋友。四姐调来的那天，李克农让王炎堂去接，他们就这样认识了。

四姐到社会部后，分在书报简讯社，做人物档案工作，她工作非常踏实努力、细心严谨。人物档案是情报工作中的重要基础工作，她那时候整理的人物档案，至今都有保存。

王炎堂是个有名的美男子，个子高高的，长得很帅，脾气也很和蔼，再加上有李成和许明的介绍，四姐对他印象也很不错，两人很快就经常来往了。在枣园，四姐住山上，王炎堂住山下，时常相见，感情很好。

1947 年 1 月底，李克农为他们主持的婚礼，父亲、母亲此时恰好在延安做起义将领参观团的工作，也参加了他们的婚礼。3 月，胡宗南打过来时他们就分开了，四姐先撤的。胡宗南 3 月 19 日占领延安，姐夫王炎堂 3 月 17 日才撤离。之后，他们又会合在山西临县，10 月，在临县生了儿子小明。

1948 年 3 月，他们离开临县，向河北平山方向行军，又是分别走的。此时小明刚刚几个月，四姐带着孩子跟着老弱妇孺先行，王炎堂跟着工作班子后走。带着孩子行军，很艰苦。晚上孩子闹，睡不好，早上还得早起。白天，小孩子用牲口驮着，一个牲口驮两个筐，一边一个。走一段，就要停下来，把牲口垛子卸下来，喂完奶再走，非常辛苦。有一次行军，走到滹沱河边，引水渠的水很深的，路就在引水渠旁边，很窄的小道，很滑，毛驴一个趔趄，垛子滑了下来，险些掉进河里，幸亏有人给挡住了。

1949 年春，在朱豪，中央机关所在地闹白喉，一经诊断，就赶紧到石家庄去买白喉血清，等买回来，前面得病的两个孩子已经死了，小明是第三个，眼看也就不行了，正准备把喉咙切开，药赶到了，全都用在小明身上，小明总算活了过来。当时四姐整个人都要崩溃了，当护士把孩子抱出来的时候，她以为孩子已经不在了。

解放后，四姐和姐夫又生了一儿一女。当时工作向外发展，向边疆发展，他们的生活仍不得安定。1950 年去了新疆，1952 年去了云南，1960 年又去了埃及。他们把三个可爱的孩子放在了姥爷家、二姨家，一放就是 6 年。

解放后，四姐曾任驻外大使馆一秘、中央调查部三局办公室副主任等职。

四姐申晓白在工作上一向是很要强的，不论是在战争年代还是在和平年代，她总是把工作放在第一位，默默无闻地奉献。工作的劳累，生活的紧张，终于摧毁了她柔弱的身体，1981 年不幸去世，终年 54 岁。

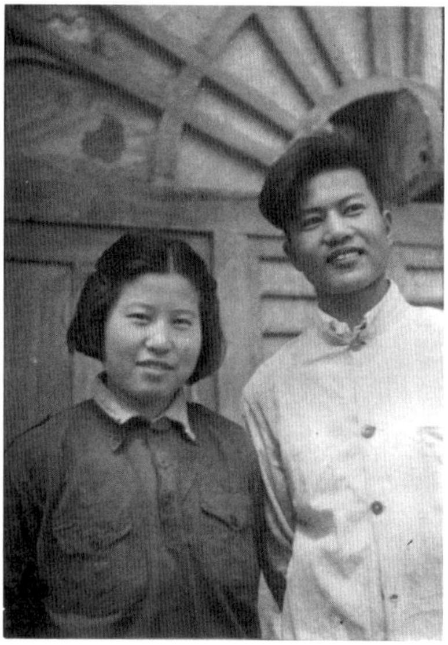

1946 年姐夫王炎堂和四姐申晓白在延安枣园

十一、终生战斗在党的隐蔽战线——四姐夫王炎堂

王炎堂，四姐夫，1923 年生，陕西人，1938 年参加革命，同年加入中国共产党。

卢沟桥事变以后，八路军东渡抗日，一路走，一路做宣传。王炎堂当时在合阳县中学上学，朱德的部队经过时，他听了朱总司令的讲话。之后，在八路军民运工作者的指导下，他们积极参加抗日宣传活动。1937 年 12 月，中共陕西省委派人来建党，发展王炎堂入党。

1938 年 1 月，王炎堂到了延安，进了陕北公学。毕业时，组织上又让他入党，他说："我已经入过了。""没关系，再入一次。"这样，王炎堂 1938 年 3 月二次入党。之后又到中央党校学习了半年，党校毕业后，到马列学院学了两个月。然后被调到社会部，参加了第三期情报人员训练班，学了两个月，1939 年 1 月正式开始工作。

1939 年，王炎堂才 16 岁，思想非常纯洁，一年基础知识的学习，在他头脑里深深扎根的是：一、作为共产党员要服从党的组织，一切听从党的指挥；二、终生献给党的情报事业。党的情报保卫工作是秘密斗争，这与公开的政治斗争、军事斗争一样，是党的事业的一部分，从事情报工作必须要有献身精神。

王炎堂的工作岗位是社会部办公室的文书、秘书。文书、秘书是协助领导工作的，工作性质很重要，工作内容却很平常：抄写记录，收发电报，文件整理，刻蜡版，油印材料等。王炎堂做每一项工作都认认真真，全力以赴，并且注意从工作中学习。他管理文件，每天都接触大量的材料，日本的、国民党的、党内的，东西很多，他有意识地去熟悉它们，不断地积累，逐渐记住了许多东西。有人问，或查找什么，他都能回答，能找到，慢慢地在社会部获得了个外号——活字典，成了领导最信得过的工作人员之一。

1946 年 11 月，得知胡宗南要进攻延安，延安立即大疏散，清理文件，将必须要保留的文件整理了 20 个大箱子，10 个牲口驮，还有老弱妇孺，一起转移到瓦窑堡。1947 年 1 月，又得悉国民党要空投伞兵，毛主席命令：把文件减少到最少，不要丢掉，要烧掉 80%。李克农派王炎堂负责文件的销毁。警卫团派了辆大车，王炎堂连夜赶往瓦窑堡。80%，就这么一句话，怎么掌握，什么要，什么不要，不知道，真令人着急。一共三天三夜，在老乡家里，关起门来，白天在屋里清理，晚上在院子烧，除了王炎堂，只有一个看文件的警卫同志。三天里，王炎堂只有一个概念："80%，留最该留的东西。"一件件地审阅，没有什么标准，凭着日常积累的业务能力，他的判断就是标准，二十箱留了四箱。就是这四箱东西，多少年后，成了后人的"宝贝"。由于社会部严格执行主席的指示，胡宗南占领延安后，没有出现丝毫纰漏。

随着战争的发展，情报工作也进一步深化。1941 年，根据中央关于加强调查研究的精神，中央情报部（社会部）非常重视抓情报业务建设，强调加强系统的调查研究。王炎堂此时不仅仅是经手大量文件，也不仅限于整理情报、撰写通报，同时还进入了分析研究情报，并逐渐成了这一方面的专家。

在战争年代，机密情报往往会发挥关键性的作用，但是如果没有系统的调查材料，就不能对情报进行准确的分析判断，没有全面的调查研究，就不能正确地决定方针政策。比如，"抢救运动"扩大化的造成，除了主管部门康生要负责任以及领导方法等问题之外，还有一个问题就是一些单位不了解情况，不了解国民党特务组织的实际情况，不了解什么是特务，以致把复兴社、CC、三青团等同于职业的特务组织。后来，在甄别工作中，陕甘宁边区保卫处处长周兴特意邀请通报科科长王炎堂到边保讲课，专门介绍国民党特务系统的内情。听课以后，边保干部大有收获，甄别工作有了实施的依据，走上正确轨道。

解放后，王炎堂曾先后担任中央调查部处长、局长、副部长，中国共产党驻越南代表团顾问，中华人民共和国驻埃及大使馆参赞，中央纪律检查委员会驻农业部纪检组长，第五届全国政协副秘书长，第六届、七届、八届全国政协委员，国家安全部咨询委员等职。

虽然职务变了，从情报的整理通报到情报的综合分析、评估指导，从具体工作到领导工作，但工作宗旨没有变，他仍然勤勤恳恳、兢兢业业地战斗在党的隐蔽战线上。王炎堂总是称自己的工作为“内勤”，称自己为“内部工作的勤务员”。

1988 年姐夫退到二线后继续发挥余热，与其他同志共同完成了征集、整理、研究、编辑《建国 34 年情报史料》的工作，前后历时八个春秋，并参与了《李克农》一书和电视剧的审查工作。2004 年从调查部离休。2008 年姐夫王炎堂去世，享年 85 岁。

重温历史

如今，抗日战争已经过去了 70 年，成为了历史。重温这段历史，不知道您是什么感受。是忆往昔岁月峥嵘而心潮澎湃，还是闻战地黄花馨香而抚慰平生；是因未能化为咆哮黄河中的一滴水而抱怨自己的生命缺乏光彩，还是因未能和前辈们一起举起大刀浴血战场而叹惜自己出生太晚；是牢记过去、放眼未来，身处太平世界而不忘环球之凉热，还是认为时过境迁，那只是一个遥远的时代和古老的故事。

老八路，许多不在了，在的也老了，但万众一心同仇敌忾、为有牺牲多壮志的民族精神还在，誓死抵抗侵略、还我正义与和平的人间正道不会老。

这是一段气壮山河、波澜壮阔的历史，记住这段历史，我们的未来会更加灿烂；这是一种穿越时空、辉映未来的精神，继承这种精神，我们的事业将与日月同辉！

2005 年初稿，2006 年刊登于《纵横》杂志第 3 期，2019 年补充修改。

申伯纯与西安事变的情结

今年（2006年）是西安事变七十周年纪念，西安事变是中国现代史的一个转折点，它结束了十年内战，促进了抗日民族统一战线的形成，为打败日本帝国主义，实现民族解放奠定了胜利的基础。

当年西安事变的参与者，如果活着，差不多都是过百岁的老人了。我父亲就是一个西安事变的亲身参加者，如果活着，今年108岁了，可以说父亲的一生都与西安事变有着密切的关联。

亲历西安事变

父亲1925年毕业于北京大学经济系，怀有报国志向，毕业后赴广东汕头参加大革命，1927年因不满蒋介石的反动政策，离开广东，投奔西北军，受到杨虎城的信任与重用。1934年春，在日本侵略中国的危难时刻，父亲认清，要想抗日救国只有跟着共产党走，毅然决然排除一切困难，参加了革命，为党做地下工作。1934年秋，父亲曾向南汉宸提出加入共产党的要求，南汉宸说："你已经是共产党员了。"

1935年8月1日，中国共产党发表《为抗日救国告全体同胞书》，11月初，父亲奉南汉宸之命去南京见杨虎城，首次向杨虎城介绍了《八一宣言》的内容，并提出与红军建立抗日友好互不侵犯协定的问题。12 月，父亲将南汉宸有关停战合作六条协议的亲笔信示与杨虎城，杨虎城表示同意。

1936 年 2 月，杨虎城与共产党代表王世英、汪锋在西安就两军停战、合作抗日、建立交通站等问题正式交换了意见，从此杨与陕北中央建立正式关系。

此后，父亲一直在杨虎城身边。1936 年 2 月，杨虎城成立绥靖公署交际处，委任父亲为交际处长，开展对东北军的联络工作，同时进行秘密联共抗日的活动。这一年，父亲在取得党的联系下，为推动杨虎城反对内战，联共抗日，去除张杨间的猜疑，形成张杨间的联共抗日合作以及掩护党的交通，向党供给重要情报等方面做了许多有价值的工作。

12 日清晨，捉到蒋介石后，在新城大楼，张学良对高崇民和父亲等人说："我这个人胆大包天，现在我把天捅了个大窟窿，这件事究竟怎样收场，你们要想办法。现在全中国的命运在我们手里攥着，我们不能胡闹，我们要对全中国人负责！你们马上要组织一个设计委员会，负责研究一切善后问题，对我和杨先生两人负责。你们就去开个名单来，送给我和杨先生批准后，马上就开始工作。"

为了加强军队中的政治工作，杨虎城又任命父亲为十七路军政治处处长，并授予少将军衔。

12 月 14 日，西安各界在南苑门大礼堂召开群众大会，到会群众有两千多人，由父亲代表设计委员会作报告，宣讲这次事变的经过和意义，到会群众反映非常热烈。父亲还向十七路军驻西安部队连排级以上官佐作过几次同样的报告。

继 25 日张学良送蒋回南京后，29 日，在西师大礼堂，西安学生救国联合会召集学生开会，到会者千余人，要求当局对放蒋介石回京一事进行解释，军委会（抗日联军临时西北军事委员会）特派身为绥署政治处长的父亲参加。父亲即席讲演，根据和平解决西安事变的宗旨解释了抗日大局的需要和放蒋的保障条件，稳定了群众的情绪。

之后，蒋介石背弃信义，调遣大军威胁西安，围绕着是战是和，东北军和十七路军内部发生了日益激剧的分歧和斗争。父亲遵循党的指示坚决主和，反对战争，因此几乎遭到极端者的暗害。

当年的父亲，英俊潇洒，激动起来，面色白里透红，一口纯正的北京话，声情并茂："我们为什么要捉老蒋呢？就是因为他不抗日……"洪亮的嗓音牵动了数万人的心。父亲在西安事变中能有所作为，做出贡献，他总是归功于时代的造就和党的引导。他说自己是"时代的幸运儿"，庆幸自己"在歧路彷徨的时候，总是走比较光明的路"。其实这一切跟父亲的性格也有关系。父亲是个有志气、有勇气、有魄力的血性男儿。"当亡国奴我是绝对不干的！"正是这种强烈的民族意识，促使父亲完成了思想政治的转变，而一旦皈依革命，"便对于党和革命事业绝对忠实，在任何危险的时候都没有动摇过"。

西安事变后，1937 年 3 月，叶剑英找他谈话，中央批准，父亲正式加入中国共产党。西安事变是中国革命的转折点，也是父亲人生的转折点，从此父亲在革命的道路上开始了新的征途。

抗日战争爆发后，父亲曾任八路军总部高级参议、总部秘书长、晋冀鲁豫边区参议会议长、八路军总部情报处副处长、华北局国军工作部副部长、军调部八路军驻北平办事处副处长等职。

撰写《西安事变纪实》

1946 年 12 月 12 日，西安事变十周年纪念日，在延安召开的纪念大会上，周恩来同志说："历史应该公断，西安事变是蒋介石自己逼成的，蒋介石抗战是张杨两将军顺应人民心意逼成的……这段公案，人民会起来给以正当裁判。"父亲也在大会上作了报告，讲述张杨被逼上梁山，逼蒋抗日的经过，并写文章《回忆双十二》，由新华社发到各解放区报纸登载。

全国解放以后，父亲曾任政务院秘书厅主任，政务院机关事务管理局副局长，政协第二届、第三届、第四届全国委员会委员兼副秘书长，第五届全国委员会常务委员，文史资料研究委员会副主任委员、顾问等职。

父亲亲身参加西安事变，一直感到有责任把自己亲知亲闻的有关情况如实地记录下来。只是长期的战争环境使他没有时间从事这项工作，开国伊始，也是工作繁忙，无暇及此。直至1955年，父亲到政协工作，公余有暇，才开始着手实现这个多年的宿愿。

1956年6月父亲向组织提出申请："两年以来我有一个志愿，就是想以西安事变作题材写一本长篇的统一战线小说。我想这在统战工作方面和文艺工作方面都是需要的。但是这一工作是极艰巨的。为了准备做这一艰巨工作，两年以来我曾读了不少中外文艺的书籍。我也曾就我记忆所及写出了一些有关西安事变的史料和搜集了一些有关的资料。这个工作我准备作三年五年十年八年的长期打算，也准备作为我一生有价值的贡献。不过我现在担任的事务性工作相当多，使我构思写作的时间太少，因此感到相当吃苦。希望组织上今后对我的工作安排上能够适当地减少一些事务性工作，帮助和鼓励我完成最后的志愿，这是我由衷迫切的请求。"

1956年12月12日，在纪念西安事变二十周年的座谈会上，周总理称张学良、杨虎城"大有功于抗日事业"，是"千古功臣"，号召有关同志写文章。在总理的支持下，父亲更是不遗余力。他在自己的回忆的基础上，寻找当年的知情人进行采访，随问随记。在那两年他采访西安事变亲身经历者就有周恩来、叶剑英、李克农、罗青长、南汉宸、徐海东、高崇民、郭增恺、刘多荃、王菊人、王卓然、洪钫、于学忠、应德田、李维城、赵彦青、卫立煌、邵力子、李志刚等。其中许多人已经陆续不在了。父亲还大量查阅并记录了当时的新闻报道以及档案资料，如《西京民报》《上海大公报》《中央日报》、西安和延安之间信件来往、张杨之间的信件来往、有关人士发表的文章等。

1959 年夏《西安事变记》初稿完成，父亲将其送交领导和相关人士审阅，征求意见。

1959 年 8 月，叶剑英元帅谈道：“这是一件大事，张学良对党有功，现在写出来很有好处。如不出版，还可以多写一些，有些情况还可以写详细些，如张学良曾向我谈过要求入党的问题……”范长江说：“第一手资料，权威资料，搜集这样多的资料真不容易，真是内幕核心的资料，可以藏之深山，垂之永久。”张奚若说：“两天的工夫，全部看过，一个字未忽略过。看了以后增长了许多知识，纠正了过去许多不正确的认识。”

也有人提，初稿不够突出政治，叙述人事往还的多，从阶级分析，用阶级观点看具体问题少，因此不够深刻等。

1960 年至 1962 年，父亲根据各方面意见，对《西安事变记》进行第一次全面补充修改。1960 年 12 月 1 日记：“这次修改《西安事变记》的目的有三：1. 落实，将虚假的去掉，将空虚的填补起来。2. 求平，将歪的邪的去掉，求正求平，去掉一些杂质，使它内容更纯正。3. 更好地组织起来，如设章。这次修改拟完成下述三点：1. 更深刻正确的论断。2. 把偶然的事件从内在的联系找出它的必然性来。3. 尽量运用历史唯物主义和阶级分析观点去分析这个事变。”经过两年的努力，1962 年 5 月《西安事变记》二稿打印出稿。

“文化大革命”中，《西安事变记》也成为父亲阶级立场有问题、阶级观点不清、成名成家、个人野心的罪状。虽然身处厄境，但父亲不忘自己的历史责任，于 1972—1973 年，进行第二次全面修改。1972 年 12 月 12 日记：“为了纪念西安事变，我今天下决心，从明年（1973 年）1 月 1 日开始，着手对《西安事变记》进行最后的修改，以马列主义、毛泽东思想的立场、观点和方法进行修改，务期使它成为一本像样的历史书，预计在西安事变四十周年（1976 年）前完成，以偿我的夙愿并纪念我故去的朋友们！这是誓言，不死决不改变！”

父亲此时已是74岁的老人，经历了那么许多的坎坷和曲折，又是病痛缠身，但他心中想到的是：一定要把这段历史记录下来。父亲说到做到，从1973年1月1日到2月6日，日日伏案改稿，新年、春节，均未休息一天。本来受“文化大革命”的影响，在指导思想上有了一些框框，但在实际修改过程中，父亲仍推翻了教条主义的框框，本着再现历史的实事求是的精神，秉笔直书，真实地记录了瞬息变幻的历史真相，热情歌颂了两位将军的不朽功绩。之后，他又根据李克农，刘鼎、南汉宸、高崇民、王炳南、王菊人、孙铭久等西安事变的参加者和知情人所提供的情况和意见，反复作了补充和修改。特别是刘鼎，在最后的审定出版工作中给与了很大的帮助。

自1959年初稿完成，大的修改两次，小的审查和修改不计其数，到1973年12月，三稿基本完成，定名《西安事变纪实》。

1976年4月下旬，父亲因天安门事件的刺激，突发心肌梗死和脑血栓，造成口喑手颤，难以行动。右手不能写字，他练习用左手写，坚持修改《西安事变纪实》。1978年，人民出版社同意出版《西安事变纪实》，他用颤抖的手艰难地最后写下了“编写说明”。1979年，身患癌症生命垂危的父亲，在病榻上看到《西安事变纪实》校样时，终于露出了满意的微笑，他终于实现了自己多年的夙愿。

从1955年到1979年，父亲经过25年的思索与求证，完成了《西安事变纪实》的写作，这是他一生的心血。这里有他对理想——民族解放和祖国统一的执著的追求，有他对张学良、杨虎城两位将军的深切怀念。

《西安事变纪实》于1979年11月由人民出版社出版（内部发行），出版后成为重要的党史研究资料。《西安事变纪实》也许没有像有人预言的那样“风行一时”，但确实是“难得的史料、非常宝贵”，可以“垂之永久”。

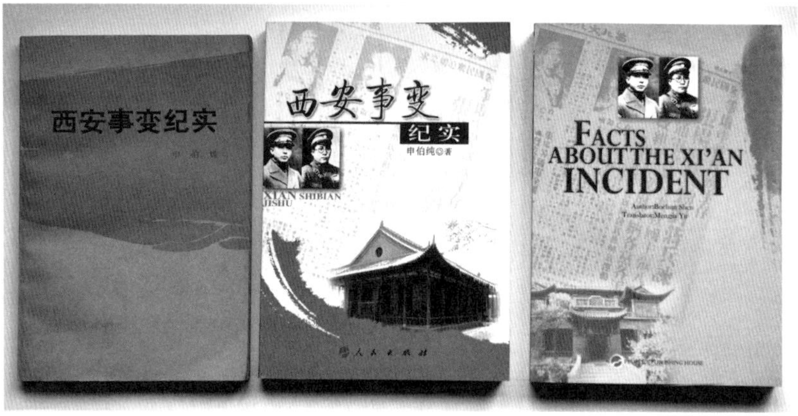

人民出版社 1979 年第一版、2008 年第二版、2009 年英文版

《西安事变纪实》有其独特的特点：第一，它是最早的全面记述西安事变的著作；第二，亲身经历，事事有根据，信实可靠；第三，以历史唯物主义观点把握历史，对人物和事件做客观的记录，把“论”寓于“记”；第四，感情真挚，文笔生动。父亲不仅用“笔”写，也在用“心”写，他甚至“每读到高福源对张学良的那段谈话都要落泪”。读过此书的人无不为张、杨两位将军的爱国主义思想和自我牺牲的精神所感动，无不抚胸长叹——何时两岸共明月，举杯把酒酹忠魂。

《西安事变纪实》的影响不仅在历史还在文艺

在 20 世纪在 60 年代和 70 年代西安事变就被编成话剧，登上舞台。根据父亲的记录，1959 年 2 月 18 日晚，在南汉宸家，父亲曾与吴雪、曾凌等谈西安事变话剧剧本问题，对于剧情设计、人物性格把握等方面都提了许多有益的建议。

1981 年上映并轰动一时的电影《西安事变》是著名导演成荫的作品。成荫是父亲的女婿，经常听岳父讲起西安事变。1975 年 10 月 17 日父亲记："今天想到一个问题，想写一出西安事变剧本。因想到近来看《车轮滚滚》和《万水千山》两出剧，一个是侧写，一个是由下边写。西安事变剧本也可以由侧面写、下面写。想到这一点，心怦怦然动，立即打电话找成荫同志去看他。见面后我讲了我的意见。成荫认为很难写，因主要人物周恩来、蒋介石、张学良、杨虎城均不能出场。问题又太复杂，从侧面、下面写困难也很多。他对我泼了冷水。我还不死心，还要继续想。九时回家，十时寝。"

"文化大革命"后，电影《西安事变》终于问世，而且一举成功。影片将抗日战争前夕国内各种活跃的政治力量之间的纵横捭阖、瞬息万变的时代面貌展示得波澜壮阔，蔚为奇观，引起海内外华人世界的一致好评，公认为是客观、公正的大气之作，获得 1982 年第二届电影金鸡奖最佳导演奖、文化部 1981 年优秀影片奖。这些，可以说也是《西安事变纪实》成就的折射。

主持西安事变史料整理小组

1959 年，在周恩来总理的倡议下，全国政协成立文史资料研究委员会，由历史学家范文澜任主任委员。父亲任副主任委员，主管全面日常工作。父亲全身心地投入此项工作，贯彻总理"把亲身经历留下来，传给后人"的指导思想，广征博采，充分调动了各界人士的积极性，稿件如潮水般源源涌来。仅在父亲工作期间就出版《文史资料选辑》55 辑，并留下了 3 亿字的文史资料原始文稿。《文史资料选辑》不久就显示了它的特殊作用，在国内外久负盛名。

1961 年 12 月 12 日西安事变纪念二十五周年之际，周总理在北京饭店宴请西安事变参加者，宴后决定成立九人小组和七人小组编写西安事变史料：（九人）李维汉、林枫，（七人）刘鼎、申伯纯、高崇民、阎宝航、赵寿山、南汉宸、杨明轩。七人小组以申伯纯为召集人，由刘鼎负责审查。从此西安事变史料的征集工作被正式提到日程上来。

1962年4月30日父亲召集七人小组开会，讨论西安事变史料的征集方法和七人小组的活动方式，决定着手整理已有稿件，号召有关人士写稿，并邀请专人来写尚未弄清楚的具体问题。到“文化大革命”时已收集有关西安事变的史料约200万字。

1966年“文化大革命”开始，7月，全国政协第一个被揪出来的“走资派”就是主持文史资料工作的父亲。文史资料工作被批判为美化“帝王将相”，为反革命“鸣冤叫屈”，所编辑的《文史资料选辑》成了反党反社会主义的“大毒草”，父亲被打成“走资派”“大右派”，遭遇批斗、专政、下干校劳动等不公平待遇，西安事变史料的整理工作也因此整整被搁置了十年。

父亲在被审查期间，念念不忘西安事变史料的整理工作。1971年2月20日记：“张×同志来同我谈话，先问我有什么活思想。我讲了三件事：第一，希望问题能早日解决；第二，腿疾未痊，是否还去沙洋（干校），什么时候去沙洋；第三，西安事变材料的整理。张说：……第三个问题他可以反映。”1971年9月1日记：“今年8个月又过去了，我的问题的解决仍杳无音信，不禁令人焦急。最近人民日报社论看到‘将功补过’这句话，又不禁引起我重新整理西安事变材料和文史资料的想法，这两项工作是需要做的，也是我‘将功补过’的机会。我过去曾向李代表提过这个问题，李代表也表示赞成，但又事隔半年多，一点消息没有，我得不到解放，这个问题我也不好再提。眼看我一天天地老了，没有多长的时间要我补过了，想到这里，焦急万分!”

1972年12月14日父亲给总理写信说：“……西安事变史料征集工作，已征集了一些零散资料，约200万字，我也写过一本《西安事变记》草稿，约20余万字。这些材料都需要审定、修改和补充。我现在除读书外，闲着没事干，决心以衰老之身（患腿关节炎已不良于行）对这些材料进行修整提高，务期在1976年（西安事变四十周年）前将这一工作做好，完成您的委托，留备历史参考。”

1973 年 4 月父亲恢复组织生活。在父亲的积极争取下，1975 年 12 月正式恢复西安事变史料的整理工作。1975 年 12 月 16 日父亲召开“文化大革命”后的第一次西安事变史料工作会议。首先的工作是清查稿件，因为经过“文化大革命”，稿件有所丢失。然后计划编辑出版几个专辑，要求“工作限明年上半年整理完竣，下半年印刷、归档”。

1976 年，父亲 78 岁，他不顾身体衰弱，不辞辛苦，每日亲自审阅西安事变稿件，每星期开一次整理西安事变史料工作会议，父亲想在自己有限的生命内把西安事变的史料整理出来。

1 月 8 日周总理逝世，父亲极度悲痛，1 月 14 日记：“夜四时半以后再睡不着，默念七律一首《在整理西安事变史料中悼念总理》：“西安事变四十年，史料编写近周全；为挽民族危亡劫，暂抛阶级血海冤；旋乾转坤成枢纽，掌舵撑篙仗巨拳；一部统战模范史，未蒙鉴定竟长眠。”

不料，三个月后，父亲悲愤成疾，也病倒了，终未完成在西安事变四十周年出版西安事变史料集的心愿。

可以告慰父亲的是，1986 年西安事变五十周年之际，文史资料委员会将所征集的西安事变史料编辑出版了《西安事变亲历记》《西安事变简史》两本书；三亿字文史资料存稿也成为巨大的历史文化财富在被开发利用，父亲在天之灵可以安息了。

“双十二”纪念日

父亲的一生都与“双十二”有联系，因此，父亲也更加关注这个日子，即使没有公开的纪念活动，他在心里也要纪念这一天。以下是父亲的日记。

1963年12月12日

今天是双十二，是西安事变二十七周年纪念日。在到政协办公批文件时，才想起今天是一个有意义的纪念日，否则简直就忘却了。周总理不久前对特赦人员讲话时，曾告诉徐冰同志西安事变三十周年时（即66年）要开一个纪念会，我这几天曾同有关人士研究这个纪念会如何开法，并印几本西安事变史料，画几张油画，在西安筹办一个纪念馆等等。我是最关心西安事变的人，但今天这个日子连我几乎都忘记了，可见记载、图片、实物纪念展览的必要。

我对张汉卿先生还有一个幻想，就是台湾问题在二三年内能有和平解决的希望，如蒋介石病死，蒋经国继承，美国地位在国际形势日趋衰落，台湾返回祖国怀抱，那时张汉卿还健在，以他做代表返回大陆讲条件，那将是多么好的事情。我更幻想这个美梦能在西安事变三十周年时实现。

1970年12月12日

今天是西安事变三十四周年纪念日。当着这个日子，我不禁感慨万端，原计划三十周年的时候，开一个大规模的纪念会，文化大革命的兴起给冲掉了。现在转眼又过了四个年头，明年是三十五周年，不知会有什么纪念活动。……过去几年征集到二百多万字的史料稿件，现在还乱放着，没有最后整理，我写的《西安事变记》一书，经过文化大革命迫切需要改写，但这些事我现在因为尚未解放，也无从着手，心中未免焦急。

1971年12月12日

今天是西安事变三十五周年纪念日，原想找几个有关人，如米暂沉，在一起聚会一下。后来想我刚刚从干校回家，这样搞不方便，怕有不好影响，所以作罢。

1972 年 12 月 12 日

今天是西安事变三十六周年纪念日，抚今追昔，不胜感慨和兴奋！感慨什么呢？不但杨先生牺牲了，张先生的苦难到现在还没有结束。就以西安事变史料九人小组来说，五个人去世了，三个人还关着，就剩我一个尚能勉强地自由自在地活着，怎能不使人感慨！兴奋什么呢？西安事变毕竟伟大胜利了，成为现代历史的转折点，从此以后，打垮了日寇，驱逐了蒋匪，建立了新中国，国家日益昌盛，怎能不使人兴奋！……

1973 年 12 月 12 日

今天是西安事变三十七周年纪念日，我每逢这一天总是心情激动，浮想联翩。特别是今年这一天是《西安事变记》第二次修改稿最后完工的一天，使我更有无限的感触和无比的高兴。今天清晨五时醒来，我就考虑今天这个日子我怎么过呢？先想为了纪念这个日子请几位熟朋友，如王炳南、米暂沉、吴波（他那时也在西安）到展览馆餐厅去吃西餐，聊表纪念……

1974 年 12 月 12 日

今天是西安事变三十八周年纪念日，中国新闻社向我征稿，又看到台湾中央日报蒋经国发表的《张学良西安事变反省录》，不管写出来的稿子是否有用，我竭力写了《忆往事》一文，以纪念西安事变三十八周年。写了好几天，今天整天抄写，算是写出来了。文章写好，感到轻松高兴。

1975 年 12 月 12 日

晚上刘鼎来，我们二人共同纪念双十二纪念日。可谓冷落极矣。

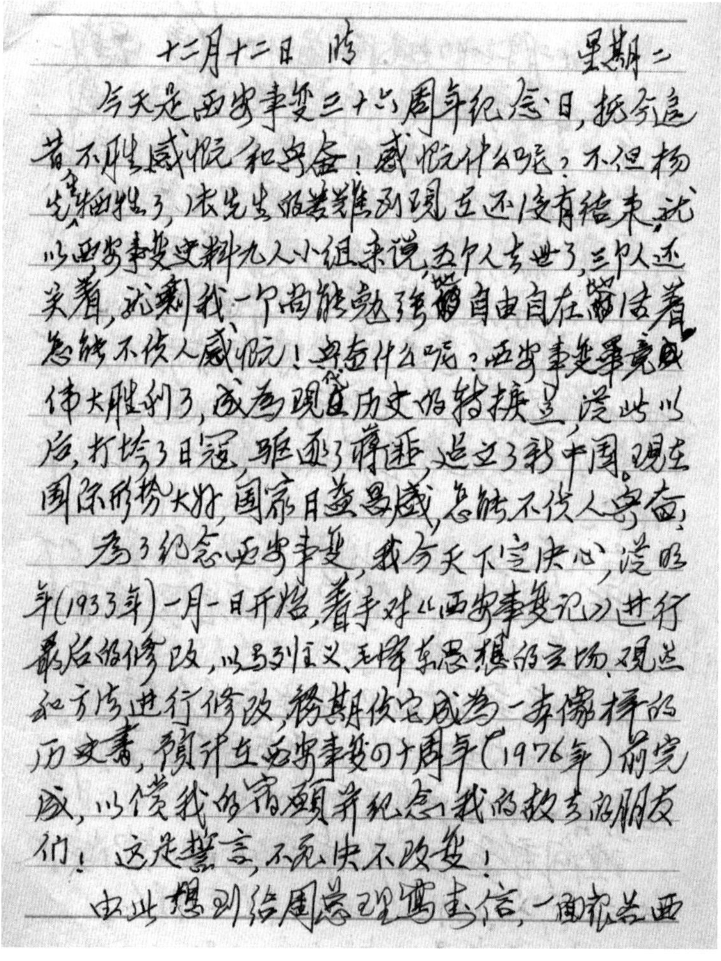

十二月十二日 晴 星期二

今天是西安事变三十六周年纪念日，抚今追昔不胜感慨和兴奋！感慨什么呢？不但杨先生牺牲了，张先生被囚禁到现在还没有结束，就以西安事变史料九人小组来说，五个人去世了，三个人还关着，就剩我一个尚能勉强自由自在地活着，怎能不使人感慨！兴奋什么呢？西安事变毕竟成伟大胜利了，成为现在历史的转换点，从此以后，打垮了日寇，驱逐了蒋匪，建立了新中国。现在国际形势大好，国家日益昌盛，怎能不使人兴奋！

为了纪念西安事变，我今天下定决心，从明年（1973年）一月一日开始，着手对《西安事变记》进行最后的修改，以马列主义、毛泽东思想的立场、观点和方法进行修改，务期使它成为一本像样的历史文书，预计在西安事变四十周年（1976年）前完成，以偿我的宿愿并纪念我的故去的朋友们！这是誓言，不死决不改变！

由此想到给周总理写去信，一面报告西

1972 年 12 月 12 日父亲日记手笔

1976年5月父亲罹病，没有再留下记录。1979年7月，父亲怀着没有见到两岸统一的遗憾溘然长逝。我仿佛看见，在那一边，父亲见到杨虎城、张学良两位将军，深深地鞠了一躬，捧上了那本书。

2006年是西安事变七十周年纪念，我感到父亲那颗炽热的心仍在跳动，好像在对我说："每年我都要纪念这一天……"

我想告诉父亲："现在许多人都在纪念这一天，您梦想统一的那一天不远了。"

该文刊登于《炎黄春秋》2007年第1期

在中国延安精神研究会纪念西安事变八十周年座谈会上的发言

大家好！我现在汇报一下我父亲申伯纯是如何在党的领导下做争取杨虎城联合抗日的工作的。

1934 年春，在南汉宸的引导下，父亲走上了革命的道路，为党做情报工作。那时南汉宸秘密住在天津，父亲以合法身份公开住在北平，他们经常在天津秘密会晤。

1935 年日本帝国主义加紧对我国进攻，南京卖国政府步步投降，北方各省继东北四省之后而实际沦亡了，国家、民族，已处在千钧一发的生死关头。抗日则生，不抗日则死。在这个关键时刻，中国共产党发表《为抗日救国告全体同胞书》即《八一宣言》，号召中国一切决心救国救民的组织与力量结成反对日本帝国主义的广泛的统一战线。《八一宣言》于 10 月 3（1）日发表于在巴黎出版的《救国报》。《八一宣言》一经发表立刻得到全国人民和各界人士的热烈支持，产生了巨大的政治影响。

自从党中央和中央红军经过长征到达陕北，争取杨虎城联合抗日不但在形势上有了可能，而且日趋重要。

杨虎城出生于山西蒲城一个农民家庭，1917 年率部参加了孙中山先生领导的反对北洋军阀的陕西靖国军。

1921 年杨虎城在陕北榆林结识了共产党员魏野畴，受到共产主义启蒙思想的影响。1927 年，杨虎城在冯玉祥的领导下率部参加北伐，有不少共产党人在其部工作。后来蒋介石叛变革命，在部队中进行清党，杨虎城仍与共产党员保持友好关系，尽力保护他们。当时，共产党员魏野畴、南汉宸、蒋听松、刘子华等均在其部任要职，因此杨虎城不见容于蒋介石，不得不以去日本考察为名一度离开军队。

后来，杨虎城当陕西省主席时，有统一大西北的雄心，想背靠苏联与蒋介石抗衡。在这个时候他有许多进步措施，如释放西安在押的政治犯，资送一批革命青年到国外留学，任用南汉宸为陕西省政府秘书长，在部队中保留了不少革命分子（如张汉民、王吉泰、阎揆要等），对陕北土地革命也暗中予以帮助和掩护。

据记载，杨虎城曾于 1928 年提出过加入中国共产党的要求，他曾愤慨地对那些贪污腐化的军官说："我个人能去当共产党，可是你们能跟我走吗?"

杨虎城是主张抗日的，不满蒋介石的不抵抗政策，于 1933 年曾向蒋介石请缨，愿率十七路军全部开赴华北抗战。

杨虎城有这样的进步基础，是争取他联合抗战的有利条件。

1935 年 10 月间，南汉宸即约父亲到天津密晤。对父亲说："这次找你来，除了给你传达《八一宣言》以外，根据组织上的意见，主要是同你商量如何去开辟十七路军工作的问题。你可以趁此机会到南京去一趟，向杨虎城说明当前的形势和中共的主张，并向他建议与陕北红军建立抗日互不侵犯协定，我想这个工作你去做是适当的。"

南汉宸是 1926 年的党员，他与杨虎城有很深的关系，深受杨虎城信任。1932 年冬南汉宸被国民党政府通缉，在杨虎城的掩护下，得以逃脱，匿居日本，1933 年返回后即在中共北方局从事地下工作。我父亲当时具有双重身份，既是杨虎城的部下，又在为共产党工作，所以南汉宸说"我想这个工作你去做是适当的"。

11月初，父亲去南京见杨虎城，当时杨虎城在南京参加国民党五全大会，运动当中央委员。这时候的杨虎城非常苦闷，除了蒋介石逼迫“剿共”，军队连遭惨败之外，他与张学良之间互相猜疑也很深，竞选中央委员，也是作为下台的退路。

父亲到了南京，见到杨虎城说：“汉宸有许多重要的话要向你说，因为他不便公开来见你，所以托我来转达。”听了这几句话，杨虎城既高兴又紧张，随即与父亲秘密长谈。父亲向杨虎城详细地介绍了《八一宣言》的内容，最后说：“共产党当前的中心口号是‘停止内战，一致抗日’，政治主张是‘组织国防政府和抗日联军’。共产党愿在抗日的原则下同一切军队联合抗日，不管过去有过什么仇怨。”又说：“汉宸十分关心你和十七路军目前的困难处境，托我来向你说明中共和红军的主张，他愿意并且负责沟通红军和十七路军的关系。如果你愿意的话，将来双方可以建立抗日友好互不侵犯协定。”

杨虎城听了父亲的这番谈话，很是动容，认为有了新的希望，对父亲说：“汉宸这次让你来谈这个问题，很好，我也正想找他们的关系。”“你就先住下，说是帮助我选举，真实情况不要同任何人讲。”

12月初，五全大会闭幕，父亲随杨虎城乘专车由南京返西安。在车上杨虎城谈了很多，他说：“据你前次所谈，共产党能够以抗日做前提，联合一切不愿当亡国奴的人共同抗日，这就对了！”“现在由于日本步步逼近，全中国人心震动，纷纷起来要求抗日，我看这个局面维持不了多久了。上次你转述的汉宸那些话，只是一些原则，究竟具体怎么办，他谈过没有？”父亲答道：“汉宸没有谈。”杨虎城说：“那么你现在就可以从徐州转车去天津，找汉宸问问具体办法，问清楚以后，你赶紧去西安找我。我刚才说的那些话，你可以告诉汉宸。”

父亲立即转车去天津。三天后，父亲拿到南汉宸有关停战合作六条协议的亲笔信。为了保守秘密，信上没有写上款，只写了下款“南汉宸手上”几个字。这是给父亲口述时备忘用的，也是给杨虎城的信证。

南汉宸嘱咐父亲说：“有些话你对杨虎城可只做传达，不做解释，要注意利用你有利的身份，以便将来继续在杨虎城处做公开的工作。假如他同意这几项条件，或者有所修改补充，天津方面将另派专人前往商谈，并由派去的专人到陕北沟通双方的关系。”

12 月 16 日父亲到达西安，将南汉宸有关停战合作六条协议的亲笔信示与杨虎城，并传达了南汉宸的意见，杨虎城表示基本上都同意。

几乎是同时，为了争取杨虎城联合抗日，毛主席派汪峰，携带给杨虎城、杜斌丞、邓宝珊的亲笔信，12 月也到了西安。但是因为杨虎城与汪峰素不相识，不敢深信。他一面招待汪峰，一面派人到天津找南汉宸和党的负责人来西安面谈。

1936 年 2 月，杨虎城与毛主席派的汪锋、中共北方局王世英在西安就两军停战、合作抗日、建立交通站等问题正式交换了意见。之后，王世英将此经过汇报给在石楼前线的毛主席、周副主席，从此杨虎城与陕北中央建立正式联系，开始了联共抗日的进程。

1936 年 4 月，驻共产国际的中共代表团为争取杨虎城联合抗战所派遣的王炳南也到达西安，更加强了杨虎城联共抗日的决心。

1936 年 7、8 月间，三位一体联合抗日局面形成，党中央派张文彬到西安作为红军驻十七路军正式代表。

争取杨虎城的工作是由党的各方面组织分别进行的，有由中央派遣的，也有由地方派遣的，而最初的联络工作是中共北方局地下党派遣我父亲去做的。

1936 年 2 月，杨虎城成立绥靖公署交际处，委任父亲为交际处长，开展对东北军的联络工作，同时进行秘密联共抗日活动。

父亲为去除张杨间的猜疑，形成三位一体的联合抗战局面，做了许多有价值的工作。

12 月 12 日，华清池捉蒋之后，成立西安事变设计委员会，父亲为成员之一。

为了加强军队中的政治工作，东北军原来的政治处改组，十七路军成立政治处，任命父亲为政治处处长。

12月14日，西安各界在南苑门大礼堂召开群众大会，到会群众两千多人，父亲代表设计委员会作报告，宣讲这次事变的经过和意义。

12月29日西安学生救国联合会召集学生开会，要求当局对放蒋介石回京一事进行解释，西安军委会特派身为绥署政治处处长的父亲参加，父亲按照党的和平解决方针即席演讲。

1937年1月，在蒋介石大军的威胁下，围绕着是战是和，东北军和十七路军内部发生了激剧的分歧和斗争，父亲始终遵循党的和平解决的方针，坚决主和，反对战争。

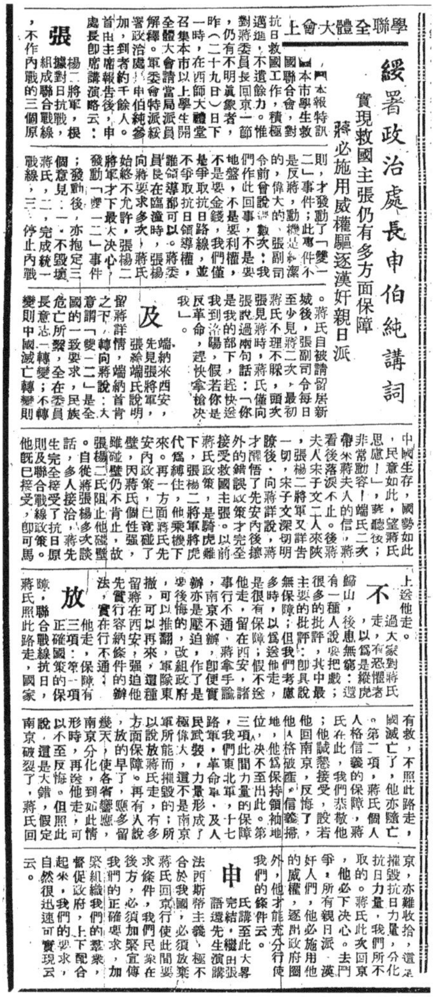

1936年12月30日《西京民报》：

《绥署政治处长申伯纯讲词》

虽然之后的事情有所曲折，但西安事变毕竟和平解决了，建立了全国抗日民族统一战线，中国的历史从此转折。

1937年3月，在三原安吴堡，叶剑英找父亲谈话，南汉宸、张文彬、王炳南三人介绍，父亲第二次加入中国共产党。

晚年的父亲致力于西安事变史料的整理工作。

父亲是西安事变的亲历者，他的一生都与西安事变相关联，所以父亲在世时，每到12月12日，他都要纪念这个特殊的日子，即使没有公开的纪念活动，他在心里也要纪念这一天。

今天，有幸在这里与大家共同纪念西安事变八十周年，很是激动，赋诗一首：

渔家傲

纪念西安事变八十周年

申晓亭　申大京

八十年前风云乱，
国土沦丧民危难。
中华自有英雄在，
同心干
翻江倒海挽巨澜。

八十年后红旗展，
国家强盛民康安。
前赴后继承遗志，
再聚首
唤来后人千千万。

八十年过去了，张学良、杨虎城、周总理……许多亲历西安事变的老前辈都不在了，但是他们创下的历史功绩万古长青，他们的浩然正气永垂不朽，他们留下的这份情感也深深地印在了我们的血液中。

现在许多人都在纪念这个日子，父亲梦想祖国统一的那一天不远了。

谢谢大家!

2016年12月12日

该发言稿为中红网和育英网转载，因部分内容与前文有所重复，此文为节选。

诗歌、散文

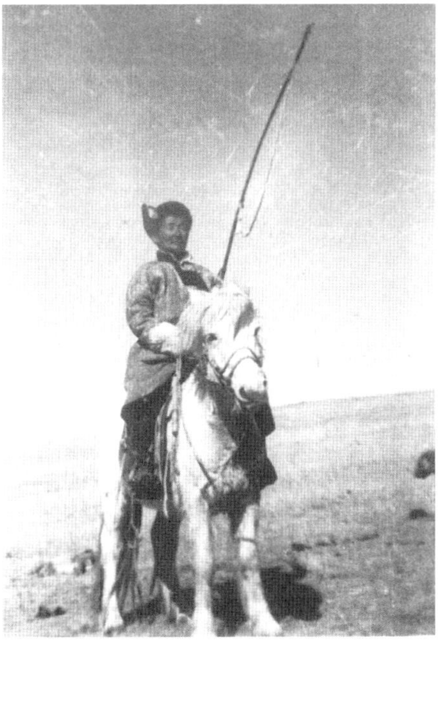

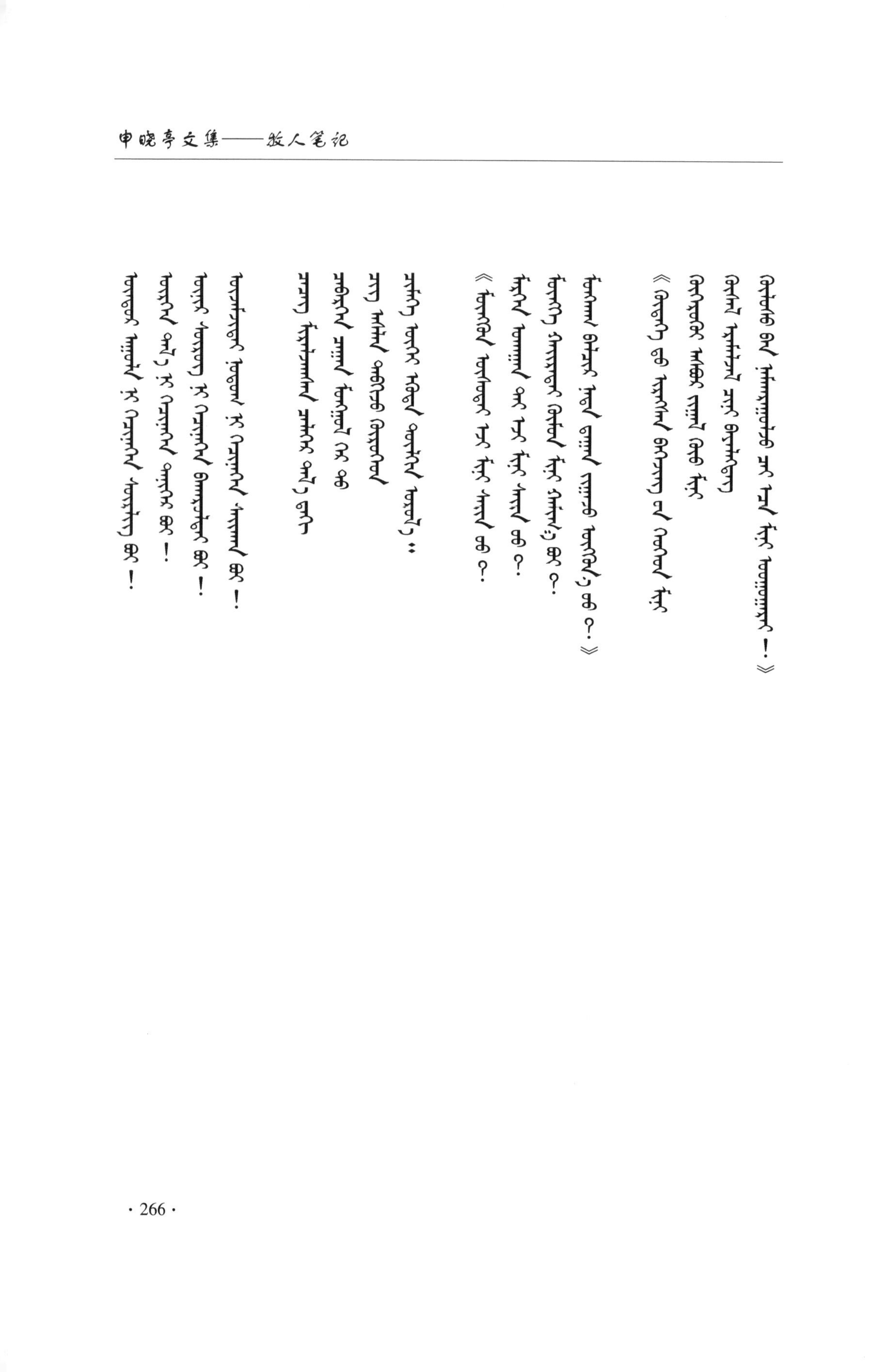

[illegible] !

[illegible] !

[illegible] !

[illegible] !

[illegible]

[illegible]

[illegible]

[illegible] ：

《[illegible] ?

[illegible] ?

[illegible] ?

[illegible] ?》

《[illegible]

[illegible]

[illegible]

[illegible] !》

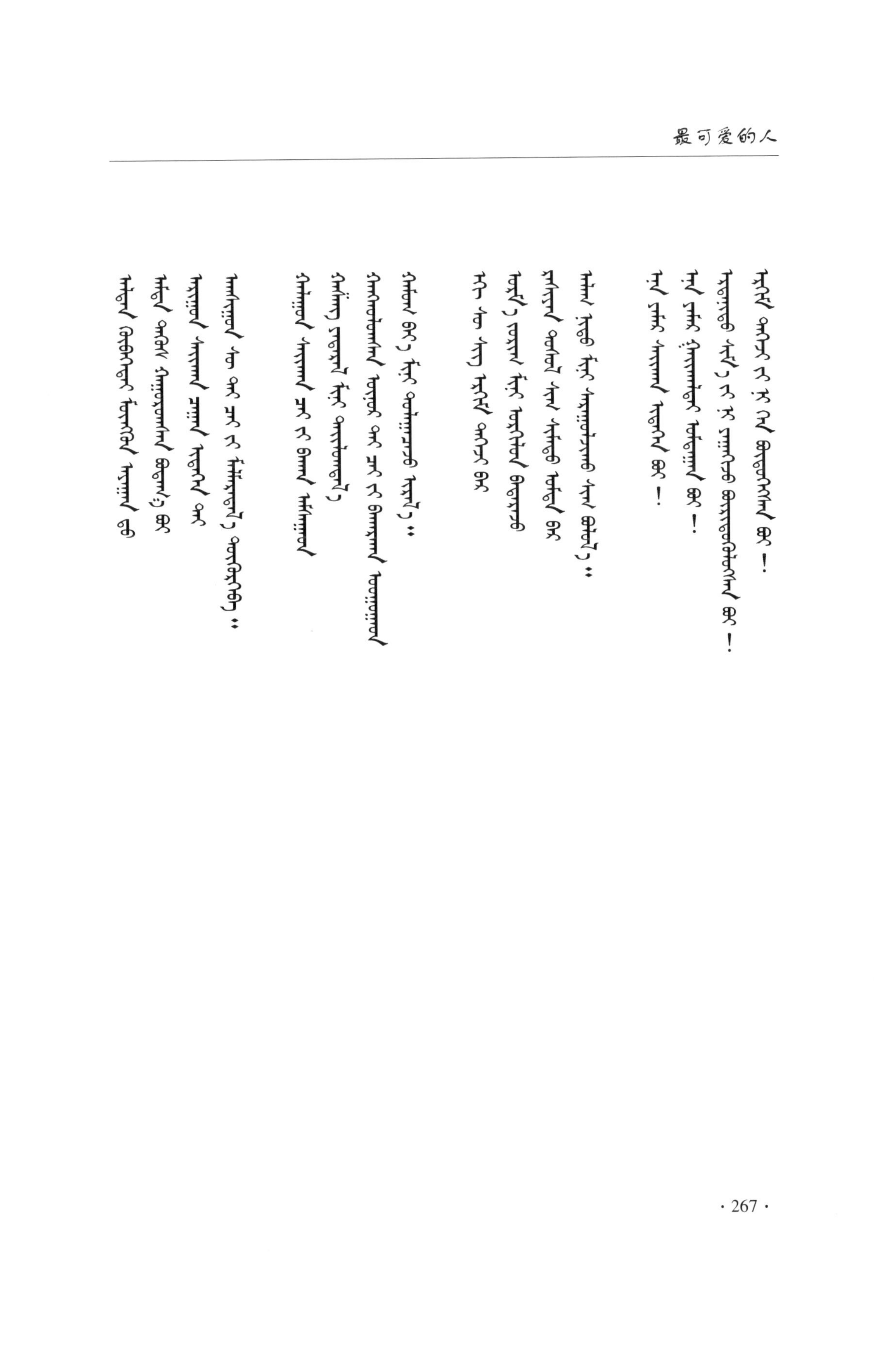

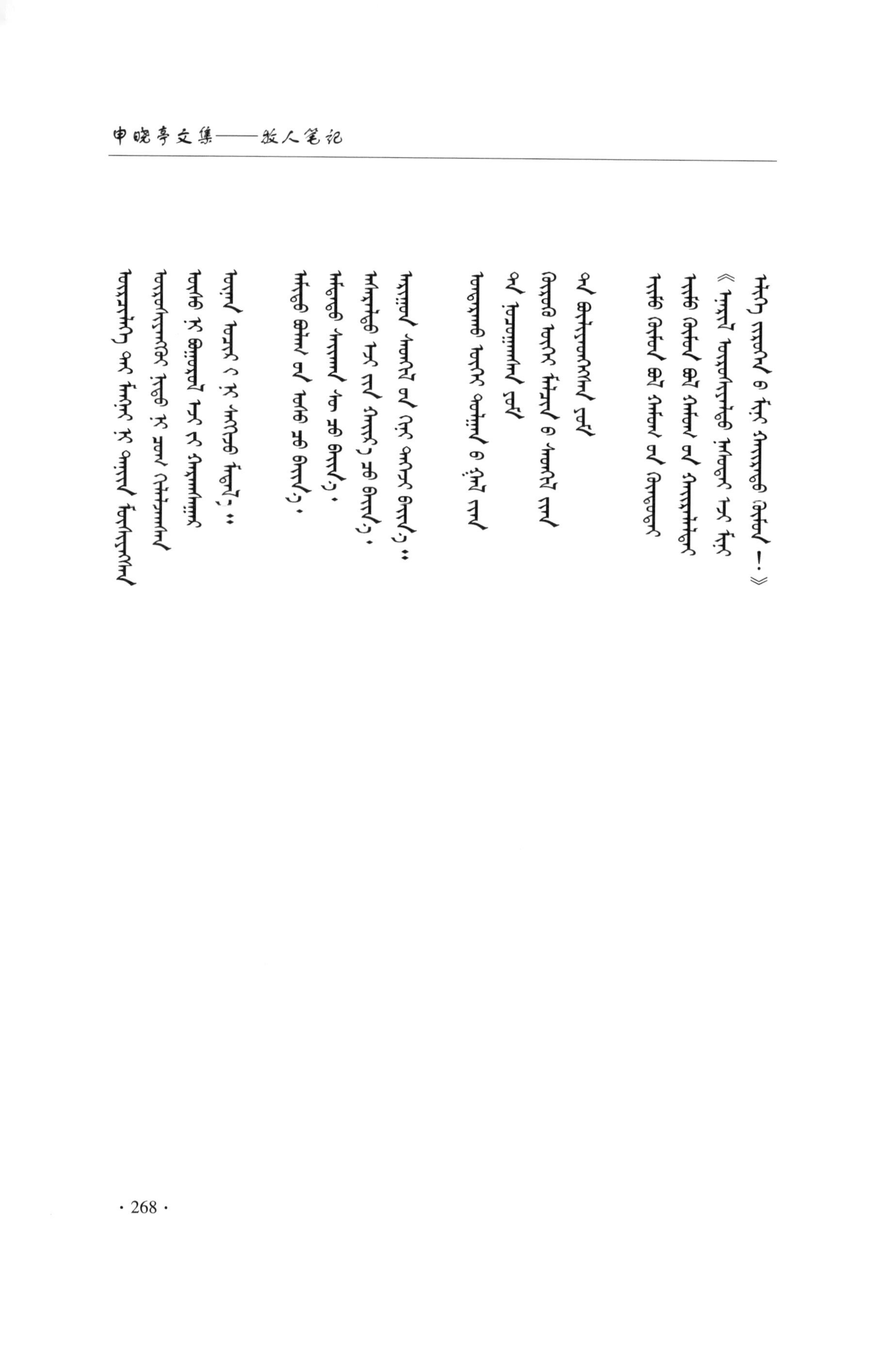

[illegible]

[illegible]

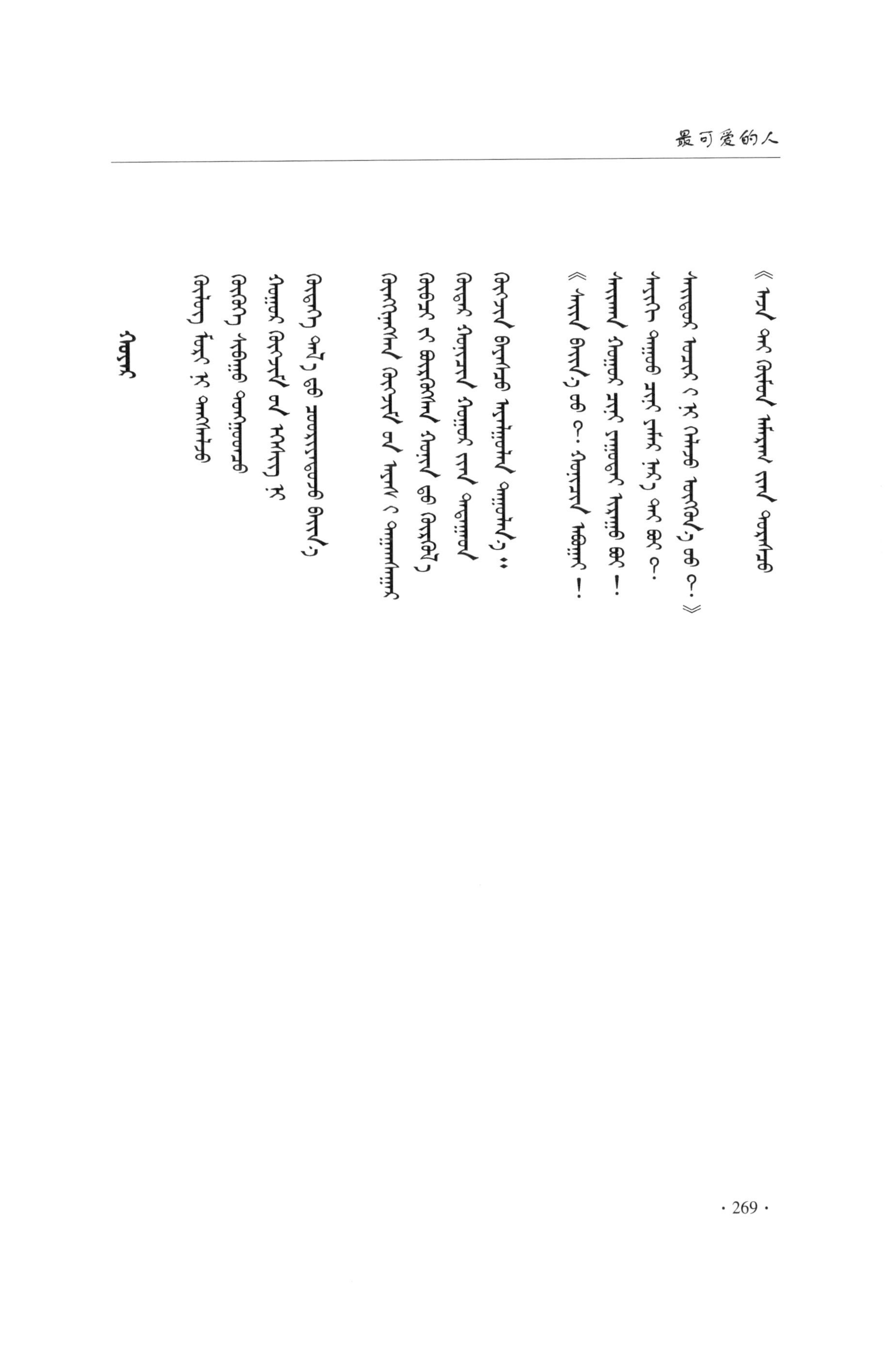

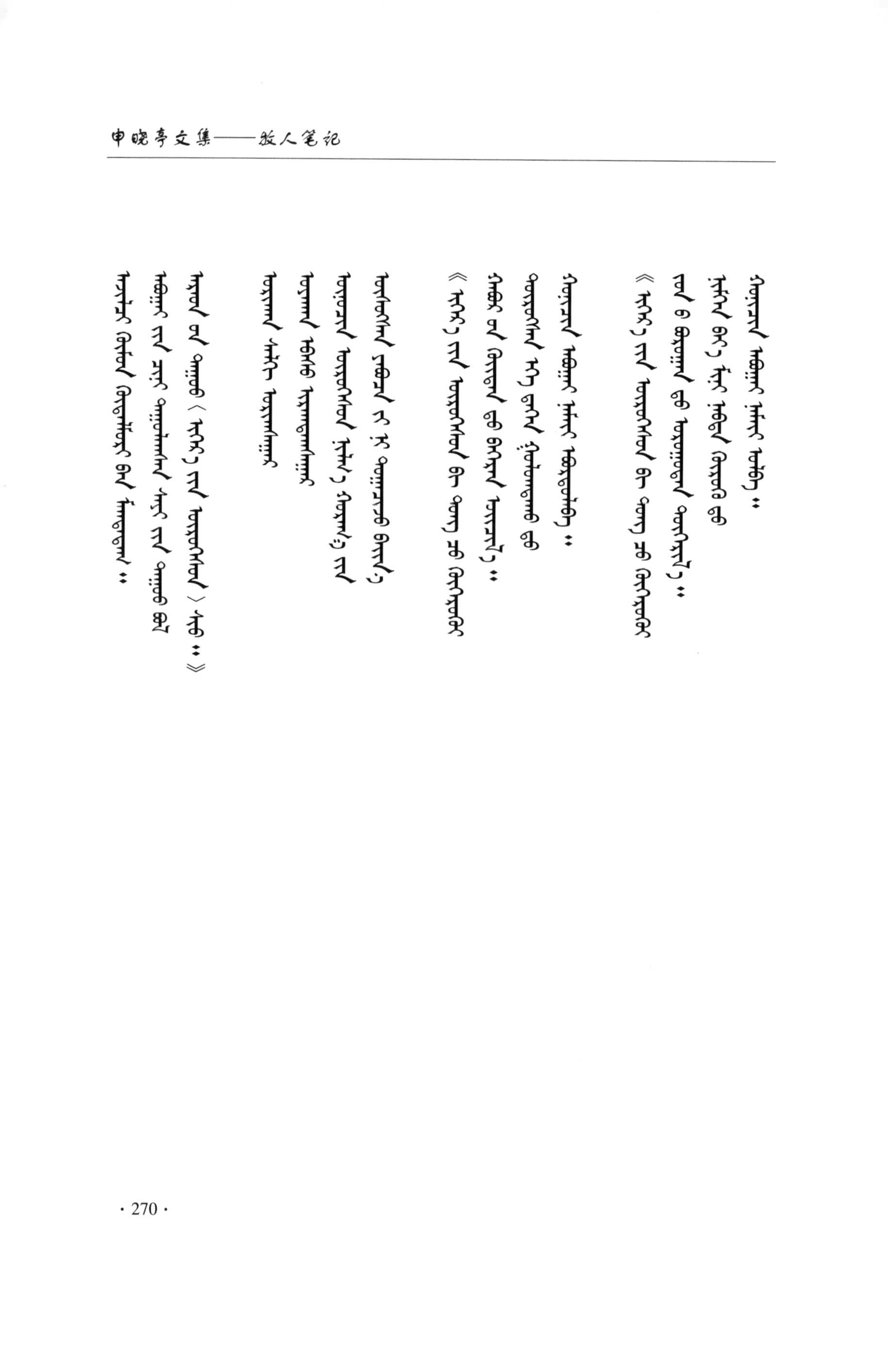

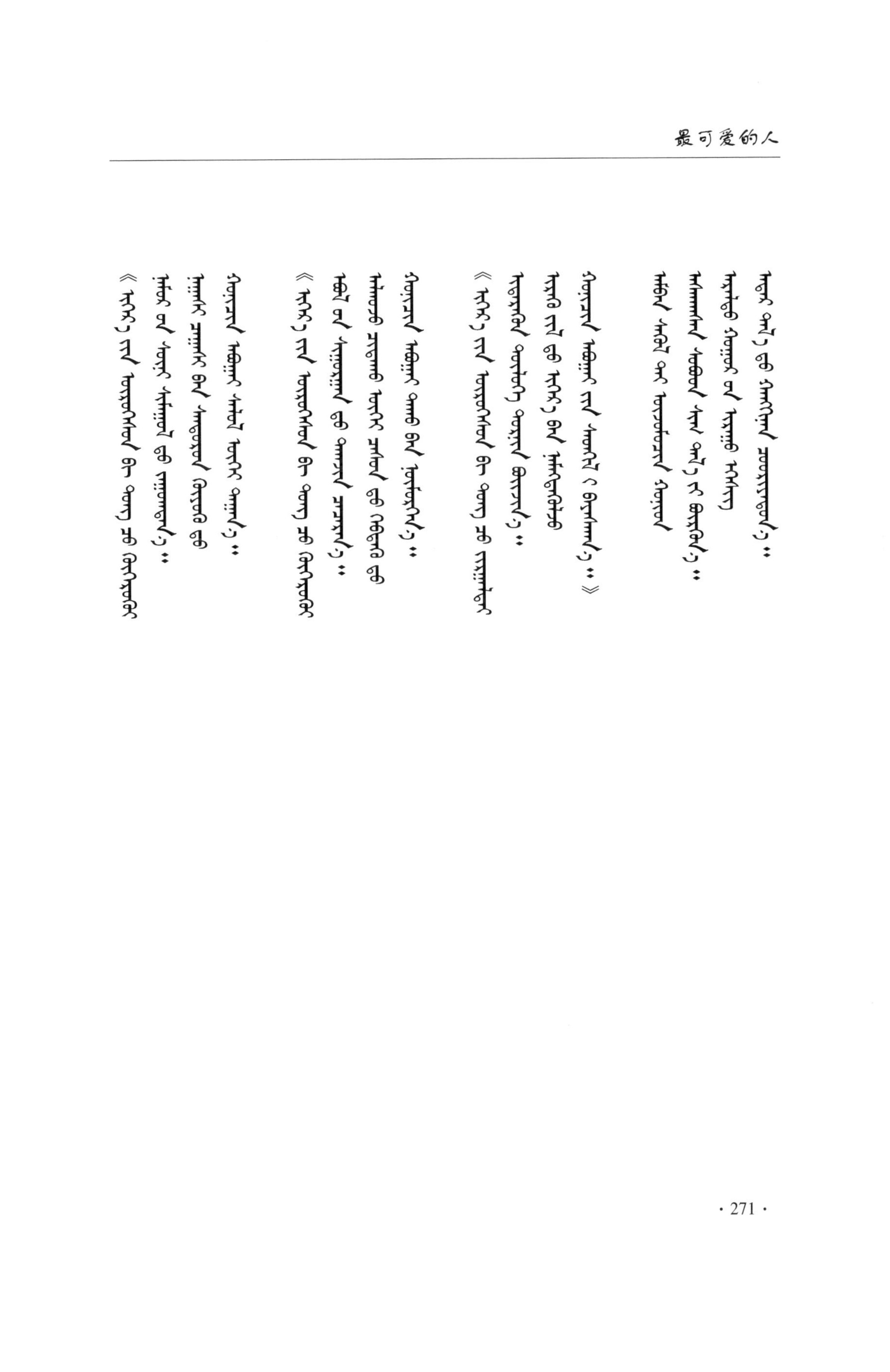

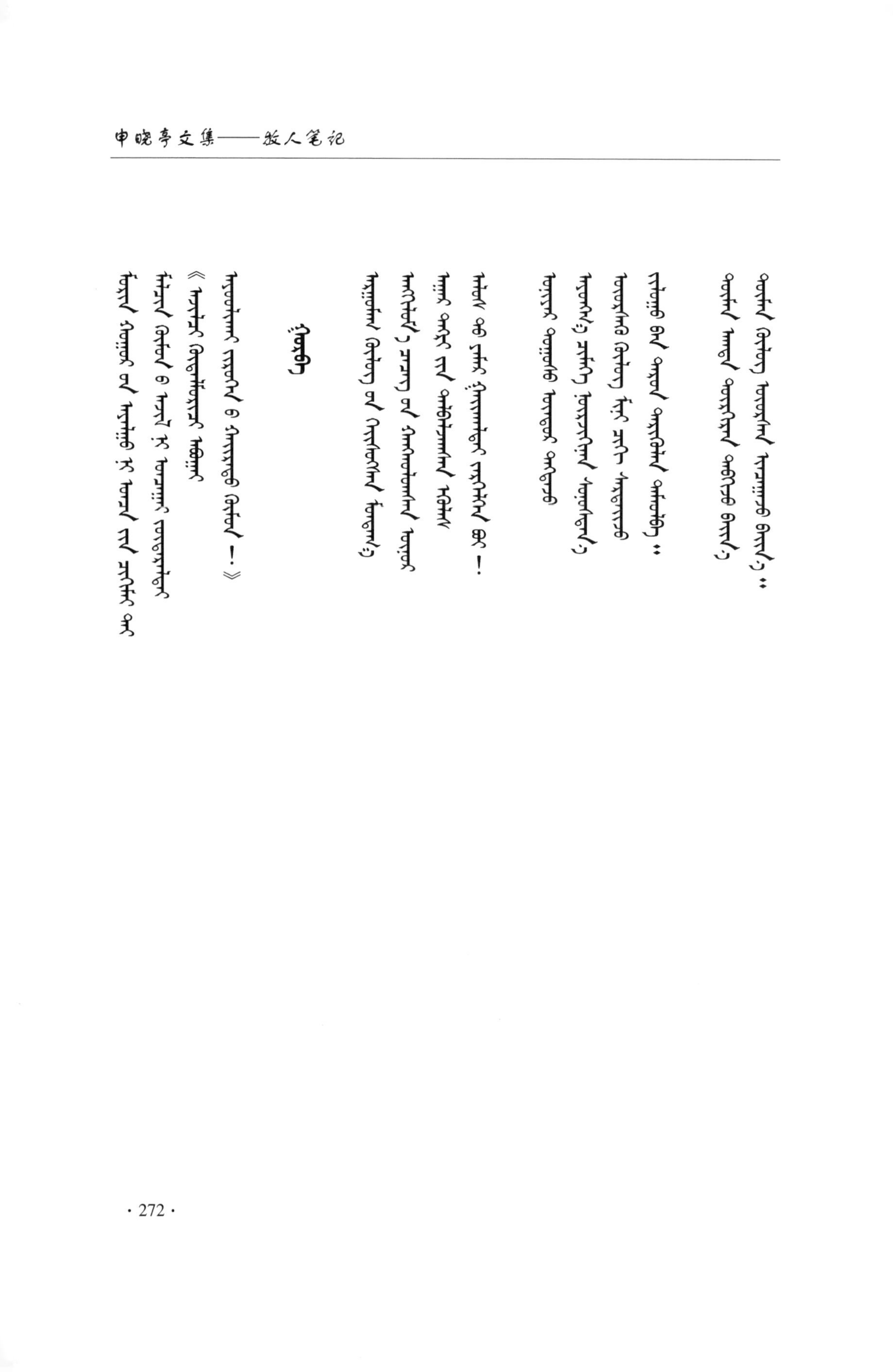

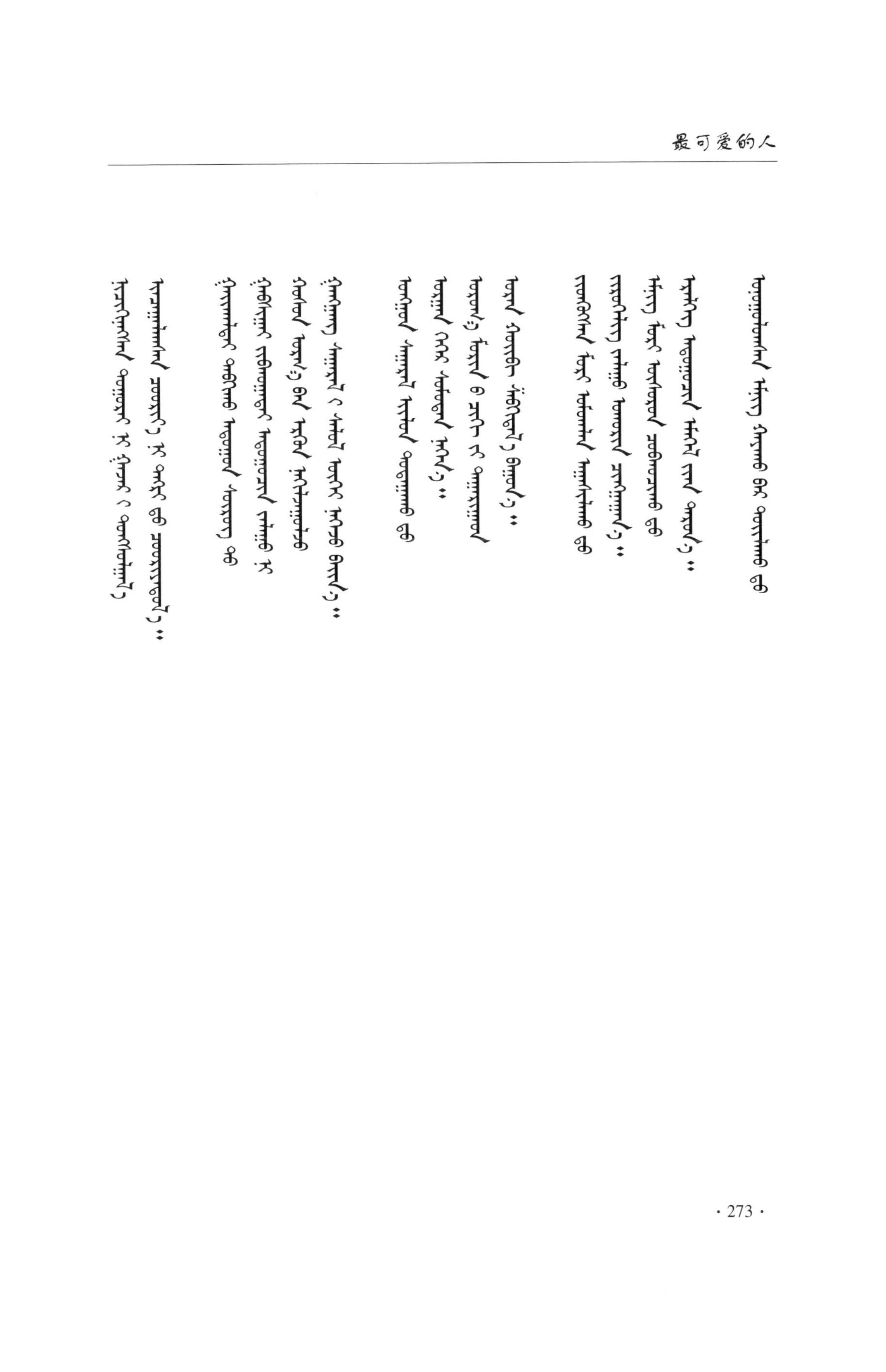

[illegible]
[illegible]

[illegible]
[illegible]
[illegible]
[illegible]

[illegible]
[illegible]
[illegible]
[illegible]

[illegible]
[illegible]
[illegible]
[illegible]

[illegible]

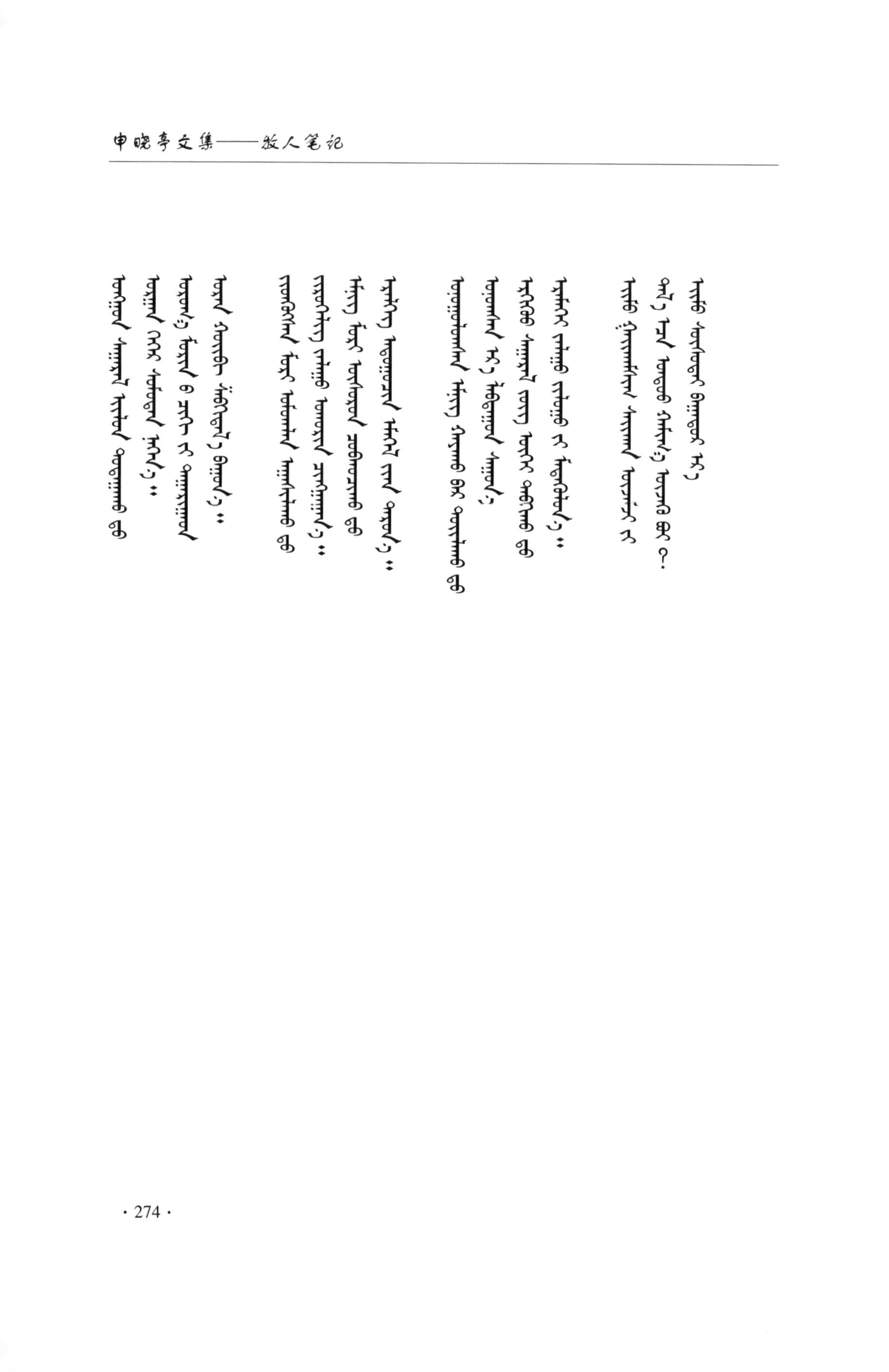

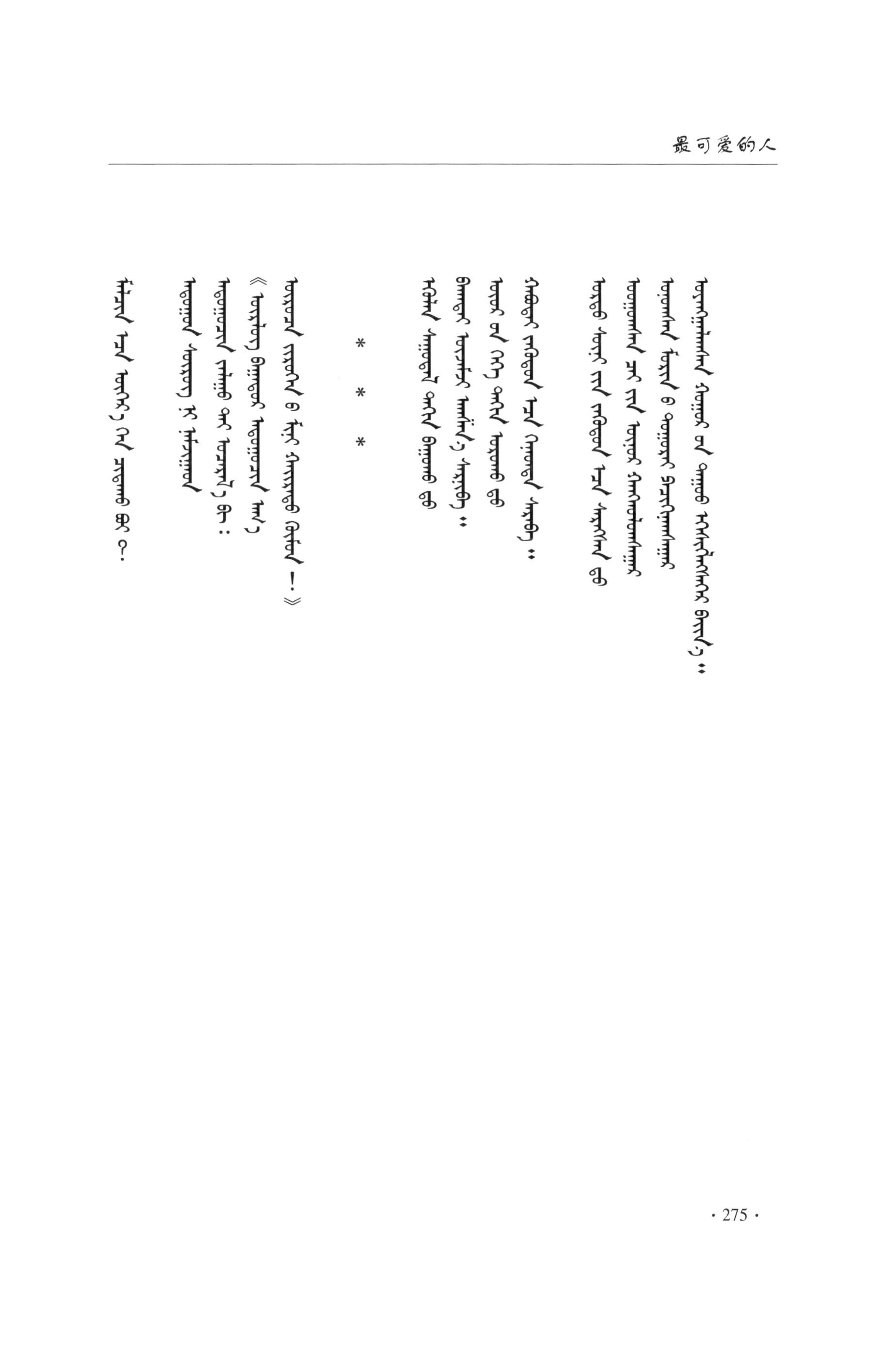

ᠮᠢᠨᠦ ᠬᠠᠢᠷᠠᠲᠠᠢ ᠨᠤᠲᠤᠭ ᠳᠤᠷᠠᠲᠠᠢ ᠪᠤᠢ !
ᠮᠢᠨᠦ ᠬᠠᠢᠷᠠᠲᠠᠢ ᠭᠡᠷ ᠳᠤᠷᠠᠲᠠᠢ ᠪᠤᠢ !
ᠮᠢᠨᠦ ᠰᠡᠳᠬᠢᠯ ᠳᠠᠭᠤ ᠶᠢᠨ ᠨᠤᠲᠤᠭ ᠪᠡ
ᠮᠢᠨᠦ ᠬᠠᠢᠷᠠ ᠳᠠᠭᠤ ᠶᠢᠨ ᠭᠡᠷ ᠪᠡ ::

ᠪᠢ ! ᠪᠢᠴᠢᠬᠠᠨ ᠬᠦᠮᠦᠨ ᠪᠣᠯᠪᠠᠴᠤ ᠮᠣᠩᠭᠣᠯ ᠬᠦᠨ
ᠰᠡᠳᠬᠢᠯ ᠳᠠᠭᠤᠤ ᠪᠡᠷ ᠪᠠᠨ ᠬᠦᠰᠡᠶ᠎ᠡ
ᠰᠠᠢᠬᠠᠨ ᠨᠤᠲᠤᠭ ᠪᠠᠨ ᠡᠷᠬᠢᠯᠡᠨ ᠳᠡᠪᠵᠢᠭᠦᠯᠦᠶ᠎ᠡ
ᠬᠦᠰᠡᠯ ᠮᠢᠨᠢ ᠪᠡᠨ ᠰᠡᠳᠬᠢᠯ ᠳᠦ ᠪᠠᠨ ᠬᠦᠷᠬᠦᠯᠦᠶ᠎ᠡ !

1979 ᠣᠨ ᠤ 7 ᠰᠠᠷ᠎ᠠ ᠳᠤ ᠪᠢᠴᠢᠪᠡ ᠂ 1980 ᠣᠨ ᠳᠤ ᠵᠠᠰᠠᠪᠠ ᠵᠠᠰᠠᠪ
ᠬᠡᠪᠯᠡᠭᠰᠡᠨ ᠰᠤᠷᠭᠠᠭᠤᠯᠢ ᠶᠢᠨ 《ᠰᠢᠯᠢ ᠶᠢᠨ ᠭᠣᠣᠯ》 ᠰᠡᠳᠬᠦᠯ ᠳᠦ 1981 ᠣᠨ ᠤ
ᠨᠡᠢᠲᠡᠯᠡᠭᠳᠡᠭᠰᠡᠨ ᠬᠡᠪᠯᠡᠭᠳᠡᠭᠰᠡᠨ ᠳᠤ ᠨᠡᠢᠲᠡᠯᠡᠭᠳᠡᠪᠡ :: 2017 ᠣᠨ ᠤ ᠬᠠᠪᠤᠷ ᠵᠠᠰᠠᠪᠠ ::

最可爱的人（汉文）

（一）

谁是最可爱的人？
哪儿是最可爱的地方？

乘白云
驾东风
越过万里长城。
高高的大青山多么雄伟
辽阔的大草原多么壮丽
五彩绚丽的畜群
扬起了欢乐。

鲜花点缀的绿草坪上
有一顶雪白的蒙古包，
白云轻轻地落在它的旁边
我轻轻地推开了门：
“白发的额吉啊，您好！

智慧的额吉啊，您好！
请告诉我
最可爱的人在哪里？”
“来自北京的青年
真诚可爱的孩子
你的心愿一定能实现
擦擦汗，喝杯茶吧！”

镶着金边的银碗
炒得焦黄的巴达（炒米）
又白又嫩的奶酪
又香又浓的奶茶。
热热的茶喝了一口
疲劳顿时消失，
甜甜的茶喝了一口
力量突然增加。
乳汁似的茶
使我热血沸腾，
甘露似的茶
使我心明眼亮。
多么清香
多么醇美
这样的美味怎样得来？
这样的奇迹怎样创造？

布满皱纹的脸上露着笑容
慈祥的眼睛闪着光芒，

凝视着白发苍苍的额吉
啊！我懂了：
是她
采来了最纯净的泉水
挤来了最丰美的乳汁
注进了最圣洁的母爱
捧出了最炙热的心。
是她
点燃了草原上不熄的烟火
温暖着世代裸露的心。
“慈祥的额吉啊，
您就是我寻找的人！”

（二）

马蹄嗒嗒
鸟儿啼啼
马头琴声悠扬。
跟着那动人的琴声
来到欢乐的羊群。
“您好啊！羊倌大叔
您的琴声真美
您的歌儿叫什么名字？
把您的故事说给我听吧！”
“幸福的人歌唱爱情
勤劳的人歌唱劳动，
我的歌的名字是

孤单的双胞小羊羔。”

和风轻轻地吹
绿草微微地摇，
那婉转起伏的旋律
是一只小羊在低声述说：
“双胞的小羊真可怜
春天的寒风吹到了我，
亲生的母亲丢掉了我
放羊的大叔抱起了我。
双胞的小羊真可怜
夏天的暴雨浇透了我，
走散了伙伴迷失了路
放羊的大叔找到了我。
双胞的小羊真可怜
秋天的蚊子追逐着我，
没头没脑整夜地跑
放羊的大叔没离开我。
双胞的小羊真可怜
冬天的风雪冻僵了我，
覆冰卧雪不能起
大叔的达哈（皮大氅）遮住了我。
双胞的小羊我真高兴
成长为健壮的图勒克（二岁羊），
来年生个双胞胎
让放羊的大叔也欢喜！”

大尾巴的乌珠穆沁羊
像珍珠一样撒满草原，
悦耳的琴声
回响在辽阔的草原。
马头琴声
有着特殊的深沉，
草原牧人
有着特别的辛苦。
“勤劳的羊倌大叔啊
您就是我寻找的人！”

（三）

马鬃迎风舞
花香扑面来，
蓝天和白云向身后飘去
草原蜃楼在前面召唤。
烟雾腾腾
雷声隆隆，
马儿长嘶一声
脱缰而去。
啊！原来是
万马在奔腾
踏蹄震撼了大地，
万马在嘶鸣
嘶声冲破了云层。

欢腾的马群里有一个
勇敢矫健的马倌，
颤动着长长的套马杆
紧追着一匹漂亮的白马。
三岁的生个子东躲西闪
谙练的杆子马紧迫不放，
套马杆神奇的套索
准确地落在了马的耳后根上。
挣扎的马儿有千斤重
握杆的手有万斤力，
生个子马儿要尽了脾气
勇敢的马倌跃上了马脊。
马儿前掀后尥不停蹄
马倌稳如泰山身不离，
马儿东闯西窜不歇气
马倌鞭影舞动驭神驹。

这样惊心动魄的场面
离了草原哪里能见？
这样独领风骚的英雄
除了牧人还能有谁？
骚动的马群平静了
我迎了上去：
“勇敢的马倌哥哥
您就是我寻找的人！”

*　*　*

天边飘来乘坐的白云
壮丽的景色慢慢远去
窗外射进晨曦的光辉
香甜的梦突然惊醒。
梦
虽然醒了，
但
奶茶的香味尚存
奔马的蹄声犹在
马头琴依然在歌唱。

这是多么美好的梦
这是多么神奇的梦
结识了最可爱的人
找到了最宝贵的真理。
啊！
美丽的草原
英雄的人民
我愿与你共命运
把我的青春献给你
把我的爱献给你！

1979年初稿，蒙古文稿发表于东乌旗《金点》杂志1981年第1期，并收入《今日乌珠穆沁诗歌》，乌旗民间文史学会1987年12月版。汉文稿2017年修改。

ᠠᠯᠳᠠᠷ ᠪᠠᠶᠠᠷ ᠤᠨ ᠪᠢ ᠲᠡᠭᠦᠨ ᠦ ᠬᠥᠯᠦᠭ ᠮᠢᠨᠢ

ᠪᠣᠭᠳᠠ ᠴᠢᠩᠭᠢᠰ ᠬᠠᠭᠠᠨ ᠤ ᠪᠠᠶᠢᠭᠤᠯᠤᠭᠰᠠᠪᠠ
ᠪᠢ ᠲᠡᠭᠦᠨ ᠦ ᠬᠥᠲᠡᠯᠪᠡ ᠲᠡᠭᠦᠨ ᠢ ::
ᠮᠣᠷᠢᠨ ᠤ ᠤᠷᠠᠯᠳᠤᠭᠠᠨ ᠳᠤ ᠲᠡᠷᠭᠡᠨ ᠴᠠᠭ ᠲᠤ
ᠪᠠᠶᠢᠯᠳᠤᠭᠠᠨ ᠤ ᠴᠢᠨᠠᠭᠰᠢ ᠳᠤ ᠮᠣᠷᠢᠳ ᠤᠨ ᠳᠤ
ᠪᠤᠯᠤᠭᠰᠠᠨ ᠮᠣᠷᠢᠳᠤᠨ ᠤ ᠮᠢᠨᠢ
ᠰᠠᠶᠢᠬᠠᠨ ᠲᠡᠮᠡᠭᠡᠨ ᠲᠡᠷᠭᠡᠨ ᠴᠠᠭ ᠲᠤ
ᠮᠣᠷᠢᠳ ᠮᠢᠨᠢ ᠲᠡᠷᠭᠡᠨ ᠲᠡᠭᠦᠨ ᠮᠢᠨᠢ
ᠮᠣᠷᠢᠳ ᠮᠢᠨᠢ ᠲᠡᠮᠡᠭᠡᠨ ᠲᠡᠮᠡᠭᠡᠨ ᠴᠢᠨᠢ
ᠬᠥᠯᠦᠭ ᠰᠠᠶᠢ ᠳᠤ ᠮᠣᠷᠢᠳ ᠤᠨ

ᠲᠡᠷᠡ ᠮᠣᠷᠢ ᠮᠢᠨᠢ ᠠᠯᠳᠠᠷ ᠪᠠᠶᠠᠷ ᠤᠨ ᠪᠢ ᠤᠤ ?
ᠬᠥᠯᠦᠭ ᠰᠠᠶᠢ ᠮᠣᠷᠢᠳᠤᠭᠰᠠᠨ ᠤ
ᠲᠡᠭᠦᠨ ᠦ ᠬᠥᠯᠦᠭ ᠮᠢᠨᠢ
ᠲᠡᠷᠡ ᠠᠯᠳᠠᠷ ᠪᠢ ᠤᠤ ?

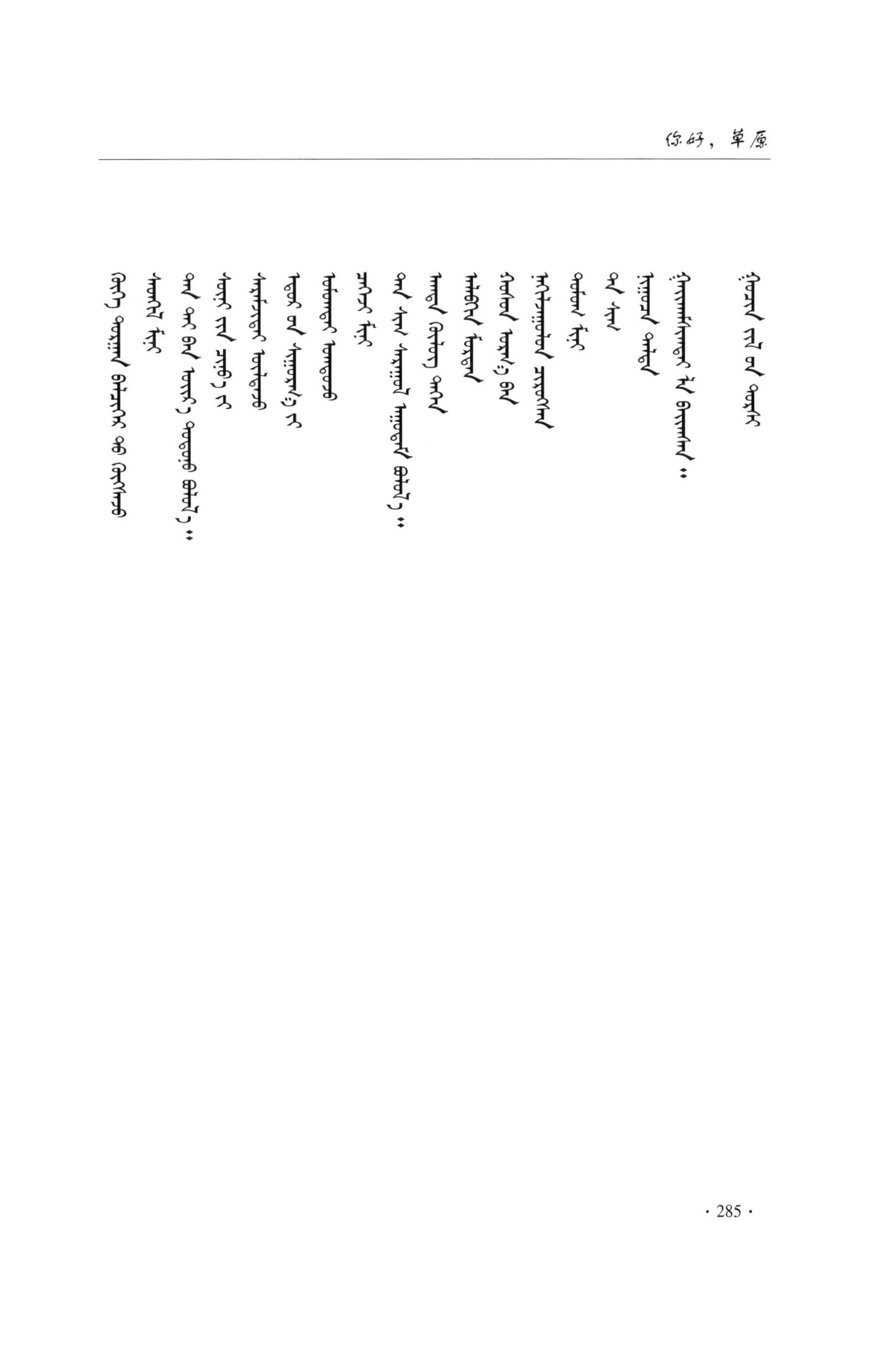

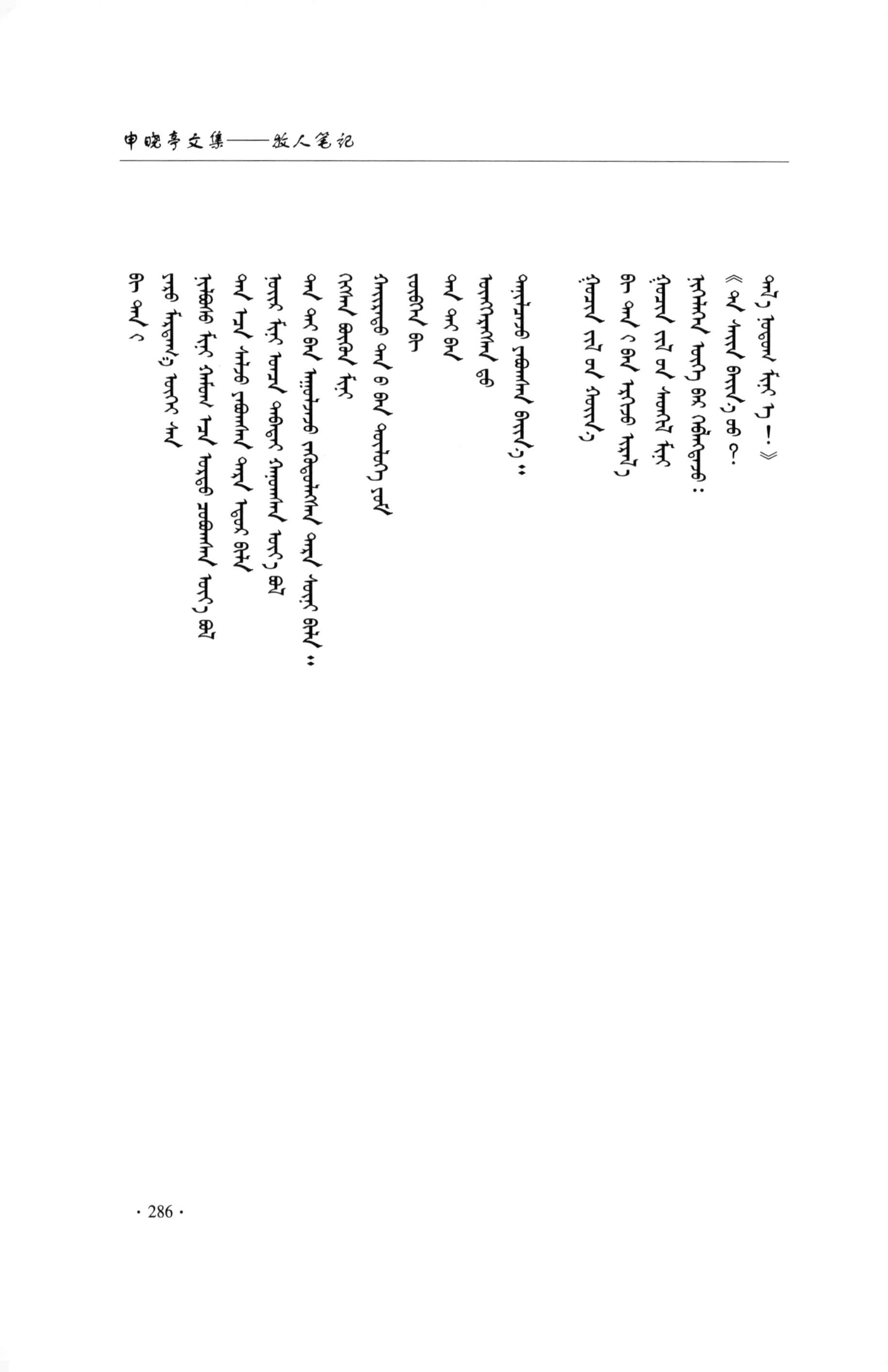

ᠲᠡᠷ ᠰᠠᠢᠬᠠᠨ ᠬᠠᠮᠠᠭᠠᠯᠠᠭᠳᠠᠵᠤ ᠪᠠᠢᠨ᠎ᠠ
ᠪᠠᠢᠭ᠎ᠠ ᠬᠠᠮᠤᠭᠤᠳᠤᠭᠤᠷ
ᠪᠣᠯᠣᠨ ᠡᠷᠬᠡ ᠶᠢᠨ ᠰᠤᠷᠲᠠᠭᠠᠯᠳᠤᠭᠤ
ᠮᠣᠷᠢᠳᠠᠭ ᠡᠯᠡᠭᠰᠡᠨ ᠬᠥᠭᠵᠢᠮ ᠪᠡᠷ᠂
ᠲᠡᠷ ᠰᠠᠢᠬᠠᠨ ᠬᠥᠭᠵᠢᠮ ᠪᠠᠢᠨ᠎ᠠ
ᠲᠡᠷ ᠦ ᠬᠤᠪᠢᠷᠠᠬᠤ
ᠬᠣᠪᠢ ᠬᠤᠪᠢᠷᠠᠬᠤ
ᠰᠢᠨᠡᠴᠢᠯᠡᠯ ᠪᠣᠯᠤᠨ
ᠲᠤᠭᠤᠯ ᠤᠨ ᠲᠤᠯᠤᠭᠠᠢ ᠳᠤ ᠨᠢ
ᠭᠠᠵᠠᠷ ᠤᠨ ᠭᠠᠳᠠᠷ ᠳᠤ ᠨᠢ
ᠪᠢᠯᠡᠴᠢ ᠬᠡᠷᠦ ᠶᠢ ᠪᠣᠯᠤᠭᠠᠳ ᠬᠡᠨ
ᠰᠢᠷᠢᠨ ᠨᠢ ᠬᠠᠷᠠᠬᠤ ᠰᠤᠷᠭᠠᠭᠤᠯᠢ ᠮᠣᠷᠢᠳᠠᠨ
ᠮᠣᠷᠢᠳᠠᠭᠠᠨ ᠠᠷᠭᠠᠯᠵᠠᠬᠤ ᠠᠮᠢᠷ ᠲᠠᠢᠪᠤᠨ……

1998 ᠣᠨ ᠤ 6 ᠰᠠᠷ᠎ᠠ ᠳᠤ

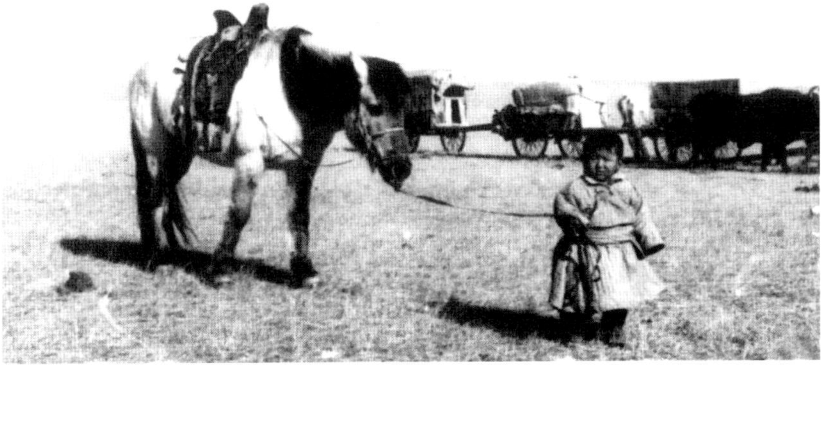

蒙文刊登于《锡林郭勒日报》1998 年 8 月 15 日 3 版。

你好，草原（汉文）

你好
草原
三十年过去了
你还好吗?

三十年前
在接迎的骑手与
浩荡的车队
并肩驰骋的那一天
在慈祥的额吉
第一次点燃
新的草原炊烟的那一天
我和你相识了。
躺在柔软的草地上
望着变幻的白云
我的心
和你是那样的贴近;
驱赶黑夜的豺狼

迎接白日的风雪
我的胸怀
变的和你一样宽阔；
飞身跃马
长杆摇曳
我的故事
和你一样神秘、传奇。

三十年来
我一直没有忘记你
眼泪流得最多的时候
是离开你的那一天
睡得最香甜的时候
是梦见你的那一晚
我做的一切
都是为了你
仅仅因为
我和你曾经相识。

三十年后
我来看望你
三十年的思念
并做一句：
“你好，草原！”
你更美了
蓝天和绿草间
挂着绚丽的彩虹；

你更亲了
你的泪
我的泪
滴在一起
不管天有多长
不管地有多远
这溶着你我的晶莹的泪珠
永不干涸
永不离析
……

1998年6月作，曾刊登于《锡林郭勒日报》1998年8月30日3版及《国图青年》2000年第3期。

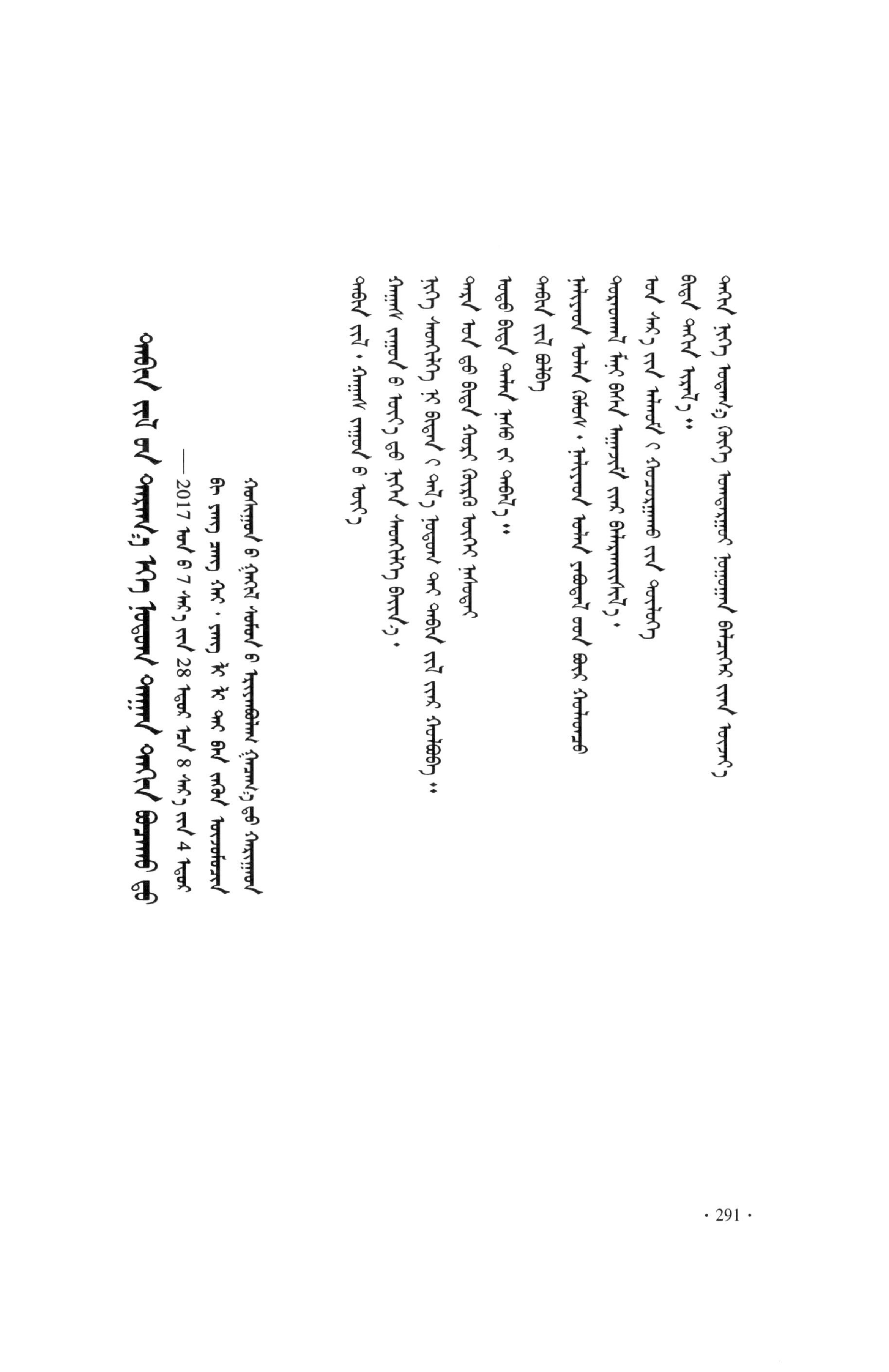

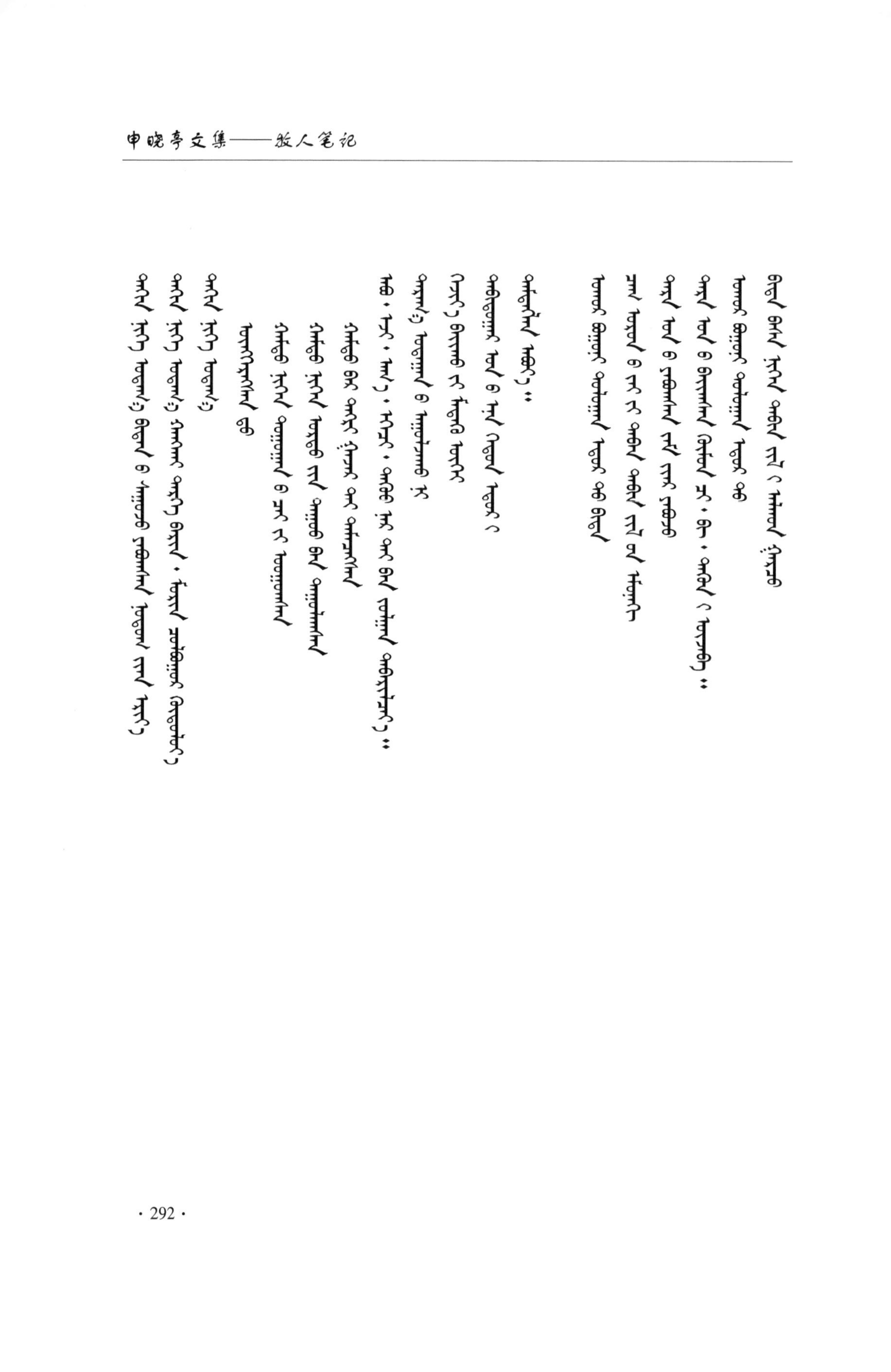

[illegible]

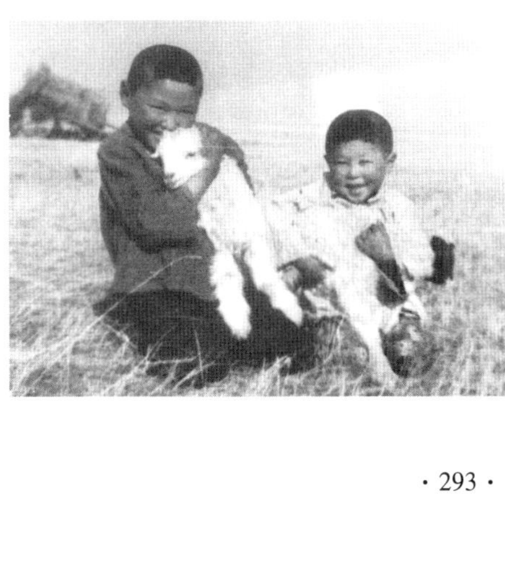

50 年再返故乡（汉文）

50 年
半个世纪，一缕情怀
一缕情怀牵着我们与草原 50 年，
当年我们不到 20 岁
如今我们已进 70 岁。
50 年了
许多人、许多事，远去了
记忆也在慢慢变得模糊，
为了留住这岁月的脚步
我们又来了。
再看一次那蓝蓝的天、绿绿的草
再寻一次我们曾经走过的牧场
再扶一扶勒勒车，牵一牵马缰绳
再拥抱一次
曾经
同喝一壶茶
同唱一首歌
共同战天斗地的
阿爸、额吉、阿和、额格其、都那勒。

下一次
不知何时再相见
现在要记下
50 年的这几天。

短短七天
我们穿越时空回到 50 年前
走在当年走的路上
看见了当年的你、我、他。
短短七天
我们又走过一个 50 年
青春、白发，沧海、桑田
不变的是那颗融入草原的心。
短短七天
我们收获满满
满载的是
草原人民的深情厚谊。
短短七天
没能走遍嘎查所有的草场
没能看到家乡所有的乡亲
仍是留下了遗憾。

我们的草原
我们的乡亲
只要有生
我们还会来！

2017 年 8 月作

我愿意你是神

——纪念毛泽东诞辰 110 周年

有人说你是神
有人说你是人
当“人”是自私的代名词时
我愿意你是神

你是爱神
历来人世间爱的是
帝王将相
达官显贵
可你爱的是——
人民

你是自由之神
自从与石头别过
人民便没有了自由
是你
砸碎奴隶身上千年的铁锁链

把自由还与人民

你是光明之神
曾几何时
邪恶大于善良
虚伪胜过真诚
你倚天抽剑
截去乌云浊水
留一个干净美丽的光明世界

你是理想之神
黑暗里盼望灯塔
迷茫中寻找希望
数千年有
天道、王道、黑道、白道
只有你说
人间正道是沧桑

你是战斗之神
天不怕，地不怕
神不怕，鬼不怕
振臂一呼
红旗卷起农奴戟
弹指一挥
百万雄师过大江

你是智慧之神

大智大睿
博古通今
孔子不及你学富
孙子不及你多谋
西方学子也得仰视
你的风采

你是诗神
天高云淡
杨柳春风
豪情壮志
古乐清风
承精华而集大成
耸伟人而成绝唱

你不是主宰万物的上帝
但你是敢与天公试比高的
人间之神
你不是大彻大悟的佛陀
但你是为人民谋幸福的
大救星
你不是百口一辞的圣人
但你是开天辟地古往今来的
第一伟人

你是太阳
放射着万丈光芒

你是雨露
滋润万物生长
你是北斗
在黑暗的星空中
闪烁

神有时会做错事
但是瑕疵并不蔽掩光辉
神仍然是神
因为你不是自私的
“人”

人间的神是有的
只是有的“人”不愿意承认
心不通
又何从认同

但人民的心里记得你
没有你就没有
“中国人民从此站起来了”
祖国的历史记得你
没有你就没有
“中华人民共和国成立了”

如今你乘风离去
万里长空可有嫦娥陪伴
但闻人间花开花落

不知你是悲还是喜

亿万人的泪
汇成滔滔的黄河水
亿万人的呼唤
合成呼啸天地的大风
但等环球同凉热
芙蓉国里共朝晖

2003 年 12 月 26 日
笔名“拙日”发人民网。

诗　人

——献给臧克家先生

不知那是怎样的一支笔，
将生命写得如此生动：
老马鞭影下无声的忧伤，
老哥哥一老一少话出的悲凉，
还有那当炉女
牙根上咬住的刚强。
字字是暗暗流淌的血，
句句是嶙峋凸起的筋。

不知那是怎样的一颗心，
溶进了善良人所有的感情：
有家无处归的苦难，
有难无处伸的悲哀，
还有那
有朝一日的期待。
心与心相碰，
大地也在颤动。

何止是一支笔，
更是一把剑，
划破那黑压压的天空。
爱的深，
恨的也深，
剑光下露出
压榨、奴役、贪婪、欺骗……
一桩桩罪恶；
强盗、刽子手、吸血鬼、阴谋家……
一列列丑脸。

何止是一颗心，
还有一副胆，
瘦弱的身躯敢向无边的黑暗
挑战。
即使现实流着血，生活不可爱，
也从不扭过脸
呻吟自私的哀怨。
时代的喉咙、人民的诗人
你都无愧。

黑暗过去，
为什么不歌唱光明，
绿水青山都是情。
一个“思想”
是生命的抓手，
即使明天就没有，

今天也要守住善与恶的路口。

我不知道
是先有诗，
还是先有诗人？
但是我知道
只有诗与人的一致，
才是真正的诗人。

诗人
泥土中的一株芳草，
真、善、美的化身。
如果诗是雨露，
滋润人们干涸的心灵，
你就是吹雨的热风，
哪怕将满腔的热血挥尽。
如果诗是阳光，
呼唤人们心底的黎明，
你就是逐日的夸父，
至死也要给人间留住灿烂光明。

诗人
你为人民讴歌，
你是民族的
魂。

刊登于《诗刊》2004 年 4 月号上半月刊。

水调歌头

——和田瑶老师

吟歌作诗赋，璧合书娟墨，
土窑油灯拜了，风雨同舟过。
往昔岁月峥嵘，斗转星移业成，今朝风流数（shuo）。
惜英雄辞去，留有尝试集。

春雨落，子规啼，梦嫦娥。
往事无憾，为何还是心难落？
月有阴晴圆缺，人有悲欢离合，革命情谁和。
自珍灵气在，新诗邀故人。

2004 年 4 月 21 日作

注：田瑶，1923 年生，山东人。1938 年到延安，中国科学院离休干部，擅长书法。孙俊人之妻。孙俊人（1915—2001），原第四机械工业部副部长，中国工程院院士。1938 年到延安军委三局通信学校任教员，同年加入中国共产党。中国军事电子科研和教育事业的重要创建人和开拓者之一。著有《诗词尝试集》。

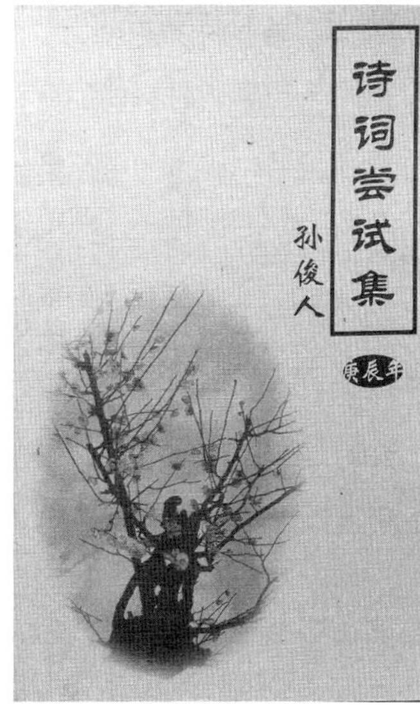

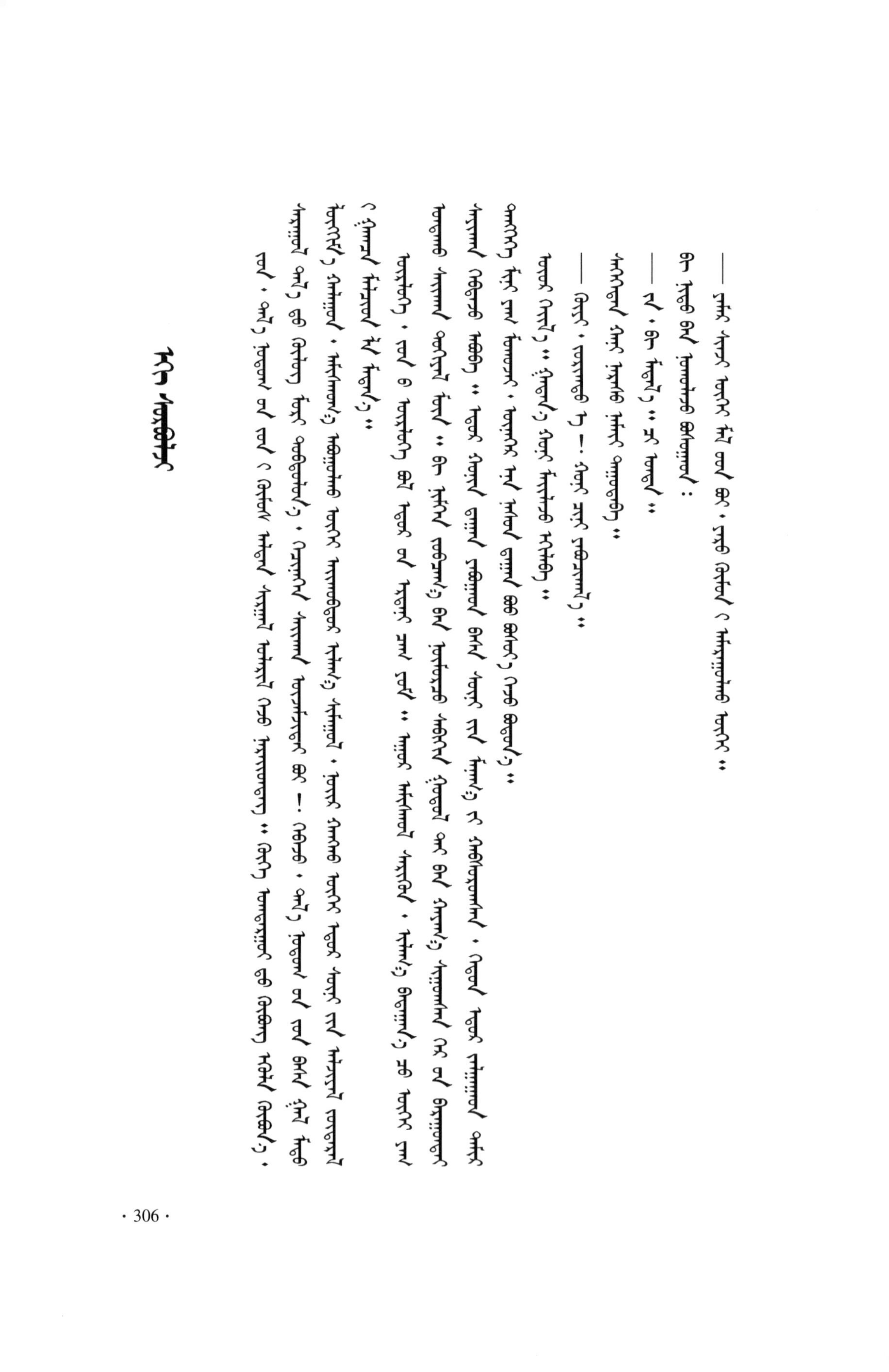

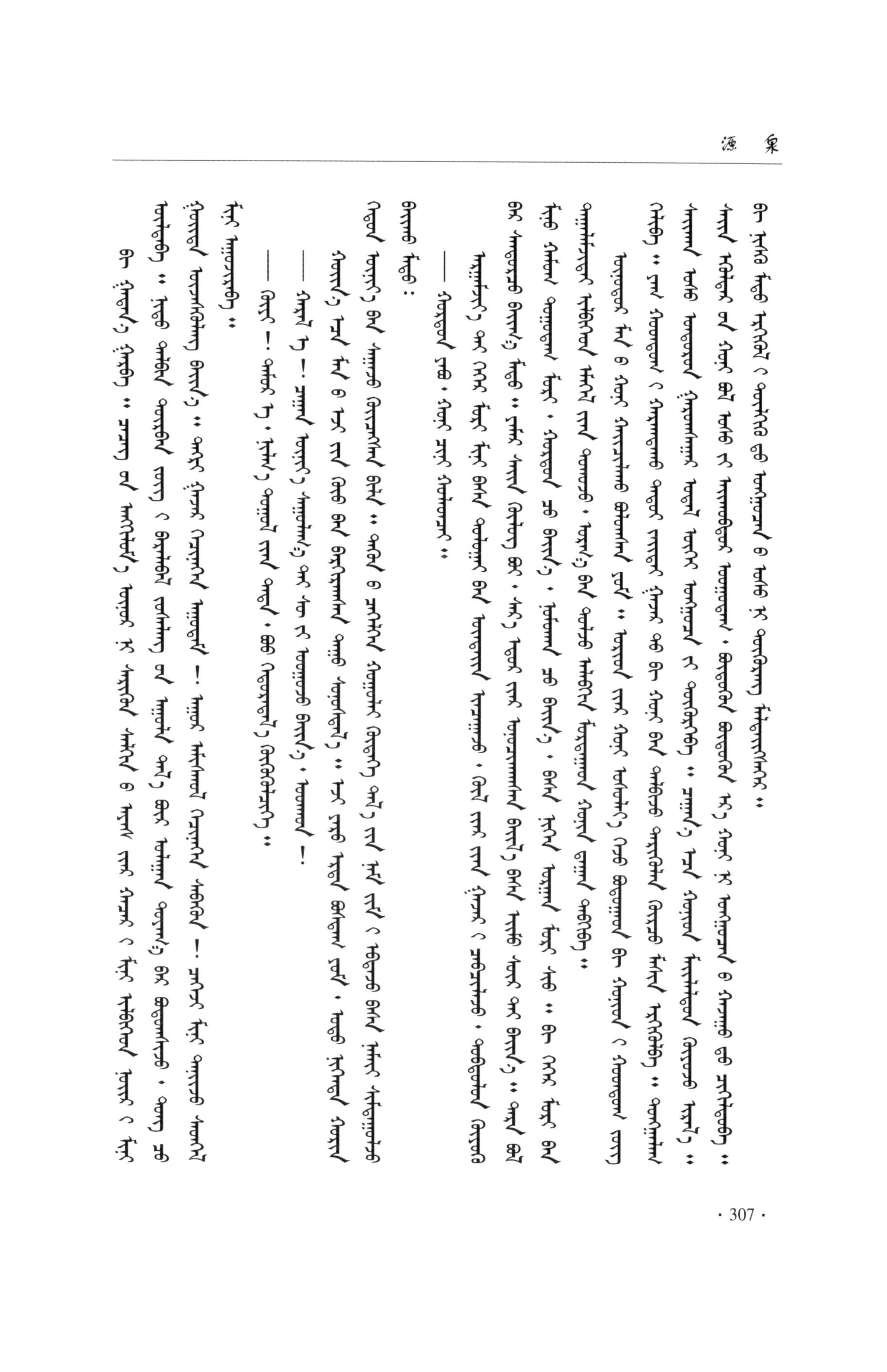

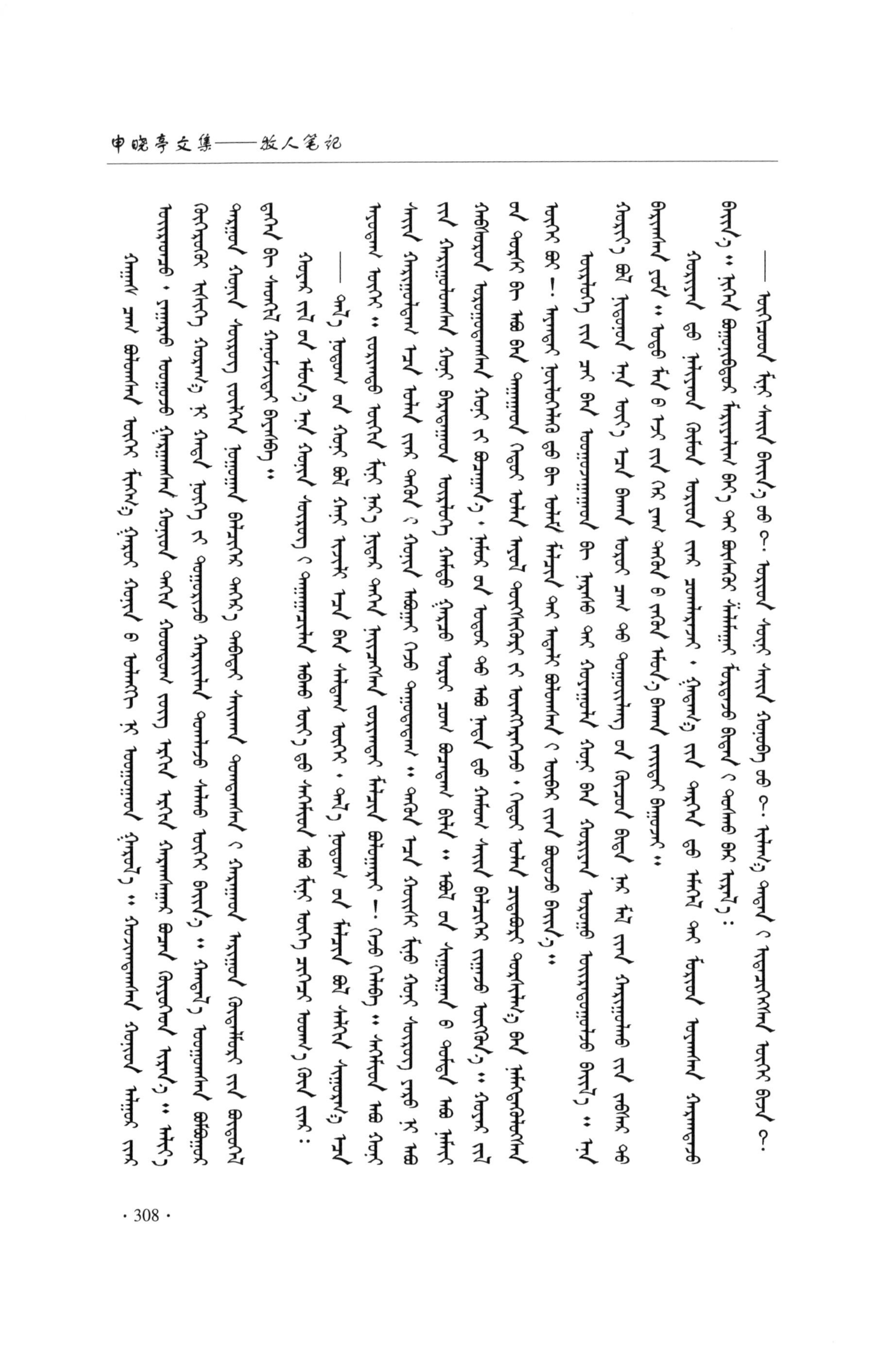

—— ᠮᠠᠷᠭᠠᠰᠢ ᠪᠢᠰᠢ᠂ ᠡᠨᠳᠡ ᠬᠦᠷᠦᠭᠡᠳ ᠪᠠᠢᠭᠤᠯᠤᠭᠰᠠᠨ ᠶᠠᠮᠠᠷ ᠪᠣᠯ ᠬᠡᠮᠡᠨ ᠦᠭᠡᠢ ᠪᠣᠯᠪᠠᠰᠤ ᠦᠦ? ᠳᠤᠷᠠ ᠪᠢᠰᠢ ᠮᠠᠰᠢ ᠪᠠᠢᠨ᠎ᠠ ᠪᠢᠰᠢ ᠪᠠᠷᠠᠭ ᠨᠢᠭᠡ
ᠮᠡᠳᠡᠨ᠎ᠡ ::

—— ᠮᠠᠰᠢ᠂ ᠲᠠ ᠬᠡᠯᠡᠬᠦ ᠦᠭᠡ ᠶᠠᠭᠤᠮᠠᠨ ᠪᠠᠢ ᠦᠦ? ᠬᠡᠳᠦᠨ ᠬᠠᠮᠤᠭ ᠪᠠᠢᠷᠢᠨ ᠳᠤᠷᠠ ᠲᠠ ᠶᠠᠭᠤᠮᠠᠨ ᠶᠠᠭ ᠨᠢᠭᠡ ᠨᠢ ᠶᠠᠭ
ᠮᠡᠳᠡᠬᠦ ᠦᠭᠡᠢ ::

—— ᠲᠠ ᠪᠣᠯᠤᠨ ᠮᠠᠨᠠᠢ ᠶᠠᠭ ᠨᠡᠷᠡ ᠨᠡᠷᠡᠳᠡᠢ᠂ ᠬᠡᠷᠪᠡ ᠪᠤᠷᠤᠭᠤᠳᠠᠯ ᠤᠨ ᠨᠡᠢᠳᠡᠮ ᠬᠠᠮᠤᠭ ᠢ ᠬᠡᠯᠡᠪᠡ :: ᠬᠡᠯᠡᠭᠡᠳ ᠬᠦᠮᠦᠨ ᠪᠠᠢᠭᠠ ᠬᠠᠮᠤᠭ ᠰᠠᠶᠢᠨ

—— ᠮᠠᠰᠢᠳᠤ ᠨᠡᠷᠡᠳᠡᠢ᠂ ᠲᠡᠷᠡ ᠶᠢᠨ ᠨᠡᠷᠡᠳᠦᠯ ᠬᠦᠮᠦᠨ ᠲᠤ ᠨᠢ ᠬᠣᠯᠠ ᠶᠢ ᠨᠡᠷᠡ ᠨᠡᠷᠡᠳᠦᠭᠰᠡᠨ ᠪᠣᠯᠤᠨ᠎ᠠ :: ᠬᠡᠯᠡᠭᠰᠡᠨ ᠬᠡᠯᠡᠬᠦ ᠪᠠᠢᠭ᠎ᠠ ᠦᠭᠡᠢ ::

—— ᠲᠠ ᠬᠡᠷᠬᠢᠨ ᠮᠠᠰᠢ ᠬᠡᠳᠦᠨ ᠮᠡᠳᠡᠬᠦ ᠪᠣᠯᠤᠨ᠎ᠠ ᠪᠣᠯ! ᠬᠡᠳᠦᠷᠡᠭᠰᠡᠨ ᠬᠡᠯᠡᠬᠦ ᠪᠠᠢᠬᠤ ᠦᠭᠡᠢ ::

ᠪᠠᠢᠨ᠎ᠠ ᠭᠠᠵᠠᠷ ᠨᠢᠭᠡ ᠬᠡᠯᠡᠭᠡᠳ ᠨᠡᠷᠡᠳᠡᠢ ᠬᠦᠮᠦᠨ ᠲᠤ ᠮᠡᠳᠡᠭᠦᠯᠬᠦ ᠪᠠᠷ ᠲᠣᠭᠲᠠᠭᠠᠵᠤ ᠪᠠᠢᠭ᠎ᠠ :: ᠲᠡᠭᠡᠭᠰᠡᠨ ᠪᠣᠯᠤᠭᠰᠠᠨ ᠮᠡᠳᠡᠬᠦ ᠲᠣᠭᠲᠠᠭᠰᠠᠨ ᠬᠡᠯᠡᠪᠡ
ᠪᠣᠯ ᠲᠡᠭᠦᠨ ᠦ ᠬᠡᠳᠦᠨ ᠡᠳᠦᠷ᠂ ᠪᠣᠯᠤᠨ ᠲᠤ ᠬᠠᠷᠢᠭᠤᠯᠬᠤ ᠬᠦᠮᠦᠨ ᠲᠤ ᠬᠦᠷᠬᠦ ᠪᠠᠷ ᠪᠣᠯᠤᠭᠰᠠᠨ ::

ᠶᠠᠭ ᠨᠢᠭᠡ ᠪᠣᠯ ᠪᠣᠯᠤᠭᠰᠠᠨ ᠬᠦᠮᠦᠨ ᠮᠢᠨᠢ ᠲᠡᠭᠦᠨ ᠦ ᠰᠠᠶᠢᠨ ᠬᠦᠮᠦᠨ ᠪᠣᠯᠤᠭᠰᠠᠨ ᠲᠣᠭᠲᠠᠭᠠᠭᠰᠠᠨ ᠪᠠᠢᠨ᠎ᠠ ᠪᠣᠯ ᠪᠣᠯᠤᠨ ᠲᠡᠭᠦᠨ ᠦ ᠬᠡᠯᠡᠭᠰᠡᠨ ᠬᠦᠮᠦᠨ ᠨᠢ
ᠪᠠᠢᠨ᠎ᠠ ᠬᠦᠮᠦᠨ ᠨᠢᠭᠡᠳᠦᠭᠡᠷ ::

ᠲᠡᠷᠡ ᠪᠣᠯ ᠪᠣᠯᠤᠭᠰᠠᠨ ᠪᠠᠢᠨ᠎ᠠ ᠪᠢᠰᠢ ᠦᠦ? ᠲᠠ ᠮᠠᠰᠢ ᠨᠢᠭᠡ ᠨᠢ ᠬᠦᠮᠦᠨ ᠢ ᠮᠡᠳᠡᠭᠦᠯᠬᠦ ᠪᠠᠷ ᠪᠣᠯᠤᠭᠰᠠᠨ ᠪᠠᠢᠭ᠎ᠠ ᠬᠡᠯᠡᠬᠦ ᠪᠠᠢᠨ᠎ᠠ ᠪᠠᠢᠨ᠎ᠠ ᠶᠠᠭ ᠬᠦᠮᠦᠨ ᠲᠤ ᠮᠡᠳᠡᠭᠦᠯᠬᠦ ᠪᠠᠷ
ᠪᠣᠯᠤᠭᠰᠠᠨ ᠪᠣᠯᠤᠨ᠎ᠠ ᠮᠡᠳᠡᠭᠦᠯᠪᠡ ::

—— ᠨᠡᠷᠡ᠂ ᠨᠡᠷᠡ᠂ ᠪᠣᠯᠤᠨ ᠪᠠᠢᠨ᠎ᠠ ᠨᠡᠷᠡ ᠪᠠᠢᠨ᠎ᠠ :: ᠲᠠ ᠲᠤ ᠨᠡᠷᠡ ᠪᠣᠯ! ᠪᠣᠯᠤᠨ ᠤ ᠬᠡᠯᠡᠭᠰᠡᠨ ᠬᠡᠯᠡᠭᠰᠡᠨ ᠮᠡᠳᠡᠭᠦᠯᠬᠦ ᠪᠠᠢᠨ᠎ᠠ ᠲᠠ ᠲᠤ ᠪᠣᠯ

ᠲᠠ ᠪᠢ ᠲᠡᠷᠡ ᠶᠢᠨ ᠲᠠ ᠪᠣᠯᠤᠭᠰᠠᠨ ᠲᠤ ᠨᠡᠷᠡᠳᠦᠯ ᠬᠦᠮᠦᠨ ᠪᠠᠢᠨ᠎ᠠ ᠪᠣᠯ ᠲᠡᠷᠡ ᠶᠢᠨ ᠮᠡᠳᠡᠭᠦᠯᠬᠦ ᠲᠤ ᠮᠡᠳᠡᠭᠦᠯᠪᠡ ᠲᠡᠷᠡ ::

—— ᠪᠣᠯᠤᠨ᠎ᠠ! ᠲᠠ ᠮᠠᠰᠢ ᠪᠠᠢᠬᠤ ᠶᠢᠨ ᠤ ᠮᠡᠳᠡᠭᠦᠯᠬᠦ ᠬᠡᠯᠡᠪᠡ ᠪᠣᠯ ᠦᠦ? ᠲᠠ ᠬᠡᠯᠡᠭᠰᠡᠨ ᠶᠢᠨ ᠪᠠᠢᠬᠤ ᠪᠣᠯᠤᠭᠰᠠᠨ ᠪᠠᠢᠨ᠎ᠠ ::

ᠬᠡᠯᠡᠭᠰᠡᠨ ᠮᠡᠳᠡᠨ ᠪᠣᠯᠤᠨ᠎ᠠ :

ᠪᠣᠯ ᠬᠡᠷᠬᠢᠨ ᠬᠡᠯᠡᠭᠰᠡᠨ ᠪᠠᠢᠭᠰᠠᠨ ᠨᠡᠷᠡ ᠮᠠᠨᠠᠢ ᠪᠣᠯ ᠪᠣᠯᠤᠨ ᠤ ᠪᠣᠯᠤᠭᠰᠠᠨ ᠶᠢᠨ ᠤ ᠪᠣᠯᠤᠭᠰᠠᠨ ᠮᠡᠳᠡᠭᠦᠯᠪᠡ :: ᠲᠠ ᠨᠡᠷᠡᠳᠡᠢ ᠪᠣᠯᠤᠨ ᠲᠠ ᠪᠣᠯᠤᠭᠰᠠᠨ
ᠪᠣᠯᠤᠨ :: ᠮᠠᠨᠠᠢ ᠤ ᠮᠡᠳᠡᠭᠦᠯᠬᠦ ᠪᠣᠯᠤᠭᠰᠠᠨ ᠪᠠᠢᠭᠰᠠᠨ ᠪᠠᠢᠨ᠎ᠠ ᠪᠠᠢᠨ᠎ᠠ ᠬᠡᠯᠡᠬᠦ ᠪᠠᠢ ᠬᠡᠯᠡᠬᠦ ᠪᠣᠯᠤᠨ :: ᠬᠡᠯᠡᠭᠰᠡᠨ ᠪᠣᠯᠤᠨ

ᠶᠠᠭ ᠪᠢ ᠨᠡᠷᠡ ᠤ ᠲᠠ ᠨᠡᠷᠡᠳᠡᠢ ᠪᠠᠢᠨ᠎ᠠ :: ᠨᠡᠷᠡᠳᠡᠢ ᠲᠠ ᠪᠣᠯᠤᠨ ᠬᠡᠯᠡᠭᠰᠡᠨ ᠨᠡᠷᠡᠳᠡᠢ᠂ ᠬᠡᠯᠡᠭᠰᠡᠨ ᠬᠡᠷᠬᠢᠨ ᠲᠤ᠂ ᠬᠡᠷᠪᠡ ᠪᠣᠯᠤᠨ ᠲᠤ ᠮᠡᠳᠡᠭᠦᠯᠬᠦ ᠪᠣᠯᠤᠨ

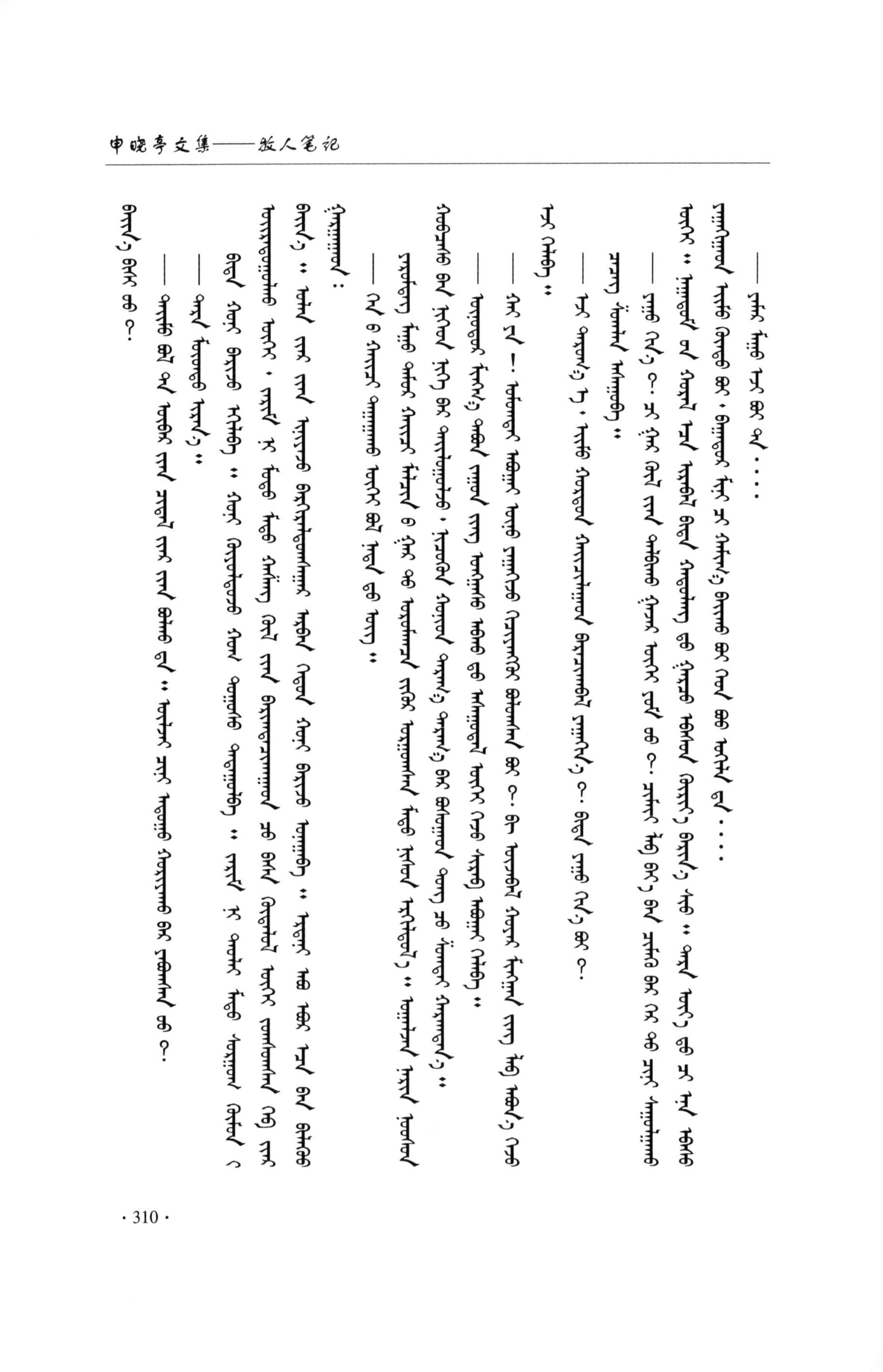

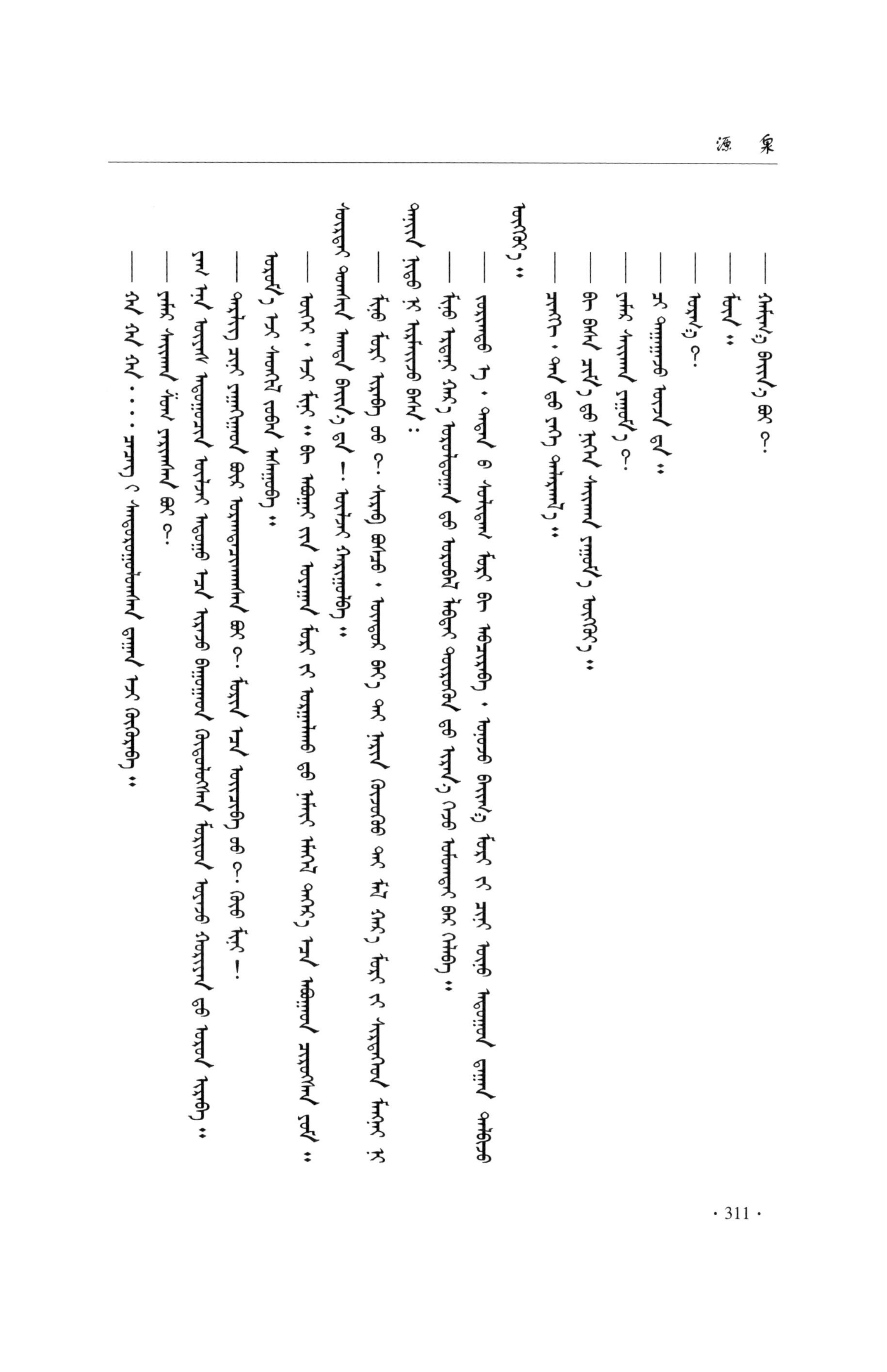

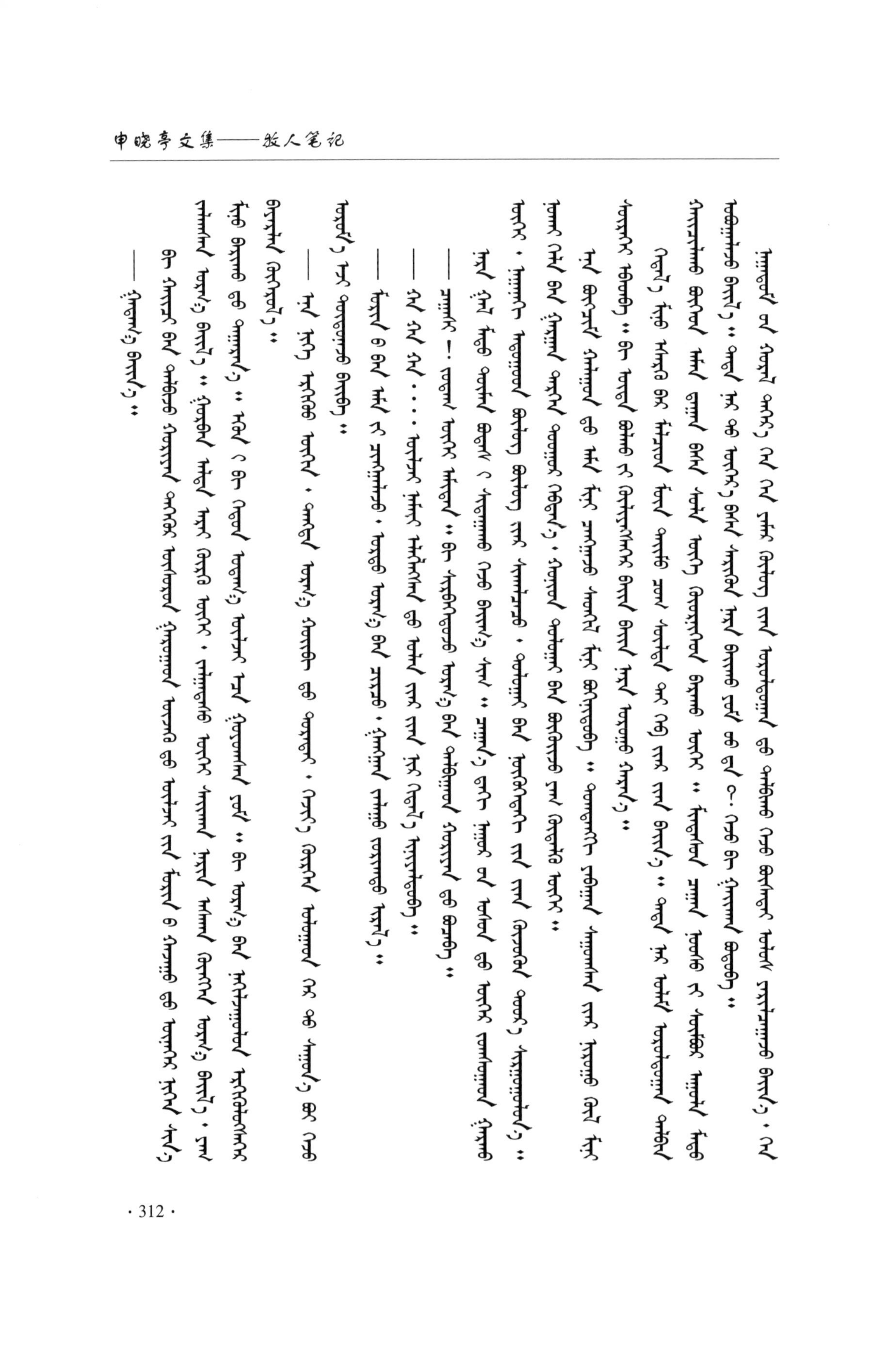

[illegible]

[illegible]

[illegible]

[illegible]

—— [illegible]

—— [illegible]

—— [illegible]

—— [illegible]

[illegible]

[illegible]

—— [illegible]

[illegible] ᠃

— [illegible]

[illegible]

[illegible] ᠶᠤ!

— [illegible]

[illegible] ……

[illegible] ᠃

[illegible]

[illegible] ᠃

— [illegible]

[illegible] ᠃

— [illegible]

[illegible] ᠃

— [illegible]

[illegible] ᠶᠤ! ᠶᠤ!

……

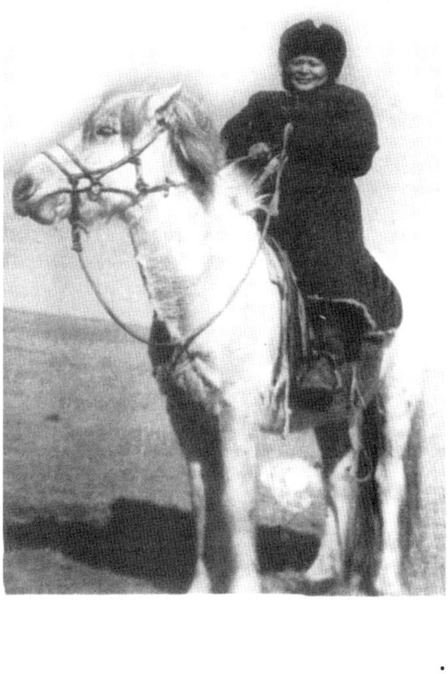

[illegible]

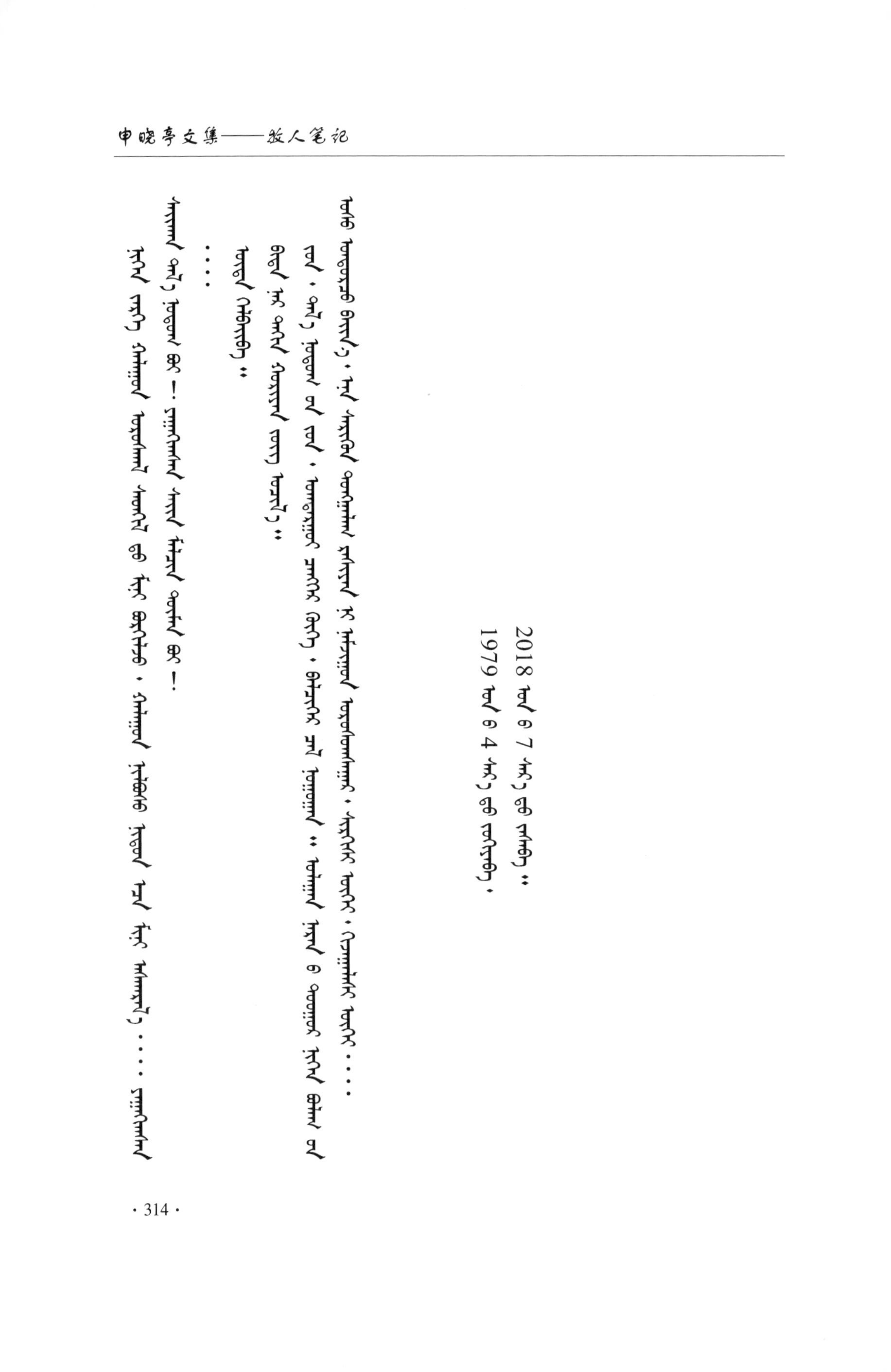

源　泉

夏天，草原的夏天，被称为是草原的黄金季节，蓝蓝的天上白云飘，绿绿的草上马儿跑，多美啊……

但是，草原的夏天还有无处躲藏的火一样酷热、让人窒息的蚊群的袭扰和连续日夜不得休息的疲倦，这些，只有草原上的牧民才知道。

清晨，夏天的清晨，是一天最宝贵的时间。凉风习习，蚊虫退去，正是睡觉的难得机会。我裹着蒙古袍，穿着马靴，曲卷在撩起毡脚的西侧哈那墙旁，刚刚躺下不多时。几天以来，白天放羊，晚上帮助下夜，疲倦得一合眼就再也不想起来。

咩，咩……趴在包外的羊群叫了，天刚蒙蒙亮。

“喂，卓日克图，羊群开始走了！”我的知青伙伴娜日苏把我叫醒。

“知道了，你睡吧。”我揉了揉惺忪的眼睛，又说：

“真要命！一刻也不让人安宁。”

我走出蒙古包。迎面扑来花草的香气，赶走了我的困倦，抬眼望去，四周的丘峦笼罩在红色的霞光中，天之广，地之阔，空气之新鲜，我心旷神怡起来。

“嘿！土木勒！小牛犊不要过度吮奶！”

“糟糕！白花牛喝桶中的牛奶了！阿套！”

北面传来额吉吆喝孩子的声音。额吉天不亮就起来挤奶，现在二十几头奶牛都快挤完了。额吉宏亮的嗓音打破了原野的寂静，好像在催促我：“快去吧，羊要走远了。”

縻留的枣骝马，仰头嘶叫，前蹄点地，好像是急着出征。多好的骏马！骑了快一个月了，还这样有精神。这是我最心爱的一匹马，又快又老实，还是一匹杆子马呢！我爱惜地抚摸了它，然后备上马鞍，撑杆跃身而上，奔向羊群。

今天轮到我的羊群剪羊毛，需要先去饮羊。我赶着羊群像水井方向走去，走到远远能看到水井的地方，留下羊群，驱马先赶到井边，去转水车。

清澈的井水很快就灌满了水槽，干渴的羊群闻风从远处飞奔而来，拉开长长的一大溜。改良羊最能喝水，健壮的公羊首先挤满了水槽旁。我使劲转着水车，才能让水槽的水不会减少。半个多小时，一千多只羊，大部分喝完了。落在后面的羊不慌不忙地走过来，那些没有喝够的而随夥离去的羊，频频回头张望，终于又跑回来补上几口。淘气的小羊羔们围绕着石头、土坑跳来跳去，不肯离去。

喝足水的羊肚子鼓了起来，圆滚滚的，它们均匀地散开，在柔软的草地上吃草，悠闲自在。看着辛勤劳动的成果，我心满意足了。

两年前，接这群羊时，斯格米德阿爸语重心长地对我说：

“草原上的羊是不离开羊群的，草原上的牧民是不怕风雪的，卓日克图，我的孩子，希望你成为一个与名字相符的勇敢、坚强的牧民。”

斯格米德阿爸因为放羊放得好，被牧民称为“羊大叔”。

从那以后，我的羊群总是跟着阿爸的羊群，早上一起出去，晚上一起回来。冬天的暴风雪中，阿爸帮我拦住顺风奔跑的羊群；秋天走场时，阿爸把最好的草场指给我……两年中，跟着阿爸闯过了许多艰难困苦，向阿爸学到了许多本领经验，潜移默化中，我觉得我更像牧民了……

喝完早茶，我和娜日苏赶着羊群去棚圈。这个棚是去年稍晚时节我们牧业小组的人利用放牧的间隙盖成的，现在我们额吉家的蒙古包就搭在棚东南不远的地方。

远远望去，那里有篷车，篷车上拴着带鞍子的马，看来已经聚集了不少人。一个矮胖身材的中年妇女，骑着马，轻快地迎我们而来。

“赛白努，姑娘们！昨夜过得好吗？没有被蚊子吃掉吧？”这就是我们的额斯勒格额吉，当年我组知青蒙古包的第一缕炊烟就是她点燃的。额斯勒格额吉四十多岁，性格豪爽，爱说笑。她那孩子般天真的、总是带着笑容的脸庞上从不知道什么是困难。去年春天，突然一阵强烈的旋风，掀倒了她的蒙古包。她从毡子堆中爬出来，对着天空说：

“嘿！老天爷，你看不上我的黑蒙古包，我盖个白的给你！”

额吉现在是生产队的劳动模范，也是我们牧业小组的组长。

“赛，赛，我们都很好，额吉塔赛努？您不见我们吃蚊子吃得都胖了起来吗？”我学着额吉说。我们互相看着彼此那张被太阳晒黑、又被蚊子咬肿的脸，不约而同地笑了起来。

大伙相互问候之后，一块儿把羊赶进了棚里。满圈胖墩墩的羊群让人眼前一亮，满意的喜悦挂在牧人们的脸上。

“这羊群胖的可以呀！不容易！”牛倌夏日巴大叔说。

“可不是！这几年我们的知识青年真是学会了不少东西。”羊倌额尔德尼阿爸说。

“我还跟他们学了很多呢，知道了很多北京的新鲜事。”额尔德尼的女儿琪琪格跟着说。

“阿姑，您怎么也来了？”额吉问坐在棚圈门口腿有点毛病的奥勒玛额吉。

“我的妹妹，这么热闹的事情我为什么不来？腿不太好，可手是好的呀！”

“那您就量力而为吧。你的乌力吉圈马群去了吗？”

“他一会儿就来。”

我们开始抓羊，羊群骚动扬起了尘灰。有的羊像兔子一样机敏，不让人靠近；有的羊像木头一样笨重，抓住了也拽它不动。大家笑着，喊着，十几只羊被抓住，撂倒。

“谁的剪子钝了，拿来给我。”额尔德尼阿爸从怀里拿出了磨刀石。

不起眼的剪子到了牧民的手里就像生出了翅膀，上下飞舞着，不一会儿，厚厚的羊毛变成片片拉花的披肩被脱了下来，光溜溜的羊从地上站起来，自己也感到很滑稽。

“今天收获1500斤羊毛没问题。”夏日巴大叔说。

“咦，大话大叔今天怎么小气了？我看一定能拿下2000斤！”额斯勒格额吉说。

“组长额吉，干这么快，都剪完了，我们干什么去呀？”琪琪格玩笑地说。

“干什么？你还怕手脚没地方放呀？保证不让你坐在蒙古包里只照镜子。等开完那达慕大会我们就要去打草，建草库伦。到那时你可不要哭着叫唤‘这草怎么这么沉呀，我的巴特尔，你在哪里呀？’”额吉逗她说。

“额吉真坏！”琪琪格急了。

“哈哈哈……”

“说什么好听的故事呢！”这时，马倌乌力吉策马而至，他把牵来的两匹马拴好，走进棚圈。

“儿子，你的衣服怎么全被撕破了？从马上摔下来了吗？”奥勒玛额吉担心地问。

“没事，额吉。给大叔套吊膘的黑马时，被它从马鞍上拖了下来，好一匹烈性的马儿。”乌力吉回答。

“我的马拿来了？”夏日巴起身看到他那匹纯黑的细腿长脖的高头骏马。

“我的黑马宝贝那达慕参赛一定拿第一名！”他眼眉抬得高高的说。

“卓日克图，你要换的马我也带来了，今天就把你骑的马放回马群。”

“太谢谢你了！”

“还送给你一个好东西。”

“什么好东西？”

“你猜猜看。”

“套马杆！在哪里？”

“就在外边。”

我撂下剪子，跳出围墙。在乌力吉的马旁边果真有一根新修理的套马杆。三庹多长，没有接头，笔直笔直，颤颤悠悠，既够范儿又轻便，正适合我！为了套马杆我求过乌力吉好几次。我高兴得拿起套马杆挥舞起来。

“这个傻姑娘，就喜欢套马杆、套索绳什么的，什么时候能找个女婿，坐在家里……”奥勒玛额吉嘟囔着。

“看，勒着马嚼，拖着长杆的英俊青年卓日克图来了！”乌力吉在打趣我。

“哈哈哈……”大家都笑了起来。

“一边去！没正经！”我羞怯起来，放下套马杆，返回棚圈。

太阳像火一样，好像要把一切都烧焦。牛站在水泡子里不出来，马群挤在一起互相把头往脖子下面钻，狗伸着舌头躲在车子下边，羊群低着头，一动不动。酷热让我感到口干舌燥、心烦意乱，久蹲的腰腿疼了起来，我不时地看看太阳，怎么还不到休息的时候！

但是和我不一样，牧民还是那么精神抖擞，嘴里仍不停说笑，手上更加劲比着干，丝绵一样的羊毛堆得像山一样高，好像他们头顶上的是另外一个太阳。男人们谈论着那达慕会上参赛的马，女人们谈论着那达慕会上的漂亮蒙古袍。

“那达慕会上，参赛骏马的马鬃和马尾都被装饰起来，不足十岁的穿着五颜六色的小骑手们，不用马鞍，贴在马背上，那跑起来像彩色的闪电，比电影都好看！”

“牛一样壮实的摔跤手，身穿嵌着银色泡钉的皮坎肩，脖子上挂着五彩缤纷的彩带，在古老的长调中一摇一晃地跳了出来……”

听了这些绘声绘色的描述，我几乎忘却了时间。

正午了，大家聚集在额吉家里喝茶。奶茶的飘香和辛勤劳动后的欢乐融汇在一起，弥漫在蒙古包中。

“卓日克图，把你的生羊皮给我，我制熟给你。”

“卓日克图，秋天你们去走场时，我帮你们修理蒙古包。”

“乌力吉，把口袋拿过来！这里有各种甜奶豆腐，都是你们喜欢吃的，拿吧！拿吧！”

……

一股热流涌上心头，框不住的泪水流了出来，多美的草原！多好的牧民！

过午了，我们返回棚圈。

夏天，草原的夏天，天空宝石般湛蓝，草地美玉般碧绿，金色的太阳下有一汪清泉，这清澈凉爽的泉水静静地流淌，不会干涸，没有止境……

2018 年 3 月译汉。

草原文化漫谈

文化，是人类社会历史实践过程中所创造的物质财富和精神财富的总和。草原文化，广义上是草原上人类活动的一切遗迹，是草原人民所创造的精神文明和物质文明的总和，空间上以北方草原为主，可扩大至西北、青藏高原，时间上可以延伸至万年前的新石器时代。在这片辽阔的土地上，有草原人的始祖扎赉诺尔人用过的石器，有拓跋鲜卑祖先的墓葬，有匈奴汉王的鹰形金冠，有西夏王国的黑水城，有成吉思汗的大帐，有努尔哈赤的铁骑……草原人民生息在这里，他们放牧牛羊使草原变得富饶美丽、锦绣斑斓，他们创造的游牧文化风格独特、多姿多彩，他们演绎了一个又一个波澜壮阔的历史故事：匈奴单于和亲大汉迎娶昭君，拓跋鲜卑历尽艰险走出山林，成吉思汗统一大漠纵横欧亚，土尔扈特不远万里回归祖国……草原文化历史悠久、雄浑壮阔、神奇瑰丽。草原文化与中原文化同根，都是从那远古的密林中走来，她们又相互区别——地域的区别、生产方式的区别、民族的区别，但是，历史将他们紧密地连在一起。长城是战争的产物，也是把草原和中原连在一起的纽带，曾经鄙夷草原文化的中原腐儒，不得不折服于草原人的雄健强悍，而善于学习的草原民族，又将中原文化播种于草原。有多少人到这里来过，又从这里走了，有多少民族在这里生长，又在这里融合，这里有多少文明曾经辉煌，这里有多少世事曾经沧桑，历史造就了草原的大地，岁月净化了草原的蓝天。如今站在草原这块土地上，蓝天下格外的美丽。从这里俯瞰南南北北上上下下，百万里疆土，五千年岁月，汇集在这里，凝聚在这里。这里有通往明天的路，如果懂得珍惜，岁月是有情的，明天会比今天更美好，如果懂得把握，草原是有灵性的，明天会比今天更宽阔。

草原文化也可以是狭义的，狭义的草原文化是空间和时间上的不同程度的相对缩小，比如以蒙古民族大漠南北为中心的草原文化，或以近现代内蒙古地区为范围的草原文化等。

民族性是草原文化的鲜明特色。大草原是北方民族成长的摇篮，众多民族在这里生息繁衍，有战争也有融合，有发展也有消亡。在两千余年中，这里曾出现东胡、匈奴、鲜卑、氐、羌、室韦、突厥、回纥、党项、契丹、女真、蒙古、满、汉等数十个民族，少数民族独立建立汗国的有匈奴、鲜卑、突厥、回纥、辽、金、西夏等；逐鹿中原的有北魏等五胡十六国、后梁等五代十国；入主中原一统江山的有蒙古族的元朝和满族的清朝。民族的身影、民族的文化、民族的性格都深深地印在这片土地上。匈奴、鲜卑因为太古远没有留下文字，但不乏汉文史籍的记载；突厥、回纥、辽、金、西夏、清朝虽然消亡了，但突厥文、回鹘文、契丹文、女真文、西夏文、满文留下了；迄今仍使用的还有蒙古文、藏文、维吾尔文、哈萨克文、柯尔克孜文、锡伯文。和硕柴达木湖畔的苾伽可汗碑、额尔古纳河边的成吉思汗石、遍布南北的八思巴碑文，透过这些久远的民族文字，可以倾听到操着不同语言的民族的声音，可以感受到属于他们的喜怒哀乐，可以看到他们曾经有或现在有的辉煌和骄傲。

如今，那达慕是蒙古民族的节日，赛马、射箭、摔跤，这种崇尚勇敢的古老的民族竞技活动，已经演化成具有鲜明民族特色及强大生命力的民族体育运动，而蒙古族歌曲特有的旋律和魅力已经征服了中华，征服了世界。

民族特点是一块瑰宝，要保护好这决瑰宝，须得精心的爱护和培育。

民族团结是民族性中的一个永恒的主题，昭君的故事一代一代地流传着、演绎着。20世纪的出塞曲是数万知青投入草原的怀抱，他们把青春留给了草原，也带走了草原的美好情怀。相互理解，相互尊重，团结和睦，亲如一家，是草原幸福吉祥、兴旺发展的象征。

游牧是草原文化的源头，有草才有牛、羊、马，有马才有马背上的民族，才有游牧文化。牧民爱马，通过马具就可以看出来，马鞍、马笼头、马嚼子、马绊、马鞭、套马杆，这些都是由牧民亲手做出来的，件件都可称是精致的工艺品，它们常常被装点以全套的银饰，非常漂亮，处处透着牧人的智慧与神勇。再看那三丈长笔直溜滑、颤颤巍巍的套马杆，立起来，威风，端起来，旋风，让人不由不神往。蒙古包的学问很多，除了木质的套那、乌宁和哈纳之外，毡子是羊毛压出来的，绳子是羊毛、驼绒、马鬃搓出来的。就蒙古包中央的炉子而论，因时而异、因地制宜，有野外烧牛粪的三条腿的火撑子托拉，有冬天烧羊粪蛋的四条腿的铁皮炉昭黑，还有夏季半地下半地上的简易泥炉。草原上的勒勒车是在不断进化的。70年代以前，用的是木头轱辘车，走着走着轱辘就会掉下一块来。70年代以后换成铁轱辘了，可车身还是木头的，嘎吱嘎吱的。如今改成拖拉机了，以前走一天的路程，现在一个小时就到了。传统的游牧一般有春、夏、秋、冬四季牧场，冬天羊靠吃雪，冬草场一般在草高雪深背风的山脚；夏季雨水、蚊虫多，夏牧场则在草浅有沟壑的地方；春季要接羔，水草都要好，一般都是有井水保障的草场；秋季为了抓膘吃草尖、草籽，没有固定的草场，哪里草好，往哪里走。除了季节的远途，平日，为了牛、羊、马吃草的方便，于少则十日，多则一个月，也得搬动一次。秋季抓膘走场，更是一日一挪，连蒙古包都嫌累赘，只用一辆车，带上套那（蒙古包顶）和一块顶毡，就可以搭一个两个人的窝棚。绿色的地平线上，阿嘉（大叔）、阿哈（大哥）骑着马，赶着牛羊，阿嘎（大嫂）、额吉牵着长长的牛车，在蓝天和白云下缓缓地移动……多么美丽的游牧图画。游牧是浪漫的，风和日丽时是诗情画意；但游牧也是艰苦的，狂风暴雪时，便是严酷的战场。传统的游牧和现代文明是有距离的，草原的牧民不是生态人，也不该是现代文明的弃儿。你知道马背上的危险吗？你知道勒勒车的艰辛吗？你知道人在肆虐的大自然面前是多么渺小吗？你见过一阵狂风吹来，蒙古包便飞上了天吗？你去寻找过深夜里丢失的羊群吗？你能体会棚舍和房屋给牧民带来了怎样的安宁吗？社会是以人为本的，草原也是以人为本的，但是，怎样才能做到人、畜、草三方面的和谐发展，确实是一个需要认真思考的问题。比如，现今草场上的围栏是利大于弊，还是弊大于利？国外又是怎样将现代文明和牧业生产结合起来的？现代文明给草原带来了生机，也带来了资源的危机，但是智慧的草原人民有能力把危机转化为机遇，保护草原、治荒、治沙、控制载畜量、发展高科技、发展多种经济……总之，前途是光明的，文明的人类是理智的人类，前进的大草原，发展的大草原，才是永远的大草原。

草原自然美的魅力不知是否应该划入文化的范畴，但草原性格的特质也许就是草原文化的本质。什么是草原性格的特质？我认为它可以体现在这样的两句话里：成吉思汗的战士最勇敢，草原的歌声最动听。

“一代天骄，成吉思汗”这是毛泽东的诗词，是一个了不起的评价，“秦皇汉武”“唐宗宋祖”之前面都没有修饰词，但成吉思汗却有个“一代天骄”，倒与国际上将其评为“千年伟人”不谋而合。从今日牧民的身影里依稀可见到昔日成吉思汗战士的英雄气概。牧人最坚韧，日日夜夜年年岁岁不得一刻松懈的辛劳以及经常性的迁徙都赋予他们刻苦耐劳的本领，所以成吉思汗的战士在长途跋涉的战争中有坚忍不拔的意志；牧人最勇敢，草原严酷的环境使得牧人具有了战天斗地的英雄气概，所以成吉思汗的战士在战斗中勇猛无比、所向披靡；牧人的本领最高强，牧人以马为伴，从小练就了超人的马上功夫，所以成吉思汗的战士在疆场上任意驰骋、势不可挡。

牧人的性格是草原赋予的，天苍苍，野茫茫，草原的宽、草原的阔、草原的烈、草原的酷，都陶冶了牧人的豪放与勇敢。草原是勇士的滋养地，草原是勇士的战场，草原是勇士的天堂。

草原的人民又是最质朴、最真诚的人民，草原的歌声就是牧人的心声。它把草原都融在了旋律里：蓝天的舒展，绿草的柔和，牛羊的欢乐，马群的激昂；炊烟缭绕，奶茶飘香，风清月白，敖包相会；金杯银杯里的奶酒祭的是天地间挚诚的爱，美丽洁白的哈达献上的是草原人纯洁的心，如泣如诉的马头琴述说不完的是草原英雄的故事……勤劳、勇敢、善良、智慧、真诚、友爱，歌声中的草原是一方净土，草原上的歌声是一方神灵，多少人从歌声中得到灵魂的升华，多少人沿着歌声来寻找真诚、寻找故乡、寻找天堂。

热情、质朴、勇敢、豪放是草原的性格，是草原文化的永久魅力。

2004 年 7 月稿，为 2004 年 8 月举行的“中国内蒙古首届草原文化研讨会”而作。

江南随笔

整日忙于工作，有机会去江南沐浴阳光，见见世面，心情先亮了起来。

那几天，北京又是沙尘暴，又是寒流，但出发的这一天，天气晴好，想是南方的春风在欢迎我们。

到达杭州时，天灰蒙蒙的，渗透着断断续续的雨丝，湿润的空气让人觉得很舒服。茂盛的油菜花给嫩绿色的田野抹上一片片鲜亮的黄色，平静的池塘里养殖珍珠的白色、绿色浮标组成了一个个棋盘似的格子，显露出一派明媚中的江南春色。

我们首先到达的是富阳县的龙门古镇。这是孙权后裔们的聚居地。在明代建造的孙氏祠堂的大门前，导游小姐——孙氏七十六代孙——给我们上了传统文化的第一课："你们知道什么是'门当户对'吗?""门上的匾额即门当，门旁的两个大石鼓即户对。""你们看，只有帝王人家才可以有这样的鳌头石鼓。"

"古镇"大多数是清代、民国时期的建筑，很有南方特色。白墙，灰瓦，高院，深宅，站在房门前的石板地上，仰首而望，是一块带有边框的天，所以管它叫"天井"，区别于北方低矮、宽敞的"四合院"。有的天井很别致，框满了精致的木雕栏，其中不乏古代的精品。这些有着过去年代气息的天井一个连着一个，之间的用石子铺的"胡同"只有一米左右宽，又湿又滑，最宽的一条称作商业街的也只有两米多宽。据说在下雨天，不用雨具走遍全镇，也不会被淋湿。而那些一百平方米左右的议事聚会的厅堂可以说是居民们的广场了。也许只有同一个氏族才会连接得这样紧密吧。

之后，我们来到了富春江边的中国古代造纸印刷文化村。文化村的主人蒋放年先生是一个著名的民营企业家。在八十年代，他抓住古籍整理、古籍新印需要手工宣纸的契机，利用富阳几百年手工造纸的历史和有丰富竹林的地理条件，从造纸开始，到印刷古籍，再到造纸印刷文化村，轰轰烈烈地干了一番事业，如今事业大，名气大，财气也大。

文化村果然造得气派，仅那座带有双层飞檐的三洞大门楼据说就用了十几万，还有那豪华的贵宾楼、陈列着中国古代造纸史和文化村发展史的展览室、具有民族特色的厂房建筑以及正在营造中的造纸史、印刷史一条街。我们漫步在初具规模的鹅卵石甬道上，想象着将来，当我们从街的这一端走到街的另一端时，我们已经穿越了时空，亲眼见到了蔡伦怎样造纸，毕昇怎样排版……

文化村兼有生产、旅游两种功能。最吸引人的还不是造纸工人身穿的明朝古装，而是那神奇的传统工艺和精湛的抄纸技术。那些纸浆，经细密的竹帘轻轻一抄，再湿漉漉地掀摞在一起，压干后，居然还能够揭开，成为一张张薄薄的、匀称的、纹路清晰、洁白的宣纸。怎么捉摸也解不开其中的奥秘，只有为我国的古代造纸技术赞叹了。

傍晚的落雨中，我们游了鹳山。春风、春雨幽幽地诉说着郁华、郁达夫两位烈士的生平和夙愿。

次日，我们驱车驶往绍兴。沿途，一座座漂亮小洋楼点缀在锦绣的田野上，很别致，很有风情。开始我以为是城郊富人的私人别墅，或是旅游者的度假村，心中好不羡慕。但是这些豪华的、五颜六色的小洋楼一直跟着我们，突然，我明白了，那些都是江南农民的新农舍！

绍兴不大，却是个有灵气的地方。赋予其灵气的第一仙是鲁迅，鲁迅笔下的人和物都附上了彩色的光环。百草园里的泥墙根，三味书屋旁的乌篷船，咸亨酒店里的茴香豆……都没有随着时代的消逝而消失，孔乙己更是最上镜头的“第一大明星”。

第二仙是王羲之，一篇《兰亭集序》被誉为“天下第一行书”，独领两千年风骚，使我们“后之揽者，亦将有感于斯文”。

第三仙是陆游。我想陆游是诗圣也是情圣。《示儿》也好，《钗头凤》也好，皆因用情至真，终成千古绝唱。

书法、诗歌、文章，都是中国的国粹，而绍兴却有了粹中之粹。

除了文化，绍兴还有风景。东湖景色非常优美，天然奇洞和乌篷船最为吸引人。我们兴致勃勃地登上乌篷船，乌篷船很窄，在低矮的乌篷前，两个人要紧靠着才能并排坐下。船尾略微翘起，带着绍兴毡帽的艄公悠闲地高坐在那里，一只脚蹬，一只手摇，一边有声有色地给我们讲解奇洞的故事。

第三天，我们游西湖。二十四年前，在做第一部《蒙古文全国联合目录》时，我来过西湖，从那时起“欲把西湖比西子，浓妆淡抹总相宜”的美景便令我久久不能忘怀。此次再游，也许是人太多的缘故，总感到自然美少了一点。

但是，坐落在西湖边上的浙江图书馆古籍部，却使我又找到了当年的兴奋。茵茵的绿草簇拥着三座色彩、样式、建造时间、历史背景都不相同的楼房。一座是黄色的，一座是白色的，而高高阶梯上的那座色彩绚丽的彩绘楼阁，是曾任国民党监察委员的杨虎送给蒋介石的私人别墅。现在，那里收藏着文澜阁的《四库全书》。我们是来自文津阁，所以对于文澜阁别有情钟，文澜阁本比文津阁本略小一些，经历也格外沧桑。

在古籍部的静静的铁栅栏内，我们享受着环境的美，也享受着古代文化的美，有这么好的地方做图书馆，作为图书馆馆员的我们心里真是舒畅极了。

次日，我们满载着春天的阳光，返回北京。

2002 年 4 月 18 日稿。

该文被收入《浮生小趣》，国家图书馆善本特藏部编，癸未冬富阳华宝斋印制。

怀念杜秉正爸爸

我是杜秉正的三儿媳，按照正规的称呼我应该称呼“公公”，英文是 father-in-law，即法律上的父亲，其实日常生活中，中国的习惯也是称“爸爸”的。

爸晚年的最后一段时间是和我们一起度过的，自从妈过世以后，爸曾跟大姐住过一段时间，但大姐也年过七十了，身体也有病，所以当我们有了新房子，就把爸接了过来。那是 2000 年 11 月，爸 88 周岁。

我们把最好的一件向阳的房子给爸作了卧室，并置备了新的家具，爸很高兴，对新居很满意，因为比起中关园的老房子来说，要宽敞多了。爸住我家以后，姐姐哥哥们常来看望，姐姐总是带来各种补养品。而在青岛的二哥，因为是学医的，就成了爸的健康顾问，经常打电话询问爸的身体，隔三差五地寄钱来给爸保养身体。爸九十大寿的时候，祖孙四代聚为一堂在附近的湖北饭店为爸庆祝生日，二哥特地从青岛赶来，带来上好的茅台，大家举杯敬祝爸长命百岁，那天爸特别高兴，菜也吃得特别香。

我的丈夫——杜天航，是爸的第三个儿子，脾气很像爸，不爱说话，就知道闷头看书，但是对爸很孝顺。那时爸的腿脚已经不太行了，独自行走，蹒蹒跚跚地，也只能走十来米，出门是离不开轮椅的。我们家离紫竹院公园很近，每到周末，天航都要推着爸围着紫竹院的三湖两岛转上一大圈，融洽的父子之情，常常引来路人羡慕的眼光：这位老人家真有福气！我想那是冥冥中的定数，好人的定数。爸一辈子从事英语研究与教学，是一个辛勤的园丁，默默奉献，诲人无数，许多曾受益于爸的人都在怀念他。人间美好的感情是可以传递的，在儿女的心里，除了父子之情之外，不知不觉中还融汇了这样许多的感激之情，给爸一个幸福的晚年是我们由衷的心愿，也是我们应尽的责任。为了让爸看看北京的新面貌，金色的秋天，天航曾骑着小三轮带着爸从天安门、王府井一直逛到后海；凉爽的夏日，又曾推着轮椅乘船，从展览馆溯流而上至颐和园，饱览了长河两岸的美景；阳光明媚的春天，我们推着爸一同去玉渊潭赏樱花；阜成门拉煤的骆驼、黄城根的老北京人、玉泉路的现代音乐喷泉都和爸留过影，影像中的爸爸，露着祥和的笑容，真想永远留住那些美好的时光。

天航上班的地方离家比较远，晚上才能回来，平日里，我照顾得多一些。开始我也上班，不过小区就是我们单位的后院，只有五分钟的路程，我每天中午回来给爸做饭。那时爸还基本能够自理，早上七点钟起床，帮他穿好衣服，吃好早点，我去上班。他在家里看看报纸，看看电视，累了就躺在床上休息。我上班时总是挂念着家里的他，有时工间休息的时候也回来看一看。爸也很是配合，总是安安静静的，等我回来。有公事外出，多远，中午也要赶回来，单位的会餐或亲朋好友的请客什么的就多是告假了。除了忙碌之外，更多的是牵挂，那种无时无刻的拳拳在念。不在跟前时，心总是悬着，在跟前时，白日挂念他吃好没有，夜里挂念他不要着凉，午休夜眠，也是竖着耳朵，听见他翻身，听见他咳嗽，也要起来看看，是否该换床垫，是否该吃药……

我和爸相处得不错，记得我学习英语时，遇到不解的问题，就去向爸请教，这时的爸头脑还是很清楚的，能够准确无误地说出单词的拼写，并且把语法讲得很透彻。我有时还和爸进行一些简单的英语对话。爸为人是很谦和的，我照顾他，他觉得过意不去，常用英语说：

“Thanks!”我就用他教我的英语回答：“Never mind（没关系）”，我有时会说错，他就笑着纠正我。

作为一位资深的英语教授，爸一生最大的遗憾就是没有出过国，不是没有出国的机会，是爸没有抓住机会。中国人有个美德叫“守拙”，虽是满腹经纶却从不张扬。爸就是这样的人，从不显山露水，不跟别人争什么，还总担心自己的江浙口音影响交流。其实，那次我家来了几位美国客人，爸用英语与他们交谈，很流利，很标准的，美国人都说他讲得“very good（很好）”。

爸有看书看报的习惯，晚年，仍然订阅《光明日报》和《参考消息》。但在他的书案上从不曾离手的是一本1933年伦敦版的《拜伦诗集》和两部不同版本的《唐璜》译本。爸倾心钻研外国文学，尤为欣赏拜伦的诗。“文化大革命”前就翻译出版了拜伦的《该隐》《海盗》和《可林斯的围攻》，之后一直有心翻译《唐璜》，可惜由于教学任务的繁重，未能完成心愿，这也是他的另一个遗憾。那本原版的《拜伦诗集》上面有许多红笔、蓝笔和铅笔的勾画，还有许多铅笔的英文小字批注，都是爸的手笔。爸时常翻阅它们，是回忆？是眷恋？还是继续在他钟爱的为之付出毕生的英语世界中遨游？我很难将平静淡泊的他与拜伦的革命浪漫主义联系起来，但从拜伦的激情可以窥见爸的一颗炽热的心。

爸晚年最想念的是妈，爸十九岁与妈结婚，相濡以沫六十八年。妈是一位非常美丽、贤惠、慈祥的妻子与母亲，为了爸，默默地当了一辈子的贤内助。爸的身心完全都在工作上，生活上是很依赖妈的，妈在时，爸几乎连电话都不会拨。妈得肺癌骤然离去之时，我们都担心爸会受不了，不过还好，爸看上去很文弱，实际上却很坚强。爸刚搬到我家时，还是很清醒的，起居、吃饭、散步，常感叹“她不在了”。后来，精神不免有些恍惚，时而脱口而出：“妈呢？”“妈怎么还没有回来？”当我们告诉他妈已经不在了的时候：“妈什么时候不在的，我怎么不知道”……

爸晚年最想去的地方是路桥，路桥是爸的老家，二十岁那年从这里考上了清华，学成后曾任黄岩路桥中学的英语教师，自从1947年到清华大学任教后，就再也没有回过路桥。爸几次提出要回路桥，我们只能好言相劝，因为凭爸的身体状况，是不可能出远门了。爸在梦里常常梦见回到了老家，一觉醒来，就会问：“爸呢?”我很是不解：“谁的爸?”“我爸爸，刚才他还叫我背书包去上学。”“梦见你爸爸了？小时候你爸爸一定最疼你了吧?”爸似乎回到了童年，憨憨地笑着。人有情，而岁月无情，我心中不免一阵伤感。

晚年的爸挂念最多的还是工作。有时候会突然问：“我什么时候走啊?”“上哪里?”“去上课呀!”有时候穿得整整齐齐的，问他做什么，他说：“今天有课。”有时还煞有介事地说：“昨天有人来了，要我去上课。”我们跟他说“您已经退休了，不用上课了”，他总是一副很不情愿的样子。任课时带的手表，虽然不走了，每天也必须戴在手上，偶尔不见了，就是半夜也要爬起来寻找。爸像一支长长的蜡烛，燃了90年，给了人们那么多的温暖和光明，如今虽然已经是风中之烛，闪忽于瞬间，但依然很亮很亮……世间如此美好，就是因为有了许多许多像爸这样的人。

2003年春，我退休了，就在家照顾爸，这时爸的自理能力也越来越差了，由于1989年时爸的股骨头摔折过，现在行走愈加困难，从卧室到客厅、到洗手间都需要搀扶，稍不留神就会摔倒。有时上街去买点东西，心里也总是很不放心。爸的生命力是很顽强的，在这四年中也有过一些劫难。2001年的夏天由于前列腺肥大，发生尿潴留，早上起来疼痛不已，赶快上医院插管，回家吃了二十几天的药，再上医院摘管，反复两次，折腾了数月，后来好了，没再犯病，直到生命的最后几天。2002年的秋冬之际，因为感冒而得了肺炎，九十岁的老人得了肺炎，实有性命之忧。我们及时把他送到医院诊治，然后又请护士到家给他连续输了十几天的液，肺炎居然被治愈了。幸亏是在春节之前就好了，否则难逃春节之后的非典之劫。2003 年夏天，爸不慎摔断了锁骨，医院给他带上了十字背带，两个多月后爸的手臂又行动自如了。2004 年的五一，我们正欢欢喜喜地准备给爸过来我家以后的第四个生日，不幸又摔伤了腰椎，压缩性骨折……每当爸的身体有所不适，我和天航就日夜守护，爸也几次不负我们的苦心，安全地渡过了危机，我们多希望爸是位神人，总能逃过劫难，长命百岁。我们给爸吃了各种补药，洋参、灵芝、燕窝，希望他能早日恢复，爸也很努力，每顿饭都尽量多吃一些。五个月过去了，爸的情况还算稳定，能坐起来吃，能搀扶着走两步，我们期盼着奇迹出现，期盼爸再次康复起来，但是爸再也没有像以前那样……我好悔呀，如果家中请的帮工不突然离开；如果 4 月的那天下午我不上街买东西，仅仅半个小时呀！一直在家守着你，你就不会把腰摔坏，伤了元气；如果十一期间不因为有事外出，而是在家和天航一起陪着你，你就不会感冒发烧，以致今日人天两隔……老天，好人为何不能与世长留？亲人为何不能长相厮守？如今人去物留，睹物伤情，空空牵挂，阵阵哀痛，心痛泪涌，如泉不绝，但作一歌，以寄我们之哀思，寄家人之哀思，寄爱你人之哀思：

念朝夕之音容兮
悲黄泉而泪雨，
恨皇天不留人兮
唯有情而自驻。

品质洁而清修兮
为后人之仰慕，
鞠躬瘁泽沃土兮
桃李继而永华。

爸爸，安息吧！

二〇〇四年十月三十日

注：杜秉正（1912—2004），浙江台州人。1947 年起在清华大学外文系任教，讲授英语。1952 年调入北京大学西语系，先后在西语系和英语系任讲师、副教授、教授。主编大学英语教材《英语》（1—4 册）。九三学社会员。

纪念黄明信先生

我是1976年年底到国家图书馆的，从事蒙古文工作，那时还叫北京图书馆，馆址在北海，民语组办公室在主楼的地下室。黄明信老先生1979到馆，直到1998年离开工作岗位，我与黄先生共事了20年。黄先生是我此生最敬佩的一位德高望重的学者，与黄先生朝夕相处的日子是我此生最难忘的。

黄先生学问好，人也好，以“学而不厌，诲人不倦”来形容黄先生最适合不过。黄先生的学问很高，他清华大学历史系毕业，却在拉卜楞寺住了8年，不仅藏语文了得，而且精通藏传佛教，获有拉然巴格西的学位，这是藏传佛教格西中级别最高的学衔，显宗中最高的学位。不仅如此，黄先生还精通藏传佛教中最深奥难懂的历算学，这里需要现代天文学、数学知识，很少有人能达到这个境界。

黄先生对我的帮助尤其大，在我获得的成果里许多都离不开黄先生的名字。我和黄先生共同署名发表的文章有三篇。应该说这几篇文章的学术水平都是很高的，产生了一定的社会影响。

第一篇是《〈蒙古源流〉成书年代诸说评议》，此文刊登于《民族研究》1987年第6期。

《蒙古源流》是一部著名的用蒙古文撰写的蒙古编年史。在古籍整理中发现有关它的成书年代社会上有着两种不同的说法，而且都源于对同一段文字的不同理解。比利时人田清波理解此书写成于作者诞生后的第59年（1662年），我们认为田清波忽略了其中“忿怒”一词的性别，阳性忿怒应该理解为时轮历的“胜生周”的第59年，相当于公元1685年。为什么会有这样的分歧？主要是，一方面由于蒙古文记录文字的不甚严谨、晦涩难懂、易出歧义，另一方面因为它牵扯到蒙古历、汉历、藏历中有关纪年、纪月、记日的方法，这些方法纠缠在一起比较复杂，一般学者由于专业的限制，完全厘清这些问题不容易。因为有黄先生，我们厘清了这些问题，我们的论文得到了国内外蒙古学界的认可与重视。1998年9月，相关内容的论文《谈蒙古历与藏历》（蒙古文版）在日本冈山“蒙古传统科学国际讨论会”宣读，其后该论文（蒙古文版）刊登于《内蒙古社会科学》（蒙古文版）2001年第2期。

第二篇为《〈康熙御制汉历大全蒙译本〉考》，该论文发表于《文献》1988年第2期。

《康熙御制汉历大全蒙译本》木刻版，共37册（国家图书馆藏其复制本）。序言中说“为了精历算、彰百家、益算者，圣文殊师利康熙皇帝诏谕将此前所未有的历算典籍之精本重新用汉文编写，再用蒙古文翻译刊刻”。《汉历大全蒙译本》成书于康熙五十年（1711），选译自清康熙八年（1669）清廷制定的时宪历《新法算书》。清康熙五十四年（1715）《汉历大全蒙译本》被译成藏文，于是有了《康熙御制汉历大全藏译本》，时宪历自此传入西藏，之后形成藏传时宪历，用以推算日月食，至今保持不变。该论文包括三部分内容：书名与卷次、序文译注、源与流。

第三篇为《藏历蒙古历汉历》。

该论文就与蒙古历有关的几个具体问题——《蒙古源流》成书年代问题、俺达汗出生日期问题、霍尔月问题、时宪历的引进问题——系统谈及藏历、蒙古历、汉历的某些原理和方法，包括纪年法、纪月法、纪日法及日月食推算法等问题，进而阐明藏历、蒙古历、汉历各自的特点以及三者之间的直接或间接的联系。

其实这已经是相关内容的第三稿了。该论文的第一稿就是上述提到的参加了日本冈山国际会议的《谈蒙古历与藏历》（蒙古文版）。其后又修改了第二稿《蒙古历藏历汉历例说》，发表于《蒙古学集刊》2005年第1期。再后就是这个第三稿。《藏历蒙古历汉历》于2006年10月被收入中国藏学出版社出版的《加强藏学研究发展藏族科技——第七届中国少数民族科技史国际会议论文集》。可见此论文内容的社会认知度之高。

三稿主要内容相同，蒙古文版的第四部分"时宪历的引进"，多了一些日食、月食的观测数据比较，但没有后两稿的第五部分"汉、藏、蒙历法源流探索点滴"。

由于这篇论文着重于阐述藏历与汉历的历法原理，是黄先生的初稿，我的工作主要是文字整理、修改和蒙译。

其后，在蒙古文古籍编目中，在翻译佛教人物传记中，我还是往往会拿些难解的佛教名词去叨扰黄先生，黄先生一如既往给予指点。

能与黄先生合作是我的幸运和荣幸。

黄先生除了学识极其渊博、治学一丝不苟、对工作有极大热情和极端负责之外，最感人的就是平易近人、有求必应、诲人不倦。那时，我作为一个初出的学子总是带着诸多问题请教黄先生，而黄先生从不嫌弃我知识浅薄，总是问一答三，倾囊相授，使我受益终生。而且黄先生为人正直、谦和，丝毫没有学术界的某些臭毛病。记得前两篇文章发表时，他都曾提议由我做第一作者，说将来对我的进步有好处，我很感动……

我与黄先生的合作还有着特殊的意义，他是研究藏文、藏学的，我是学蒙古文、蒙古学的，我们的合作，实际上也是藏文、藏学与蒙古文、蒙古学的横向合作，促进了蒙藏文化的交流与融合。

对于黄先生这样德高望重又给我许多帮助的人，我总是心怀尊敬，心存感激。黄先生退休后，我基本上每年 12 月他过生日的时候，都要去看望他。

更使我叹服的是，八九十岁的人了，仍然在工作，在从事研究，在为他人、为社会发光发热。开始他还能侃侃而谈，还能坐在写字台前操作电脑，后来身体实在不行了，寸步难行，就把电脑搬到了床头小桌上……

去年 12 月，我又去看望他，门锁着，扑了个空，我心中十分不安。今年再见到他时已面目全非，虽几乎不能言，但头脑还清楚，认出了我。

如今，百岁藏学泰斗黄明信先生走了，悲痛之心难以言表，借此古诗表达对他的怀念：

相见时难别亦难，东风无力百花残。
春蚕到死丝方尽，蜡炬成灰泪始干。
晓镜但愁云鬓改，夜吟应觉月光寒。
蓬山此去无多路，青鸟殷勤为探看。

我不知道今后到哪里去看望您，但我会永远记得您。

走好，尊敬的黄先生。

2017 年 6 月 11 日稿。

该文刊登于《中国藏学》2017 年第 3 期。

译　著

内齐托音一世传

申晓亭　成宗德　译注
朱　风　　　　　校

《内齐托音[①]一世传》汉译本说明

额尔德尼毕力衮达赖的《内齐托音一世传》成立于1739年，是关于17世纪蒙古历史、文化、宗教的第一手资料。迄至目前，国内尚无汉译本出版。本文依据中国国家图书馆仅存的清代木刻本进行翻译、注释，原木刻本为长条形散叶经装，共92叶。

作者额尔德尼毕力衮达赖是内蒙古佛教僧人。他根据内齐托音一世弟子的备忘录，各种笔记，以及当时王公、僧徒的口述，广泛收集资料而撰写。该书对内齐托音一世的生平事略、主要的宗教活动和政治活动，尤其对佛教传入的历史有较详细的记载，对于研究清代蒙古史、蒙藏佛教史、蒙古文化史有较高的学术价值。本译文的篇章段落力求保持原文面貌，其中的“其一”“其二”“之一”“之二”“一曰”“二曰”等均为原文所有，非译者所加。

---

① 内齐，蒙古文，naiji，朋友之意；托音，蒙古文toin，喇嘛的尊称，或指贵族出身的喇嘛。

顶礼上师。①
圣洁福智双俱身，
众生不识唯崇情，
指示世间三界路，
稽首释迦狮子王。

最胜微妙之善道，
真实妙语如狮吼，
无与伦比大显扬，
摩顶文殊师利佛。

从二资粮②之宝泉，
化为自在者之妙韵，
俱缘慈悲之月天子，
快助我往智者园。

无量智慧置雪山，
始颂经义鬣狮动，
张其深密身之力，

① 顶礼上师：蒙古文 namun guru，来自梵语。梵文 nam，汉音译“南无”，意为“敬礼”“归札”；梵文 guru，意为“导师”“师长”等。此处为开篇敬语。通译为“顶礼上师”。［参见莫尼尔·威廉士（Monier Williams）著 1899 年牛津版《梵英词典》528 页与 359 页。］

② 二资粮：蒙古文 qoyar čiɣulɣan，据日本陆军省编纂昭和八年（1933）版《蒙古语大辞典》1420 页所记，蒙古文čiɣulɣan 相应藏文为 tsbogs。藏文 tsbogs，一意为资粮。资粮解释为善业，二资粮即福德资粮与智德资粮，依此二资粮而证佛果。（参见张怡荪主编：《藏汉大辞典》，2289 页，北京，民族出版社，1985；丁福保编：《佛学大辞典》，45 页，北京，文物出版社，1984。）

辩述上乘狮子圣。

为天下有情发愿，
以密咒金刚为心，
铭传扬佛宝之任，
祈具足上师赐福。

明示还夙愿之径，
殊常珍崇宝福缘，
黄帽真谛自在满，
即刻降临我心田。

无量金刚乘喜宴
谦和檀越施善缘，
具足上师之神幡，
遍及四海我敬礼。

达二德而获至福，
睹苦难而救众生，
貌微卑为益僧众，
礼圣僧内齐托音。

其德才深如大海，
非圣贤不能尽述，
似我等愚钝之辈，
拾其教化之迹已。

为成就鄙人之信，
为流芳圣者之绩，
为增己增人之福，
愿汇其传达成编。

求解脱者所奉之，
乃福智善出之园，
上下一切神灵中，
授解脱道者唯信。

大主指述深密道，
大日光照禅教扬，
大持金刚普道场，
大海宝智传内齐。

持净饭王子之道，
使众生与其结缘，
奉金刚本尊①之前，
虔诚心至莲花开。

慧眼明识缘道轮，
慧心满载宝资粮，
圣者所益禅众绩，

① 本尊：蒙古文 idam，来自藏文。藏文 yi-dam 意为“本尊”（参见《藏汉大词典》，2565 页）。本尊，《佛学大辞典》427 页解释：“本有而于出世间为最胜最尊，故名本尊。又于诸尊中以其尊为本而尊崇之故，故名本尊。”

圣贤未及焉能述？
且撰其众人所睹，
但借八经之英名，
愿诸此奇闻珍记，
能明圣贤之足迹。

诸佛菩提转世者，
世间王臣之传记，
文理并茂悦天下，
门生合什皆仰慕。

得此圣绩之经传，
倍崇予信之诸佛，
禅门信徒与日增，
犹如满月遍光辉。

俱习觉知最为师，
永世和合最为福，
安然仪轨最为信，
解脱三宝最为敬。

以信奉三宝为始，
启敬神通本上师，
继为使此敬愈增，
故撰写此记若此。

当今之博格多喇嘛，因菩提心之慈悲，往北方不灭之地去寻转生，达扎什伦布寺进入佛门，跟随班禅苏玛迪达日玛多萨①等大法师精习经咒。之后，往哈达山中艰苦修炼，修得戒法、定法；又经昼夜不停刻苦修习，炼得心之根本智慧法；继而力修造福佛与众生之法；最后修得超脱有缘之辈出无智世界之法。修此五种功德法而成佛身。

其　一

赞曰：
曾为兜率一神子，
降临梵地为众生，
护育甘露满人间，
稽首佛祖释迦牟尼。

如来佛前司菩提，
兜率净土居文殊，
活佛转世救众生，
祈拜具足宗喀巴。

菩提真性见化身，
慈悲众生有善心，
大德大福俱全备，
稽首班禅额尔德尼。

释迦牟尼涅槃后，

① 苏玛迪达日玛多萨：蒙古文 Sumadi dharma dunca，为四世班禅洛桑却吉坚赞的梵文名音译。

普照环宇宗喀巴，
有智之士步后尘，
络绎不断皈佛门。

信徒首出厄鲁特，
善识机缘修正果，
布教蒙古终不渝，
祈拜内齐圣高僧。

却说，在遥远的北方，有一厄鲁特土尔扈特部，其主阿玉奇汗①，汗之叔兄名叫墨尔根特布纳②，是一位远近闻名的万户诺颜。墨尔根特布纳得一子，十分高兴，举行盛宴庆祝，取名阿毕达。阿毕达自幼具有仁爱之心，怜悯贫苦众生，救济他人施舍一切，从不吝惜。他才智慧敏，从无谎言秽语，忠诚老实。一次，与众人狩猎，他首先射中一匹怀驹野驴，野驴腹裂掉出小驴驹，驴驹趴在地上颤抖着，母驴疼爱地舔吻。阿毕达见此情景顿生恻隐之心，暗想：虽在高门贵族亦不得解脱。于是弃掷弓箭返回府邸。阿毕达由此产生了信奉三宝嫉世厌俗之心，他视世途如火坑，想避世出家。他禀告父王："恳求您了，父王，您若是怜爱孩儿，就让我出家为僧吧！"其父大惊："你说什么？你若是当了僧人，谁来照看父母呢？我们年事已高，靠谁侍奉呢？这么多的部众由谁统辖呢？"不同意他出家。阿毕达再三恳求，其父执意不允。此后，父母作主为他娶下一妻，阿毕达虽不情愿，但又无法违背父母之命。一

---

① 阿玉奇：蒙古文 ayusi。其父为朋苏克，其曾祖为和鄂尔勒克，世为土尔扈特长，阿玉奇始自称汗。（参见《钦定外藩蒙古回部王公表传》，卷一百一，土尔扈特部总传，乾隆四十四年。）

② 墨尔根特布纳：蒙古文 mergen tebene，又作墨尔根特木纳、特木纳等。卫拉特蒙古土尔扈特部台吉，客列亦特氏，额济内台什子。

年之后，得一子，取名额尔德木达赖。

不久，阿毕达对妻小感到厌倦，又欲出家为僧，其父闻讯后便派人监护他。一日，阿毕达正在室外念诵《皈依经指南》，一阵旋风刮来，经卷被风卷走，他在后面追赶，监护人疏忽未曾发现，于是越走越远，以布衣形貌往西方去了。其父得讯即派人寻找。那些寻找的人走得畜尽粮绝，疲惫不堪，也没有找到他，直至把皮鞍韂、皮靴烧着吃了，才得以返回家乡。

其　二

阿毕达来到西藏扎什伦布寺，跟随班禅格根学佛，受得种种解脱戒律，达到具足戒①，并获阿洛夏格夏巴特②的称号，成为佛门大弟子。其别号为“内齐托音”，是因为昔日救渡尊者习惯对己、对人、对属众甚至牲畜都同等相待，其父根据他的行为称其为“内齐呼勃洪”（仲子），由此，“内齐托音”之名便广为传扬。在经院里，内齐托音经、咒学得都很好，根据他的请求，班禅格根授与多种灌顶和秘法③。据说

① 具足戒：蒙古文 usumbad，来自梵语。梵文 Upasampada 或 Upasampanna。汉音译“邬波三钵那”，意译“具足戒”，又称“近圆戒”。“邬波”：“近”之意，“三钵那”：“圆”“圆满”“涅槃”之意，此语含有接近涅槃之意。别称大戒（二百五十戒），为比丘、比丘尼所受戒律，因与沙弥、沙弥尼所受十戒相比戒品具足，故称。[参见柯凡列夫斯基（Kotaietckumb）：《蒙俄法大辞典》，378 页，1844；《密教大词典》，342 页，新文丰出版公司，1979 年影印版。]

② 阿洛夏格夏巴特：蒙古文 ariɣu šaɣšabad。ariɣu“净洁”之意，šaɣšabad 来自梵文 cikhapada，相当藏文 fshul-khrims，“戒律”之意。善解戒律者为律师，律师所授戒律最圣洁。（参见柯凡列夫斯基《蒙俄法大词典》，451 页；《藏汉大辞典》，2278 页。）

③ 秘法：蒙古文 ubadis，来自梵文 Upadesa，汉音译“优婆提舍”，意译“口诀”“窍门”“秘法”“教授”等。（参见《蒙古语大词典》，292 页；《梵英辞典》，199 页；《佛学大辞典》，1381 页。）

他还跟随其他有智喇嘛受戒听法，但不确知，且略。

其后，救主喇嘛欲住另一个地方修行，请示班禅博格多格根，格根谕："你从前的缘分似在东方，因此不要去别的地方。若去东方则能对佛教众生做出巨大贡献。"并且比喻道：圣者像聪慧的商队长——自海外获得大量如意珍宝，非常高兴地返回故乡为贫困者解除苦难一样，应以佛教神圣教义作为巨大的精神财富满载而归，使佛教在东方广为传播。

于是，圣者起程。沿哈达山等地来到险峻的哈拉阿吉尔嘎、包尔阿吉尔嘎地方，驯服二凶之后在叫作钟黑勒的白色岩石下持久坐禅修行。然后来到喀尔喀部，为富有的却楞宰桑为首的几个部众灌顶讲经，而不收贡奉的礼品。内齐托音离开喀尔喀起程往土默特呼和浩特时，成为信徒的部众都来相送，来到一个山石下小憩。喇嘛发愿道："送到这里，你们回去吧，以后还会见面的。"

内齐托音来到名叫戈壁的地方坐下来休息。初次到北京贸易的五百名厄鲁特人赶着近万匹的马群开拓前进，也来到戈壁地方。他们找不到水喝，人畜四处寻找水源。有几个人突然看见了坐在沙滩上的人，便说："坐在渺无人烟的地方，这是人？还是鬼？还是土地爷？不管是什么，去问问他水的事情吧！"于是走上前去，下马一看，原来是个喇嘛，拜见之后，述说了原委。喇嘛道："如此的话，你们告诉大伙：搭帐篷之前要先支锅，你们会得到水的。"这些人回去之后，把喇嘛的话告与其他人，大家都很高兴，照喇嘛说的去做了。果然乌云密布，降下甘霖，人畜都供足了水。这些人商量说："刚才沙滩上的那个喇嘛救了我们的命，现在我们去找他，奉送给他马匹，需要几匹就给他几匹。"他们来到喇嘛跟前，下马拜见后道出奉送马匹之事。喇嘛对他们说："马匹对我没有用。"这些人再三恳求，喇嘛便指着马群说："如果是这样的话，就把马群中那匹黑儿马送给我吧。"黑儿马的主人说："这匹儿马不能供喇嘛使用，生来它的脊梁上只落过天上的露水，未曾有人骑过它。”“我能够使用它。”于是众人圈赶着把儿马抓住献给了喇嘛。喇嘛不用嚼子和鞍子骣骑着驯服了它。然后喇嘛说：“你们这匹儿马我不要，到达卡伦后，我会把它放回来，商人们，它会随后跟上你们！”说完便骑马走了。到达卡伦后，喇嘛把儿马放在那里，果然儿马又跑回了马群。

从卡伦往前，喇嘛身披黄毡斗篷，在羊的琵琶骨上挂上两个锁骨当作鼓，在牛角中挂上舌头当作铃，用头盖骨做成碗揣在怀里，带着这些东西来到了呼和浩特。在大召做法会时，他坐到那里念起《阎曼德迦》来。格斯贵们来到他的身边说：“你念的这不是经。”喇嘛答道：“我的这个经，对你们不是经。”说完就走开了，格斯贵们追问：“喇嘛您从哪里来？”“我从土尔扈特来。”“您为什么而来？”“我因杀父携母而来。”

这以后，喇嘛在北山中游走，住在名叫哈拉沁口子的地方。那时，有个叫萨·绰尔基的智贤喇嘛听说了，对他的徒弟们说：“那个喇嘛不是一个平凡的人，你们谁遇到，就把他请来与我相见。”一天，绰尔基的两个徒弟丢失了牲口，正在寻找，发现喇嘛在林中漫步，二人商量道：“这大概就是我们师父要找的那个人，我们一个人在这里放哨，另一个回去禀告师父。”于是，一个徒弟返回到师父跟前，述说了寻见喇嘛的事。绰尔基喇嘛十分高兴，命令徒弟们：“你们一部分人到我的寺院等候，一部分人准备好钹、鼓、号、笛及旃檀香等，前往迎接。”那个放哨的僧人跟在喇嘛的后边，扯住喇嘛的衣服，喇嘛愣住了，显出害怕的样子说：“你是谁，为什么要抓住我？”“我是萨·绰尔基的徒弟，我的师父邀请您。”“请我有何事？”这时，众多披着斗篷戴着黄帽的僧人敲着钹鼓，吹着号笛，持着香火走来。喇嘛见状又惊又怕的样子，问道：“这是什么？”僧人回答：“来的这些僧人都是绰尔基喇嘛的徒弟。”“他们手里拿的大脑袋的东西是什么？”“那是鼓。”“那个刺耳声响的是什么？”“那是钹。”“那个长嘴的是什么？”“那是号。”“我害怕这些。”喇嘛往后退缩，几个僧人过来架住喇嘛的两腋强行请走。到了寺院大门前，“这样大口的东西是什么呀？”喇嘛正想逃走，萨·绰尔基从里边快步走出，拉住喇嘛的手道："您为何如此使性？"说着把他请到寺院里。喇嘛忙向萨·绰尔基叩拜，萨·绰尔基不受，又还礼，然后二人坐到备好的座位上。萨·绰尔基的徒弟们饶起舌来："哪儿来这么一个叫化子和尚，值得如此尊重！"不满地私下议论着。此时，萨·绰尔基对内齐托音说："喇嘛，您把真实的才能隐匿起来，佯作什么都不知道，如此游走，无人认识您，于众生是无益而有害的，今后应以此修益于众生才是。"遂献《昆奈耶经》①。喇嘛纳谏，从此持敦和之貌而行。

有一天，擅长辩论无人匹敌的蒙古格西兰占巴②从西部地区来到法相师们的驻地。他扬言道："萨胡图克图的寺院在哪里？我要到那里去与萨胡图克图辩法。"萨胡图克图遂欲回辩。待蒙古格西兰占巴刚走上坛，博格多喇嘛便插言道："且慢，格西，你辩胜了我再与萨喇嘛争辩不迟，咱们俩先比试比试吧！"如此，格西站在那里静候，博格多喇嘛辩法道："生起次第，圆满次第且置一边，请从光明之门说起。"格西不解其意，无言以对，审视良久，乃伏身叩拜："鄙人浅薄，未能识出您来。"又把法袍举过头顶由衷地祈求道："这辈子还不曾有人超过我的学问，如今，请您指教今后我将怎样死，死后将往何方。"喇嘛谕："你活着时卖弄法术与众人，死时将饥饿而死；你来到此世未能宏教利生，死后将另往磨灭世界去。"果然，后来察哈尔汗攻打土默特时，他在溃乱中得不到经膳，饥饿中盖上了斗篷。

内齐托音由此不恋世事，戒骄恣，持下貌，救助生灵。尤其不让道士及污浊的旧教玷污佛教，对宗喀巴纯洁无瑕的教义始终如一，忠诚笃

---

① 昆奈耶：蒙古文 dulba，来自藏文 Hdlu-ba，梵文为 vinaya，汉音译"昆奈耶""律""律经"之意。又可指《甘珠尔经》中的《律师戒行经》，共十三卷。（参见《蒙古语大辞典》，1247 页；《藏文大辞典》，1405 页；《佛学大辞典》，796 页。）

② 蒙古兰占巴：原文为 mongɣol ranbyamba，兰占巴，（rabyamba），来自藏文 rab-hbyams-pa。（1）博士。广通经义者，通晓经典的人。（2）格西。高一级的学位名。（参见《藏汉大辞典》，2665 页。）

信。救渡喇嘛与人和睦，杜傲节欲，凡遇掌持教门者或佛门信徒、托钵僧等，皆以卑微之貌行躬身礼，以谦虚之度请教经论。

这样，内齐托音喇嘛沿着荒僻的寺庙顶礼杖锡，来到了博格多察汉喇嘛①的修行之处。正要向察汉喇嘛叩拜，察汉喇嘛急忙站起把他扶住，拉着手请到上座。二人十分高兴，互相问询之后便如此这般地谈经论法起来。略久，上来茶饭，察汉喇嘛问道："您漂泊四方杖锡修行，是否有经常提供法资与经膳的檀越呢？如果没有的话，我可以提供。"喇嘛说："不存在此为我檀越、彼非我檀越之分。我是个靠施舍而生活的叫化子托音，所有给我吃的人都是我的檀越。"察汉喇嘛笑着说："您有如此众多的檀越可真了不起，而仅靠施舍而能够生活的托音则更是了不起！"之后，内齐托音告辞，察汉喇嘛将他送出了家门。内齐托音走后便刮起了暴风雪，博格多察汉喇嘛对叫做察罕乌巴什的徒弟说："刚才那个喇嘛穿的镶黄边的毡斗篷很破旧，在这样的风雪中怎能行走？乌巴什你追上去把我的狐狸皮斗篷送给他再回来。"乌巴什按照察汉喇嘛的吩咐，骑上一匹好马戴上狐狸皮斗篷去追赶喇嘛，看见喇嘛在一块高地上端坐着。乌巴什下马，走到近前，只见周围都盖满了白雪，只有喇嘛坐的地方有大蒙古包大的地方是黑的。乌巴什十分敬服，叩拜之后，禀告来由，捧献狐狸皮斗篷。喇嘛说："我是个单身而行的乞丐，贵喇嘛送来的这件斗篷于我无益，反会使我因此而遭受他人谋害。"喇嘛的奇特行径使乌巴什萌生崇信之心，他恳求说："斗篷您既然不需要，就把我奉献给您，留我跟您做徒弟吧！"喇嘛道："若此，

---

① 博格多察汉喇嘛：《土默特旗志》（贻毂纂，光绪年间刻本）卷六页七上记载："广化寺在归化城西百里齐克齐正北大青山内前。明中叶有宝圪都察汉喇嘛在此山洞长斋讽经传教僧徒，至顺治十二年涅槃。其徒察汉迪彦齐、察哈尔迪彦齐、额尔德尼迪彦齐三人皆建寺持戒。以其师高弟子虔斯哈卜迪彦齐为师，顺治十五年在佛洞下广建殿堂，康熙五十八年重修，雍正二年奏请赏给度牒，乾隆四十八年复赐寺名广化，住虔斯哈卜迪彦齐胡图克图一名，达喇嘛一名。"

你把骑的马和斗篷给察汉喇嘛送回去再到我这里来。”乌巴什返回，禀告了喇嘛的奇特行径，把马与斗篷交还后未与察汉喇嘛说明便转回喇嘛身边。喇嘛问：“乌巴什，你是否与贵喇嘛讲妥而来?”“我未奏明出来当徒弟。”“如此，不明之徒，我怎能收留，待我转回向贵喇嘛讨你。”于是尊者返回博格多察汉喇嘛处。“喇嘛，您为什么又回来了?”察汉喇嘛问。“我没有徒弟，想向您讨个徒弟。”“我的一个徒弟到您那儿去了，就让他做你的徒弟吧。”察汉喇嘛答应道。二人又谈论了一阵经法。之后，尊者来到原先那个地方与乌巴什会合。察罕乌巴什有一只眼睛是残废的，所以给他赐名为“阿里延迪瓦”①。

从此，他们漂泊在山崖岩洞之间。有一段时间，由于找不到吃的与喝的，再加上修行的苦累疲乏，阿里延迪瓦的信念略有动摇。喇嘛知道他的心情后，反而加快行走。夜宿崖洞时，喇嘛说：“会下雨的，你到洞里边去睡，我在洞口坐着。”于是阿里延迪瓦心安理得地往洞里边去休息。有一夜，下起暴雨，喇嘛身上一点儿没有淋湿，而阿里延迪瓦的浑身上下却是水淋淋的。“天亮了，孩子，该起了。”喇嘛唤道，阿里延迪瓦：“下了这么大的雨，衣服全湿了，怎么走呢?”喇嘛说：“未曾下雨，哪里有湿?”阿里延迪瓦不信，起来摸了摸喇嘛的衣服，果然一点儿湿气都没有，于是信念又有萌生。之后，他们来到图鲁根河边，因下雨，河水上涨，喇嘛命阿里延迪瓦去寻渡口。阿里延迪瓦去寻渡口，未曾寻到，忽然转身，看见喇嘛已经坐在了河的对岸。“您从哪里渡过去的?”阿里延迪瓦问，“我就从这里渡过来的。”喇嘛指点给他。那个地方水很深，阿里延迪瓦跌跌撞撞，费力挣扎才得过去，一看喇嘛的衣

① 阿里延迪瓦：蒙古文 ariyan diwa，来自梵文 arya-deva 汉音译“阿耶提婆”，意译“圣天”。这是一个中世纪印度学者的名字，他生于古狮予国（现在斯里兰卡国），曾拜龙树为师。此人有只眼睛不好，故取其名。（参见 1979 年铃木学术财团编集刊行的《汉译对照梵和大辞典》增补改订版 208 页。）

服还是干的。如此诸般奇迹，使得阿里延迪瓦信心倍增，排除疑虑，诚心诚意地跟随喇嘛。

之后，喇嘛来到俄木布洪台吉①的驻地，正值俄木布洪台吉宴请众臣。俄木布洪台吉看到喇嘛，命将拴着的两条咬人恶狗放开，可两条恶狗到了喇嘛跟前只是摇尾巴。“这个喇嘛是个不凡之辈，让他到我这里来。”差役们把喇嘛叫来，坐在俄木布身边。俄木布又命给喇嘛进膳，差役们拿来一些零碎的牛羊肉，喇嘛都吃了。俄木布又说：“喇嘛还没有吃饱，再拿来些!”于是又拿来了大块的肉，喇嘛又一点儿不剩地全部吃光。由此，所有参加宴会的人都十分信服。

喇嘛带着阿里延迪瓦又到萨·绰尔基处，在那里谈论经法，住了几天。一天，问萨·绰尔基：“城东南面大山顶上两个齐齐的山尖像什么呢?”萨·绰尔基顺口说：“我看那像是阎曼德迦的两个犄角。”

其　三

却说，那天夜里，喇嘛带着阿里延迪瓦往那个山上修行去了。

那座山上已住着一个修行的喇嘛叫做阿喇滚蔑尔根禅师。内齐托音去拜见他，以徒弟的身份向那禅师供茶供饭，每有空隙便自己进行修炼。如此过了一两个月后，阿喇滚蔑尔根越来越了解了喇嘛的行为，感到“这不是个平常的喇嘛，我大错了”。他把喇嘛请到自己的座位上，双手合什，屈身而跪：“神奇的博格多喇嘛，请原谅，我为骄淫所惑，为愚昧所蒙，没有认出您老人家来，后悔不及!”说完连连磕头。然后又用左手托住右手的肘部：“我的手是铁的呢?还是竹的呢?若是骨肉长成，当抚摸博格多喇嘛您的头顶时，为什么没有折断?”禅师泪流满

① 俄木布：蒙古文 umbu。元太祖后裔，阿勒坦汗五世孙，博硕克图子。(参见《土默特旗志》，卷三)。

面，懊悔万分，内齐托音教诲道："禅师啊，不要那么痛苦，我们两个灵性不要相互煎熬，你若能知过而改悔，往后备加戒勉，就如乌云中出现太阳一样光亮。"蔑尔根禅师十分感激，磕拜不已。尔后，喇嘛回到自己住的山石洞。

赞曰：
于土默特等蒙古部，
以红黄袈裟布善缘，
似文殊师利无敌主，
此圣尊喇嘛我叩拜。

喇嘛格根在须弥山修行，其时，已有三月未雨。呼和浩特的四位禅师和博格多察汉喇嘛，还有蒙古格西阿尤西固什皆作法求雨，未果。俄木布洪台吉问察汉喇嘛："是众生的缘分浅吗？为什么有这么大的干旱呢？"察汉喇嘛道："报知住在阿巴嘎哈拉山洞中的老喇嘛，他能求得雨来。"于是，洪台吉派使者往喇嘛格根处奉请刺（赐）雨。内齐喇嘛说："我没有那么长的枪，确要拿够得到天的枪来。"使者返回向洪台吉禀告了喇嘛的话。洪台吉再次询问察汉喇嘛，察汉喇嘛："你理解错了，是叫你去求雨的。"洪台吉很高兴，从哈敦那里要了一疋缎子，派一个差役去求雨。这个差役急急忙忙地赶到阿巴嘎哈拉山洞，站在洞外对门丁说："呼和浩特地方遭大旱，俄木布洪台吉派我来向喇嘛求雨。"门丁向喇嘛奏明此事，喇嘛下令："你去问清来者的姓名及带来的礼物。"门丁问得来者的名字叫道劳泰（有七），带来的礼物是缎子。喇嘛说："来者的名字是道劳泰，但那疋缎子是不足尺寸的。这个名字的预示是要下七天雨，告诉你的诺颜，河口上及河下游的人都必须搬走，雨后会发洪水，快回去吧！"差役按照喇嘛的指示，急忙回到洪台吉处报告了这一切。洪台吉心想："名字叫道劳泰，由此说要下七天雨，要发洪水，还都说得过去，说缎子不足尺寸，是怎么回事呢?”于是去问哈敦。哈敦笑着说：“那疋缎子原是足尺的，做碗柜时从那上扯下一方做了帘子，我没有告诉你。”洪台吉十分信服，赞不绝口，命令河口及河下游的住户搬家。可是那些人们说：“我们的主事喇嘛都未求得雨来，仅老喇嘛一人怎能求得雨呢?”仍住着不搬。于是洪水来了，把他们给淹了。喇嘛预示的洪水、雨和缎子之事都兑现了，土默特部的诺颜、百姓得知之后都认为找到了信念之根。

由此，哈敦说：“诺颜啊，这样神奇的喇嘛应该请来结缘听法才是。”洪台吉十分赞同，说：“非常正确。”命众臣大备经宴、礼品、讲坛等物，并派使者去请喇嘛。喇嘛格根欣然前往。抵俄木布洪台吉府时，洪台吉率领哈敦、儿女、诺颜、官员及众奴仆隆重迎接，请喇嘛坐在准备好的讲坛上，献上各种美味佳肴，然后全体合什而跪，祈求道：“我们是凡间众生，蹈世俗之规，为各种欲念所惑，愚昧浅薄，不曾做法事。现遇您神奇圣祖，再不聆教经法就如到八宝湖边反被渴死一样。因此，今天无论如何请您授法吧!”博格多喇嘛：“你们有这样的心愿，很好。我授与你们密咒无量金刚乘门之具足金刚怖畏和密集上乐①等灌顶，你们要谨守誓言。”然后设坛授与灌顶。受灌顶的平民都贡献了大量的金银财宝。之后，会供曼荼罗②广为行之。

此后的一天，台吉与哈敦趁人不在来到喇嘛跟前，献上金银、哈达等物，奏曰：“我们生了一个女儿，她的行为十分淫荡，身边的使臣、差役一个不剩地被她淫乱了，无耻之极。现在想杀她吧，到底是自己的

---

① 上乐：蒙古文 zegre sambhara，来自梵文 tchakra sambhara，意为“上乐”“胜乐”“轮密戒”“总摄轮”，又为无上密乘本尊泗鲁迦的异名。(参见《甘珠尔经》目录与《蒙俄法大辞典》2112 页)。

② 会供曼荼罗：蒙古文čiɣulɣan hürdü，相应藏文 tshogs-hkhor，汉译“会供曼荼罗”。《藏汉大辞典》229 页解释其为：“佛教行者，观想凭借神力加持五欲及饭食品成为无漏智慧以供师、佛三宝及自身蕴、处、支三座坛场，积集殊胜资粮的仪轨。”

亲生女儿，于心不忍。不杀吧，把我们的脸面都败尽了。因此求您切发慈悲赐法医治。”喇嘛谕：“洪台吉、哈敦二位不必发愁。这个女儿不是凡人，她是一位有善根的仙女。凡她所触到的人，欲望就会变淡薄，逐渐接近解脱。今后不要阻挡她的行为，让她随心所欲才是。”台吉、哈敦二人十分信服，口称：“遵旨。”二人又奏道：“我们现在是土默特部的首领，您有什么要求我们都可以满足，您需要什么就请说吧!”喇嘛说：“若此，我想要一百零八个佛灯。”于是，台吉、哈敦二人将喇嘛格根的要求告与部下。部下召集能工巧匠用银子打了一百零八盏佛灯。台吉、哈敦拿去献给喇嘛，喇嘛说：“我要的不是这样的佛灯。”“您要的是什么样的佛灯呢？请示谕。”“你们只要答应给就可以了，怎么要，我自己知道。”于是，台吉、哈敦便返回府邸。第二天，喇嘛为第一个来求戒的人削发赐戒。由此，一传十，十传百，凡求戒者，皆为其削发授戒。半月以内，收得比丘一百零八名。喇嘛指着这些徒弟对俄木布洪台吉说：“你先前答应给我的一百零八盏佛灯，现已收毕。”俄木布洪台吉夫妇二人倾心诚服，十分喜悦。

当时有个叫做布和额尔德尼的盗贼被抓住判了死刑，他听说喇嘛的英名之后，产生皈依之心。此念一触，手脚的镣铐便脱落了，再放声祈祷，便越到牢狱之外。他脖子上戴着枷铐来到洞前，洞的门框容不过铐板，他正犹豫，“是谁呀?”里边问道。布和额尔德尼将前情禀告，并说：“脖子上的铐板挡住了我。”喇嘛令：“把铐板打碎吧。”话刚落音，枷铐就散开了。额尔德尼进去叩拜并被收留。第二天早晨，俄木布洪台吉来此，稍坐，喇嘛道：“若向诺颜求一物，肯施舍吗?”“定奉献。”喇嘛将额尔德尼叫出来：“我求此人之命。”洪台吉道：“心都可以奉献，这一条命有何可说?”遂送其人。

那时，一个叫做查干禅师的老沙弥负责给喇嘛和众僧准备经膳。天不亮就起来，到呼和浩特化得米、面等物，然后回到洞中准备午饭。当时还有个叫做阿尤西固什的大师，十分傲慢，好卖弄才学，很受人尊重又有权力，前次大旱中求雨未得，十分沮丧，待内齐喇嘛求得雨后，他就产生了强烈的嫉妒心，讲了许多不该说的话。这时内齐喇嘛想往呼和浩特寺庙拜佛，叫来查干禅师说："你早点起来，阿尤西固什正在伊和土鲁根地方给牡马打耳记，你进他家这样说：'我的喇嘛要到呼和浩特的寺庙中去拜佛，路过您家要吃茶，派我先到固什家来筹备经茶。'"查干禅师照此说过之后，怀有旧怨的固什十分恼怒，口出秽言："你的喇嘛是你的，与我有什么关系？少废话，快出去！"查干禅师被赶出之后，正遇已行到此的内齐喇嘛，将固什的恶劣态度禀告了。喇嘛骑的黑驴头朝东方大叫三声，喇嘛调转驴头向西方呼和浩特去了。那个固什听到叫声吃了一惊："这个喇嘛骑的驴子的叫声如同铜号，这是到东方传教的喇嘛啊！"说着，跑出来一看，喇嘛已经走了。于是他赶快回到家里，穿上衣服，骑上马，去追赶喇嘛。一直追到呼和浩特，来到喇嘛住的地方，向喇嘛合什而跪，口中念"顶礼上师，最胜集圣父子"等多种赞词祈颂之后，从喇嘛处受得各种灌顶与秘法，成为喇嘛的一个虔诚徒弟。

之后，他们回到朝克图须弥山，一连几个月不间隙地坐禅。一天，阿里延迪瓦坐在一个小崖洞旁，捻着佛珠念着自己的经课。突然，看见从山下越过一个人来，这个人头有锅大，身着盔甲，黑脸膛，高个子。那个人向阿里延迪瓦走来，问道："喇嘛在哪里？"样子十分骄横。阿里延迪瓦沉着地说："喇嘛正在入静，尚未解除。"那个巨人呵呵地笑了几声走了。略后，喇嘛解除入静之时，阿里延迪瓦上前将此事禀告，喇嘛说："这大概是山的主人吧。"

救度尊者在朝克图须弥山中继续艰苦修行。日夜四座瑜伽①不间断，白日两座修习密集，黑夜两座修习十三金刚怖畏。日夜四座瑜伽之

① 瑜伽：蒙古文 yönge，来自梵文 yoga，修习、修行、禅定之意。（参见《梵和大辞典》，1100 页）。

终，于供养佛前祈祷道："若您二位果真是瓦齐尔达喇与阎曼德迦，请不要将我引入汗王的权力之下。"

那个地方自古驻牧着察哈尔部众。有七八十名察哈尔人到山中去打猎，其中三人渴了，去寻找水，看见有烟气从崖洞冒出，便说："这是禅师煮茶的炊烟，喝茶去呀。"说着来到跟前，下了马，走进山洞，拜见了喇嘛。喇嘛问："你们是做什么的？""我们是打猎的，现在我们来朝拜喇嘛。""你们是不是渴了？""我们渴极了。"于是喇嘛叫出阿里延迪瓦："把我们的茶拿出来，让他们尽管喝吧。"阿里延迪瓦心想："只烧了一勺茶，好像有多少似的，下这样的命令。"待那几个猎人喝足之后，喇嘛又问："你们还有伙伴吗？""我们有七八十个伙伴。""把他们全部叫来喝茶吧。"猎人说："喇嘛您这盛茶的器皿太小了，我们的伙伴很多，他们都来了，这茶就不够，会影响您受用的。""不会的，尽管叫他们来吧。"喇嘛说。于是那两个人急忙回到众人中去，把此事一说，大家都非常高兴，全部来拜见喇嘛。他们在洞外围坐下，轮流畅饮了那碗茶，只见那茶仍不见少，大家异常惊奇："这是怎么回事？这样少的茶满足了我们这么多的人，这真是神奇的法术，这喇嘛一定是个神通广大的先知者。"此时，喇嘛看到猎人们猎得的野兽，对他们的愚昧顿生怜悯之心：生灵若是这样一个一个地被毁掉，就要遭受无穷的苦难，永世不得解脱。想着，泪流满面地对猎人说："得之不易的如意宝一样的生命，获得之时就要准备踏上解脱之道，否则就会交厄运，绝善缘。犹如机弩在怀中转动，射杀了别人，也射杀了自己。在如此短暂的一生中，不要行恶作孽，要尊佛崇法。若不积善行，到生命了结时，就如到达宝藏之中但空手而归一样。要谨慎行事，不要陷入厄运之中！"大家十分信服，发誓不再到山上打猎。从此，这个山上就再也见不到打猎的了。

从那以后，一个传一个，来此朝拜的、求灌顶的、听法的、进奉经膳礼品的络绎不绝，喇嘛的信徒愈众、僧徒愈集。

那时，呼和浩特东边叫做白塔的地方是汉人居住的大城镇。那些汉人和蒙古人之间有仇，因此设法欺骗蒙古人说：“我们的皇帝对你们有赏赐，你们大家来拿吧。”于是蒙古人信以为真，许多人到城里去，结果像羊一样被抓住拴在一起杀掉了。跟众人进城的一个男孩，看见杀人，十分害怕。拼命逃跑之际，看到城墙上有个喇嘛在行走，便跟着喇嘛爬上城墙。站到墙上一看，喇嘛已跳下城外，去了，这个男孩也安全地跳下城墙，跟着喇嘛来到朝克图须弥山的山洞中。之后，便削发受格隆戒，被赐名为额尔德尼毕利根达赖。

在喇嘛的徒弟当中，有一两个曾是在呼和浩特西部山中修行的吐蕃禅师的徒弟。其他徒弟问：“都说你们那个喇嘛好，可是他有老婆，是真的吗?”“是真的。”“这算作什么事呢?”他们去问喇嘛，喇嘛说：“你们不要因疑心而这样说，这是罪过。明天一早我去拜见那个喇嘛，你们谁诽谤了他，谁与我同去。”第二天一早，喇嘛带领徒弟来到吐蕃禅师住的山下。在往山洞上爬的时候，命令徒弟们道：“你们以前说过禅师的坏话，你们不必去拜见，我一个人去。”喇嘛进洞拜见，只见禅师在那端端正正一动不动地坐着，桌上供奉着佛像。喇嘛将南面供奉的盛在头盖骨里的甘露喝了，并将头盖骨揣在怀中，不声不响地下了山。来到半山坡，对徒弟们说：“你们看北面的山洞。”徒弟们往北面眺望，只见禅师飘浮在山洞的上空，端正地坐禅。“你们看见了吗?”“看见了。”“以后再也不要说那些不应该说的话了，现在就祈祷吧!”喇嘛接着又说：“这位禅师已越过了生起次第，到达了圆满次第，所以信奉摩怛里①。若将这暗中的信奉加以公开，于禅教是不利的，弟子也不会大量发展。”

① 摩怛里：蒙古文 motra，来自梵文 Matv，汉音译“摩怛里”，意译“母”。大曰经疏五曰：“七摩怛里，译云七母，皆鬼女也。”（参见《梵和大辞典》，1028 页；《佛学大辞典》，1286 页。）

之后，喇嘛格根回到朝克图须弥山，在自己的洞中日夜不分坐禅修行。于修行之暇，给托音、檀越及求法求灌顶者授与灌顶，对于穷苦之人还供以食物。此时，内之禅者外之众生，两者如满月一般兴旺起来。这样，内齐托音在朝克图须弥山上共修行了十二年。

尊者总觉得禅师们长期住在一起是不合适的，欲往他地杖锡。于是他带领徒弟们，每人各持钎、铲准备出发。这时朝克图须弥山的托音、檀越都聚集而来，祈求道："博格多喇嘛呀，慈悲慈悲我们吧！不要到别的地方去，就在我们祭祀的地方还愿吧！"喇嘛说："我们禅者到哪里都一样，行无定处，己无定属，应往各地杖锡。"于是众托音、檀越给他送行，难舍难分。喇嘛说："你们各自回到各自的地方，谨奉佛事，祈愿后会吧。"说完即去了。

赞曰：
膜拜尊者脚下
石山岩洞不数计，
艰苦修炼无怠慢，
遗爱众生似独子，
慈悲之怀奇堪叹。

且说内齐托音带领徒弟们扛着钎子，不经有人烟的地方，单行高山，宿岩洞。若是没有高山岩洞，就在平地上挖个坑，一住就是两三天，或十天半个月。坐禅修行，不定是白天，还是黑夜，时常突然就走，徒弟们措手不及地背起钎、铲，磕磕绊绊地跟在后面奔跑。由于不路经部落人家，无人施舍茶饭，徒弟们饥渴交加，精疲力尽，但丝毫没有"我饿""我累"之类的怨言。喇嘛察悉徒弟们无吃无喝难以行走，便在一二日路程头上的一些村落中化斋求食，然后赶路。就这样他们漂泊了许多地方。

在呼和浩特的东北部有一座大山叫红泉洞。喇嘛行到此处道："这座山的形状像黄帽上的缨子①，取名红泉不妥。"便赐名"黄帽洞"。喇嘛又见山石下有一个很大的洞穴，十分高兴，便给山岩起名为"黄帽"，给洞穴起名为"妙白寺"。妙白寺的旁边有一个大山洞，喇嘛把这个山洞作为自己修行的住所坐而参禅。喇嘛被尊为佛，为众徒弟之长——达尔罕喇嘛。其下有三十名虔诚得道的大徒弟：信力俱全之阿里延迪瓦和黑亚瓦其尔、集众之胆识之蔑尔根禅师、一心得禅定②者小蔑尔根禅师、获圆满次第之七者肖德尔呼、悉生起次第之论者巴克什夏克夏巴特、奉虚渺而得自在者温都尔钟吉利、成避死鬼摩诃迦罗③之术者诺木其、善弈者毕利根达赖、长寿者济洛其纳、创业者查干禅师、黄色得勒根尔、白色济各其纳、绿色阎曼德迦……及其他人等。内齐托音赐与他们各种灌顶、经咒，并授与秘法、戒律，使其成为托音。喇嘛将众徒弟召集到妙白寺中修习前所未有的阎曼德迦生起圆满次第密咒金刚乘之经典，对他们道："你们已入金刚乘之门，若成正果，需在各自洞中修习深密之道。"并谕："你们看到我住的洞的周围有许多洞穴吧，每人各寻一个作为修习之所。"于是，徒弟们去寻石穴、石檐、石旋等，用泥土修整后居习其中。在内齐托音的山洞东边不远的地方面西有一个断崖，断崖的腰上部有一个大洞，从那里往下有一条只容一人的窄道。众僧人都看中了这个山洞，但是上下十分困难，便禀奏喇嘛。喇嘛做了

① 缨子：蒙古文 del，原意马鬃，这里是指黄帽派喇嘛船形帽子顶上马鬃形的缨子。

② 禅定：蒙古文 samadi，来自梵文 Samadhi，汉音译"三昧""三摩地""三摩提""三昧门"等，意译"定""禅定""正定""寂定""等持"，为般若经中所出禅定名号。（参见《梵和大辞典》，1419 页。）

③ 摩诃迦罗：蒙古文 maqakala，来自梵文 Mahakala，汉音译"摩诃迦罗"，意译"大黑天""大黑神""大时"。显密二教所说各异。密教谓大日如来因降伏恶魔示现忿怒药叉主之形者，或有一面八臂，或有三面六臂，系人之骷髅以为璎珞，可畏之相也。故古来以为军神而祀之。（参见《佛学大辞典》，208 页。）

一个大半庹长的粗木桩子："你们跟在我后面!"喇嘛准备亲自前往，又谕："让这个山洞空着不合适，应置一守护。"说完就往上爬。他用左手攀住岩石，右手将木桩楔入洞口稍里的南侧。喇嘛用手攀过的岩石上留下了手印。下来的时候，打了踉跄，曾用手扶靠了旁边的石头，于是在这些地方便留下了脚印和手印。返回的途中有一四方巨石，喇嘛从上边慢步踏过，一尺长的脚印便深深地嵌入其中，甚至还看得清像爪子一样张开的五个脚趾印。跟在后边的徒弟们看到这些，倍加诚服："我们的喇嘛是真佛呀!"磕头膜拜。之后，回到各自的山洞。喇嘛与众僧徒在各自的洞中不分日夜地艰苦修习，偶尔往妙白寺做法事。经常在深更半夜，喇嘛悄悄地不被人觉察地来到徒弟们的住所察看。就这样，喇嘛与众僧徒修行了好几年。

有一天，俄木布洪台吉的使者来到山洞对门丁说："我们台吉的女儿死了，派我来请喇嘛。"门丁入内，回禀喇嘛。喇嘛同意前往，辞别众徒起程。来到俄木布洪台吉府，台吉、哈敦率领众臣相迎，请喇嘛坐在准备好的讲坛上，行膜拜之礼。喇嘛为去世的女儿做了祈祷，然后命众人将她的尸体送去火化升天。此时，天空呈现彩虹，空中传来美妙动听的音乐，一股从未闻到过的香气萦绕着。众人十分惊奇："喇嘛确实是真佛啊!"全体顶礼膜拜。洪台吉与众人哭拜道："您如此神奇，我们未曾知道，未能识出您来，我们后悔莫及。"他们忍住巨大的悲痛回去，为喇嘛隆重地举行了七七四十九天的聚福法事。

喇嘛从那里返回黄帽洞继续坐禅。若此，内齐托音时刻不停无间歇地修行了二十三年。总计：阿巴嘎哈拉山十二年，黄帽洞二十三年，共艰苦修行三十五年。

一天，作会供曼荼罗，内齐托音将装有奶酪的碗向东面倒去，碗中的奶酪流向东方，便道："往东方去的时刻到了。"此乃与博格多喇嘛结有法缘的东方大地上的托音、喇嘛、黎民百姓还夙愿的时刻来至也。喇嘛未晓示众人，便带领弟子往东方去了。

赞曰：
膜拜尊者脚下
依行乞而救众生，
以七宝而盈佛门，
为机缘至之有情，
示喻空门之真性。

且说，喇嘛格根又以卑微乞丐之貌徒步而行。一些徒弟扛着锅、钎、铲，一些徒弟背着经书与法衣，跟随在喇嘛后边。仍如往昔，不经村庄部落，专走险山恶路。有一次，一两天未得吃喝，口粮断绝，徒弟们疲惫不堪。此时骑的一匹白马陷进泥里卧倒不起，徒弟们没有拉动，便去禀告喇嘛，喇嘛下令道："让它站起来，拉！"大家随着命令一使劲，马果真站了起来，它卧下的坑里满是白米。喇嘛道："这是传教的征兆。"便命向东方撒米播福。就这样，他们遇岩洞而栖，无岩洞而穴，五天，十天，十五天不定，居住修习。他们住到哪里，哪里的施主、百姓就聚集而来，十分妨碍修习。所以，不分白天黑夜，喇嘛突然就起程，僧徒们互相召唤，急忙背上东西，跟在后面。

那时有个叫做白吉文殊师利的高僧，住在察哈尔伊玛嘎图山洞中。内齐托音来到此地，二位喇嘛相会。内齐托音献上哈达，白吉文殊师利则从地上捧起一合土送给喇嘛，喇嘛急忙用袈裟接住。文殊师利说："愿被您感化的徒弟与施主如此之多。"喇嘛用袈裟把土包起而去。

在向东方传经的途中，内齐托音的英名越传越远，众人经常从后面追赶，或在路旁远迎。那些来自四面八方的僧俗，他们看着喇嘛走得很慢，但谁也追赶不上，于是祈求道："博格多喇嘛，稍微慢点走，等等我们吧！"喇嘛发慈悲，等候他们，携同前往。在途中，稍遇困难，他们又都落在了后面。遇匪盗前来劫掠，喇嘛便降下隐身雾，隐蔽前往。途中经合适的山岳，喇嘛即命聚集来的信徒在山南堆石作建寺传教的象征。他们就这样杖锡而行。有时内齐托音让僧徒走在前面，自己站在后面的高地上手搭凉棚观望，啧啧地称赞道："此等不愧为东方传教之僧。"有时他走在僧徒的前面，让两个徒弟双手交叉，互相握住手腕做成轿子，他坐在上面，把手搭在他们的脖子上，不时地由他们抬着走。

随后，内齐托音一行来到翁牛特部。早先在阿巴嘎哈拉山中坐禅的阿喇滚蔑尔根禅师在察哈尔汗攻打土默特时离开那里，逃难来到翁牛特，成为部众所敬仰的喇嘛。他听说喇嘛来到，心想："是不是我的那个喇嘛呢?"派人去探明。当确知是内齐托音时便十分高兴地前来拜见。略坐，阿喇滚蔑尔根禅师向喇嘛格根详述了由于敌人的进攻而离散到翁牛特的经过。禅师想到先前与喇嘛的分别，泪痕满面，言及世间伦常，厌倦之心至极，愿把自己积蓄的钱财、牲畜都献给喇嘛："我的残余之年愿跟随喇嘛，终生不离，请赐福我吧!"禅师恳求道。这之后，蔑尔根禅师将钱财、牲畜全部奉献并请求与喇嘛终生不离之事成为美谈，在僧人、徒弟和施主中传播开来。于是，从四面八方来进行膜拜、供经膳、献礼品者更多起来。

其四　制服凶顽与宏法利生

之　一

赞曰：
孜孜不倦地滋润，
朦胧时代之顽心，
深奥丰富的佛法，
疏导末路之巫术。

那时，翁牛特的格格生了大病，请了许多喇嘛和医生来治，但都未医好。有个官员说："此地有个能干的霍布斯博①台吉，请他来给格格看病，一定能够治好。"格格和官员们都十分赞成，派使者去请那个巫师。此间，正值内齐托音来到此地化缘。他走到格格府外，见许多人乱哄哄的，便上前问道："你们为何如此骚扰？""我们的哈敦格格得了重病，正着急呢！喇嘛您会医病吗？"如此这般交谈之后，一人入内禀告格格："门外来了个化缘的老喇嘛。"格格说："老喇嘛见识多，请他进来吧。"那人急忙请喇嘛进来，入座在西边毡毯上。格格说："鄙人病痛难忍，请喇嘛救命。"内齐托音从西边盘着腿向格格靠近，赐福之后又盘着腿返回原处。果真是福降病除，格格等都惊奇地称赞道："真是遇上了大佛祖！"格格十分高兴，欲献与喇嘛帐幕。喇嘛说："我不习惯住在众人之中，请把帐幕设在围外远处。"于是就按喇嘛旨意在围外寻一僻远洼地设起帐幕，请喇嘛住进。这时先前请的那个霍布斯博台吉来到，见格格的病好了，问起缘由，人们告之如何遇到一个游方的老喇嘛，喇嘛如何盘腿而行赐福，如何福降病除，等等。众人惊叹不已，合什祈祷："真佛啊！"那个霍布斯博台吉听了十分嫉妒，恼怒地对众人说："你们讲的那个喇嘛是否是真佛，我要去比试比试。"一天，霍布斯博台吉骑着白儿马来到喇嘛帐外，来回地奔跑叫喊，不一会儿便风起云动，电闪雷鸣，紧接着瓢泼大雨夹杂着阵阵雷电从天而降。稍许，雨过，霍布斯博台吉下了马，急促地跑到喇嘛门前，掀起门帘，进去坐在一旁："呷，我的本领怎么样？"喇嘛笑着把袈裟里收集的雷弹倒在他面前说："不要因此竭尽气力。""焉能为此竭尽气力。"博台吉说，"我再比试一次。"喇嘛说："我是俱有佛真、法真、僧真三真仙力的预知者，你比试吧。"话刚落音，博台吉就惊厥过去。他牙关紧闭，口不能语，眼睛翻白，双手抓挠胸膛。喇嘛命令徒弟："把他抬到我跟前来。"

---

① 霍布斯博：霍布斯，蒙古文 qubus，一种太平鼓一样的单面鼓，萨满教巫师作法时所用；博，蒙古文 böge，萨满教的巫师。

然后手摩头顶，口念心咒，于是博台吉的鼻中爬出了蛇。博台吉苏醒之后，从喇嘛那里受得乌巴什戒，待欲返回时，竟认不出自己骑的白马了。

内齐托音驯服霍布斯博台吉的奇闻传扬四方，当地的王、诺颜、哈敦、托音、官员、百姓十分惊讶佩服，聚来膜拜求法。内齐托音为成百上千的人施以清净法施，为具缘者授与深密灌顶与秘法，导之于解脱之道。

又有一天，格格见喇嘛穿的布斗篷旧了，便做了一件讲究的斗篷奉献给他："请喇嘛穿上我的这件斗篷，那件旧的布斗篷就赐给我吧。"喇嘛回答道："这件斗篷又轻柔又暖和，老年人穿上便于行动，真是件好斗篷。"便十分高兴地收下了。把旧斗篷赐给了格格，格格供奉至今。几天之后，喇嘛对徒弟们说："你们谁要是给我做一件布斗篷，我就把这件斗篷送给谁。"徒弟们做了一件布斗篷给喇嘛，喇嘛将那件新斗篷赐给了他们，他们把它分掉了。

在名叫盖特和硕地方驻锡时，喇嘛命令道："无论谁来朝拜都给他诵《秘密经》。"大徒弟奏道："不是法定不允许未经王灌顶者观看与聆听《秘密经》吗？怎么现在人人都给诵《秘密经》，这是什么道理呢？"喇嘛道："你说的那些很对，不过这些一般百姓，只诵一次《秘密经》，谁人能领会其意？只是为了成为生生世世之动力，往他们耳朵里灌输罢了。"

之 二

为传布佛教筹集礼奉，内齐托音带领三十名格隆赴盛京向普天下之主博格多太宗汗请安。圣主赐宴会见内齐托音，询问了他的故乡及宗族，敕曰："看来你是个好喇嘛，我把你供奉在这里，为你建筑寺庙。"喇嘛奏道："圣主您是天下大汗，我仅是一名小小游方僧，让您供奉，于您的伟大英名不适。再过七天我就要回蒙古去了，寻些皮毛给几个弟子做件衣服就可以了。"圣主曰："朕既供奉你，皮毛有何难？"经喇嘛再三禀告，圣主准其奏。喇嘛走后，圣主对众大臣说："喇嘛从远方来向我请安，没有得到俸赐是不应该的。”于是，派使者询问他还需要什么东西，喇嘛回答说：“我是云游四方的僧人，我个人不需要什么，想给跟随我的三十名弟子做袈裟，各需红布一匹，望赐给。”于是，圣主赐给他红布三十匹。

内齐托音在北方蒙古杖锡传教，初到科尔沁部土谢图汗的旗地时，其三十名弟子已修炼成大僧侣。其中以随圆满次第号为达赖菩提萨埵的诚实的查干禅师及随生起次第的巴嘎夏格夏巴特二人为首，他们跟随喇嘛在此地化缘而行。内齐托音一行先来至名叫白彦海的人家，在门前托钵诵经。白彦海的妻子看见博格多喇嘛顿生信服之心，一时找不到奉献物品，很着急，对白彦海说：“老头子，我拿什么献给喇嘛呢？”说着全身颤抖起来。白彦海琢磨道，前次有喇嘛来时，我的妻子没有这种表现，如今见到这个喇嘛怎么就像没了命似的，便说：“奉献什么，你自己看着办吧。”妻子十分高兴，吃力地拉出一大坛子油献给了喇嘛。喇嘛连声说：“好，好，这是最好的供奉。夫人，从今以后你会得到无限幸福，而且还会给大家带来幸福。”喇嘛入内为她祝福之后便往东方布教去了。喇嘛走后，白彦海的妻子生了一个聪明的小儿子。这个孩子身材短小，但仔细听他的哭声是在念：“唵、啊、啦、叭、喳、哪、哞”①。

内齐托音与弟子们游历了许多旗，这些旗的人们都目睹了他们变幻莫测的佛法以及行善积德诵经讲法的所作所为。喇嘛一行来到土谢图汗②府地，在一个村子的井水附近扎营住下。那时，土谢图汗部内有一位聪慧的相风水的女巫——乌达罕③，人们无论做什么事情都要请这位乌达罕来看相，从来没看错过。后来，乌达罕的两眼因病失明，她想：

① 唵、啊、啦、叭、喳、哪、哞：此语为文殊菩萨的咒语，念此咒语可增长智慧。

② 土谢图汗：此处指奥巴。元太祖弟哈巴图哈萨尔之裔，天命十一年由努尔哈赤封土谢图汗，天聪六年卒。（参见《钦定外藩蒙古回部王公表传》，卷一，《科尔沁部》，土谢图汗今袭扎萨克和硕土谢图亲王条。）

③ 乌达罕：蒙古文 udaqan，萨满教的巫婆。

“我现在没有眼睛了，还有什么用呢？饿死算了。”不管别人怎样劝阻，她仍然来到野外躺着等死。正巧有喇嘛的两个徒弟去村子里乞讨烧茶的牛奶，路过这里。他们看见乌达罕，问其为何躺在野地里。乌达罕述说了躺在这里寻死的原因。两个徒弟说：“乌达罕，你不要太短见了，一个智慧的大喇嘛来到你们这里，让他给你看，一定会好的，我们先到你们村里去讨牛奶。”乌达罕说：“如此的话，请你们把我送回家去，你们需要的，我奉送，你们带我去见那个喇嘛吧！”于是，两个徒弟到乌达罕家中，得到了要寻求的东西，尔后，携乌达罕至喇嘛府外。在门外，乌达罕听见喇嘛清喉咙的声音，十分动心，进帐拜见之后，喇嘛为其赐福。随着祈福之音的上升，乌达罕的双眼完全复明了。乌达罕心悦诚服，在其主人土谢图汗面前极力称颂喇嘛。土谢图汗大悦，备一老牤牛作为礼物送去了。僧人们说：“这么大的王爷，只送一头老牤牛，这算什么?”拒不接受。喇嘛说：“你们不要这样说，这个老牤牛是所有牛群之父，把它送给咱们作为布教的象征，正合适。”收下牤牛之后，喇嘛带领三十名弟子来到土谢图汗府外，正巧赶上汗为其长子高尔钦迎娶媳妇举行宴会。差役进去禀告说：“一个化斋的喇嘛带着三十个徒弟来了。”土谢图汗让把宴会上剩下的东西拿给他们。于是差役拿了一个牛头来到喇嘛跟前说：“你们有器皿吗？王爷命令把宴会上的东西给你们，我拿来了。”喇嘛格根说：“我们行路人没有盛得下它的那样大器皿。”“那样的话，就把它放在这里吧。”差役说着就把牛头放在喇嘛跟前。喇嘛答道：“这样供奉很合适，牛头的肉放在金色世界这个大器皿里，很好。”接着非常高兴地吃了起来。那个差役将喇嘛进膳的经过和喇嘛所说的话都向土谢图汗禀告了。土谢图汗对差役说：“你再到喇嘛那里，看他们如何居住。”差役看到喇嘛和三十个徒弟用五幅布做了一个帐篷，正安稳地坐在那里念经呢。差役异常信服，叩拜之后回禀了汗王。汗王听后倍加折服，欲为其徒弟，但试探之心还未了结，便把他的弟弟扎萨克图杜棱[1]唤来说："我的门外来了一行喇嘛，听说是位高僧，你明天把那个喇嘛叫到家里来试探一下就知道了。喇嘛胖，你也胖，二人正合适。"弟弟按照哥哥的旨意派人把喇嘛请到了家里，问过缘由之后，施舍给他一个瘸腿的白色儿马。喇嘛笑了，说："我是僧人中的胖子，你是台吉中的胖子，我们两个有缘啊。并且第一个礼物是白色儿马，这儿马表示父传子，白色表示禅教的传播，年老则表示禅教永存，这些都是好的象征。只是腿瘸了，这个征兆不好。"扎萨克图杜棱见喇嘛清清楚楚地道出其中的机缘，说与哥哥，兄弟二个非常信服，于是听法为徒。

内齐托音为早先结识的有缘分的施主们显示了各种神通变化，赐授灌顶、要诀、念诵各种经乘，使其净心明性转动法轮，又下令将异端邪说之博、乌达罕、腾格黎翁古特[2]一概取缔。为重新弘扬佛教，以慈悲之法引导众人，宣告："凡记住《集要》者，赏给马，记住《阎曼德迦》者，赏给牛。"贫苦百姓闻此令后，都大启智慧背诵佛经。那些先行者按规定奖得马和牛，于是众人跟随，不论大小佛经都去背诵。如此，信徒日益增多。佛教的传播为土谢图汗消了灾。彼时彼地博格多喇嘛曾关照过的白彦海的儿子断然从家出走，当了僧人，博格多喇嘛为其授戒赐名为毕利根达赖。毕利根达赖遵旨意尽取二次第之道——巴嘎夏格夏巴特之生起次第及号为达赖菩提萨埵的诚实的查干禅师之圆满次第——之后，往旷地长年晤禅。

之后，内齐托音一行又走访了土谢图旗的众多施主。一天，他们来到某（原缺）台吉门前，台吉请他们师徒用膳。喇嘛见他家里有一个八只耳朵的铜锅，便说："施主啊，把这个锅送给我们行路人吧。"台

---

① 扎萨克图杜棱：此处指布达奇（budači），土谢图汗奥巴弟，天命十一年赐扎萨克图杜棱号，崇德元年封扎萨克多罗扎萨克图郡王，顺治元年卒。（参见《钦定外藩蒙古回部王公表传》，卷一，科尔沁部，扎萨克多罗扎萨克图郡王条。）

② 腾格黎翁古特：蒙古文 tegri ongɣod，专指蒙古萨满教祭祀的天神使者。小猴形状，铜质，烟袋锅大小，作法时置于装有炒米或五谷的升上，从一个到几个不等。

吉道："喇嘛若需要一定奉送。"于是将锅空着奉送了。旁边一个徒弟用木头击锅而响。喇嘛拿着锅说："空锅预示你们后代财物匮乏，有声响则预示几代辅佐扎萨克。"

喇嘛路过乌珠穆沁旗时，在边界村庄的一家逗留，将萨雅克印版①和自己的一根头发赐与那人，然后启程乌珠穆沁旗府。但是喇嘛骑的骡子怎么也不肯走，"乌珠穆沁的百姓与我无缘啊！"喇嘛放弃前往。后来，他赐给的萨雅克印版开了花，头发也变得像盘子那样大了。

他们继续游走，渡过诺尼河②来到当地一个十分有权势的哈敦府外。哈敦十分敬重喇嘛，奉献帐幕，安顿他们在府外。然后送去肉茶，喇嘛说："肉对我不合适。"不进食。哈敦又煮稀粥送去，喇嘛说："因为我是蒙古人，粥不合我的胃口。"哈敦无奈，把家里存的水果点心献上，喇嘛说："因为我是厄鲁特人，汉地的东西对我不合适。"如此三四天，除茶之外，未吃别的东西。哈敦十分惊奇："这可是个不寻常的大神仙。"倾心诚服，前往喇嘛处，一拜再拜，请喇嘛赐名，喇嘛赐名妙尊度母。因妙尊度母与色棱贝子③如此敬服喇嘛，所有的诺颜、官员、赛得都得知了喇嘛的英名，聚来膜拜供奉者愈众。

赞曰：
不动如来④秘密坛，
虽未示予蒙古众，

① 萨雅克印版：一种避邪的咒符。

② 诺尼河：蒙古文 non-i ɣool，即嫩江。

③ 色棱：蒙古文 sereng，杜尔伯特部人，元太祖弟哈巴图哈萨尔之裔，崇德元年封辅国公，顺治五年晋扎萨克固山贝子，康熙八年卒。（参见《钦定外藩蒙古回部王公表传》，卷一，杜尔伯特部，扎萨克固山贝子条）。

④ 不动如来：蒙古文 aɣčuba，相应藏文应为 mi-bskyod-pa，佛名，五种姓佛之一。（参见《藏汉大词典》，2064 页）

终以二智引导之，
显善缘者自明悟。

妙尊度母哈敦与色棱贝子对喇嘛说：“多少年的愿望啊，才遇到您这样一个佛一样的喇嘛，此时您不赐佛法要诀，谁能赐谕?”喇嘛心想：佛教还未传到此地，多数人还是崇信博、乌达罕之霍布斯，全然不知佛、法、僧为何物。如今，才与我相遇便生信服之心，这很好啊，这也是他们的福分与造化。便对哈敦、贝子、诺颜等谕：“你们这样的愿望是难能可贵的，你们要好好遵守誓言，我将密中之密——密咒金刚乘之灌顶与要诀授予你们。”话毕，整坛，广施金刚十三佛及秘密集要灌顶，教众人背诵其《成就法》及《密集本续》，又照个人意愿赐予随许①与传诵经文，对求戒者授予乌巴什②、班第③、格楚尔④具足戒无数。圣祖喇嘛以佛法之甘露不断地浇灌具福者信仰之田，善缘者修炼得此福田从而有力振兴了政道。

之后，喇嘛欲往他地，再渡诺尼河时，妙尊度母、贝子率领大小诺颜、哈敦、檀越、僧人前往举行了盛大的宴会。人们祈愿与喇嘛再会，有的得到许诺便忍痛而归，有的实在不愿与喇嘛分离便跟随而去。圣人

① 随许：蒙古文 daɣan suyurqarl，相应藏文为 rjes-gnang，此处译为“随许”，佛教的一种仪轨，允许有修、诵、授、受某一本尊之仪轨。(参见《藏汉大辞典》，915 页)

② 乌巴什：蒙古文 ubasi，相应梵文为 Upasaka，汉音译“优婆塞”“乌婆索迦”等，意译为“近事男”“近善男”等。指亲近皈依三宝，接受五戒的在家男居士，亦通称一切在家的佛教男信徒。(参见任继愈主编：《宗教词典》，437 页，上海辞书出版社，1981)。

③ 班弟：蒙古文 bandi，来自梵文 bandhya，泛指出家受戒的僧人。参见《梵英辞典》，721 页)。

④ 格楚尔：蒙古文 gesül，来自藏文 dge-tshul，相应梵文为 Sramanera，音译为“室罗摩尼罗”，简称“沙弥”，意为“勒策男”“劳策”“求寂”。指七岁以上二十岁以下受过十戒的出家男子，俗称小和尚。(参见《藏汉大辞典》，453 页；《宗教词典》，571 页)。

欲隐匿自己的才华，却驰名天下；庙门的花香虽远，蜜蜂却像云一样聚来。听说大威大德法术高明的大喇嘛即将过河来，以莲花达尔罕和硕齐诺颜①为首的扎赉特旗大小诺颜、哈敦、官员、百姓不计其数，聚于诺尼河边迎候，他们高兴地将喇嘛迎请至备有盛宴的营地。内齐托音以此地风水好，赐名为“诺门库尔都（法轮）”。在向达尔罕和硕齐贝子为首的众人诵经讲法时，喇嘛格根的宫帐周围有用藤树条架起的篱笆，那些割断了的树条重新复活生长起来。大家看见十分叹服惊奇，申说欲在此处建寺。喇嘛谕：“你们不要在这里盖，从这往北有个叫做伟巴嘎山的地方，在那个山顶盖就如宝石装饰的孔雀顶一样，对你们会有许多好处，若建他处，不久会被敌人毁掉。”后来，虽已遵旨定为建寺于伟巴嘎山，但建寺人一看，以为在山顶上盖离水太远了，就盖在了山腰上，果真不久便旧损了。于是仍按原来的想法改建在离“诺门库尔都”不远的查干道卜。后来准噶尔厄鲁特的噶尔丹侵扰喀尔喀时，一些喀尔喀人流窜到此，把寺庙毁坏了，这正应验了喇嘛以前说的话，大家由衷地信服。

此后，在临近“诺门库尔都”的地方再次建寺，成就三世佛，置以众多僧人，至今延续博格多喇嘛所制之一方法会。从那时起，该寺照前例广施金刚怖畏、秘密集要等灌顶，按各自之愿赐予多种随许；要求背诵《十三佛金刚怖畏》《密集成就法》《密集本续》；赐予皈依、金刚萨埵之修习、无缘大悲、上师瑜伽②等经律指南；对要求授戒者授予乌巴什、班第，格

① 达尔罕和硕齐：此处指蒙衮，元太祖弟哈巴图哈萨尔之裔，天命九年赐达尔罕和硕齐号，崇德八年卒，顺治五年追封固山贝子。（参见《钦定外藩蒙古回部王公表传》，卷一，扎赉特部，固山贝子今袭扎萨克多罗贝勒条）

② 上师瑜伽：蒙古文 blama yöge，相应藏文为 bla-mahi rnal-hbyor，汉译“上师瑜伽”。《藏汉大辞典》1914 页解释为：“观想各自本师为汇集十方诸佛总体的修行仪轨。”

楚尔、格隆[①]戒律；如此等等，大兴博格多喜庆法宴度逝时光。

赞曰：
不知灌顶怛特罗[②]，
不明蒙昧昏暗心，
逾今不忘秘密经，
时时念诵我祈愿。

从那时以后，救主博格多喇嘛以其温和敦厚之行为漂游四方。土谢图亲王巴达礼[③]、扎萨克郡王布达齐、喇嘛什希公[④]等共同前往博格多喇嘛处，以二王与公为首的大小诺颜全体向喇嘛请安。喇嘛说："我的身体很好，特别是借助两位王爷赠给的青牤牛、白儿马之力，我们师徒都平安到达。"两位王爷听到此话略感羞愧，祈奏道："博格多喇嘛啊，此一时不比彼一时也，请不要讲这种话了。"闻此言，所有的王、诺颜都笑了。喇嘛说："你们送的牤牛、儿马不是不好，是好礼物嘛。二畜之父为了众人做了布教的首礼，这礼物对我很合适。"

后来，扎萨克图杜棱郡王的长子拜斯噶勒台吉没有后裔，与哈敦二

① 格隆：蒙古文 gelüng，来自藏文 dge-slong，相应梵文为 Bhiksu，汉音译"比丘"，意译为"净乞食""乞士"等，指出家后受过具足戒的男僧。（参见《藏汉大辞典》，455 页；《宗教词典》，122 页。）

② 怛特罗：蒙古文 tanturina，来自梵文 tantra，密宗"经"的称谓，汉音译"怛特罗"，意译为"教法""本续"等。（参见《梵和大辞典》，527 页。）

③ 巴达礼：蒙古文 badaru，奥巴长子，天聪七年授济农袭土谢图汗号，崇德元年封扎萨克和硕土谢图亲王，康熙十年卒。（参见《钦定外藩蒙古回部王公表传》，卷一，科尔沁部，土谢图汗今袭扎萨克和硕土谢图亲王条。）

④ 喇嘛什希：蒙古文 lamasqib，土谢图汗奥巴从弟，崇德元年封扎萨镇国公，顺治四年卒。（参见《钦定外藩蒙古回部王公表传》，卷一，科尔沁部，扎萨克镇国公条）

人同来向喇嘛献礼求子。喇嘛说："你若不嫌弃，我便赐子于你。""怎么会嫌弃呢，请喇嘛赐教。"哈敦说。"那样的话，拿碗来吧。"于是喇嘛呕吐三次分为三碗给她，哈敦把这三碗喝了，头碗和末碗留住了，中间那碗吐了出来。喇嘛说："你将生三个儿子，大儿子为长寿金刚，二儿子为铁金刚，但对你们已经没有用了，三儿子为永固金刚。"之后，果然如喇嘛所说，生了三个儿子。二儿子生下来就过去了，大的和小的安全健在。二王、公主、公、大小诺颜及各方聚集而来的诺颜、官员举行了盛大的喜庆宴会，向喇嘛奉献礼物。喇嘛赐十三佛金刚怖畏、秘密集要等灌顶，让他们随意背诵《成就法》《密集本续》等，广赐皈依、金刚萨埵之修习、阎曼德迦生起圆满之纲等多种经律指南，按众之所求授予乌巴什、班第、格楚尔、格隆戒律。为数众多的善缘者使法轮大转，涅槃与全知者之资生发，禅教之正大光明普照四方。

赞曰：
祈赞尊者有如：
观音爱子吐蕃汗，
猴之后代吐蕃国①。
导之虚空世界者，
呼必勒汗莲花生。

那时，佛教在这个地区还未传播，只有几个诺颜和先生识字，大多数人都祭祀翁古特，崇拜博与乌达罕。博格多喇嘛来到此地之前，那些巫师们商议说："西方要来一位神通广大的喇嘛，他若是来了，我们就

① 传说猴与罗刹女结合产生西藏人种。猴由观自在加持化作而来，罗刹女由救度母加持化作而来。肩座王也是由观自在菩萨加持而诞生的。（参见《西藏王臣记》，12～13页）

没有立足之地了，他若是请我们的话，我们都不去。”后来他们果然没有来，于是喇嘛宣布说：“贵地的王、贝勒、贝子、公、大小诺颜、忠实信徒们不分远近前来集会，众人在先人的福佑及三宝的神佑下，机缘好，找到了信仰，这是令人赞叹的。但是你们大家都祭祀翁古特，这对现世无益反而有害，对永世的解脱是个障碍，因此要禁祭翁古特，敬奉三宝，如此去做，必有益处。”王、诺颜们都很信服，遵从喇嘛旨令，派所属使者各跟随喇嘛徒弟一人骑马到所有诺颜、官员、百姓的家中驱除翁古特。他们说：“把翁古特交给我们!”有的自己交出来，有的自己不敢动，指点给僧人和使者。僧人和使者把这些翁古特从各处收集来，拿到喇嘛门外，堆成四个哈那蒙古包那样大的一堆，用火烧掉。就这样埋葬了异端邪说，纯洁了佛教。之后，在名叫都希的地方建造了一座小寺庙居住，正值冬季十一月，白花盛开，于是以“白花寺”而著称。

其时，卓哩克图乌克善亲王①与其弟一起念诵《米拉的传说》，亲王被米拉的行为所感动，流下了眼泪。其母冰图哈敦见此情景问道：“儿啊！为什么要悲戚呢?”亲王说：“什么时候这样的喇嘛到咱们这里来呢？我想到这些就不由自主地悲恸起来。”原来冰图哈敦是位先知者，她说：“你只要有这样的心愿就不要着急，几个月以后，这样的喇嘛就会来的，那时你要好好敬奉啊。”那以后过了数月，卓哩克图亲王与其弟去往野外狩猎，这时博格多喇嘛为了众生的利益杖锡到此，来到冰图哈敦的门外。哈敦非常高兴，请喇嘛到家里，就像母子相会一样。哈敦叩见过喇嘛，把各种好茶点供奉出来，又在门外稍僻远的名叫索古特乌苏呼呼图的土丘上为喇嘛师徒一行准备了帐幕和一切用品，请他们住在那里。尔后，二王回到家中，问母亲冰图：“这前边是谁扎了许多帐幕?”哈敦说：“你们盼望的那个喇嘛来了，快去拜见。”兄弟二人半

---

① 乌克善：蒙古文 uɣšan，崇德元年封和硕卓哩克图亲王，康熙四年卒。（参见《钦定外藩蒙古回部王公表传》，卷一，科尔沁部，和硕卓哩克图亲王条）

信半疑，但又不好违背母亲的命令，骑上各自的马冒雨前往。哥哥说："像米拉那样的喇嘛，现在从哪里来呢？何况又下着雨。咱们不要在远处下马，靠近帐幕再下，进去之后先不要磕头，坐下看看再说。"他们边说边走，但还没有靠近帐幕便忍不住下了马，踩着泥水进了帐幕，哥哥不由自主地磕了头，跟在后面的弟弟看见哥哥磕了头便也磕了头。二王坐在铺置的垫子上，敬仰之心油然而生，满面悦色地向喇嘛请安，敬询了喇嘛的宗族源流。问候之后，喇嘛问道："你们懂得经典吗？"奏曰："我们这个地方智者甚少，佛教没有怎么传播，所以没有经师。我只读过《那玛松迪》。"喇嘛非常高兴，称赞说："你这样很好，那玛松迪汗也叫做阎曼德迦，能够读它是很了不起的。""我的年岁大了，和你们多谈论身体支持不住，这后面帐幕中有许多年轻僧人，你们和他们谈论吧。"二王遂告辞，来到后面帐幕，以查干禅师为首的三十名僧人正在举行法会，颂偈《密集曼荼罗修作法》。两位王爷看到他们手持铃杵口诵悦耳动听的经文，顿生仰慕之心，便在后面坐下聆听，直到终了。法会休会之后，查干禅师为首的众僧与二王又交谈一阵。两位王爷返回家后，冰图哈敦问："啊！那喇嘛怎样？"二王回答："我们遵照母亲的命令前往时，心中还半信半疑，到了喇嘛那里就畏惧起来，不知如何是好。我们原以为自己天不怕地不怕，什么人都不在话下，然而一见了喇嘛却害怕起来，就像孩子见了母亲一样，倍感彷徨。"遂将他们被雨水淋湿以及入内之后情不自禁地叩拜之情全部告诉了母亲。冰图哈敦说："你们命中遇到的喇嘛就是他，今后要谨慎供奉才是。"

在离喇嘛住的地方不远处有个夫人分娩之后长期痛苦，一个打水的老者把此事告诉了喇嘛，喇嘛谕："此人家中藏有一个红的宝贝，把它找出来吞下去就会好了。"老者将此话转告夫人，夫人一寻，果有一珊瑚角，将其碎成丸粒吞咽下去，身体果然康复了。

赞曰：
昏暗无知诸罪孽，
温和言行开化之。
蜜般秘密赐有缘，
佛法众生尽传扬。

冰图哈敦对儿子说：“明天早点准备经膳，请喇嘛来用膳说禅。”于是遵旨准备了盛大的宴会。乌克善卓哩克图亲王、满珠习礼巴特尔达尔罕亲王①、冰图洪果尔郡王②、额驸奇塔特王③、布达奇郡王④、绰尔济贝勒⑤等大小诺颜、哈敦、官员、百姓及从他方聚集而来的众多信徒请求喇嘛赐灌顶、随许及传诵经文等。喇嘛允诺：“就按你们的意愿办吧。”大家十分高兴，准备好高大的讲台、座垫、靠背、灌顶器具等物。喇嘛走上讲台坐下，看到门前有一块牛般大的石头，命两三人去把它搬掉。两三人向前一推，石头很容易就破碎而被搬走。到会的众人都惊叹不已：“这是喇嘛的恩惠！”“喇嘛的恩惠”一语就是由此而来的。然后内齐托音给各方聚集而来的王、诺颜、官员、百姓等有缘者授十三佛金刚怖畏灌顶。在灌顶完毕即将背诵之间隙，卓哩克图亲王避开众人，向喇

① 满珠习礼：蒙古文 man ǰusiri，宰桑之子。崇德元年封扎萨克多罗巴图鲁郡王，顺治九年赐达尔罕号，十六年晋和硕达尔罕巴图鲁亲王，康熙四年卒。（参见《钦定外藩蒙古回部王公表传》，卷一，科尔沁部，扎萨克和硕达尔罕亲王条）。

② 洪果尔：蒙古文 qungɣur，崇德元年参加皇太极称尊大典，叙战功，封扎萨克多罗冰图郡王，1641 年卒。（参见高文德、蔡志纯编著：《蒙古世系》，116 页，北京，中国社会出版社，1979。）

③ 奇塔特：蒙古文 qitad，顺治六年封多罗郡王，十年卒。（参见《钦定外藩蒙古回部王公表传》，卷一，科尔沁部，多罗郡王条）

④ 布达奇：蒙古文 budaru，疑为 budači 之误写。

⑤ 绰尔济：蒙古文čurǰi，顺治九年封镇国公，十八年晋多罗贝勒，康熙七年卒。（参见《钦定外藩蒙古回部王公表传》，卷一，科尔沁部，多罗贝勒条）。

嘛禀奏："不知为什么，在授秘密灌顶时，我确实看到喇嘛格根和金刚怖畏天母在交媾。"喇嘛说："这是你的善行所致，不要说与别人，抓紧成正果吧。"听说，后来卓哩克图亲王入寂时，从格根火化尸体的火光中显现出三十四支手的阎曼德迦本身，为了掩人眼目，拉上了幕帐。

正当喇嘛在那里居住之时，他的儿子额尔德木达赖与妻、子、官员、部众相随，自土尔扈特地方来寻喇嘛，至盛京向圣主皇帝献贡叩安。圣上亲自接见，赏禄赐宴，询问道："尔自何地来此？有何贵干？"额尔德木达赖奏曰："闻我父为僧在此弘扬佛教，吾等向圣上叩安，并寻父相见。"圣主向大臣降旨："先前来此请安的高僧大概就是，而今在哪个旗，打探清楚，带他们到那里相见。"遂派使者相送。使者把额尔德木达赖一行带到科尔沁，来到喇嘛府外，让门丁禀告。喇嘛曰："我已出家为僧，故无子，因无子，故无儿媳，因无儿媳，故无孙。"额尔德木达赖及夫人等在喇嘛府邸外跪坐三天，未能相见。巴特尔王、布达奇王为首的众诺颜见此状不忍，祈求喇嘛格根允许相见。喇嘛曰："尔等对其言，男者为僧、女者为尼，才能相见。"额尔德木达赖及哈敦二人表示遵命，才得以相见。于是额尔德木达赖当了比丘，其妻当了比丘尼。与额尔德木达赖相随的众人中，少部分留下，大部分返回土尔扈特。额尔德木达赖比丘、哈敦比丘尼二人跟随喇嘛留在此地。

又，内齐托音为为数众多的信徒赐授密集金刚怖畏等多种灌顶，教他们背诵《密集成就法》《密集本续》等，遇空暇还根据个人的愿望赐教皈依、阎曼德迦生起圆满次第、金刚萨埵之修习、无缘大悲、上师瑜伽等经律指南。信徒们奉献以各种各样的金银财宝及盛大宴会。喇麻还给更多的施主普遍授与解脱八戒中格隆以下，格楚尔、班第、乌巴什、近住戒①以上等戒律。

喇嘛向所有的托音、僧人宣布：禁止穿带貂皮、绸缎等色泽鲜艳的衣服，禁止用带装饰的鞍具和骑好马。那时内齐托音的僧徒们经常出入施主家各处行走。扎鲁特有个叫做额木其的富裕喇嘛见此景讥笑道："内齐托音的徒弟之所以牙伯干而行（牙伯干：徒步之意），是喜念牙莫尔查经；之所以骑比洛而行（比洛：二岁牛），是喜念布吉尔哈木经。"满珠习礼巴特尔达尔罕亲王闻此言，把这个额木其请来，让他住在破帐篷里，不供经膳，只给很少很坏的东西吃。就这样让他受了十几天的罪。额木其知道了缘由，十分惧怕，向亲王承认了错误。亲王道："你这么一个小僧徒竟敢讥笑我们尊贵喇嘛的徒弟，以后要是再说这样的话，我就不放你。"说完，愤愤而归。

后来，冰图哈敦禀奏喇嘛格根："今生来世都信奉您，不再信仰其他，但是我还有一个翁古特，这个翁古特是祖上传下来的。如今我们大人孩子都平安无事，要废掉它，很是不忍。请喇嘛开恩，我在的时候，让它保持原样，我死之后，就随孩子们的意吧。"喇嘛谕："就这样吧。"

赞曰：
昔日正觉②宗喀巴，
广施袈裟于土番，

① 近住戒：蒙古文 edürun bačaɣ，相应的藏文为 bsnen-gnas，汉译"斋""斋戒""近住戒"，即在家佛教徒在定期一昼夜中受持的一种别解脱戒。（参见《藏汉大辞典》，1017 页。）

② 正觉（正等正觉）：蒙古文 tuɣulaɣsan burqan，相应梵文为 Anuttarasamyaksambodhi，汉音译"阿耨多罗三藐三菩提"，意译为"无上正等正觉"。被认为能觉知佛教的一切"真理"，并能"如实"了解一切事物，从而达到无所不知的一种智慧。认为这种智慧是超人的，唯佛具有，成就这种智慧即所谓成佛。（参见《宗教词典》，622 页；《蒙俄法大辞典》，1809 页；《藏汉大辞典》，2549 页。）

如今圣僧之懿行，
犹如圣祖我祈福。

那时候，立国不久，各旗王和诺颜们从四面八方赶来，把他们从汉地和朝鲜俘获的大批童男献给喇嘛格根。喇嘛曰："我们宗喀巴的黄色便帽很适于这些来自汉地和朝鲜童男的扁长头颅，这些礼物很好！"于是，就给那些从各地带来的童男削了发，按照各自的愿望分别授予他们解脱八戒、格隆、格楚尔、班第等戒律。遂使身披红色袈裟者遍布各地。佛教，特别是胜者第二博格多苏玛迪给尔迪（宗喀巴出家名的梵音）之教如满月一般日益光大。

却说，十旗的王、贝子、贝勒等大小诺颜聚议："喇嘛格根来此居住，应有一座相称的大寺宇才是。因此，需修建一座寺庙，并从各旗选派僧侣，使其成为喇嘛格根的永久住所。至于建寺的地点及其规模，可请示喇嘛格根的旨意。"上奏之后，喇嘛格根表示赞同，降旨道："巴颜和硕①那个地方很好。"不久，巴颜和硕寺建成之后，十旗的王、诺颜将喇嘛请去，举行了热烈的欢迎盛会及隆重的开光典礼，寺内备置《甘珠尔》等大批佛经，最后举行了盛大的诵经法会，大转法轮，使佛教像满月一样日益光大。

土谢图亲王巴达礼和公主二人奏请喇嘛赐与后代，喇嘛格根："公主不宜有后代，若是有了，是要折寿的。"未曾赐予。亲王、公主再三恳求，仍不赐予。那时，不论哪个王、公主、诺颜、哈敦，但与喇嘛交谈，只两三句便畏惧起来，说不出更多的话，也不敢第二次请奏。后来就从旗里找了个胆子大的叫做黑尔玛的人做他们的代言人。王、公主二人捧着哈达跪在府外，代言人黑尔玛高声问候着来到喇嘛跟前跪下奏

① 巴颜和硕：蒙古文 bayan qusiɣun，又称"巴音和硕""巴烟和邵"，为哲里木盟（今通辽市）科尔沁部右翼中旗北部地名。（参见《蒙古游牧记》卷一）

道："王、公主二人在府外跪拜，请求喇嘛赐福后代。"喇嘛说："我前已两次对王、公主说过，他们二人不宜有后代，若有了后代是要折寿的。"黑尔玛说："王、公主二人不怕折寿，只求有后代。""那么，你把袍子的两只袖子退下来。"喇嘛命令。黑尔玛把两只袖子退下来献上，喇嘛用刀割掉了两袖的护袖，谕："转告王、公主，他们将会有两个儿子，一个叫做沙律，一个叫毕里格图，成人之后将会成为禅教之王。"

又，土谢图亲王额驸巴雅斯呼朗①的公主为膜拜喇嘛起程前往，喇嘛在公主到来之前已动身他处。公主来晚了，便从后面追赶，结果迷了路，伤心起来。突然听到喇嘛的咳嗽声，公主转忧为喜：这是在指示她寻找的方向。公主往声音传来的方向，追上了喇嘛，十分高兴，进行了膜拜。后来，有人估量从喇嘛咳嗽的地方到公主伤心的地方距离有一日路程之远。大家十分惊奇，称赞喇嘛是佛，公主是仙女。

平常，公主在家中时，常常感到寂寞，便走出宫来，在园中散步。突然嗅到一股香味，便说："这一定是我喇嘛的徒弟从呼和浩特来了。"果然，两三天内，大徒弟来了。人们议论："公主与我们这些凡人不一般，这仍是喇嘛的神通还在显灵。"

额驸奇塔特王的一个门房，因为背下了《阎曼德迦经》，每天都在门外念诵。公主听到之后，把门房叫来问："你每天念的是什么？念给我听听。"那个门房在公主面前背诵了《阎曼德迦经》，公主大悦，又问："这么好的经，你从哪里学的？""跟博格多喇嘛学的。""把喇嘛请来，我也要学经。"公主令。请来喇嘛格根之后，公主向其求经，喇嘛谕："你们还夙愿的时刻到了。"遂广施金刚怖畏十三佛等灌顶及随许，授《金刚怖畏成就法》背诵之纲要，教众人背诵皈依、金刚萨埵之修

---

① 巴雅斯呼朗：蒙古文 bayasqulang。巴达礼长子，康熙十一年（1672）袭扎萨克和硕土谢图亲王，寻卒。（参见《钦定外藩蒙古回部王公表传》，卷一，科尔沁部，土谢图汗今袭扎萨克和硕土谢图亲王条）。

习、上师瑜伽、无缘大悲等大小经典并给众多的要求受戒者授予格隆、格楚尔、班第、乌巴什等戒。

公主十分虔诚，把自己所有的金银珠宝等财产平均分成两份，一份赠给喇嘛作资产，称作“土贡”。这是以前没有过的出色贡奉，因此扬名四方。

郭尔罗斯扎木苏台吉的夫人诺观达喇博迪来朝拜喇嘛，献上许多财物，请喇嘛到自己属地。大多数僧人有些犹豫，不大同意。诺观达喇哈敦说：“我仅是一小小的台吉夫人，所以你们嫌弃，若是王来请，你们一定会毫不迟疑地前往。可是，有的王比我富有，有的王还不如我呢。”僧侣们笑了：“不是那样，我们有什么可迟疑的，而是要禀告喇嘛。”遂向喇嘛禀奏，喇嘛同意，欣然前往。到达时，扎木苏台吉、诺观达喇哈敦二人及公、大小诺颜、哈敦、官员全体出来迎接。午刻时分举行盛大宴会，喇嘛给众诺颜、百姓授灌顶、要诀及生起圆满之纲，教其随意背诵《金刚十三佛》《密集成就法》及《密集本续》，普施解脱八戒中格隆以下格楚尔、班第、乌巴什、近住戒以上之戒律无数。以扎木苏台吉、诺观达喇哈敦为首之全体，献上大量贡品，举行了大规模的诵经法会。会毕，二人求赐后代。喇嘛示喻他们将有三个儿子、一个女儿。大儿子赐名智慧金刚，二儿子赐名为长寿金刚，小儿子赐名为猛金刚，女儿赐名为比达赖。

从郭尔罗斯二公起始，直到边疆索伦、锡伯、卦尔察，佛教广为传播，到处可见穿红、黄袈裟的人。各旗的王公诺颜纷纷把喇嘛请到自己旗中，按例举行盛大宴会，献上大量贡品，获得灌顶、随许、秘法、经典等，愿意出家者则按照各自的愿望受得格隆、格楚尔、班第、乌巴什等戒。

又一天，巴达礼王宴请喇嘛，当众诺颜哈敦聚齐之后，喇嘛格根吩咐俄木布道：“你从佛殿将甘露瓶取来。”俄木布从佛殿取下甘露瓶，看到甘露在沸滚，便拿给大法师看。大法师十分高兴，倒了少许在手掌中尝了尝，并嘱咐他不要告诉喇嘛。俄木布捧着甘露瓶，献上。喇嘛把瓶子拿到耳朵上听了听说：“孩子们啊，有人偷吃了甘露。”俄木布禀告大法师偷吃了。集会的众人都称赞喇嘛是明察秋毫之佛。

后来，喀喇沁的善巴达尔罕贝勒、土默特贝子俄木楚琥尔诺颜等大小诺颜、哈敦、官员迎请喇嘛，按例举行盛大的宴会和供奉礼品，喇嘛也按例授予灌顶、随许、要诀与经典，广施归皈、金刚萨埵之修习、阎曼德迦生起圆满之纲、上师瑜伽，无缘大悲等，并按例予有缘者授戒。以贝勒为首的诺颜全体奏道：“喇嘛啊，夏天热的时候，您到北方去住是合适的，冬天冷的时候，我们这里暖和，到我们这里来过冬吧！我们给您建寺。”喇嘛同意了。

赞曰：
膜拜尊者脚下
如融雪一般施福于
察哈尔各部，
以无量秘密之诵，
醒世度时。

察哈尔的阿巴孩和硕亲王迎请喇嘛到本部，献上许多祭祀饰物、乐器及各种珍贵香料，并在家中设台请喇嘛住下。王、公主二人又赠送许多礼物，举行盛大宴会，请求喇嘛格根赐予灌顶和秘诀。喇嘛曰：“王、公主您们是圣祖成吉思汗黄金家族的后裔，我是一个要饭的和尚，不便予你们授戒。”王、公主两天之内多次请求。喇嘛不久离去，王、公主整整一天跟在喇嘛后面苦苦哀求，仍是不准，只好返回。

喇嘛格根从科尔沁往奈曼去的途中，来到锡拉木伦河与大沙丘比邻的叫做乌索哈加的地方，喇嘛诗曰：“吾已高龄，步履艰难，请水与土的主人在水与沙中给我铺条路吧！”果然，在锡拉木伦河与沙丘之间闪出一条宽阔平坦的道路来，喇嘛沿此路而行，并赐名为“黄道”。

喇嘛一行来到奈曼旗洪巴特尔王的府外下营。喇嘛一人走进王府中，这个王爷按照平常的习惯正在睡午觉。被喇嘛惊醒之后，发火道："哪里来的和尚，怎擅入内室，赶快给我出去！"喇嘛道："王爷，您是不认识我，可是这宗喀巴的金身是认识我的。"话刚落音，只见佛像竟张嘴微笑。王爷心想："啊！这是什么样的喇嘛，佛认识他，他也认识佛，真是神奇呀！"便生信服之心，膜拜顶礼。此王以前认为和尚有虚鬼所随，不让进入宫中。从这以后，就开始信奉三宝礼敬僧人了。

之后，敖汉的二王及大小诺颜、官员、百姓迎请喇嘛。照前例献上各种贡品：飞幡①、胜幡、乐器、旃檀香等，并请喇嘛到各自府中。喇嘛授予金刚怖畏与秘密集要等灌顶，教其背诵《成就法》，赐随许、皈依、金刚萨陲之修习、无缘大悲、上师瑜伽、阎曼德迦生起圆满之纲等经律指南，对于真心实意愿出家者授予格隆、格楚尔、班第、乌巴什等戒律，遂使掸教广布。

敖汉的额驸班弟王②与阿木巴公主二人没有后代，请喇嘛到家中。公主拿价值五十两银的五张上好貂皮献给喇嘛，四张朝向喇嘛，其中一张被手指碰了一下，倒转了方向，公主将其整好，重新朝向喇嘛。喇嘛谕："礼物很好，四张向我是要生四个儿子，一张向公主是要生一个女儿。"王、公主二人十分高兴，真心诚服。后来果然生了四个儿子、一个女儿。这四个儿子是墨尔根王、齐伦巴特尔、特古斯和安塔阿尤西。

---

① 飞幡：蒙古文 badan，来自藏文 ba-dan，意为飞幡，帛幅下垂别有长杆的悬旌。（参见《藏汉大辞典》，1801 页。）

② 班弟：蒙古文 bandi。元太祖裔，崇德元年（1636）封扎萨克多罗郡王，顺治四年（1647）卒。（参见《钦定外藩蒙古回部王公表传》，卷三，敖汉部，扎萨克多罗郡王"条。）

之后，以阿鲁科尔沁旗珠勒扎干王①、扎鲁特内齐汗昌布贝勒②、色本达尔罕巴特尔贝勒③、玛尼青巴特尔公④等为首的大小诺颜、赛得、官员按例举行盛会，备讲台，献礼。喇嘛同样给王与二贝勒为首的大小诺颜、哈敦、官员、百姓授以十三佛金刚怖畏及秘密集要等灌顶；让背诵其《成就法》及《密集本续》；广施皈依、金刚萨埵之修习、无缘大悲、阎曼德迦生起圆满之纲、上师瑜伽以及赐予多种随许与经教指要；给为数众多的诚心欲出家者授予格隆、格楚尔、班第、乌巴什之戒；遂使无量法轮大转。

又，巴林的色布腾王⑤、公主迎请喇嘛之时，满珠习礼贝子⑥、卓尔沁贝子等大小诺颜全体出迎，携有钹、号、箫各种乐器，胜幡等饰物及上等旃檀香等祭祀物品。众人呈上礼物，举行盛会，求经求法。于是，照例授十三佛金刚怖畏、秘密集要等灌顶，背诵《成就法》《密集本续》，广施皈依、金刚萨埵之修习、无缘大悲、上师瑜伽及更多的经教指要，对要求受戒者按其愿望授予格隆、格楚尔、班第、乌巴什等戒

① 珠勒扎干：蒙古文ǰulǰaga，顺治五年（1648）袭扎萨克多罗贝勒，八年（1651）晋多罗郡王，康熙十七年（1678）卒。（参见《钦定外藩蒙古回部王公表传》，卷三，阿噜科尔沁部，扎萨克多罗贝勒条）。

② 内齐：蒙古文 naiči，元太祖裔，顺治五年封多罗贝勒。（参见《钦定外藩蒙古回部王公表传》，卷三，扎噜特部，多罗贝勒后授扎萨克条）。

③ 色本：蒙古文 sebün，贝勒内齐从叔父，顺治五年追封多罗达尔罕贝勒。（参见《钦定外藩蒙古回部王公表传》，卷三，扎噜特部，多罗达尔汗贝勒后授扎萨克条）。

④ 玛尼：蒙古文 mani，贝勒色本弟，顺治五年追封镇国公。（参见《钦定外藩蒙古回部王公表传》，卷三，扎噜特部，镇国公条）。

⑤ 色布腾：蒙古文 cibten。元太祖裔，顺治五年（1648）封扎萨克辅国公，七年（1650）晋多罗郡王，康熙六年（1667）卒。（参见《钦定外藩蒙古回部王公表传》，卷三，巴林部，扎萨克多罗郡王今袭亲王品级条。）

⑥ 满珠习礼：蒙古文 manǰusili。郡王色布腾从弟，顺治五年（1648）封扎萨克固山贝子，康熙十一年（1672）卒。（参见《钦定外藩蒙古王公表传》，卷三，巴林部，扎萨克固山贝子条）。

律，遂使禅教像满月一样兴盛。

喇嘛骑马行路时，跟随他的年长的徒弟查干禅师是个极不愿意骑好马穿好衣服的人。途中，几个施主奉献一匹备有镶金鞍络的好马，喇嘛赐给查干禅师。查干禅师虽不愿意，但不好违背喇嘛的旨意，只好骑上。他拉着缰绳，越来越落在后面。这时遇到一个骑破鞍瘦马的人，他把那人叫到身边，扯住缰绳说："咱们俩换马吧。"那人畏惧，不敢换。查干禅师又说："你不要害怕，你听说过有个查干禅师不喜欢骑好马、穿好衣服、用好东西吧？我就是那个查干禅师。"他再三逼迫，终于骑上了那人的破鞍瘦马，然后从后边追赶上来。喇嘛看到，说："我送的好东西，你不喜欢，将来让你转世到衣锦之家去。"果然，照喇嘛所说，后来他转世为巴林王、公主的四公子，名为阿喇布坦。

一天，阿玉奇汗地方的阿力鲁森托音来到北京，正遇博格多喇嘛格根也行到北京。拜见之际，阿力鲁森托音对喇嘛的徒弟们说："在土尔扈特地方钟黑勒查干哈达山的北面、南面各有一个山洞，北面的山洞是我住，南面的山洞是你们的喇嘛内齐托音住。这次我来，路经那个山洞，走进看了看，喇嘛背靠的那块石头显出狮子头的形状，贡礼都没有损坏，连吃的肉与油都还在呢。"喇嘛道："没有叫狗和鹰吃掉就是幸运啊！""我路过时看还都在。"阿力鲁森托音又说："若说四卫拉特部中三次去印度者，我也；而现今在蒙古大众中讲诵深密经义，弘教利生者，您也。本地的众生有受您开化之缘，而无受我开化之缘。"说完，便返回了。

赞曰：
虽为众僧之首
行似乞丐之貌，
身为活佛施舍有情
有如天帝引导四方。

却说，那时正值春暖时节，喇嘛住在巴颜和硕寺中，将众人供奉的黄金集中起来，铸一尺高的释迦牟尼召和宗喀巴像一百零八个，又铸一拃高与五六指高的释迦牟尼召宗喀巴像无数，并备置僧符，举行盛大的开光典礼。然后将其赐予各旗的王、公主、格格、贝勒、贝子、公、大小诺颜、哈敦、官员、僧侣及具缘者，并赐予北京八旗的王、都统、大臣及具缘者，要他们好生供奉。

秋季天气转凉行将入冬之际，内蒙古的王公们从各地赶来，都邀请喇嘛往自己的家乡避寒。喇嘛谕："施主这样多，我如往某一处，其他人就要抱怨。明天起身时，我骑的骡子朝哪个方向走，我就往哪里过冬。"第二天一早，骑上骡子，任其行走。骡子朝着科尔沁善巴达尔罕贝勒方向快步走去，喇嘛便往达尔罕贝勒旗地，避寒于其所建之寺。在那里，为抄写《甘珠尔经》，派人从盛京买来墨、纸、朱砂等物，召集众笔帖式抄写《甘珠尔经》一百零八部，分赠各旗王、公主、格格、大小诺颜、哈敦、僧侣、官员每人一部，令其尽心供奉；并赐予北京八旗都统大臣们多部，以为奉读。

此后，又量所施金银之限，铸造一尺上下或更高些的佛塔，备置僧符，举行盛大开光典礼，然后赐予众王、公主、格格、大小诺颜、哈敦、官员、僧侣及八旗的都统、大臣、具缘者，命其谨慎供奉。如此，成就三信无数，直达大海之滨，使佛教像阳光一样照亮了黑暗的世界。

内齐托音将众王、诺颜大小施主们所献的金银、珠宝、绸缎、貂皮等物全部分发各地用以行赏。凡能背诵《阎曼德迦》者，赏一两黄金，能背诵《密集成就法》及《密集本续》者，各赏一两黄金；对贫穷者，或财物、或牲畜按其所愿赏赐。于是，能够背诵《阎曼德迦》与《密集》者顿时增多起来。由于内齐托音内散法施，外散财施，大量散布这两种施舍，他的英名赫然传遍天下。

那时萨迦法王出于嫉妒对博格多喇嘛之教进行恶意中伤。正值顺治皇帝染恙，请了许多御医法师都不见效，皇帝将蒙古众大臣召来问道：

“外藩蒙古中可有治疗我的疾病的其他好办法吗?”巴图尔章京、阿力玛布和为首的几位蒙古大臣奏道:“我们蒙古地方除了用药,还要请好喇嘛行灌顶仪式,做法事①,想必对皇上会有益。”帝曰:“请哪位灌顶为好?”奏曰:“如今蒙古地方灌顶、讲经、传扬禅教者要属内齐托音喇嘛为最好。”皇上命使者去请内齐托音。当圣旨传到时,内齐托音推辞道:“皇上是天下大汗,我是四处漂泊一小僧,皇上知我,本应效命,但由我做灌顶仪式,有损于皇上的伟大英名,故不能敬献灌顶。”这时,由于以往的缘分不合,萨迦法王傲慢地向皇帝上书阻止道:“依照惯例,若受灌顶,须为徒弟,应像供佛一般顶礼授予灌顶的喇嘛,如若不然,反而有害,所以圣上不可受灌顶。”书中还这样奏道:“该内齐托音喇嘛云游外藩蒙古,视己如佛,为他的所有徒弟取佛陀之名,如白阎曼德迦、黄阎曼德迦、绿阎曼德迦、白昆卢遮那②等。水夫、薪夫、灶夫以上全体人等,不分良莠,毫不隐讳地教其背诵《秘密经》《金刚乘阎曼德迦》等至深至秘之佛经……”又控告以其他种种事由。帝谕:“朕乃世间帝,不明佛法,待达赖喇嘛来后,由他处理吧。”

外藩王公会同北京的大国师等一些人为喇嘛格根不平,尤其是大国师对喇嘛格根说道:“喇嘛啊,萨迦法王知道的佛法,我全都通晓;而我掌握的佛法,萨迦法王却一窍不通,此让我们同他比法吧!”喇嘛曰:“你们不要这样做,我们现在即使辩论获胜,最终只会更有害于禅教。常言道‘要把恶劣的条件转变为入菩提道的捷径’。你们要克制自己耐心等待,且让他洋洋得意去吧。”

---

① 法事:蒙古文 gürim,来自藏文 sku-rim,原意为“敬事”“事奉”,引申其意为延僧诵经以事佛,祈福攘灾的法事等。(参见《藏汉大辞典》,124 页)

② 昆卢遮那:蒙古文 ǰiruɣana,来自梵文 Mahavairocana,汉音译“摩诃昆卢遮那”,意译“大日如来”。佛名,密教之本尊。“摩诃”,“大”之意,“昆卢遮那”为“日”之别名,故译为“大日”。“昆卢遮那”又有“光明遍照”之意,又译为“遍照如来”。(参见《佛学大辞典》,801 页、189 页)

五世达赖来京后，皇上命令客伯勒公管理其事务，承诺了萨迦法王的控告。客伯勒公与萨迦法王有旧，又大量受贿，加之达赖喇嘛的译员贺林格布楚拙于蒙古语，翻译有误，致使喇嘛受了处罚。令喇嘛偕同以往向圣主叩安时所率三十名大比丘及三十名小徒弟，退居呼和浩特，余下六十名僧人入居凯齐文殊院。至于其他有德之高徒，皆由各旗之施主禀奏喇嘛之后请去供奉了。当时，喇嘛的许多施主愤愤不平，纷纷议论道："达赖喇嘛乃观音菩萨，为何妨碍（内齐）喇嘛传诵《阎曼德迦》呢?"喇嘛听到这些不妥之言论，立刻派人抄写《如意念珠经》多卷，分发各旗，传令曰："你们看看这部佛经，达赖喇嘛自古以来就是观世音菩萨的真实化身，你们不要乱说了，会造成过错的。"

喇嘛从土谢图亲王巴雅斯呼朗额驸、公主处起程呼和浩特时，以亲王、公主为首的众人皆跟随，抑制不住的悲痛使得泪水洗面，就像母子分离一样难舍难别。喇嘛道："虔诚的信徒和以慈悲为怀的喇嘛怎么会分离？你们要谨慎侍奉我赐予的佛陀，认真修习密经要诀，我的几个有德行的徒弟留在此地，你们要好生供奉。"以王、公主为首的众人表示遵旨奉命，笃信不移。

冰图哈敦等众人前来送行，呈献了盛宴与厚礼，求得灌顶、随许等。临分别时冰图哈敦发愿道："我愿终生与菩提在一起，永不分离!"说完，将头发往后披散，大声哭着回去了。

喇嘛在往呼和浩特的途中经扎鲁特、阿鲁科尔沁、巴林等地。众王、大小诺颜、哈敦、檀越、徒弟等都在各自附近的路上迎接喇嘛，仍照前例举行盛大宴会，奉献礼物。喇嘛满足他们的愿望，赐灌顶、随许、经教指要，诵经授法。

这样一路授法而行，临近克什克腾扎萨克旗时，以扎萨克为首的众人与八旗察哈尔的众人照前例在自各附近的道路上迎接喇嘛，呈宴献礼，听禅受法者络绎不绝。

喇嘛格根到达呼和浩特之后，在小召之南建房居住。彼时，土默特旗长楚琥尔前来叩见喇嘛，与之交谈。喇嘛问道："这小召系何人所造?"楚琥尔答道："这是格根俺答汗之孙俄木布洪台吉所建，已经破旧不堪了。"又问："为什么不修缮呢?"答曰："修是很容易的，但没有好喇嘛住持。"喇嘛敕曰："你好好修缮，有朝一日会得有缘分的好喇嘛住持的。"于是，楚琥尔令喇叭台扎喇章京修理此庙。喇叭台将剩下的木头砖石在呼和浩特建起另一座小寺，现称其为"喇叭台寺"。

喇嘛人到哪里就在哪里诵经传教。一天清早，喇嘛出门往东南方向的一个洼地去，到了洼地岸边，看到洼地里有只狗向东方吠叫。此时，有个叫贡布的小僧跟在喇嘛身边，喇嘛问他："那个狗在说什么?"小僧说："我不知道。""那是在发预告吧?"小僧仍说："我不知道。"喇嘛道："它在说今天午前要发生一件大事。"随后转回府中。授禅完毕，对徒弟们说："我席哷图院之六十僧徒，有事将要发生。"正值此时，皇帝的使者带着众旗人急驰而来。至前，下马传旨道："科尔沁冰图哈敦因病重上奏：'我是蒙古人，药对我没有用处，什么办法也治不了我的病。我的师父是呼和浩特的内齐托音喇嘛，须请他来灌顶诵经，病才可能治愈。'圣上慈悲，旨令我等随喇嘛前往。"喇嘛道："我非医生，不懂脉络；我非算命先生，不知道福祸之事；去，又有何用？且，我的身体旧时活动过多，现在已不行了。"以旗长为首的高僧们谏曰："圣旨非同小可，不可不往。"喇嘛道："你们是为了得到重用与钱财吧，无奈，上路再说吧。"

这样，由大臣们准备驿站廪食，内齐托音起程了。走到翁牛特地方潢河北岸时，喇嘛无缘无故地要离开道路到河对岸去下营。熟悉道路者禀告说，欲往对岸去下营，离了道路，不易过河。但喇嘛不听，于是遵循喇嘛往河对岸下营的旨意，在河的南面扎了营盘。在那里，王、诺颜、哈敦、托音、官员、百姓等都来迎拜喇嘛。那时喇嘛牙痛，命令道："旗长，你取钳子来，将我的这颗牙拔掉。"旗长用钳子夹住喇嘛的牙往外拔，喇嘛跟着钳子转了起来，旗长害怕了，松开了钳子。喇嘛说："王爷啊，我想把这颗牙留在你们这个地方，作为转世的象征，看来在这里没有转世的缘分，算了吧。"这天晚上，村里的牛群奔跑嗥叫起来，徒弟问："喇嘛啊，这些牛如此奔跑嗥叫，是为了什么呢?"喇嘛说："明天你们也会这样的。"

第二天，十旗的王、诺颜及杜尔伯特的赛汗毕利根达赖带领众僧俗迎接喇嘛，喇嘛从使者那里得知冰图哈敦已薨，遂为哈敦祈祷。此后，喇嘛将赛汗毕利根达赖叫到身边，与他交谈至深夜时，喇嘛令："你起来，跪拜，听祷词!""刚刚为哈敦做完祈祷，这又是为什么呢?"毕利根达赖跪拜后奇怪地问。"是为叫仁钦的人做祈祷。"毕利根达赖将日期、时间、人名都暗中记下，告辞而去。毕利根达赖回到家乡后得知，在那个村子，有仁钦兄弟七个，因为父母在分财产时，给最小的弟弟仁钦多分了一些，其他兄长因嫉恨而起恶意，定谋杀死其弟。就在那天晚上，将仁钦从家中赶出，兄长们全体出动，于彼日彼时将他射死。毕利根达赖十分惊奇，对众人述说了喇嘛为其做祈祷之言行。众人闻之，肃然起敬："喇嘛乃真佛也!"

其　五

除求度具有特殊缘分之众生外，还有三法：救度他方众生之法、涅槃随机成就法、以格根之本——舍利救度众人之法。

一曰：博格多喇嘛九十七岁，岁次癸巳之后，年十月十五日，收其神体往法性之空。遂讣告众檀越及徒弟，众皆前来聚会，为众生之利益，举行了隆重的涅槃之祭。

二曰：圣博格多涅槃之后，各旗所有之大小诺颜、公主格格、哈敦、托音、僧侣、大臣、官员、百姓皆做法事，诵经百遍。水夫以上，薪夫、灶夫等皆不由自主地跟着念诵，诵经声回绕着大地。在博格多格根舍利前，念诵《涅槃》《密集》《阎曼德迦》《甘珠尔》等多种经咒，整整四十九天，供奉着各种祭品，一千支佛灯终日通明。其外，各自随愿祀奉贡品无数，佛灯不断。

喇嘛宫帐前不远有一棵大菩提树，除此之外，再无可谓菩提树者。便在宫帐外建冢，将喇嘛格根的舍利置于其中，并以香火祭之。因舍利子之神力，降下花雨，带有一种从未有过的香味，天空出现彩虹，冢前那棵菩提树上也挂满了佛灯，实为奇观。前来朝拜舍利之众人见此状顿生信服，皆赞喇嘛是真佛，由此名传四方。特别是皇帝的使者和旗长十分敬服，曰："这才是真正的喇嘛啊！"一拜再拜。从那以后，舍利子日夜发出光来，有缘者可看到缤纷的彩虹。

跟随喇嘛前往的管理内务之众徒之长——托钵僧夏克夏巴特与管理外事的韦勒布特其与众徒弟商议，要到席呼图院去教训温都尔钟吉利、钟吉利诺门达赖、伊和比利根达赖等六十僧人应该怎样使用人。"你们到那里不要进入僧房，也不要说明来由，只在院中骑马叫喊，叫他们出来。待他们出来后，便像指挥徒弟一样指挥他们，然后转回！"温都尔钟吉利等得知此消息后，十分痛苦，全体聚集急忙赶到喇嘛舍利格根前，完毕祭奠诸事。之后，在保存喇嘛舍利的墓地上建起佛塔，并责成阿喇衮蔑尔根台吉建筑寺庙。南边的那棵菩提树逐渐蔓延，如围墙一样围绕着佛塔，每年的十月十五日，树上看得到佛灯。

三曰：喇嘛的舍利子就像狗崽的杂毛一样多，土谢图亲王的公主将其全部请来，置于巴颜和硕寺中，使其成为祭奠要地。

救主博格多喇嘛如此从诵经、布法两方面无瑕地扶助了圣明的禅教。如大性尊者发愿力布甘蔗禅①之俱空善之经咒于吐蕃雪山之地一样，内齐尊者在大慈悲母的协助下，从无量金刚乘之门救度众生经解脱

① 甘蔗禅：有释迦世尊的种姓是日亲、蔗种一说。传说乔答摩遭极刑时得神力遗下两精滴变为二卵，经日光照育出生二小孩步入甘蔗园中长育成人，由此而得释迦种姓。这里的甘蔗禅即指释迦之教。（参见《西藏王臣记》，7～8 页。）

之路，求真求诚者洗耳聆听，全其秉性。

早时以无瑕之力结缘现成为禅教支柱之施主、扶助禅教众生之大弟子者无数。大者，系成吉思汗家族者：巴林的色布腾王，敖汉的布达王、班弟王、墨尔根王，奈曼的鄂其尔达尔罕王，扎鲁特左旗的内齐汗、昌布贝勒，扎鲁特右旗的色本达尔罕巴特尔贝勒、玛尼青巴特尔公，巴林左旗的满珠习礼贝子、卓尔钦贝子，土默特的拉斯扎布贝子，克什克腾的扎萨克索纳木等诸颜、官员。哈萨尔世系之分支有：土谢图汗、扎萨克多罗郡王布达齐、巴达礼土谢图亲王、乌克善卓哩克图亲王、满珠习礼巴特尔达尔罕亲王、扎萨克图拜斯噶勒①王、额驸齐塔特王、布达礼郡王，冰图洪古尔郡王、朝尔吉贝勒、扎赉特贝子蒙豁达尔罕和硕齐、杜尔伯特色冷贝子、二郭尔罗斯公——昂哈、扎尔布，及喇嘛什希公等十旗诸颜、僧侣、官员、百姓无数。此外还有阿鲁科尔沁的珠勒扎干王，乌拉特二公——明安、僧格，墨尔根台吉，翁牛特的杜棱郡王及贝勒、公等，喀喇沁土默特善巴达尔罕贝勒及塔布囊、百姓等，土默特鄂木布楚琥尔等诸颜。总之，八旗察哈尔等蒙古地区及盛京、索伦、卦尔察、锡伯等地，披红色袈裟者遍布，直达东海之滨，佛教就像初升的太阳一样兴盛。

虔诚智慧的施主中钗裙有：妙尊渡母众仙女为扶助佛教而持凡貌，如冰图哈敦，开国圣主太宗睿皇帝黄金家族之六公主及众格格、哈敦等。她们拥有巨大的财富和权力，她们利用祖先的财产和权力，采取各种方法，使崇拜翁古特、博与乌达罕之霍布斯者摆脱邪说巫术，使佛教特别是宗喀巴无瑕之黄教如太阳一样光芒四射。时至今日，逾其后裔科

---

① 拜斯噶勒：蒙古文 baisɣal，布达齐长子，顺治二年（1645）袭扎萨克多罗扎萨克图郡王，十四年（1657）卒。（参见《钦定外藩蒙古回部王公表传》，卷一，科尔沁部，扎萨克多罗扎萨克图郡王条）

尔沁和硕土谢图亲王阿喇布坦①之辈盛行祭祀，大愿法会②、期供③、跳神、转弥勒④等大积福祭祀活动风靡各地，并建筑起非常漂亮的矗立如城之寺院庙宇。

又，十旗的亲王拉扎木布、拉比巴尔登等王、诺颜合力募捐了几千两银子，用红、白两种檀木造了一座大塔。塔用银包镀，用珐琅与黄金描绘雕刻，镶嵌红宝石、青玉、东珠、珍珠、珊瑚、蓝古玉、青金石等多种宝石，实为尽善尽美，赏心悦目。如此庄严贵重的佛塔在京城造成之后，被请到巴颜和硕寺中。十旗的大喇嘛在银墓塔中放上红、白旃檀等各种香料及各种咒符，用黄缎子将格根遗体之舍利子裹起置于其中。在塔门上用白银铸写了“博格多喇嘛格根”的字样，在狮子案上供有阴阳扎克萨轮、格瓦巴第轮、吉祥八品、净水瓶等物，并将头尊、颈尊、胸尊、腰尊、底尊及莲花座尊按次序置好。

赞曰：
祈拜尊敬众菩提，
战胜顽愚度有情，

① 阿喇布坦：蒙古文 rabtan。元太祖弟哈布图哈萨尔之裔。康熙五十九年（1720）袭扎萨克和硕土谢图亲王，乾隆二十四年（1759）卒。（参见《钦定外藩蒙古回部王公表传》，卷一，科尔沁部，土谢图汗今袭扎萨克土谢图亲王条）。

② 大愿法会：蒙古文 yehe irugel，相应藏文为 smon-lam chen-po，汉译为“大愿法会”，俗名“传大召”。《藏汉大词典》，2175 页。该条中解释：“公元 1409 年藏历正月，宗喀巴为了纪念释迦牟尼，在拉萨大昭寺里倡建了一次讲论佛经、发愿祈祷的宗教法会。宗喀巴死后曾中断 19 年，及二世达赖根敦嘉措时始又恢复，每年举行，成为常例。至五世达赖洛桑嘉措时，开始在法会中以辩论佛经的形式，从三大寺僧徒中选取头等格西。法会期间，由哲蚌寺铁棒喇嘛维持拉萨市区秩序。”

③ 期供：蒙古文čaɣ taqil，相应藏文为 dus-mchod，汉译为“期供”。定期法会，定时祭祀。（参见《藏汉大词典》，1272 页）

④ 转弥勒：佛教祭祀活动。手捧弥勒佛像，口诵经文，围绕寺院转走。（参见《蒙古语大辞典》，1316 页。）

法施有缘之众生，
恶魔黑暗化清净。

礼赞内齐博格多，
安然如意宝业绩，
舌之言语焉尽述，
倾心以颂我之愿。

此愿之福护佑我，
醉彼之圣洁甘露，
得彼之秘密泉水，
涤己之罪孽污垢。

无论痛苦或极乐，
圣僧内齐指何方，
我与彼法永不离，
祈导有请去上界。

似我等芸芸众生，
若能再生为天神，
相敌恶兆出现时，
一声巨吼慑平服。

在东方蒙古的广阔本土上，由于世俗力量的主宰，人们向来崇信翁古特、博与乌达罕，偏离了解脱之道。大慈悲的博格多喇嘛为了教化超度这些迷途之众，广施经咒，于有缘者授予灌顶，度其为弟子，并将皈依、上师瑜伽、达正等正觉至上至难之秘密经之金刚怖畏、秘密安乐等之成就法及深密二次第等量其智赐诵于众王、诺颜、虔诚笃信的公主、格格、哈敦、小姐及僧侣、大臣、官员、百姓等。喇嘛布教之经法还有《喇嘛五十颂》《四部仪轨法》《五次第明灯》《纳若六法》①《妮谷六法》② 以及布萨、悟禅、火供、开光③等庄严仪轨和曼荼罗绘制标准。为崇经尚佛者又布教《佛说甘珠尔经》及其《注释（即丹珠尔）》《扎拉阿牙迪拉 zaraya ayadara》、无瑕的《昆奈耶数珠》《目莲菩提灯》、宗喀巴所著大小《菩提道次第》等警言戒律。传授修行根本师④传记，传授召阿底峡、宗喀巴等噶当派与格鲁派喇嘛传记以及多种秘诀。简而言之，修行之业有三：（1）说禅讲经并将其抄写为册赐予众生；（2）将近住戒、乌巴什、乌巴萨查⑤、班第、格楚尔、格隆等戒授予有缘之汗与百姓；（3）由此使穿红、黄袈裟获三戒三德解脱戒者遍及东方。

圣高僧博格多内齐托音达赖文殊师利之神圣足迹遍及三地，其大海一般的业绩，我与众托音、僧人、生徒都诚心敬服。具足贵族额驸阿洛乌克利格图代表信徒与檀越首先建议："是否可为众生撰写如此一部传记？"加之其亲族财势具足之诺颜呼图克图阿旺丹巴雅尔帕勒、科尔沁

① 纳若六法：蒙古文 naruyaba yin ǰirguɣan nom，相应藏文为 na-ro chos-drug，汉译为"纳若六法"。为古印度佛学家纳若达巴所传修道六法。（详见《藏汉大辞典》，1496 页）

② 妮谷六法：蒙古文 nigü yin ǰirguɣan nom，相应的藏文 ni-guhi chos-drug，汉译为"妮谷六法"。密乘妮谷空行母所传六种秘法。（详见《藏汉大辞典》，1524 页）

③ 开光：蒙古文 saidur urusiɣulqu，相应藏文为 rab-gnas，汉译"开光""善住""安神"等。在智慧坛场中为佛像、灵塔、经典等灌顶，迎神安住的仪轨。（参见《藏汉大辞典》，2664 页）。

④ 根本师：蒙古文 ündüsün blama，相应的藏文为 rtsa-bahi bla-ma，汉译"根本师"。给自己传授灌顶、教导和窍诀的特殊上师。（参见《藏汉大辞典》，2211 页）

⑤ 乌巴萨查：蒙古文 ubasaǰa，相应梵文为 Upasika，汉音译"优婆夷""优婆斯""邬婆斯迦"，意译为"近事女""近善女""近宿女""信女""清信女"。指接受五戒的在家女居士，亦通称一切在家的佛教女信徒。（参见《宗教词典》，436 页）

扎萨克镇国公喇嘛扎布[①]、扎赉特协理台吉达希、郭尔罗斯协理那木吉勒和乌尔哥莫尔、杜尔伯特协理奥其尔勒等人极力创议。因此，鄙人般若萨喀喇[②]虽孤陋寡闻，但曾见到原尊者喇嘛的亲信兼司祭素楚克与勤谨的额尔德尼毕力衮达赖的备忘录，备忘录记载了他们耳闻目睹的喇嘛的善行；听取过精通密咒的车臣俄木布毕力衮达赖介绍他的亲眼所见；翻阅了正直诚实的毕力克与博学多识的蔑尔根禅师的笔记；多次走访了善于文辞、精通青白占卜术的法师毕力衮达赖、布栋诺颜等人。或听，或问，或得其零散记录，并参考其他众徒弟、施主的有关记录，将以上种种加以综合整理，于己未年井月（1739 年阴历十二月）[③] 初八乌元查辅俱德日完成此著。

以文殊宗喀巴之教，
布施一切有缘众生，
其具足至善之所为，
如至上无比之如意。

最秘密咒莲花丛中，
最清经声温暖如光，

---

① 喇嘛扎布：蒙古文 lamaǰab，雍正三年（1725）袭扎萨克镇国公，乾隆十九年（1754）卒。（参见《钦定外藩蒙古回部王公表传》，卷一，科尔沁部，扎萨克镇国公条）

② 般若萨喀喇：蒙古文 paraǰna segere，是梵文名。据达木丁苏荣所说，此名的相应蒙古文大概是 bilig dalai，汉音译“毕力衮达赖”。（参见［蒙古］策·达木丁苏荣编：《蒙古古代文学一百篇》，1060 页，呼和浩特，内蒙古人民出版社，1979）

③ 己未年：达木丁苏荣将己未年确认康熙十八年（1679），笔者认为有些不妥。根据该文中所提到的人物——土谢图亲王阿喇布坦（康熙五十九年袭职，乾隆二十四年卒），科尔沁扎萨克镇国公喇嘛扎布（雍正三年袭职，乾隆十九年卒），成书年代应确认为乾隆四年（1739）。（参见《蒙古古代文学一百篇》，1060 页）。井月：“十二望宿月”中没有井宿月，根据历法，此处大致相当于鬼宿月，即阴历十二月。

最深意致花蕾绽开，
最圣佛为众生信仰。

谁听到悦耳诵经声，
谁心领神会其要义，
为光明佛教之众生，
普照幸福如意宝匣。

虽幼稚浅薄之小舟，
难承深广如意之伟绩，
但于商队长之善行，
仍可为最佳之纪念。

将神圣的宝传数珠，
以妙语之金线缀起，
作虔诚信徒之项饰，
此道我之乐为也。

妒此道之孤家寡人，
其偏见致莲花凋零，
贤者之爱深入大海，
缤纷言语共颂一念
——喇嘛福佑！

内齐托音圣自在博格多传记之编纂，难免有这样那样的不确切之处，若有谬误，祈祷喇嘛本尊空行母之原谅，若有幸于不误，愿能引导众生于善道。

吉祥圆满①。

附：朱风教授校对意见

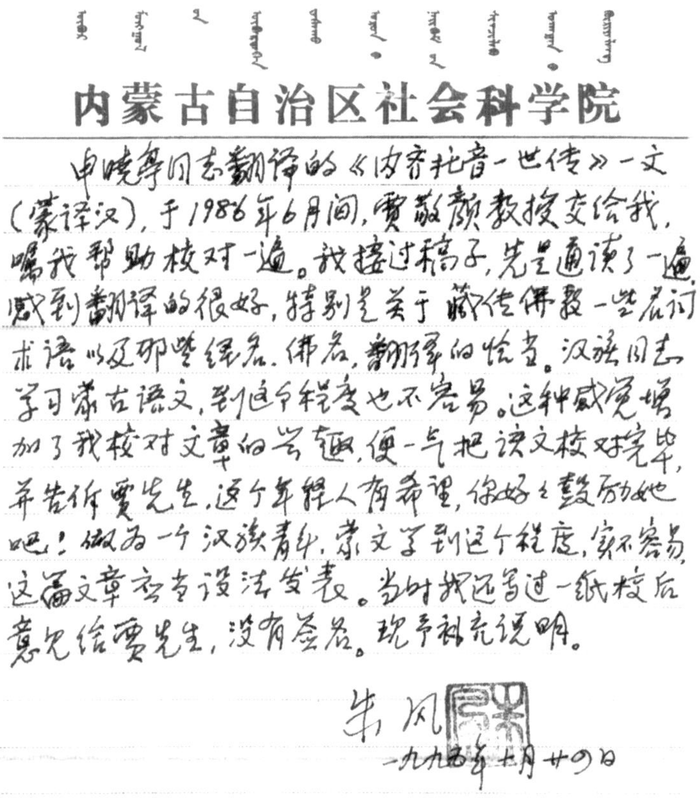
内蒙古自治区社会科学院

申晓亭同志翻译的《内齐托音一世传》一文（蒙译汉），于1986年6月间，贾敬颜教授交给我，嘱我帮助校对一遍。我接过稿子，先是通读了一遍，感到翻译的很好，特别是关于藏传佛教一些名词术语以及那些经名、佛名，翻译的恰当。汉族同志学习蒙古语文，到这个程度也不容易。这种感觉增加了我校对文章的兴趣，便一气把该文校对完毕，并告诉贾先生，这个年轻人有希望，你好好鼓励她吧！做为一个汉族青年，蒙文学到这个程度，实不容易，这篇文章应当设法发表。当时我还写过一纸校后意见给贾先生，没有签名。现予补充说明。

朱风

一九九五年十月廿四日

申晓亭同志翻译的《内齐托音一世传》一文（蒙译汉），于1986年6月间，贾敬颜教授交给我，嘱我帮助校对一遍。我接过稿子，先是通读了一遍，感到翻译的很好，特别是关于藏传佛教一些名词术语以及那些经名、佛名，翻译的恰当。汉

① 吉祥圆满：蒙古文 sarwa ma ka la，来自梵文 sarvamangala，汉译为“吉祥圆满”。（参见《梵英辞典》，1186 页。）

族同志学习蒙古语文，到这个程度也不容易。这种感觉增加了我校对文章的兴趣，便一气把该文校对完毕，并告诉贾先生，这个年轻人有希望，你好好鼓励她吧！作为一个汉族青年，蒙文学到这个程度，实不容易，这篇文章应当设法发表。当时我还写过一纸校后意见给贾先生，没有签名。现予补充说明。

朱　风

一九九五年十月二十四日

朱风教授的校对意见：

1. 王、公属下 tüsimet 一律译作官员，而不作大臣。

2. “翁衮”是抽象名词，凡封神祭祀的有生命（如老马、老牛）无生命（如山、石）以及坟墓（人死为神）概称翁衮，“翁古特”则专指蒙古萨满祭祀的天神使者（小猴形状，铜质，烟袋锅大小，作法时置于装有炒米或五谷的升上，从一个到几个不等）。

3. 僧侣派出的使者，不叫使臣。

4. 王、公、哈敦、公主之人名（有的爵位、名号）全应对照《蒙古王公表传》译出。其他人名译名要统一。

5. 常常使用“喻”“敕”字，有些用的不当，不如改成口语的指示、指点、指教、教诲之类词。

6. “wang”字应译王，不加“爷”字。

7. 可能有些地方有漏译或简化，应复查译全。

该文被收录于《清代蒙古高僧传译辑》，中国社会科学院中国边疆史地研究中心，1988 年 5 月。

哲布尊丹巴传

申晓亭　成宗德　译注

《哲布尊丹巴传》汉译本说明

《哲布尊丹巴传》是关于17—18世纪蒙古历史、文化、宗教的重要资料。有蒙藏文多种版本可供参阅。本译文是以无名氏的《哲布尊丹巴传》哥本哈根影印本（蒙古文手抄本+蒙古文拉丁转写）为底本，参考国家图书馆和内蒙古自治区图书馆所藏的另外两种蒙古文抄本翻译注释的。

无名氏《哲布尊丹巴传》详细记录了哲布尊丹巴一世、二世、三世的生平，并简略地介绍四世、五世、六世、七世的事略。鲍登曾将它译成英文，名为《库伦的哲布尊丹巴》，在哥本哈根出版。该书没有版本说明，成书时间及作者姓名均不详，据推测成书于1859年前后。

该书对于研究清史、蒙古史、蒙藏佛教史有较高的学术价值。

敬祈安康

佛教在喀尔喀蒙古是这样缘起的：

巴图蒙克达延汗之子札赉尔洪台吉①，其子诺诺和伟徵诺颜②，其子阿喇希墨尔根汗③，其子金刚手④之转世阿巴岱汗，由阿巴岱汗奠定佛教传入之基础。

成吉思汗后裔土默特部阿勒坦格根汗，初，未得佛法真谛，时患有头痛足疾之症，倘有发作即破人腹医治。忽一日，正值十五月圆之时，有一头戴班第达黄冠，身着法衣的喇嘛僧人来临，对汗说：“不必杀人，你的足疾我能治愈。”后来果然治好疾症。汗大惊，询问黄教之萨木坦与红教之巴勒珠尔二人：“此喇嘛为何人?”答曰：“这是达赖喇嘛索南嘉措。”阿勒坦汗心悦诚服，叩拜行礼。达赖喇嘛晓谕阿勒坦汗：“不要祭祀翁古特，要尊崇佛教。”汗焚毁了所有的翁古特后祈奏道：“我等往后如何消除灾难？敬请喇嘛明示。”喇嘛示以摩诃迦罗⑤之曼荼罗代替所有的翁古特。于是，阿勒坦汗建寺造佛以祭之。

那时，阿巴岱汗率士卒千人前往，迎请达赖喇嘛，言称：“彼达赖喇嘛有道，则交往；无道，则交绥。”阿巴岱初见达赖喇嘛，顿生虔敬叩拜之心。时届月末，拟于晚间叩拜，寻得黑色哈达一方，乃执黑色哈达膜拜。旋入新月初日之晨，再执白色哈达叩拜。达赖喇嘛谕：“你初次叩拜，时届月末日晚，献黑色哈达，今又于月初日之晨献白色哈达晋谒，此乃预兆消除你往昔十种黑暗罪孽，自今而后，将转为十种白色功德。”遂赐予释迦牟尼不毁于火之舍利及王统帕拉登里尔布之子多尔济

① 札赉尔洪台吉：名格哷森札札赉尔，巴图蒙克达延汗季子，受封于杭爱山一带，号所部为喀尔喀。有子七人，分封为喀尔喀左、右翼七部之长。

② 诺诺和伟徵诺颜：格哷森札札赉尔第三子。诺诺和为名，伟徵诺颜为号。掌喀尔喀左翼。

③ 阿喇希墨尔根汗：此处有误，蒙古世系谱中无此人，诺诺和长子为阿巴岱。

④ 金刚手：蒙古文 vačarabani，来自梵文 Vajirapani，菩萨名。意为金刚手菩萨，又名金刚萨埵，普贤。

⑤ 摩诃迦罗，又译嘛哈卡拉。（参见 P364《内齐托音传》注释③。）

札勒布之像尊等，又赐阿巴岱汗以斡齐赉阿巴岱汗之号。

斡齐赉阿巴岱汗返回故土，于万历十四年即火狗年①，欲建造额尔德尼召三世佛②，于中间现在佛请置达赖喇嘛所赐释迦牟尼之舍利，但在喀尔喀蒙古地方难以寻到建造额尔德尼召的模式，便欲依照呼和浩特召庙的式样建造。动工之前，曾就建寺的地方向达赖喇嘛请示，达赖喇嘛示谕："你们那里有叫老奥日贵小奥日贵③的地方，就选择那种地方造寺为好。"

阿巴岱汗在喀尔喀蒙古建寺立佛后，迎请土默特阿勒坦汗之师栋科尔曼殊师利札木扬绰尔济喇嘛为召寺做了小开光仪式④，讲授戒、律，施以灌顶等。那喇嘛说："在西藏卫地有观世音菩萨之转世——达赖喇嘛，是持金刚博格多喇嘛，非常神通广大。"阿巴岱汗闻言，欲往西藏晋谒达赖喇嘛，以偿心愿。

阿巴岱赛音汗初次由喀尔喀蒙古赴藏，因地势高，喘息困难，土地主凶猛，便带了四十五名携带兵器的侍卫。他们翻山越岭，来到名叫苏海哈拉陶勒盖地方时，正值拂晓。汗和侍卫们面山而吼，并射出三箭后，土地主们向达赖喇嘛告道："东方喀尔喀阿巴岱汗向我们射了三箭，我们中箭受伤，勉强保住性命来拜见您。"达赖喇嘛对那些土地主们说："喀尔喀的阿巴岱汗是金刚手菩萨的化身，今后你们不要做有害于众生的事，我授予你等乌巴什戒。"遂授土地主们以乌巴什戒。

---

① 火狗年：即1586年，此处哥本哈根本原记为万历十七年，内蒙古本记为万历十四年，万历十七年为土牛年，不是火狗年。

② 三世佛：三世者，指过去、现在和未来。过去佛为迦叶诸佛，现在佛为释迦牟尼佛，未来佛为弥勒诸佛。

③ 奥日贵：蒙古文 orgoi（本文 orgon），萨满教巫师跳神时戴的一种帽子。（参见《蒙汉词典》，219页。）

④ 开光：蒙古文 rabnai，来自藏文 rab-gnas。开光、善住、安神之意，即在智慧坛场中为佛像、灵塔、经典等灌顶，迎神安住的仪轨。（参见《藏汉大辞典》，2664页。）

随后，东边出现了尘土，达赖喇嘛命放出护院家犬，引起弟子们的好奇心。阿巴岱汗与四十五名侍卫持兵器到来，只见成群的护家犬摇头摆尾相迎，达赖喇嘛对土地主们说：“这些见到人影就扑咬的凶恶的畜生，现在被汗的威风所慑服，实可敬畏，还不赶快走开。”于是，土地主们退避了。从此，就把苏海哈拉陶勒盖地方称作乌巴什阿布盖达坂——居士岭，这就是这个地名的由来。

阿巴岱汗叩谒达赖喇嘛，述说来藏缘由：“卑者即北方喀尔喀部之阿巴岱汗也，我喀尔喀地方不知尊法，土默特部格根阿勒坦汗之师栋科尔曼殊师利示谕我前来晋谒达赖喇嘛，聆听佛法。我地建有寺庙，敬请大师前往行开光仪典，亦拟迎请于教法有益之大德喇嘛，有灵异之佛像，为我们永久供奉。为消除我在世间无意中所造成的十大罪孽，而代之以十大功德成就，特奉献白色哈达百方，白色骏马百匹。又为佛法宏扬十方及喇嘛长寿延年，也奉上白色哈达百方、银合骏马百匹，另献骏马千匹、诸方宝物、各色细软。”

于是，达赖喇嘛赐予阿巴岱汗多种佛教灌顶，又谕之：“汗，你可由众佛之中随意选择迎奉，另外于诸喇嘛之内随意邀请。”汗游历寺之中观看诸佛，途中见一佛像，说：“此佛来自远方，于我有益。”那就是金刚手佛像。在拉萨传召法会上，见一喇嘛坐于众僧师之末席，欲请之，那个喇嘛说：“我今世不能行，愿来世相会。”

达赖喇嘛说：“我不能前往贵地行寺庙之开光典礼，你返回后，把祭典的礼物准备好，至那日，我在此做开光仪法。”果然，那一日，祭祀的礼品备好后，就见西方落下片片大麦，喀尔喀地方盛产大麦就是由此而来的。

达赖喇嘛又说：“我今虽不能前往，来日必与你相逢于喀尔喀。”阿巴岱汗返回故地。过了许久，一日率近臣出猎，见戈壁原野，有烟上腾，使近臣往探之，使者回报：“一个身着蓝袍秃发者，坐而煮粥，形是喇嘛。”汗想：“服无定色，又无须发，定是僧人。昔日叩见达赖喇嘛时我们这里还很少有僧人托音出现。”就说：“去拜见喇嘛吧。”于是，阿巴岱汗前往叩拜喇嘛，跟随他的侍卫都不肯拜，并议论说：“受如此大汗之叩拜，这是什么样的有缘分的僧人呀！”那僧人说：“众人不拜，唯你叩拜，你是多么有缘分的汗啊！”二人多有交谈。那僧人又说道：“我等会见之处，将是大吉祥之地，当立标以记之。”如今立标之地称作“乌苏居勒”。那个僧人又用自己的碗盛粥予汗。汗吃后，把剩余的赏给侍卫们，侍卫们嫌弃没有吃，说道：“我们的诺颜真有悟性。”尔后，僧人赠汗以符咒之物。此乃达赖喇嘛索南嘉措以僧人之貌履行先前的会见之约。

后一日，土谢图汗衮布多尔济在野外遇见一大德喇嘛，其相庄严，汗问：“你在这里做什么？”那喇嘛答道：“我在祭祀天地。”忽而不见。后每日彩虹出现，汗与哈敦两人每日均得吉梦。此后，土谢图汗哈敦杭达札木素怀了身孕。那时，格根车臣汗①闻讯，赠土谢图汗以礼物，且附书曰：“我辈乃天之骄子成吉思汗黄金家族之子孙，因有喀尔喀汗王、诺颜昔日之缘分，统驭我辈之伟人将由你生之，我皆大欢喜，深感幸甚，拟欲与你面晤，畅叙数日。”

时当酷暑渐消，无旱魃为虐，疫疾亦不流行，正值佳节。雨水调适，林野之间百花灿烂，群鸟嘤嘤而鸣，人皆吉梦。汗、哈敦每夜梦闻经典圣言，彩虹低垂，殆手可得，多种吉祥征兆出现。车臣汗归来，命工匠做摇篮，饰以宝石，送与土谢图汗。土谢图汗夫人杭达札木素之吉日为乙亥年九月二十五日，“吉日生吉子”，吉子降临前，土谢图汗说：“仅告我将得吉子是不够的，还要挑选查看适当的宿营地。”土谢图汗在野外行进途中，见昔日托钵僧即达赖喇嘛预言立标记之乌苏居勒地方北坡上，有一白犬产子，以为吉兆，命扎营于此。时为冬季，帐幕之地，忽有白花怒放。临产之日，其十六岁之侍婢忽有乳汁外溢，侍婢深

① 车臣汗：指喀尔喀三汗之一硕垒，又号玛哈萨嘛谛。

以为耻，掩面而泣。哈敦劝慰说："不要紧，汗妻将生子，故其宠爱之侍婢乳汁外溢也。"后来，哈敦果然无乳，众商议，决定以圣水洗其侍婢，使为乳母。那婴儿卧于车臣汗赠送之摇篮中，奴婢日夜看护。忽见三个梵僧出现，婴儿似与其交谈。格根车臣汗把婴儿抱在自己怀中，加以阻止，那三个梵僧忽而不见。车臣汗说："这是吉兆，这个孩子今后没有灾难，我把格根之号奉献给你。"遂称这婴儿为格根。车臣汗返回，又遣相面人来为土谢图汗之子看相，那相面人看相后说："真神童也。胖的身体犹如佛一样福态，特别是其目角长，其瞳子与眼白的构造非常方正，足证其能洞观十界，真佛之身也。"那童儿三岁始能言，最初之言为"愿尊贵喇嘛三世佛法轮永转"①。稍长大，未经师长传教即能诵《兜率百尊颂》②《文殊真实名经》③《嘛呢经》。此童儿与其他孩童玩耍时单做修寺之类的游戏，实奇人也。

虎年④，其子在喀尔喀札木巴利特诺门汗喇嘛处受剃难度戒，奉法名乍那巴乍尔⑤。五岁时，喀尔喀四部集于席呼图诺尔地方，请其坐床。于温萨桑吉伊西之转世布利尔呼喇嘛处受得拉布琼戒⑥，奉法名罗布藏丹毕扎拉钦，赐怙主随许⑦。

又，称作违越之土牛年，即顺治六年（1649）其十五岁时赴西藏。

---

① 愿尊贵喇嘛三世佛法轮永转：蒙古文 lharǰi blama düisüm sangǰi čoiǰi korlo ǰorilamu，来自藏语。

② 《兜率百尊颂》，是赞颂宗喀巴的一篇诗文。蒙古文 ɣangdang lhabǰaya。

③ 《文殊真实名经》：蒙古文ǰambalčangǰid。

④ 虎年：即 1638 年，明崇祯十一年，清崇德三年。

⑤ 乍那巴乍尔：梵语，意为智慧金刚。

⑥ 拉布琼：蒙古文 rabǰun，来自藏语 rab-byun，意为出家人、僧人、尼姑。

⑦ 怙主随许：蒙古文 gomboo ǰinong。gomboo 来自藏文的 mgon-po，佛名，意为保佑者、护持者、护法者，旧译怙主、依怙尊。ǰinong 来自藏文 rjes-gnang，意为同意、允许、允诺随许，或为给予加持，允许有修、诵、授、受某一本尊仪轨之权。（参见《蒙俄法辞典》，2329 页；《藏汉大辞典》，915 页。）

翌年，于班禅博格多处受格楚尔戒，于达赖喇嘛处聆听金刚数珠王之经，始称哲布尊丹巴喇嘛，并盖以黄伞，又从班禅处听得阎曼德迦王等多种经典之随许与秘法。哲布尊丹巴为寺庙奉献经膳，给各前世佛之寺宇进香，请得旃檀木夹板金字抄写的《金刚能断经》[①] 等大量的佛教典籍以及弥勒、关音[②]、度母等佛尊。班禅活佛与达赖喇嘛谕示："你无需在西藏留学久住，返回喀尔喀，在喀尔喀地区广建寺庙，让佛法发扬光大为大功德也。"

哲布尊丹巴回喀尔喀，召集喀尔喀部众，询问使众生平安幸福之道。喀尔喀诸众的意愿是无论如何要寻得一个平和安详的喇嘛格根。北方俄罗斯虽是昌盛大国，但不传播佛教，而且衣裙曲于左，不可前往。而南部中国也很强盛并尊崇佛教，尤以满洲汗的服饰如同天衣一般，锦缎上绣有龙的花纹，是福分极高的汗王，我等若赴其地，则政权稳定，众生安逸。于是归附满清大汗，兴黄教，得厚遇，享太平。

博格多哲布尊丹巴格根，从前曾赴西藏，在归附清朝大汗之前，曾对众人说："我欲再次朝拜达赖喇嘛与博格多班禅持金刚喇嘛，聆听经法，祈请随许、灌顶等，尔等在此地唪经而候。"

于是顺治十二年（1655），又称作致醉的木羊年秋，二十一岁时，哲布尊丹巴从正在修法的锡伯图山带领六人，骑马日夜兼程，七日抵达西藏。时值班禅博格多罗桑却吉坚赞圆寂已三日。哲布尊丹巴格根奏道："为向您持金刚上师顶礼，我日夜兼程前来膜拜，以完成以前未曾达及的经法。今遇博格多圆寂，乃我之命也。"言辞凄戾，向灵柩祭了三祭：第一祝愿容颜起色，第二祝愿有所动作，第三祝愿开启金口。班

① 金刚能断：蒙古文jaddba，来自藏文 rdo-rje gcad-pa，佛经名。（参见《西藏大藏经总目录》，5 页，东北帝国大学，1934。）

② 关音：蒙古文 logasili，来自梵文 lokitesvara，意为关音、关自在。（参见《西藏大藏经总目录》，2408 页。）

禅格根果然开口示谕："我不回来没有道理了，你不远千里来到这里，悲痛欲绝，因此我又转回。"众人皆惊喜万分。哲布尊丹巴从班禅格根处受得阎曼德迦王等诸种秘法、随许与灌顶。

一日，班禅博格多问及喀尔喀人转生者之事，哲布尊丹巴格根说："喀尔喀人转生天界者不多，转生地狱者也少，死而再化身人间者实繁有徒。"班禅博格多说："如果这样，我为他们授法。"班禅又命至尊格根哲布尊丹巴将包裹完好的《孔雀经》① 取来，说："此中有深密经法，须好好研究，于你们大有益处。"遂赐其经。自此佛经传入喀尔喀，佛法如日光般弘扬。哲布尊丹巴格根又说："来藏途中，我每朝虔诵咒文，故迅速达之。"班禅博格多说："甚好，返库伦时，还需多诵咒。"遂又赐护佑愿文②。班禅博格多说："自今后，你还要在西藏住二十年。"后来，哲布尊丹巴一直活到九十八岁。

哲布尊丹巴格根朝拜行至哲蚌寺北山，说："此行须还愿一物。"遣一弟子持钵化缘说："我自下界历经七日至此，施舍一碗茶吧。"巴来奔寺大雄宝殿格斯贵说："你取走不行，来这里喝可以。"哲布尊丹巴格根说："他们不认识我们，就不施舍给我们了。"哲布尊丹巴又派一名徒弟前往，嘱咐他说："你就说是自己要喝。"那徒弟要茶回来，发现那茶里是用恒河水和白狮子乳做成的，要把它带回故乡，告诉众人大雄宝殿的茶是这样制成的，以后都仿效这个样子做茶了。

当初，哲布尊丹巴一行赴西藏途中，有的人看见一行七个骑马的人，有的人看见七只燕子。夜晚，他们宿于柯鲁克地方，七骑均被盗。翌日清晨，把丢马的事禀报给格根，哲布尊丹巴格根思量道："有众法

---

① 《孔雀经》：蒙古文 ligbum nom，宗喀巴所著。

② 护佑愿文：蒙古文 lhasurun nimbuu čidnamji，来自藏语，请山神、地祇护佑之意。

主跟随，红面狱主[①]，你这是怎么啦?”于是，命徒弟们去东方寻觅。适一股红尘自东方滚来，那尘埃渐近，七骑均在，只见两匹马尾上系着两颗湿漉漉的人头。哲布尊丹巴又说：“行不见踪影的红面狱主，要用心守护。”他们一行继续前走。

时有赛音诺颜部一老人牧羊，见七燕向西南飞翔。想此鸟夏季才飞来，现在冬季有此鸟飞过，认为一定是佛陀之降临。乃驱赶羊群归牧，对其妻子说：“今有佛陀经过，你做一袋饭，一锅茶，奉献给佛。”妇人遵嘱备好茶饭，老人提着，向西南方向寻找。时已临暮，行间见草地上有七人席地而坐。那老人向前拜见，说：“见七鸟与七人数相符，故来献上肉茶，你们是佛陀吗？祈望赐福于我们。”哲布尊丹巴说：“我们是过路人。”遂从盘中取出面粉一掬，祝福道：“将此物放入祭器中，则尔世代富裕。”至今众生殷富，都源于此。

至尊格根将游历西藏之事告诉喀尔喀全体部众，众人闻听赞道：“我们的博格多格根真是神灵也。”遂更加敬奉。

康熙皇帝时，哲布尊丹巴在国都述职。皇帝命呼图克图在拇指肚大小的红宝石上雕刻释迦牟尼、十六尊者及四大天王[②]共二十一尊。哲布尊丹巴奉命雕毕献上。皇帝赞其犹如天匠，愈崇敬他。而宫人多持猜忌、怀疑。圣祖康熙欲解宫人之惑，为哲布尊丹巴设座于御室中，下藏佛像，然后使人召哲布尊丹巴至，命他在所设之座上坐。格根坐之前，手先置于座上，座下所藏佛像忽然腾出，入于掌中。格根问道：“此佛像为何出现于我的座下？”皇帝说：“我不是曾经提出要尊你为呼图克图吗？这样做显示喇嘛您的神灵，实为先世之佛陀也。”

---

① 红面狱主：蒙古文ǰamsiran，来自藏文 lcam-sring，意为姊妹护法，大红司命主，密乘本尊马头明王眷属中之红面狱主。（参见《藏汉大辞典》，766 页。）

② 天王：蒙古文 maharanča，天王之意，佛陀的尊称。（参见《蒙古语大辞典》1323 页。）

一日，格根差身边的绥本[①]到市上采买水晶，绥本遵嘱买来呈上。时值圣祖皇帝召见呼图克图，仍在座下放置甘珠尔经。格根至，圣祖皇帝使其就座。格根就座前先以水晶触座而后坐。圣祖皇帝问："呼图克图、佛陀二者圣言孰尊?"格根答："佛陀言尊。"圣祖皇帝说："在你的座下有甘珠尔经。"格根作惊讶状说："我的座下怎么会有佛的旨意。"遂把甘珠尔经取出，看时，字迹全无，卷卷白纸。圣祖皇帝愕然，说："呼图克图您就座前，手中所持烁烁发亮者为何物？将此物呈给我看。"遂呈水晶。圣祖皇帝视而曰："佛的旨意在此，承尔之赐，朕获此奇宝也。"命顶礼祭之。

圣祖皇帝派侍从带呼图克图游历各寺，除一寺外，其他寺庙全部朝毕。圣祖皇帝问侍从："曾朝拜几寺?"侍从答道："诸寺庙皆朝拜，仅一寺未入。"圣祖皇帝敕："从古代典籍中查该寺的由来。"经查阅而得知，该寺为明朝一太监所建，其中置有太监的棺木，为防止众人朝拜灵柩，该庙门比其他寺庙修得严实坚固。圣祖皇帝叹道："此事朕不知而呼图克图知也。"

一日，圣祖皇帝说："呼图克图，请给朕传授长寿之秘法及长寿佛之灌顶。"格根答："遵旨。为尔施灌顶，须准备座坛及所持铃杵，此杵重百二十斤，高三尺，宽二尺，含金刚一份。"遵旨备齐。在授法之前，格根让弟子去整理祭祀用品，弟子们将用以盖奔巴瓶的五匹彩缎及果品大部用完。管理香火的差役见状说："呼图克图的这些徒弟们，吃皇上的禄还不够，如此贪婪。"后来一查点，祭祀之供品却一个未曾缺少，则叹道："呼图克图之弟子们都是奇人也。"格根为圣祖授戒时，奔巴瓶中现出五色彩虹，虹中可见长寿佛手持金刚杵哮经，圣祖皇帝及近侍皆叹服。自此后，以圣上为首的众人倍崇格根，每日都备膳宴请格根。

---

① 绥本：蒙古文 soibun，活佛的主管侍从。

一日，圣祖皇帝的母后皇太后说：“皇上，我欲拜见你宠信的呼图克图。”圣祖皇帝应允。格根至，皇太后隔玻璃窗而望，说：“此呼图克图之美犹如十五之新月，应当敬重。我欲召之入内讲习经法，可否?”皇帝亦应允，召格根入宫，使于皇太后、皇后、公主面前宣讲教义。皇太后赐其珍珠法冠、锦绣法衣等宝物。圣祖皇帝又说：“以前呼图克图比现在还要美，如今北京的灰尘遮住了他。”皇太后问：“这个呼图克图的前世是菩萨呢，还是佛陀呢?”圣祖皇帝说：“达赖喇嘛、班禅额尔德尼、哲布尊丹巴三者皆为前世之佛之化身。”

一日，圣祖皇帝差近臣去召格根，见与呼图克图相同模样的十五个喇嘛同坐在一起，使臣惊诧，难以辨认，归来禀报皇上。圣祖皇帝说：“佛陀、菩萨可有数万种多端变化，实为奇人也。”

又一日，圣祖皇帝对呼图克图说：“我二人以平民百姓的模样到城内外走一走吧。”格根应诺，与圣祖皇帝为伴来到京城外。在一个镇上，见一伙人聚集在一起，中间是位高个子，那是个比常人高出三分的白人。圣祖皇帝遣差人询问众人这人来自何方?差人禀告，据说这是来此地招募下海的人。圣祖皇帝又要侍从辨明这人所讲的语言。侍从以各种语言询问，都未说通。圣祖说：“呼图克图，你去与他交谈。”格根便前往询问了几句，那人跪地，用自己的语言答道：“我是水边的人，我到这里来招募下海的人。”圣祖皇帝又使格根问道：“你愿意住在这个地方吗?”那人答道：“我虽愿意承受皇上的荫护，但我是独生子，父母皆年迈，我不在二老怎能生活，故愿返回。”圣祖皇帝赐恩于此人，赠给他许多米和水果，让他归返。圣祖皇帝叹道：“呼图克图乃神奇的佛陀也。”

另外，某地奉献给圣祖皇帝一黑色珊瑚，圣祖问呼图克图：“这是珊瑚吗?”格根答道：“珊瑚有黑色、红色、白色三种，这虽然也是珊瑚，但与木头一样，普普通通。”圣祖皇帝又问：“听说俄国有座叫做蒙得尔的高山，连飞鸟都越不过去，比它高的山还有吗?”格根回答说："印度地方有座叫做布利哈利的山，比它要高得多。"圣祖皇帝问："佛顶上出现白伞盖是怎么一回事？《般若经》中的揭谛，揭谛，波罗揭谛，波罗僧揭谛之语是什么意思？"格根答道："顶现白伞盖的缘由是在释迦牟尼升天时，不见阿难陀①，说：'不见阿难陀不诵经也。'于是佛顶现白伞盖而诵经。至于《般若经》中的咒语，'揭谛，揭谛'为前往，前往之意；'波罗揭谛，波罗僧揭谛'为沿着菩提之道前往，前往之意。"②

圣祖皇帝身边有几个聪明的近臣不大相信格根的话。圣祖皇帝为使其信服呼图克图，在近侍中选了几个有学问的大臣，让他们去与呼图克图辩法。格根问："你们打算如何辩法，从难矣，从易矣？"这些近臣说："我们不懂佛法，只是不能违背圣祖的旨意，故前觐见您，就从容易说起吧。"格根讲道："在东海上有一人用一根长龙骨做成大舟，你们听到过吗？"近臣答道："没有听说过。"遂把此事禀报圣祖皇帝。圣祖皇帝让他们去查典籍，果然在典籍中记载着东海有一人用一根长龙骨做舟，长达两个波尔。圣祖皇帝与众臣皆信服。

圣祖皇帝对呼图克图说："你既然能知未来和过去的事，为何不提前告诉我厄鲁特之乱呢？"格根回答说："圣上可记得我从前送给您的长寿佛绣像，那像下面有我所著的宝卷，那上面提到因战乱而率喀尔喀部众归附清朝，祈请庇护，弘扬佛法之事。那时我就禀告您了。"圣祖皇帝将佛像取来，果然发现下面有书卷。圣祖皇帝称赞道："朕不曾知此事，呼图克图那时已有先知，甚善矣，烦劳您了。"

此后一日，圣祖皇帝召见呼图克图，赐茶。格根将瓷碗中的茶泼向

---

① 阿难陀：蒙古文 ananda，意为欢喜、庆喜。人名。斛饭王之子，提婆达多之弟，佛之从弟，十大弟子之一。生于佛成道夜，佛寿五十五，阿难陀二十五岁时出家，从侍佛二十五年，受持一切佛法。（参见《佛学大辞典》，737 页。）

② 揭谛，揭谛，波罗揭谛，波罗僧揭谛：般若心经的咒语，蒙古文转写为 kad kad barakad barasmakad。汉译来自汉文原译。

殿之东南。圣祖皇帝问："朕赐尔茶，尔何弃之?"格根答道："适时东南方一城遭大火，我今已灭之。"圣祖皇帝遣使往探，果有一城失火，忽而西北方降下褐色雨水，火遂熄灭。

格根祈奏皇上，将其帐幕搬出皇城门外，圣祖皇帝允诺。命使臣将呼图克图的帐幕搬到安定门，它处勿行。于是打开城门，帐幕接连搬了三天三夜。

在给圣祖皇帝授密乘桑堆[①]戒时，圣祖皇帝见到了金刚度母。圣祖皇帝益加敬重格根，说："你一回来，就先给我授密乘桑堆戒，这是最好的礼物。"由此，格根对库伦之众僧说："要遵随圣祖大汗的旨意。"遂亲手成就金刚度母，并于南面设桑堆之位，增诵桑堆六愿文。在北京，圣祖皇帝亲临城外之格根府邸问安，祝福长寿，并赐给格根许多礼物，说："我二人犹如先前的喇嘛和施主。"

又，格根随驾赴五台山，返回时，圣祖皇帝先至京城。待格根返回时，在京城外搭起一座高高的楼阁，众亲王及圣祖皇帝的太后、皇后、妃子、皇子等出迎献茶，并传旨召格根入宫见驾。圣祖皇帝亲自出宫相迎，二人同入宫中。

格根在北京住了一段日子后，想回喀尔喀。圣祖皇帝就像常人一样难舍难分，步步相送。格根请皇上止步，敬祝安康。圣祖皇帝说："你走之后，我会因想念你而常来此山的。"第二天，格根清晨启程，圣祖十分想念，便差人前往探望，说："如果格根一行还未越过此山岗，就请他们回来，若已越过山岗，就不用了。"侍从回来禀报，已翻越过山岗。

格根一行行至喀尔喀山北下营，格根在北部一高坡上焚香。此时来了五个骑着鹿、穿着虎皮衣靴、带着弓箭的人，向格根顶礼膜拜道：

① 桑堆：蒙古文 sangdui，来自藏语 gsang-vdus，意为密集。汇集密乘道果全部秘密要义之法，亦为佛教无上密乘一本尊名。（参见《藏汉大辞典》，3005 页。）

“我们从喀尔喀来相迎。”说完就走了。格根身边的人问：“那些来顶礼膜拜穿鹿皮衣的是什么人?”格根答道：“那是阿尔泰杭盖、杭代布利汗山的主人前来相迎。”

格根的转世灵童之父达尔罕亲王的父亲噶尔丹亲王无子，多次向格根求子，格根劝其不要着急。亲王心情阴郁地说：“一为喇嘛，二为宗族之后而求子，我真是无缘得子吗?”格根说：“我往西藏朝拜时，访逸士所栖之山，曾于岩窟内见金刚手佛之化身阿尔塔希特正在坐禅，他圆寂后便转世为你的儿子。”这个儿子就是后来的达尔罕亲王。当时至尊格根对那个喇嘛说：“喀尔喀一亲王无子，请求赐子。”那个喇嘛说：“他是无缘得子，但我已日渐衰老了，还是我去转世吧。不过，我不能在那里久住，因往香拔拉①为王之时辰已近。”为了证明此事，格根向那喇嘛要了一书，呈与噶尔丹。

至尊格根在初建甘丹寺②时示谕要按大雄宝殿的模样，造一百零八根柱子。他说：“将来我的弟子会越来越多的，那时一个踏着一个的肩就会比山还高，但仍不要改变这些宝殿的样式。”又在大雄宝殿置格斯贵③，说：“此一百零八根柱子中有四根不要用禅杖敲击，其他的可以用禅杖敲击”“哪四根柱子呢？为什么不可敲击呢?”“就是我面前的两根和堪布喇嘛前的两根。在这个宝殿中，除了我们三个外，其他的僧人都在你的禅杖管辖之下。”

---

① 香拔拉：蒙古文 sambala，相应藏文 cam-bha-la，来自梵文。意为持乐世界，佛教一净土名。此世界为圆形，雪山环绕，状如八瓣莲花，花瓣之间河水周匝。贵种王朝世领其地，佛说时轮经教，今犹盛传。(参见《藏汉大辞典》，2836 页。)

② 甘丹寺：蒙古文 ribu gejii gdang dangčingling，来自藏语，为西藏甘丹寺的全称。

③ 格斯贵：又译格布辉，蒙古文 geshüi，或 gebhüi，来自藏文 dge-skos，意为掌堂师，喇嘛教寺院的执法喇嘛，俗称铁棒喇嘛。(参见《蒙汉辞典》，754 页；《佛学小辞典》，552 页。)

在制定库伦法会的诵经声调[①]时，决定仿效西方札什伦布寺。请示班禅博格多，班禅说：“我札什伦布寺实施的法规即阳搓之规，在藏地传诵则循绰吉库尔林寺高调[②]之规。”

班禅博格多示谕：“给我送两个能在法会上领诵的人来。”于是，温都尔格根将寺中的小僧徒们集中起来，指着其中的两个说：“这二人往后可以领诵。”后来，这二人都在同一天夜里梦见吞下了铜号，于是他二人便成为具有宏亮嗓音的诺尔布额尔德尼和钦德玛尼二领诵喇嘛。由此迄今，大雄宝殿的领诵喇嘛仍有诺尔布额尔德尼和钦德玛尼之称。

格根说：“我库伦寺中的格隆与众僧官冬天都要戴圆形的帽子，这是为了尊敬师长和遵守礼仪，最终应作为金刚度母福佑之象征。帽的形状和帽钉应像太阳和月亮一样，帽顶的流苏的数目为三十二，与桑堆佛之数目相符。两条带子应象征着经咒之轨，成佛之道。夏天戴西纳麦[③]帽，绒毛都朝下，像鸟的羽毛一样，上面的管辖下面的，下面的承受上面的，以示尊崇。如此制作。”有人又问：“僧之苏鲁克印是如何制作的?”格根说：“乃西[④]是藏语，蒙古语称作四阿尔毕[⑤]。所谓四阿尔毕，即于一圆物上绘四青稞图案和五只眼睛图案，象征五只眼睛是由四部供奉。蒙语阿尔毕（大麦）即藏语乃西（青稞）之意，由此而来。”

在初建阿拉克白巴幕府时，格根命在其东北方向开一扇门，里外都用围毡盖好，直到他八十多岁，都没有把这件事告诉别人，众人一直不知道。

---

① 原文 yang dang cang，意为念经声调的高低长短。

② 绰吉库尔林：音译，原文čoyijingkorling，为寺名。

③ 西纳麦，又译作夏纳巴，蒙古文 sinamai，藏文 shwa-nag-pa，是一种硬檐，檐边带穗的黑帽，通指黑帽僧，乌帽师，噶举派中黑帽系僧。（参见《藏汉大辞典》，1261 页。）

④ 乃西：原文 naisi，来自藏语 nam-bshi。nam 青稞之意，bshi 四之意。

⑤ 阿尔毕：蒙古文 arbai，蒙古语，大麦之意。

有两个印度术士来朝见格根，问道："我二人一生的欲望就是要往香拔拉，我们能够达到吗?"格根答道："不能。但是在路途中有一大海，你们各自刺自己的手指，如果安然无恙即可渡过，若有损伤，则不能渡过。这时，你们须向大海诚心祈祷，会从海里跃出一头青色的牤牛，若能骑上牤牛渡过大海便可到达香拔拉。"两位印度人来到大海边，年幼者十分傲慢，心想，我二人自印度来，途中渡过无数大海，都是化蒲为舟而过，格根只是住在蒙古，怎能知道这些。于是仍旧照以前的样子放蒲垫而行，结果消失在海中了。年长者遵照格根的旨意刺破手指，手指伤而断。于是向大海祈祷，果然有一青色牤牛出现，摇头晃脑地走来，但是怎么也抓不住它。于是印度人只好返回库伦，向格根虔诚膜拜，说："格根是真佛啊!"此印度人之前见过格根前世前往印度建寺的神奇，将其颂扬，并且背述了巴格拉玛吉塔汗的历史故事，于是将其记录于此。

一日，格根在府邸蒲团上靠坐，心里揣测："殿堂上的僧乐是个什么曲调呢?"正欲前往，此时自南面来了一位手持吉祥奶酪的瘸腿的白发老人。格根问候后，向他请教僧乐的曲调。老人说："我是世界的主人，那是吉祥的象征。"由此格根悟出了早上的僧号僧笛之音为"弟钦丘得巴"，晚上叩拜时的号笛之音为"弟钦黑木丘"。

一次，格根前往寺殿时，途中见一屠夫赶着一只羊，羊不肯走，十分吃力。格根命一徒弟前往查看屠夫要到哪儿去。那徒弟跟在屠夫后面，只见屠夫走进附近村子的一户人家里，把羊拴在圈里，然后磨好刀出来。刚把绳子解开，那羊自己倒地死了。那徒弟返回，将此事禀报格根。格根说："确实如此，我已觉察到那羊会自己先死去的，因而派你去探望。"

本旗的一个人来朝拜博格多格根，敬祝格根福体安康，并请求赐给物品。格根把自己的一缕发丝赐给了他。此人将发丝置入玻璃瓶中，并伴上红花盖好，每日虔诚顶礼膜拜祭祀。尔后一日，将瓶打开一看，发丝都长高了，顶端结出小白果。于是再次朝拜格根，将此事禀告。格根看过说："这不是我的力量，是你的虔诚祈祷，使它长出了舍利①。"

库伦北边有个叫做温纳高的地方，班禅博格多变化成诺颜与女子来到此地。温都尔格根认出二人，将其请入内宫，献茶，叩献长寿佛。格根又示谕众施主诺颜："施舍长寿佛果品可得长寿神灵之护佑，众亲王前往叩拜时要献红枣、果品等礼物，为长寿佛备礼需用大的器皿。"至今，整口袋地往寺庙送果品来源于此。

之后，格根再次赴北京，不久于正月十四日往黄寺还愿。弥留之际，随其同来的喀尔喀两个王为首的同伴问道："将转世到何方？"格根对喀尔喀两个王说："要留心猴年或鸡年生的女子。"公主闻讯，将此告与额驸达尔罕亲王。达尔罕亲王奏报世祖皇帝后，从驿站返回家乡，娶和托辉特部塔布囊台什猴年生的女儿为哈敦。温都尔格根圆寂后，世祖皇帝亲自前往吊唁，屈膝祈祷，十分劳累，并晓谕赐与大量供品，举行大祭典。正月十四日，哲布尊丹巴呼图克图在北京圆寂时，库伦上空呈现五色彩虹，内宫坐床之处白色光环闪烁，绥本等随从看到后齐为格根诵经祈福。

第二世哲布尊丹巴之转世。

额驸达尔罕亲王梦中见其念珠的大珠及拇指上节化为金刚菩萨，其妻查干达拉梦中见温都尔格根步入其庭院，后入室内。两人梦中屡见帐内现黄光，山岗上百花盛开，处处好征兆。第二世哲布尊丹巴降生之前，其母头顶现出白光，映得浑身发亮。木龙年即雍正二年仲春月初一黎明时刻，哲布尊丹巴二世诞生。顿时五彩缤纷，种种吉瑞显现，众人见此异常惊奇，齐声祈福。二世格根降生后染伤寒病，往班禅呼图克图

---

① 舍利：原文 pildu rilüü，pildu 藏文 vphel-gdung，舍利、佛骨的意思。传说为火化高僧，遗骨后，留下能自然增多的结晶物。rilüü，丸之意。（参见《藏汉大辞典》，1784 页。）

处求治。班禅呼图克图问："那胎衣如何处理了？"答曰："埋入地下。"班禅呼图克图说："如此处理不妥，须将它拿来供奉才好。"众人将胎衣挖出，胎衣虽埋入地下已十几日，但芬芳馥香，恍同旃檀果。以其做祭品供之，二世格根之疾果然痊愈。

把四个幼童的名字记下来奔赴西藏，奏报众博格多及教首①，以确定谁为真正的转世灵童。众博格多及教首降旨："达尔罕亲王额驸之子世族高贵。"喀尔喀使者赴藏之际，雍正皇帝梦中见哲布尊丹巴呼图克图一世求见，告之曰："我已转世，那第四位幼童，额驸妾之子即是。"尔后，雍正皇帝颁旨："朕梦中见到老呼图克图，告朕其投胎为额驸之长子，那幼童当为呼图克图，与西方众博格多及教首所说的四额驸之子世族高贵相符，理当由其坐床。"

那时，由纳木吉拉达尔罕托音与二世格根为伴。纳木吉拉达尔罕托音问："格根，哲布尊丹巴由西藏佛地转生到喀尔喀，哪个童儿该当？"格根答："我应当之。"问是谁指教，答曰："佛的敕令。"

一日，达尔罕亲王抱着那幼童坐在帐外，幼童指点说："看，天空上呈现彩虹，文殊、观音二菩萨来了，在那里。"父亲达尔罕亲王望去，果然如此。

章京诺颜和公诺颜二人驯练坐骑，途中备鞍遇到了麻烦。章京诺颜说："累了，歇一会儿吧。"二世格根说："地狱之苦难道小于这苦吗？"

二世格根六岁，雍正七年称作温文的土鸡年于萨德克陶勒盖地方坐床。狗年种天花痘。

乾隆三年称作信使的土马年②，十四岁，进京觐帝。抵京城外时，高宗使王公、大臣出迎，赐哈达。入城时，又有在京城之诸官及驻京呼

---

① 教首：蒙古文čoijin，来自藏文 chos-rje，宗教首领之意。（参见《藏汉大辞典》，836 页。）

② 原文为"称作金黄的火蛇年"，有误，乾隆三年应为戊午年，即土马年。

图克图出迎，赐茶，迎请格根驻节于皇城内之宫邸。高宗皇帝乘轿驾临，格根忙出迎叩拜，高宗皇帝急从轿内走出，说：“呼图克图不必跪拜。”遂携手同入宫邸。格根设座于高宗皇帝侧，高宗皇帝亲自整理坐垫与靠背，要格根靠近他同坐。茶后，高宗皇帝问：“呼图克图途中无恙?”又说：“呼图克图初到，先歇息，越新月再归。”又对近侍说：“万事留意，凡适于呼图克图康健者，不可使缺。”格根说：“承皇上龙恩，我来无恙，遵命在此住数日乃归。”高宗皇帝：“现在你学哪种经典?”答曰：“学法相①。”皇帝问：“你几岁了?”答道：“十四岁。可否参拜旃檀寺?”高宗皇帝说：“可以，你何时参拜都行。”高宗皇帝十分称赞格根，对人说：“格根虽年幼，其智慧众所莫及也。”后来格根晋谒高宗皇帝时，皇上取下颈上所悬珊瑚念珠赐给了他。随行的二十二个喇嘛各赐哈达。格根搬到城外的府邸后，皇帝赐给他黑貂皮六十张，绢九匹，龙样织锦一匹。皇帝颁令：“将新献的贡礼赐与格根。”又赐随行喇嘛每人绢一匹。返回时，格根奏道：“我怎么报答圣上的厚爱呢？愿为圣上顶礼三宝祈祷诵经，祝圣上万寿无疆。”

高宗皇帝令第十六亲王管理呼图克图的事务。亲王来到格根身旁，就座时，为格根整理椅子和蒲团。格根说：“为何为我设椅子?”亲王说：“见您不坐椅子，我于心不忍。”格根没有坐椅子，只是坐在蒲团上。第十二亲王来膜拜格根，以额头触地叩拜。

此后，博格多高宗皇帝赐给格根各种赏物，多种果品。其中，黄色围帐七十三丈，房屋二十五间，院门两个，椽木一百二十根，黄椽木六根，备有梃子的门两个，各种铁钉四百，斧三十，另有大量米面、果品、菜蔬、盐等物。格根返回喀尔喀之前，晋谒高宗皇帝，举行跳舞请神仪式。格根在神像后摆手摇拳，从手中发出了一道光透过神像。高宗

① 法相：蒙古文 canind，来自藏文 mtshan-nyid，性相、法相、辩论之意。性相者，实有三法全具备者，为诸法性相，显宗之说。（参见《藏汉大辞典》，2304 页。）

皇帝称赞："喀尔喀竟有这样的好喇嘛。"

哲布尊丹巴呼图克图二世回到故乡后，住在库伦。一日，忽然嘻嘻而笑，左右绥本喇嘛问其故。答："寺东边有两个放牛犊的小僧，去问问他们在做什么?"守门人前往询问，果然看见两个小僧。问之，答曰："我们不堪酷热，避暑于悬崖下，忽然想起去冬所学的经文，未曾忘记，互讴吟阎魔护法神赞歌，即起拢集牛犊之间，悬崖崩溃。"那守门人向格根禀报后，格根说："这两童子有埋于崩崖之灾，然菩萨喜闻赞歌，暂支悬崖，待童子去后才放手。这就是我嘻笑之故。"

一日，在西面帐中作法会，一个僧人故去。大家商量如何把这僧人的遗体抬出去。一僧徒小心翼翼地向格根禀报，说："这是我们的过错。"格根说："将帐幕东北的围毡掀开搬出去，不可以从门上过。"掀开东北的围毡，见下面有一扇门板。将此向格根禀报，格根命营帐内外人合力将此门取下，然后将遗体搬出。格根说："自今尔后，做法会的僧人不可在法会之地死去，要留心注意。"这就是门板之事，不知道温都尔格根为什么要这样做。

把一个僧徒的四肢捆在一起，拴上石头，丢到土拉河中。过了几日，格根对左右的弟子说："丢在河里的僧徒不知怎么样了，我们去找他吧。"于是，领着几个弟子来到那个地方，沿河向下游走了一段，只见水里那缚有石头的僧徒仍然活着。众僧把他救上来，问道："你的身体如何?"那个僧徒回答："只是腰略有些疼痛麻木，别处无妨。"众僧都很惊奇。

一日，格根问道："我的徒弟海都布呼毕勒罕在哪里?"答曰："正在野外念经。"格根说："让他来库伦住。"僧徒禀告："他不肯来。"格根又命寺里的僧徒们给他带上手铐脚镣带来。于是，僧徒们用手铐脚镣将海都布带往库伦。数日后，格根对身边的侍从说："听说围墙北门的锁被打开了，今夜不要睡觉。"于是僧人们夜间坐等。至夜半，突然从东北方向刮起了旋风，向西席卷而过。格根急忙出去，过了很久，才返回府中。第二日，侍从僧徒问："昨夜为何出去?"格根说："海都布呼毕勒罕还在吗?"答曰："海都布呼毕勒罕已经圆寂，手铐和脚镣都原样脱落了。"格根说："那手铐脚镣脱落并不寻常。他原不想回到这个世界，欲往兜率天①居住，由于我的请求，他才来到这里。他来这里会给我的法会带来一个十分得力的喇嘛，那就是贡布诺门汗章楚布道尔吉。"

一日，用绳子将一僧徒缚于生儿马尾上，儿马拖着僧徒又踢又跑。数日后，格根说："不知道拖在儿马尾后的那个僧徒怎么样了？去寻找他吧。"就带领几名僧徒顺河往下游寻找。只见那匹儿马正在悠闲地吃草，而那个被缚在马尾上的僧徒安然无恙。众人问："你受伤了吗?"答曰："没有伤痛，觉得还好。"格根说："经过这次磨难，你会长寿的。"

库伦的一个僧人托钵远游，行至土尔扈特部领地。此地一富人之妻怀孕难产，当地的几名僧人备好祭器，正要念诵古里穆词②，托钵僧到。主人虔诚地祈求说："啊呀，从佛住的圣地远游而来的高僧啊，请为我的妻子解除痛苦吧。"于是，把先前的僧人辞退，请托钵僧来做古里穆。而这个托钵僧并不懂得法术，也不知古里穆之仪轨，便唪诵了自己懂得的一二个佛经，又虔诚地向博格多格根祈祷说："请发慈悲吧，赐给我这个在外乡游历的人一些办法吧!"那祭器中的祭物自己转动起来，在托钵僧的耳边斟了一盅奶。托钵僧继续念，听到一个声音说："放在那妇人的头顶上。"托钵僧照此话去做，那妇人果然顺利地生下孩子。富人十分信服，奉献给托钵僧许多牲畜和布施。

此地又一富人为翁古特所害，得了重病。听说托钵僧的事后，便去

---

① 兜率天：蒙古文 kangdang，来自藏文 dgah-lda。（参见《藏汉大辞典》，437页。）

② 古里穆：法事。（参见 P391 注释①。）

请他来作法。托钵僧仍像前次一样做了祈祷，说："我该不该去，请指教。"传来声音答曰："去吧，那人家的上首有个翁古特守护神，把它扔掉。晚上睡觉时多铺上几层褥垫，夜里如果手中抓到什么东西的话，就把它紧紧抓住，放在垫子底下。"托钵僧照此话去做了。第二日清晨，一个博被众人抬着送来，那博喊道："救救我吧，喇嘛，我要死了。"托钵僧说："你要收敛黑心才行。"博发誓不再以翁古特害人，并奉献礼物做祈祷。托钵僧把褥垫下的东西取出来一看，是那个富人的像，将其四肢舒展，那个人的病就痊愈了，遂献给托钵僧大量的礼品。

托钵僧又像先前那样祈祷说："我是应该回去呢？还是住在这里呢？"耳旁响道："应该回去了。"于是，他带着获得的财物与牲畜返回到库伦。

守门人向格根禀报说："一个带着许多牲畜的托钵僧来了。"格根说："请他进来。"见面时，格根说："今后不要为了贪图财物而到远方游历，你在外乡为难之时做祈祷，是我从世上之主处骑鹿赶去相助的，不是这样吗？"又说："今后，你要兼学显宗和密宗经典①，要为自己立个行为准则，还要多诵白度母经，多读扎勒布桑布。"

一日，格根对府中做事的人说："今晚在各自的住处坐好，不论有什么声响都不要起身出去。"又将绥本独自安置在中堂睡觉，嘱咐道："不管是什么来了，都不要出去。"睡至半夜，听到有动静，似乎来了很多人，步入内府，继而走进中堂，在绥本的脚上放了一个很重的东西。此时绥本抬起身来，看到脚上有一双虎皮靴子。又过了许久，那些人才离开。第二日早晨，绥本拜见格根，见格根身边放着十筒银子，问："这是做什么用的银两？"格根说："这是佛送来的，用以传播佛教的银子。"

---

① 蒙古文jüd，来自藏文 rgrud，意为本续、续部，即密宗经典。（参见《藏汉大辞典》，573 页。）

有一段时间，库伦的僧众染上了天花，不少人病死了。温都尔格根非常生气，命众人带上武器，对他们说："如果看到一个骑疯骆驼的人，就把他射死。"格根在山上看到了此人，就亲自将他驱赶。又在寺与库伦之间立下诺言："今后，这里是你们的福地，我们止步。"口头确定以后，又立敖包作标记。这个标记保留至今。二世格根之舍利安置在丹巴达尔吉牙寺的塔中以后，那个地方再也没有流行过天花。三世和四世的舍利也安放在丹巴达尔吉牙寺，这是后来的事。

一日，二世格根在府围墙内散步，忽然天空响起雷声。"红面狱主你干什么呢?"格根说道。于是，雷声便向西面帐顶落去。格根叹道："幸亏红面狱主在附近。"后来，土默特部求雨时，双倍供奉西帐的红面狱主就是这个原因。

在一次库伦诵经法会上，施经膳时，一个名叫塔海的穷人对格根说："经膳的数量给足了吗?"格根答曰："给足了。""真的给足了吗?"那人再次问道。格根生气地说："不够！不够!"格根身旁的侍从说："如此多事的人，应该教训教训他。"格根说："且慢，此人不是凡人，他不是阎魔护法神①吗？司灶都是要入地狱的，不要把他们送到地狱里。"

又一大涌经法会上，少了一个击鼓的人，使塔海去击鼓。格根说："今天鼓击得很好，是谁击的?"侍从将塔海击鼓之事禀报之后，格根说："还未给他份金。"于是给了他份金。至今犹有塔海之份金一说，源于此。

格根在大年初一之际献法，唤来观相师萨拉乌巴什，说："请看看

---

① 阎魔护法神：蒙古文čoijil，藏文 dam-cam chos-rgyal 的简称，阎罗王、阎魔护法神之意。(参见《藏汉大辞典》，1245 页。)

在这新年大礼之际吉祥天女①会不会来。”观相师说：“格根有这样的敕令，吉祥天女会来的。”于是，看到龙的四爪放光，乌云翻滚。观相师说：“鄙人能力浅薄，未见到佛，仅如此也。”格根说：“点起晨香，吹起笛号，佛与天上的僧客会来的。”就令萨拉乌巴什坐到外面围墙的顶端观看。只见天上显现出道道彩虹，佛、菩萨、东方天王及大小神仙如聚大雄法会一般纷纷前来。格根借着观相师之眼，达到了他祭请佛、菩萨、天王诸神的愿望，使得众人皆信服。

一年，遇旱灾，禀告二世格根，格根晓谕达尔罕亲王救灾。达尔罕亲王说：“我知道什么呢？”格根说：“你只要多祈祷‘固执的白云请说话’，就行了。”达尔罕亲王照此去做了，果然降下甘霖，解除了旱情。但是，雨却下个不停，又成了涝灾。奏报格根说：“雨太多了。”格根仍叫达尔罕亲王救灾。亲王说：“我怎么能救呢？”格根说：“你只要多念诵‘柔和的白云请说话’，即可。”亲王照此去做，果然天空晴朗，百姓们得福。

其父达尔罕亲王染疾，格根祈祷道：“愿父王早日痊愈。”亲王说：“不可痊愈，我往香拔拉的时辰已到。”格根又重复祈祷，其父王说：“以前在仙洞时，我不是有言在先吗？既然有言在先，再祈求也没有用处。”后来，达尔罕亲王便亡故去香拔拉了。那时，众人议论：“我们的诺颜不知可否痊愈？”那个观相师萨拉乌巴什说：“咳，我们的诺颜是留不住了。几天前，诺颜府外来了个带有垂穗坐垫的白象，诺颜已骑着白象到持乐世界去了。”

此时，一托钵僧来祭祀金刚度母，二世格根心想：“这僧人的眼睛像鸟一样，下眼皮往上翻，为佛也。”格根认出此人为（第六世）达赖喇嘛仓央嘉措，请他入内，献上哈达。格根说：“请留在这里吧。”达

① 吉祥天女：蒙古文 lhamo，意为佛母、天母、天女、女神，这里指吉祥天女。（参见《藏汉大辞典》，3086 页。）

赖喇嘛说："不行，必须返回。"后来，二人打算共同叩拜度母，命祭祀的人后退让开。但是祭祀者没有遵从旨意，仍往前拥挤观看。于是格根下令不再赐给祭祀者们祭祀用水，由祭祀的人自己往召高格取水祭祀。自此，朝拜的人需自己到召高格取水祭祀的规矩沿袭至今。格根再次请达赖喇嘛留下，达赖喇嘛说："我以托钵僧之貌悄然到此游历，不可久留。"随即启程返回。

一日，在西帐中集会布施，二世格根召见众领诵喇嘛，待唱诵之后，每人赏一篮茶，而赏给坐在最后的那个领诵喇嘛一杯茶。这领诵喇嘛心中不悦，想道："我领诵的本领不比别人差，为什么没有赏赐给我一篮茶呢?"格根已经察觉到，说："乌木驾特①，你是否嫌少?"又赐给他一袋果子。

又一次在西帐的布施会上，格根说："河边的老树依靠着幼树，可活一百二十岁。"以此来比喻他将长寿，活到一百二十岁。众人听说格根长寿都很高兴，互相叙说着。唯有曾做商卓特巴的朋楚克格隆不大愉快，他神情忧郁地坐在那里。其他僧人问商卓特巴："你为什么不作声?"商卓特巴说："我们的瓦齐尔达喇博格多格根喇嘛所讲的意思是即将圆寂，意为一世格根的年龄加上二世格根的年龄为一百二十岁。"于是，众人商议献吉祥曼荼罗。正值此时，格根病重，众人献吉祥曼荼罗祈求长寿，格根说："不行了，二十岁的年限过了，还能有几年呢?"格根的病愈来愈重，终于在十二月二十七日圆寂。

第三世哲布尊丹巴坐床时，以前曾赐一篮茶的领诵喇嘛都未曾见到，而仅受一杯茶与果品的领诵喇嘛成了第三世格根的大领诵喇嘛，在初次的曼荼罗法会上主持领诵。

第三世哲布尊丹巴呼图克图伊什丹巴尼玛转世之前，达赖喇嘛格桑

① 乌木驾特：蒙古文 umjad，即领诵喇嘛。

嘉措[1]召见了尼登贡布地方的诺颜丹津衮布，示意他娶包隆察嘎布隆之女为妻，丹津衮布从之。婚后，拜见了达赖喇嘛，达赖喇嘛赐其妻袈裟。返回途中见一猴子在空中行走，其妻诺尔吉札木素途中得到一个右旋白法螺[2]。丹津衮布携妻返回之日，先与众人往所住的后山上烧香。当时，空中显现出五色彩虹，丹津衮布得一前所未有的花朵，拿着花正要回转，只见其府屋顶上出现白色光圈，众人见此奇景皆惊异。丹津衮布将花朵赠其妻诺尔吉札木素。几天后的一夜，丹津衮布梦中见一手持方丈的白须老者，送给他许多金花、金果和金叶。第二日醒来后，欣欣然有喜色。哈敦夜里同样多吉梦，梦见室中长起了如意宝树，与一青脸美貌天人相遇，抓住了天上飞转而来的金轮，水中长出各种美丽的珊瑚，还梦见哈敦独自坐在室内厚厚的垫子上，看见上面的大镜子里有一相貌堂堂的喇嘛来端坐，等等。

乾隆二十三戊寅年十月一日黎明，第三世哲布尊丹巴降生于世，降生时吉兆尽现。三世格根五月时虽不能言，然有如嗪经之风，不喜坐小垫，常坐高蒲，含笑作降福于人民之势。当地人都说："此子非凡人，为大德喇嘛之转世。"又逾数月，依例做绿色衣服给他穿，令人奇怪的是，这从来不会说话的幼童，突然叫道："我不穿俗人之服饰。"众人皆惊异，给他穿上黄色的喇嘛服饰。

高宗皇帝及喀尔喀的众诺颜询问："第三世哲布尊丹巴呼图克图在哪里转世?"西藏的高僧和法主答道："转生于尼登贡布，丹津衮布之子。"高宗皇帝十分称赞。坐床时，高宗皇帝命喀尔喀扎萨克图汗巴尔达礼及土谢图汗巴吐鲁、贝勒车伯丹前往相迎。当地的老少及天地之主都依依难舍，悲伤相送。巴吐鲁贝勒将三世格根抱在自己的坐骑上，三

---

① 格桑嘉措：第七世达赖喇嘛（1708—1757）。

② 右旋白法螺：蒙古文 dunggaryaičila，来自藏文 dung-dkar gyas-khyil，八吉祥物之一。

世格根向西藏方向抛撒谷物，祈祷保佑。

途经青海，喀尔喀的贝勒献曼荼罗，请诵叭都布经，绥本们不能背诵，随行的门卫夏吉额尔克说道："这些相迎的喇嘛不知在想什么呢。"犹豫之际，三世格根微笑着以悦耳的声音给他们背诵了叭都布经，使众人大惊。

途经热河，一日，曾为此地之长的刘姓官员询问道："呼图克图可曾见过老虎，畏惧吗?"格根答曰："我见过老虎，不曾害怕。"又问："您在何地见过老虎?"格根忽作悲伤的样子回答说："以前曾见过曾森达尔玛领着老虎。"

之后，有人禀告说："觐见圣上之前必须削发。"三世格根："我不削。""见圣上不可不削发。"三世格根又说："我不削发，蓬散着头发去见圣上，也可使圣上欢心。"三世格根晋谒皇帝，皇帝每问，格根皆以流畅的蒙古语回答，圣上欣喜而赏赐了他。皇帝又命章嘉呼图克图为三世授戒。章嘉呼图克图为其授戒，赐名伊什丹巴尼玛，并讲授阎曼德迦王等经法。

乾隆二十九年即水羊年行坐床大典，喀尔喀上下全体欢庆。

坐床之后的一天，格根张开手，只见上面有寺庙和塔，跟随的人众都看得清清楚楚。格根把手收起来，寺庙和塔就不见了，身旁的诺门汗喇嘛等众僧议论纷纷前去禀告，上师说："这是算什么事，大家把它当作白日的梦幻好了。"上师的话也很奇怪。

师父试三世格根经法，问道："益西吼巴道尔吉撒喇①为何意?"格根无语。师父又问："六字真言可知否?"格根笑着答道："六字真言为唵嘛呢叭咪吽也②。"师父接着问："吉格勒腾布吉卜拉特③者为何?"

---

① 原文转写 yisi hruba ridorǰi sarara。

② 原文转写 mani besi uasi siru mum arbaǰana。

③ 原文转写 gǰigrten bü gǰibrud。

格根沉思……师父又问："佛与菩萨何时解救佛界众生?"思而答曰："三界之中第一忌杀生。"

格根命库伦的僧人常诵《兜率百篇颂》和《无缘大悲赞》[①]，此外祝福寺外僧俗，教他们孝敬父母，不要蔑视谩骂父母，否则会遭报应。

三世格根朝拜达格巴达利瓦寺时，从古苏木诺尔布起至迪德斯达[②]共作了五首经诗。

那时，住库伦的宋姓官员犯了大罪，返京前拜见了格根，请求格根为他解除现在及未来的痛苦。格根说："不必害怕，你还会穿着红袍子回来的。"又问："我回京城后的安危如何?"答曰："罪官，你会平安无事的。"这官员回到京城后到刑法司听候，将实情奏报皇上。经传奏，圣旨颁下，赦免其罪，从轻发落，命他住库伦寺北，自食其力。罪官没有回家乡，其子来接，带了一件红色粗呢大氅给他。他穿着红大氅，路经库伦时拜见了格根，奉献礼品，虔诚祈祷。罪官说："我这样地信奉您，您又如此地慈悲于我，是何缘故?"格根回答说："你的祖先是一条龙变化来的，因而，你的左右两侧肋骨有两块黑痣。"罪官脱下衣服，果然如格根所言。官员作为罪人，穿着红色大氅返回以及其祖先之事，都为格根所预言，确实不凡。

寺中大雄宝殿有领诵喇嘛朝克图陶尼莫尔样样都好，只是盛茶时总用铜盆来盛。有人把这事禀报给格根，格根说："看他颈椎上是否有马鬃似的头发。"一看，果然有。领诵喇嘛说："我从前确实是一匹坐骑，至今禀性难移。"格根赐其茶说："以后须按人的用量盛茶。"领诵喇嘛遵嘱，按人的用量盛茶。

其师父诺门汗喇嘛为自己供奉的阎曼德迦大佛像开光祝福，说："喇嘛，您比我祝福的佛要小。"格根回答说："佛的身体与天同高，我

① 蒙古文 dmibčama，来自藏文 dmigs-brtshe-ma，为《无缘大悲赞》。

② 原文转写：从 gusumnorbu qayadunǰilen 至 dindasida gpilban bgrasigua。

怎能相比呢?”

一个贫穷的人祈求赐给他富裕，格根命给他念诵《吉祥天女经》，身旁的绥本说：“那个人不是求治病而是求致富之道，是否要诵《吉祥天女经》?”格根说：“难道《吉祥天女经》中的班丹拉姆的宝盘不致富吗?”

从前，围墙里盛开着形形色色的花，人们注意到这花都是向西开放，问格根是什么道理，格根说：“这些花以前都生长在西方，所以朝着西方开放。”

一日，三世格根前往叩拜金刚度母佛，将香灰顶在头顶上祈祷道：“我很健康，像我这样的格根喇嘛有吗?”随后，格根又低声祈祷道：“我的愿望是活到耄耋之年，如今不再企望了。”随即染疾。众人再三祈祷长寿，但是没有显应，病不见好转。数日之后，这里聚集了近万名等候朝拜的人，格根闻讯，说：“我如何受得朝拜。”

忽一日，三世格根的病情好转，就开始接见朝拜者。不久，病情又转恶化，格根说：“现在该做长寿祈祷了。原想为圣上之万福与佛教众生之解脱而诵经百年，未曾料到突然染疾，不能实现夙愿。愿因前世之缘而传布的教法与僧徒更加慈悲，日益光大。我就要回去了，还需去觐见皇上，祈请俸禄。”祈祷完毕，三世格根哲布尊丹巴圆寂。这时高宗皇帝梦中见三世哲布尊丹巴呼图克图骑着长鬃红马前来奏道：“我患重病，不能久留，请将所需之俸禄送来。”说完，便向西方去了。

第二日，高宗皇帝命向三世哲布尊丹巴呼图克图问候，并献哈达，圣旨刚刚颁下，就有人报来三世格根圆寂的消息。皇上极为悲痛，说：“如此幼小的年纪便已入寂，实为痛惜。”遂命第四世呼毕勒罕转世于卫藏地区。

先前格根在热河被皇上召见时，皇上曾让人为格根画像。现在，高宗皇帝命人将这画像赐给库伦的僧众，说：“这是我为了瞻仰格根而叫人画下的，现在赐与你们。”就在三世格根入寂的那一天，阿拉善的扎勒萨赖格根突然贡献祭品膜拜道："喀尔喀之哲布尊丹巴已回西藏了。"

尔后，第四世格根于乾隆四十一年称作丑颜年的火猴年[1]，降生于卫藏地区。

第五世博格多格根于嘉庆二十年称作华年的木猪年五月九日转生于卫地，二十五年坐床。

第六世格根于道光二十二年坐床。

第七世格根于道光二十九年称作文温的土鸡年如同太阳一样降临，于咸丰五年称作罗刹的木兔年九月五日坐床。

供八仙珍品于宝案之上，祝愿喀尔喀昌盛，祝愿向佛祈求的心愿皆能实现，祝愿消除一切罪孽众生安宁幸福。愿博格多格根的福音万年永存，愿博格多皇帝之天下永远太平，愿佛赐福于众生。

达赖喇嘛索南嘉措格根降生于早先的称作致美的水兔年，四十四岁那年得以拜见。其后，大约于第十个丁卯周中的称作不尽的火狗年，建额尔德尼召，成就三世佛，佛教初入喀尔喀。于此后的五十年，第十一个丁卯周中的称作华年的木猪年，第一世哲布尊丹巴呼图克图降生。其后十年，于称作救日的木猴年，清顺治皇帝登基，掌皇权十八年。康熙皇帝从称作致善的水虎年起继位，在位六十一年。雍正皇帝于第十二个丁卯周年中的称作致美的水兔年继位，在位十二年。乾隆皇帝于称作炎火的火龙年[2]起继位，在位六十一年。[3] 嘉庆皇帝于第十三个丁卯周中的称作炎火的火龙年继位，在位二十五年。道光帝于第十四个丁卯周的称作超群的金蛇年起继位，在位三十年。咸丰皇帝于称作致违的金猪年继位，至今称作义成的土羊年已经九年。自始迄今，满清皇帝居帝位掌皇权共二百十六年。

---

① 原文为称作致醉的木羊年，有误，乾隆四十一年是丙申年，即火猴年。

② 原文为称作罗刹的木兔年，有误，乾隆元年是丙辰年，即火龙年。

③ 有误，乾隆在位六十年。

博格多哲布尊丹巴格根从最初转世于喀尔喀土谢图汗衮布多尔吉之子起，成为喀尔喀众生之主已二百二十五年，额尔德尼召受喀尔喀供奉已二百七十六年。

此博格多格根召是众生信仰寄托的圣地，是十方三世善住佛行善显性的地方。愿佛教之主救度博格多瓦齐尔达喇格根喇嘛之福音万年永存，愿文殊师利博格多皇帝之黄金天下万岁康熙，愿一切众生安乐幸福世世不与救主喇嘛分离。清净的经泉欢乐而至，于迷茫之世中信随上师，成为高贵勇猛皇帝之挚友。

善施舍

得财运

福智信

吉祥圆满。

注：该文某些地方用到时轮历胜生周纪年法。该文胜生周的蒙古文名称多是来自藏语，现将出现的几个名称对照列表如下：

本书蒙古文	藏文名称	汉译名	行属	甲子	胜生周序
kiling	Khro – bo	忿怒明王	木牛	乙丑	59
	gal – ba	违越	土牛	己丑	23
moyiǰid	myos – byed	致醉	木羊	乙未	29
siva	zi – ba	温文	土鸡	己酉	43
marsir	dmar – ser – can	金黄	火蛇	丁巳	51
	gdon – nan	丑颜	火猴	丙申	30
nočod	na – chod – ldan	华年	木猪	乙亥	9
slingbu	srin – bu	罗刹	木兔	乙卯	49
coyiǰid	mjes – byed	致美	水兔	癸卯	37
misid	mi – zad	不尽	火狗	丙戌	20

续表

本书蒙古文	藏文名称	汉译名	行属	甲子	胜生周序
nidü	ni – sgrol – byed	救日	木猴	甲申	18
gejid	dge – byed	致善	水虎	壬寅	36
mei	me	炎火	火龙	丙辰	50
čumčoɣ	khyu – mchog	超群	金蛇	辛巳	15
ɣaljid	gal – byed	致违	金猪	辛亥	45
dondub	don – grub	义成	土羊	己未	53

本表参阅埃·弗丁·卡尔 – 海因兹汇编《六十年周期索引表》（载《中亚研究》第16期）及黄明信，陈久金著《藏历的原理与实践》（1987年北京民族出版社）。

该文被收录于《清代蒙古高僧传译辑》，中国社会科学院中国边疆史地研究中心，1988年5月。

冬天的怀抱

巴图孟和著　申晓亭译

一

八〇年的初冬，雪刚盖过马蹄。这天，哈拉图承包的白骆驼群格外热闹。往常，每年都抓骆驼，先给干部抓，再给放牧的人抓。待队上将骑用的骟驼抓过之后，牧民们将驼倌重重围住，“给我一个怀胎的母驼!”“我要一个三岁的!”“给我一个生个子小驼!”争抓肉用骆驼。

可是今天，没有人去骚扰驼倌。一些人用眼睛篦看驼群，辨认着这是头驼，那是产羔的母驼，而另一些年轻人则无拘无束地挥舞着套马杆在驼群中追逐。被人冷落的哈拉图驼倌——一个鬓发斑白、油黑脸膛、粗壮结实的老汉避开众人，背靠围墙坐着，胯中间系着一个酒瓶子，眼睛环顾着喧嚣的人们，时而用那短粗的手去揉搓一下。

这个粗壮的老汉名叫东日布，在附近以“色登哈拉——犟种”而出名。早先，他放牧自己的和别人的合起来不够二十峰的母驼群走到外旗，正遇上抓骆驼。口吐白沫的骆驼四处逃散，一峰超凡脱俗极其漂亮的白色公驼站在边沿上，胸膛一起一伏地搧动着，东日布一见就着魔般地迷上了。他找到骆驼的主人，央求把这峰公驼换给他，让他来驯服，主人拒绝了他。夕阳西下，他仍然鼓噪着嘴唇喋喋不休，骆驼的主人不耐烦了：

“他妈的！你若能不用笼头缰绳骣骑，有经得起它尥蹶子的屁股，你就拿！哼！给你点颜色看看！”主人很自负。

“好！不但骣骑，而且还脸朝后。”东日布毫不示弱。

“如果这样，让你骑三年，不许出汗。找揍的无赖！”主人心头火起。

“揍？想得美！不管你这峰公驼怎样折腾，嘛嘛[1]我能装袋烟抽。”

“果真如此，这峰公驼白送给你。信口开河的家伙！”主人恼怒地抛下赌注。

于是，东日布满不在乎神气活现地把该做的做了，该让主人看的让主人看了，然后牵走了白色公驼。骆驼的主人恼羞成怒：

“不知死活的察哈尔犟种！”骂骂咧咧地愤然而去。

虽然落了个外号，但东日布毕竟得到了可心漂亮的查干孛勒[2]，将哈拉图的骆驼换了个种。哈拉图的白骆驼是远近闻名的，繁殖好，毛好，其质量够得上出口水平。人们都说“哈拉图的人托外乡的福发了财”。

色登东日布从队上拿了一把钱揣在怀里，再访查干孛勒的主人。

“噢？是吗？我可怜的公驼成了你们的施主了。钱？我不要！那是你用本事换来的。若要给钱，我就把孛勒牵回来了。我别的东西不求，只求等到一千峰白骆驼后，你们开个盛会，到那时候只要我身体还能动，我一定亲自骑马去，给老孛勒带上银的鼻勒、镶嵌珊瑚的缰绳，把它当作祭祀的神物供起来。”主人许下了心愿。

两颗淳朴的心相碰，过去的怨恨早已置之九霄云外。色登东日布怀着百感交集的心情告辞了老人。从那以后，色登东日布的眼睛总是盯着

① 嘛嘛，对喇嘛的尊称。

② 查干孛勒，白色种公驼。

银鼻勒和珊瑚缰绳，一心想拢住白骆驼不撒手。可现在，心爱的白骆驼被四零八落地分掉了，自己的心愿也变成了梦想……

色登东日布用手抹去苦涩的泪水，举起瓶子“咕”地咽了一口，猛然看见东乌苏①的“罗根呼”站在身后。

“没有去听听吗？东日布老哥，听说要给你两峰交错的母驼，白毛蓬松的小母驼和高大尖顶的小公驼呢。”“罗根呼”小声嘟囔着。

色登东日布慢慢地转过头去，扫了一眼那长着稀稀拉拉的黄胡子、被欲望所激动的脸：“哪个我都不要！谁像你们，就像看到血尸的乌鸦似的呱呱叫！”他半理不理地说。

“是吗？”“罗根呼”想了想。

“那样的话，刚才指给你的那几个，我要了？”他小心地试探着。

“等集体富裕之后再要也不迟！肚子能够装得下，你还想把整个畜群都吞下去呢！”色登东日布十分厌恶，暴躁地说。

平时，“罗根呼”的嘴是很厉害的，可今天，怕人把到手的东西抢了去，不再作声，一摇一晃地钻进人群中。

是啊！看到有好处，眼睛都红了不是！二十年来像照顾孩子一样牧养大的这些白骆驼，难道要了结在这些人的手中不成？

几天前，大队把他叫去，透露了要分骆驼的意思。

“一定要分吗？从前哈拉图连一根白骆驼毛也没有，现在，几百峰白骆驼走进碱泡子只见白茫茫一片啊！这是谁的功劳？你们现在把它当作负担啦？我没有什么关系，可以让开。可要想分骆驼，那不行！”色登东日布说。

“东日布老伯，不是我们有什么坏心眼，现在的政策是要打破大锅饭，我们留着锅渣锅底怎么行呢？”大队干部说，并说骆驼承包以后，一些事由他管理。

① 乌苏，以水划分的生产单位，大致相当于“浩特”。

唉，什么时候曾顶得过大队或公社的干部呢！色登东日布自量地闭了嘴。牲畜成了人家的，你还能不让使用吗？能不让买卖吗？我这糟老头儿没本事，骑上栗毛豁嘴骟驼，将老孛勒送到他主人那里去，就说：“不用说一千峰白骆驼，就是一千根白骆驼毛也没有了。”只好低头认罪啰……

色登东日布想着，把装酒的瓶子举了起来，看见队长带着一个陌生人向这边走来，色登东日布急忙把瓶盖盖上，掖进腰里，顺手用衣襟掩好，捻着胡子注视着。

“这是我们队的驼倌东日布老伯，这位是苏尼特的驼倌格木帕尔同志。”队长给二人介绍着，并以商量的口气说：

“格木帕尔同志这次来是想讨两峰公驼，可以给吧？东日布老伯……”

色登东日布倏地站了起来，瞪着眼，喘着粗气：

“讨厌！哈拉图有个犟种还不够，苏尼特还要出个犟种吗？”

那个驼倌愣了一下，伸出手表示友好，色登东日布轻轻拉了一下，然后从衣襟下将那个滚动的瓶子拿出来递给他。

“这算什么话呢？我们从别人那里求来了孛勒，现在人家有求于我们，我们能够为难人家吗？应该讲良心呀，东日布老伯！”队长提高嗓门说。

“你讲良心你给好了，问我做什么！就查干孛勒那性子，送人还不是害人！”色登东日布甩袖走出了畜圈。

色登东日布这话并不是吓唬人，查干孛勒的性子确实暴虐。大概它认为自己漂亮的白色是世界上独一无二的，眼前见不得白色的东西。不论是村野上妇女头顶上的白头巾，还是身穿白色袍子的过路人……带着脚绊它就追赶过去，使人丢魂丧胆。自从有了查干孛勒，哈拉图的人若穿白色衣服，不管好坏，外边都罩上一件外衣。抓骆驼的日子，人们格外警惕，只要查干孛勒一放开，人们的心就缩紧了。“发情的孛勒红眼睛”，查干孛勒发情时，身上系着彩带，额上带着碗大的镜子，白沫飞溅地追赶母驼。这时它的眼里除了主人别的什么也不认。因此，查干孛勒对这附近是个威胁，经常给人畜带来伤害。有一次走运输，查干孛勒擅离岗位跑掉了，本应该向东走，却不得不向西追赶，结果耽误了一天的路程。谁都知道色登东日布和查干孛勒的事，大家骂色登东日布还不解气，从队长起把哈拉图的每一个人都咒遍了。但是，查干孛勒到底是草原上一个稀罕物，虽然性子不好，可哈拉图的人谁也没有嫌弃它。别人刚一张嘴“你们的查干孛勒……”色登东日布就没头没脑地给堵了回去：“性子烈点，可也是孛勒。这不是那不是，孛勒还是孛勒嘛!”经常有人来讨种驼，“算了吧，我名字前的‘罩种’二字还没能去掉，还想出一个‘罩种’吗?”就这样，小查干孛勒一个也没有外流。

话说回来，查干孛勒性子烈，并不是所有的小查干孛勒性子都烈。色登东日布在这上是动了脑筋的，温顺老实的都给藏到了骟驼群中，从来不让它跟在老查干孛勒后面。事事用查干孛勒吓唬人，这是色登东日布的一个策略。他想，查干孛勒是我东日布玩命换来的，自己将来有了一千峰白骆驼，也好偿还它主人的心愿，在这之前可不能随便施舍出去。再说，到处都有了白骆驼，那哈拉图的白骆驼还有什么呢?“物以稀为贵”嘛！这种舍物削名的蠢事我可不干。“罩种”这个名字虽然不那么好听，可远近就此一个呀!

苏尼特的驼倌闷闷不乐地骑马走了。

“这才算养白骆驼的哈拉图人!”色登东日布赞许着队长，又返回了圈栏。

一人多高用砖砌成的圈栏已经空荡了，剩下的十几峰母驼、小公驼，查干孛勒好像在奇怪这世间之事，围着圈栏徘徊。

“查干孛勒还是掌握在你东日布老伯的手上啊!”队长这话使色登东日布像吞了腐肉一样恶心：

“什么意思？收查干孛勒还不是你的权力!”他咆哮着，赶着那几峰骆驼走了。

天色暗下来，脸也模糊了。

二

数九了，天气愈来愈冷。查干孛勒磨锉着牙齿，不耐烦地绕着木桩转。左右浩特、前后乌苏的人三天两头地找浪人东日布询问给未怀胎母驼放孛勒的日子。

“那谁知道，你们自己的牲畜，问我做什么？现在可是个人顾个人啊！”色登东日布冷冷地没有好颜色。

他并不是放骆驼灰了心，而是想着怎样才能把这些散出去的小骆驼再收拢回来。这种强烈的欲望使他不择手段，他让骆驼的主人苦苦哀求，等到什么时候说“行”，不再说“不”，他才肯放孛勒。“否则的话你就是汗流浃背像驾辕的牛一样求我也白搭！”

三九的第一天，队上有话要赶快放孛勒，色登东日布得到信儿后正好遇上“罗根呼”，便和颜悦色地对他说：

“明天在大沙丘集中母驼，你腿快，告诉大家要早点来，来晚了孛勒就走了。”“罗根呼”听后十分高兴。

第二天，各家赶着数量不等的母驼来到大沙丘。

冰河上寒光耀目，原野上莽莽苍苍。等了一天也未见孛勒的影子，原来色登东日布骑着查干孛勒到七十里外走亲戚去了。被愚弄、被欺骗的哈拉图人将怨恨一股脑儿地抛在了“罗根呼”头上：

“‘罗根呼’，想来你没带着耳朵吧？”

“罗根呼”的名字叫拉西尼玛，刚够五十岁，人长得整齐，讲究穿戴，而且能言善辩，如果竞赛口才的话，他定能拿冠军，所以外号叫“铁嘴”。他的老婆叫罗尔吉特，是个不亚于男人的身材魁梧的泼辣女人。她的嘴虽然敌不过她男人，但她能够骑在男人的身上巴掌雨点似的往下落。一次，正好被一个过路人遇见，过路人劝道：

“嗨！悠着点儿劲，老哥！把儿子打坏了，还是你的事。”

正在老婆衣襟下挣扎的拉西尼玛不顾脸面地叫喊道：

“哎哟！求求你了，妈妈！”从那以后，外号就换作“罗根呼（罗的儿子）”了。

“罗根呼”本想为大家做点好事，上上下下忙了半天，结果落了一身埋怨，心中十分气愤。“罗根呼”与色登东日布同牧一坡草，同饮一河水，之间虽然没有什么仇怨，但脾气一直不合。去年冬天，色登东日布派“罗根呼”出一峰怀胎的母驼走公差。刚过正月，就紧催着来牵骆驼。集体的牲畜不给不行啊，“罗根呼”只好低声下气地恳求道：

“马上就要产羔了，干这干那的不太方便，还是等过几天，接了驼羔再给吧。”

“就你这个脑袋，自己连个崽都没有，还知道骆驼什么时候产羔吗？”色登东日布挺着脖梗说。

“要不就给一峰掉了胎的母驼吧？”“罗根呼”又求。

“嘿！真是早孕的肚子一打就掉——越说越来劲了！你让空怀的母驼去，别人看了，是我的孛勒不好，还是你的不好？”

“罗根呼”虽然嘴厉害，可那时骆驼是色登东日布牧着的，只好把话咽到肚子里，过去了。可是如今，牧民成了牲畜的主人，他还像以前那样骄横，摆弄众人不是太过分了吗！首先得问问他对当前的政策是个什么态度！“罗根呼”越想越气愤：

“什么玩意儿！不愿分骆驼，找政府要威风去，干吗向我们老百姓撒气？”

“就是，我们都要冻僵了。”有人随着说。

“‘善有善报，恶有恶报。’我们这样坐着也没有用，咱们把母驼都赶到犟种家去，看他怎么办！”“罗根呼”鼓动着，别的也没有什么好办法，大家跟着行动起来。

夜幕垂披时分，哈拉图的人们将空怀母驼赶进色登东日布的棚圈，挤得满满的。领头的“罗根呼”和几个爱出风头的青年留下等候孛勒的主人。

夜深了，月亮无精打采地从云层间射下一道白光，照着沙丘，稀稀落落的星星像羞涩的小姑娘眨着眼睛。大家耐着困倦，直到半夜，色登东日布才凯旋而归似的来到桩前，跳下骆驼。看见那拴得满圈的母驼，色登东日布幸灾乐祸：“叫你们神气，到了还得向我低头不是？”他迈进门槛，不由吃了一惊。

“‘借宿人受罪，留宿人也受罪。’东日布老哥，我们等你可等苦了。”西北角“罗根呼”迫不及待地说。

“没什么关系，我像老羊一样不中用了，养大的骆驼也都分给你们了，现在从我这里能得到的只是破袍子了。”色登东日布说着，倒了一碗茶，捅了捅火炉中快要熄灭的火，推开老伴儿，敦敦实实地坐在生皮垫上。

“收获之后要播种，拿着众人的孛勒，就应该使大家能接羔。我们是来向你东日布老哥交母驼的。”

“交给我？我东日布是孛勒吗？母驼的主人——孛勒拴在桩子上，去交好了！”一场舌战开始了。

“你肯把孛勒交出来，我们就出去放母驼，东日布老哥！”

“是放，是拴，随你们的便，我东日布可不替你们跑腿！”

“罗根呼”原想三五句话把老头儿镇住，管他愿意不愿意，把母驼留下走就行了，想不到与色登东日布磨嘴皮磨得火冒三丈，连自己姓什么都忘记了。

“怎么，只有你才能放孛勒？没有你，哈拉图人就不养骆驼了吗？”

“哎，你算说着了！东日布我让筋骨松闲几年不行？交！我现在就交！你们谁是好汉站出来呀！你这个有嘴有舌的老弟要不要啊？”

“给我，我就能放！大男子汉，一回生，二回熟！”

这辈子都没有被人这样藐视过，色登东日布腾地站起来，啊喝！被老婆骑在下面的人，还能骑得了我的查干孛勒？不把你的脊梁骨摔裂，也得磕断两颗门牙，查干孛勒不到肠子断了是不会跪下来的。羊羔都不敢杀的人，还要威风，叫你尝尝孛勒的厉害！

"'识草的是牲畜，知己的才是人'，你可不要光嘴上厉害！"

"不成功，则成仁。我宁愿作个好汉死在孛勒的蹄子下，也不会像求老婆一样求你！""罗根呼"也跳了起来。

一股无名火往上涌，色登东日布"呼、呼"地喘着气，顺手从柜上抄起一个瓶子：

"到外面去！你是公是母，咱们外面见！"说着往门口移动。

"嘿！我求求你了！那个老爷疯了，你还火上浇油！"老伴儿扯着他的衣襟阻拦道。

这喊叫虽然没有分辨谁是谁非，可是使那几个观看的青年醒悟起来，他们一齐拥上去勉强从色登东日布手中夺过了瓶子。

哈拉图的两位好汉，一个解开了母驼，一个放开了孛勒，团团白色划破黑暗向大沙丘奔去。天空中，晶莹闪烁的星星列队而现，哈拉图的夜晚格外寂静，格外寒冷。

三

色登东日布"哼、哼"地不断说梦话，老伴儿使劲将他推醒，不觉出了一身冷汗，梦中他看见一个鬼魂在追赶他。他翻了个身又继续做梦。查干孛勒瞪着红眼睛，"啪，啪"地甩着尾巴，挡在路中，忽然伸长脖子，不等他喊叫猛地向他咬来。他又惊醒了。这以后直到天亮，他再没有睡着。色登东日布从来是吃得饱睡得着，不管太阳落山没落山，头沾枕头就入梦乡，一睡就是一夜，直到太阳升起。可是今天怎么啦？瞌睡叫狗吃了吗……仔细想来，这是良心对他的报复。

我是一个体面人，他在村上也算是有脸面的，都过了年轻时候，谁没有个脾气呀？咳！你这个不知好歹的。“罗根呼”是看到不合理的事实在忍不下去，才在众人面前和我撕破脸的，我怎么把他往查干孛勒的嘴里推呢？怎么也是条命啊！我这辈子是想为众生做好事的，现在怎么啦？幸亏老伴儿把手中的瓶子夺了过去……

色登东日布披上棉袍，坐起想了想，又穿上靴子走到外边。猎户三星斜挎在天边，启明星在头顶上闪烁。

原是想为家乡做点贡献才发展起这群白骆驼，但它是我的私有财产吗？即使给了我，我能够把它带进坟墓里去吗？在我之后一定会再出一个放牧人的。“罗根呼”的能力是差些，可他是个孤儿，是靠别人抚养长大的，为了兄弟，他能够掏出自己的心，挖出自己的眼睛！在这个世界上，难道强者就一定要欺压弱者吗？

色登东日布感到似乎对不起生他养他的家乡。他转身回到屋里，胡乱穿上衣服，对老伴儿叮嘱了几句，跳上豁嘴骟驼挥鞭而去。

三九的黎明滴水成冰，豁嘴骟驼抖动着被霜染白的头奔跑，色登东日布的胸膛却好似热浪翻滚。

必须尽快见到“罗根呼”，事情才可能挽回。不是要吓唬人，我把孛勒的脾气详尽无遗地告诉他，他如果说“算了吧，不成器的东西”，那就太好了，我就去圈骆驼。可如果他说“不行！我要说到做到”，那怎么办呢？那就把豁嘴骟驼和骆驼架子一齐给他，豁嘴骟驼怎么也能抵过老查干孛勒的一半！

一般的骟驼，看见查干孛勒就吓得屁滚尿流地逃跑了，只有这头豁嘴骟驼有胆量像发情的孛勒一样挺着胸迎向前去。在孛勒和骟驼两峰并肩顶蹭的空隙，色登东日布挥舞鞭子敲打孛勒的头部，驱赶前进。所以色登东日布把豁嘴骟驼当作白珍珠一样珍爱，从来也不让它受委屈。他巴望母驼再生一个像它一样的后代，可是没有。色登东日布失望极了：“唉！豁嘴骟驼没有之后，查干孛勒咱俩的活儿也就别干了！”这个秘密他对谁也没有说过，有人好奇问起，他就说“骑惯了，撒手舍不得，什么时候不行了，也就完成了它的使命了”，含含糊糊地对付过去。但是今天，他要把一切都毫无保留地倒给“罗根呼”，只有这样才能减轻他心头上的压力。

来到东乌苏，在桩子前下了骆驼，色登东日布就感到自己来晚了。正忙着往天窗上竖烟囱的罗尔吉特说：

“我的那位不知中了什么邪，一大早拖着个断套马杆，吭也不吭一声，骑上敏捷查干就走了。”好像色登东日布知道她男人到哪里去了似的，用眼睛审视着他。

色登东日布听到这话，心都停止跳动了，自己说了些什么，怎样骑上的骆驼都不知道，只是不停地用鞭子抽打骗驼，骗驼甩开四只大蹄向黄马滩急速奔驰。完了！一条命完了，就骑敏捷查干去，那是见到孛勒就爬蛋的牲畜……

想到这里，他头发都竖了起来，但是在这旷野上没有责备自己的时间，他的目标就是赶在“罗根呼”之前到达驼群，现在时间是最宝贵的！

到达黄马滩边际，纵目观望，既没有人也没有牲畜。“但愿没有什么事”，色登东日布这时才感到寒冷在吞噬他的胸膛。他慢步颠走着，被早霞映得金黄的横梁坎渐渐进入视线。以前，查干孛勒都是在横梁坎脚下带母驼过夜后才往东边移去，应该还在这附近。他欠起身来看到远处横梁坡顶上有像石头一样的东西耸立着，“看！还是我想对了。”色登东日布急催骗驼，越过了一个又一个的沙丘，别说是白骆驼，就是白兔子也没有看见一只。是不是正往这边走来？是不是正好在我的视线之外？于是他登上附近高耸的黄沙岗，用手遮住阳光，举目远眺。风吹得眼睛直发花，恍恍惚惚的，也没有看见什么东西。他往怀里摸了摸，才想起没有带望远镜。

奇怪！色登东日布想寻个究竟，加速往前走。这一望无际的茫茫沙丘，上上下下只有一条模糊的小径相贯通，而且这条小径回旋曲折得叫人头晕目眩，沿着这条小径在沙丘深处绕来绕去几天也走不完。从前有一个骑黄马的人，炎夏时节在这里迷了路，前前后后转了几天，也没有能够走出大沙丘，最后连人带马渴死在里面了。到跑青季节，牲畜都伸长脖子窥视黄马滩的牧草，这里的绿鸡、红柳、油篱都长得十分茂密，骆驼如果钻进了低洼地一年也找不到它。色登东日布常在黄马滩过夜，因为总担心有一天会渴死在里面，就在横梁坎的东侧挖了个井一样的东西。

色登东日布沿着沙坨继续搜寻。突然看见大坎上查干孛勒和一个什么东西在格斗。这是什么？他睁大眼睛，是真有吗？已经听疯孛勒“啪、啪”扇动嘴唇的声音，坡顶上查干孛勒正凶猛地向下冲击，半腰上一个像刺猬一样的小东西在左右躲闪。眼看孛勒逼近了，他就地一滚避了过去，孛勒控制不住自己的身体直冲到坡底。而那人趁机又登上坡顶，向东移去。待孛勒再次冲上来，又像先前那样避开。就这样，来回数次。色登东日布仔细分辨，原来那是“罗根呼”！

色登东日布与骆驼打了二十多年的交道，像今天这样在大沙丘发生的人与畜牲、智慧与野蛮的激烈争斗还从来没有见过。他被紧张的搏斗所吸引，目不转睛地看着。不能说“罗根呼”没本事，他的能力虽然差点，可胆子大，简直可以说是个智多星。他的智慧如果搁在我身上的话……他打心眼里佩服。

查干孛勒与“罗根呼”大约争斗了一袋烟的工夫，然后隐没在横梁坎的东侧。色登东日布突然醒悟过来：嗨！我是在看猴戏怎么的？那是一条命！是人一生中只有一次的生命呀！想到此，浑身猛地一震，高声吆喝着纵驼向梁坎东侧奔去。不敢正视的事情到底发生了。

横梁的东侧，查干孛勒挺着脖子趴着，牙齿咬得格格响，不停地向左右两边歪曲扭动。色登东日布的头“嗡”地一下像是被人击中：

“我不把你揍成肉饼你就不起来是不是？”查干孛勒不曾看见他，

没有动弹。

色登东日布抡起鞭子没头没脑地一阵敲打，已经红了眼的查干孛勒嘴里吐着白沫和反刍物，仍不起来。鞭子又像冰雹似的砸到查干孛勒的头上，一会儿，孛勒翻个身跳了起来，抖了抖淌血的脑袋，呼扇呼扇向散布在红柳丛中的母驼跑去。色登东日布紧闭着眼睛不敢往下看，只是嘴里嘟囔：

“我先把骆驼往那边赶赶，再来安葬你。”遂尾追孛勒而去。

色登东日布单调地吆喝着，拢着查干孛勒和母驼往西移动。可惜！一条命开玩笑似的结束了，哈拉图又增加了一个寡妇，以后只能伴着家乡的水熬日子了……

想着，心里一阵憋闷，真想用鞭子去敲自己的脑袋。给他沉重打击的还不是死亡对他的威胁，而是疯孛勒为什么能干出这种事来，混账东西！我这些年来如此地爱惜你，是为了让你去害人的吗？早知道这样，不如那年动物园来要骆驼，把你送去喂老虎。

五年前，北京动物园来人要骆驼，队长开玩笑说：

“喂！怎么样，现在咱们村好样的白公驼有的是，挑选一个老实的留做种驼，把老孛勒给他们吧，啊？”

“什么！没良心的家伙，现在就嫌弃它了？草原这么大，还没有查干孛勒放骨头的地方吗？”色登东日布的脸一下胀成绛紫色，发火道。

“又没说真的给，只是吓唬吓唬你，看像要你的命似的。”

“哪个男人没有脾气？男人若是没有脾气，那比女人还不如。想要没脾气，你拿绳子把我也捆起来送走好了！”

现在可好，叫你护着疯孛勒，头朝下栽跟头了吧？

其实，色登东日布并不是怕死，在争执查干孛勒那天，他心里明白，要不就完蛋在孛勒的嘴下，要不就完蛋在众人的舌头上，他都做好了死的准备。可是今天，他并没有想“罗根呼”死了，自己还要活。只是感到痛惜，因为脾气鲁莽加上嘴不好，就使两条生命这样轻而易举地丧失了，多么不值得呀！“好钢用在刀刃上，好汉死在沙场上。”我们俩算是好汉呢？还是孬种呢？好了，得赶快回到那边去。咳！被撕得粉碎，哪还会有活命呢？他把骆驼撒在那里，转身沿着刚留下的脚印往回跑。

绕过黄马滩，沿着覆有斑斑雪迹的沙梁走到大沙坡时，突然感到背后有什么声响，回头一看，该死！孽畜查干孛勒正抛开伙伴伸长脖子向这边冲来。他妈的！还想抢在主人前面赶回闯祸地点呢！那年，它撕碎了一个盲流扔在野外，每天都要跑回去一趟，一共七天，啃得露出了头盖骨。

色登东日布调头迎上前去，又是一场争斗。把你拿来的时候，放纵你，就错了。现在想管管不住你了，但也不能宠着你去杀人！孽种，你杀了人，若问起我的罪来，一定把你藏起来……他唠唠叨叨地骂着，勉强把孛勒挡了回去，一口气赶出二十多里。

太阳出来了，阳光好像知道色登东日布的困顿似的，西斜的影子有如巨大的黑色鞭子，跟在畜群后边驱赶。

四

色登东日布将孛勒和驼群一起轰出黄马滩，赶进艾菊坡。现在不能往回跑了吧？他看着骆驼散开，正准备拨转驼头，似乎背后又有骆驼叫，转身一看，黄马滩沙丘上迎面一个骑骆驼的人径直向他走来。才一条命玩完了，你又来找死！色登东日布烦躁地扯缰迎上前去。

从黄马滩那边摇摇晃晃过来的好像是敏捷查干。不对，它当时没有作声呀，它的左腿好像受伤了，驼峰中间还有个什么东西在摆动……他不相信，查干孛勒的蹄子下“罗根呼”还能活命。

那个人从骆驼脖子上滚下来，歪歪斜斜地站着。没错！确实是“罗根呼”！你真有福气，佛爷保佑你了吧？……色登东日布想扭头而去，但又想，蒙古人讲吉利，说两句吉利话再走吧。

他从骆驼上跳下来，三步并成两步往前走。他看见“罗根呼”坐在地上，把靴子也脱了，那架式好像在说：“你来啦？咱们该算算账了！”不值得可怜的家伙！找揍呀你！没死了，看你英雄的！还要和我较量一番吗？心里不由一阵厌烦，拉骆驼跪下准备离去。这时，“罗根呼”抬起头来喊道：

“喂，别走！有棉花拿点儿过来！”

棉花？那是刚和孛勒搏斗过的人呀！一定伤得不轻。色登东日布想着，一边撩起袍子撕开起毛的镶边，一边从头到脚打量着他。“罗根呼”旧蓝袍子的肩上划破了虎口大的三角口子，被油蹭得又黑又亮的皮裤膝头绽开有巴掌大，血透过羊毛向外渗着。除此之外，好像没有什么别的伤痕。

没想到仅仅这些，他仍用怀疑的目光搜寻着。“罗根呼”没有理他，从怀中掏出火柴扔给他，将染红的裤腿挽起。色登东日布将从前襟上揪下来的棉花点燃，“噗、噗”地烧着，他跪到“罗根呼”身边，“罗根呼”的髌骨上有喜鹊蛋大的皮被擦掉，血直往外涌。色登东日布小心地将带火的棉花压在他的伤口上，低声问：

“你没事吧？有内伤吗？”

“没事！孛勒再厉害也有制服它的骆驼羔子。”好像是和一匹马开了个玩笑似的嘴上没笼地吹起来。

棉花蹿着红火苗，血吱吱地凝结着。

“今天的事情都是你惹的麻烦！”色登东日布暴躁地说。

火灼着了肉，“罗根呼”急忙把腿收了回去：

“喝！你反倒发脾气！”“罗根呼”用眼睛狠狠地瞪着他。

色登东日布被顶得哑口无言，低垂着眼睛，只是抓住“罗根呼”的膝盖，半天没作声。看血差不多止住了，他慢慢地站起来，把手中的棉花扔到地上，准备上蹬。

“等会儿！你以为就没事了？没看见那边还有个比我伤得更厉害的吗？不管怎样，你得想办法。”“罗根呼”翘起稀疏的黄胡子说。

色登东日布这才看见敏捷查干的大腿被剥离了盘子大的一块皮，黑红的血顺着小腿往下淌，染红了脚下的一大块地。敏捷查干蜷缩着腿颤抖着。

“我赔你！”色登东日布将地上的棉花用脚碾碎。

“现在你赔，我若死了，你怎么赔？说啊！”“罗根呼”把裤腿放下，穿上靴子站了起来。

理亏舌头短，色登东日布无心再争辩，只是一声不吭地让敏捷查干跪下，干脆利落地压住它的膝盖，捆了起来。“罗根呼”走过来，将色登东日布前襟将近一半的棉花扯下来，划着了火柴。色登东日布将敏捷查干剥离的皮掀起，重新贴到原来的位置上，勉强挂上，把毛顺好，然后用燃着的棉花沿着边缘吱吱地燎着。燎毛的焦糊味刺鼻扑来，敏捷查干挣扎着，将反刍物喷了拉紧鼻缰的“罗根呼”一身。色登东日布燎灼完毕后，用手拍了拍大腿，“罗根呼”将头上缠的约五尺长的白头巾解下来递给了他。

活儿干完了。可是哈拉图的两位好汉并没有马上离开的意思，都想说些什么。两个人互相看着，愣了一会儿，还是“罗根呼”先开了口：

“抽支烟再走吧。”说完坐到地上，往怀里掏着。

色登东日布早就戒了烟改成喝酒了，可是话到嘴边又咽了回去。“罗根呼”拿出一支递给色登东日布，自己也点燃一支，贪婪地吸着。

“‘姑娘受苦是因为远嫁，鼻子受罪是因为外露。’我从一早出来到现在，全忘记侍候鼻子了。”他的话匣子又打开了。烟气在鼻腔中逗留着，过足了瘾。

“你不愧是条好汉。我还以为你完了呢。”色登东日布跟着说。

“可不是吗！如果没有那口井，这一百多斤早就交代了！我在你那口井里憋得喘不过气来的时候，真恨不得把那个混账畜牲的肚子戳破！”说着，把腰间带银鞘的刀子指点给他看，没头没脑地哈哈笑起来。

还行，挖了那么个东西，紧要关头还用上了。色登东日布想着，但并没有夸耀自己，只是捻着胡子听他继续说。

“好汉有声，好女有名。哈拉图能够制服查干孛勒的好汉，除了你，就是我拉西尼玛了！”他自吹自擂地说。

色登东日布不由自主地应和：

“是啊，看你在沙坡上翻滚躲闪，我眼都看呆了！”说着，抖着肩“呵呵”地笑起来。

“你现在还认为我是‘铁嘴罗根呼’吗？”

“你简直是个智多星，做阿爸我的儿子吧？”

“做有本事的好汉？”

“哈哈哈……”

“哈哈哈……”

在辽阔的草原上，哈拉图的两位好汉洗掉了心灵上的污垢，甩掉了不体面的名字，内心的喜悦映在他们的脸上，显得格外光彩照人。

拉西尼玛突然捅了一下东日布，问：

“想起来了，你怎么敢倒骑查干孛勒呢？”

东日布瞥了他一眼，咧着嘴笑了：

“问那个老掉牙的事呀，那不是胆量，是把戏！不管骆驼怎样尥蹶子，反着骑是不会掉下来的。”

“放骆驼你是老经验了，那些诀窍、本事什么的，教给我不？”

说起诀窍，那是股巧劲儿，说起放骆驼的方法，那可是技术。这些，东日布的脑子里堆成了堆。你不知道吧？春天迎着风走，秋天跟着水走，烈性子种驼用油使它平和，老实的种驼用酒使它强悍，骑怀胎的母驼不宜走碱洼，骑爱掉胎的母驼不能用细鞭，小驼羔要早抱起，老骟驼要晚打鬃……把这些一样一样地说给他吧？不行！不能传布出去！这是他从拉西尼玛那双贪婪的眼睛里得出的结论。

“不着急，慢慢地等一千峰白骆驼起来了，你就是不想听，我还求着要你听呢！”他搪塞着。

拉西尼玛腾地跳了起来：

“现在教，怕夺了你的饭碗是不是？”就像钻进他的肚子里似的，正说到他心坎上。

“你放心！拉西尼玛不是那种人，只是看你光嘴上‘千峰骆驼、千峰骆驼’的，工作上没长进，恨得牙痒痒的，给你做个伴儿，也好在旁边提醒你。”拉西尼玛直截了当地说。在哈拉图的黄沙丘上——确切地说是在这美丽的草原上，东日布好似看见白茫茫的撒满了珍珠般的白色骆驼，在它们旁边，一个胸怀坦荡的高大汉子岿然矗立着——他就是拉西玛尼。许久，许久，他说：

“你有这样的想法，我就收你做徒弟。”东日布拍着腿站了起来。

“师父！”拉西尼玛跪下喊道。

东日布窘迫得不知怎么办才好，用手搔了搔耳朵，转了个话题：

“好，好，回去吧。天气好像凉飕飕的。”

“那么，东日布老哥，明天您在家等着，我一早去找您，一块儿走。”说着，拉西尼玛解开了骆驼的缰绳。

“哎！不行！怎么能骑它呢？简直是个孩子。来，嘛嘛我带着你。”

“当儿子没关系，东日布老哥，回去可别说我被孛勒咬伤了什么的。”

“不让说？我偏要跟你老婆说！没事！哈哈哈……”

“哈哈哈……”

哈拉图的两条汉子敞开胸膛，“哈哈”地远去了，笑声温暖了冬天那凝冻的天空。

原文载于《玛格斯尔扎布　巴德巴　巴图孟和小说选》，译文刊登于 1980 年《民族文学》第 12 期。

小小说一组

力格登著　申晓亭译

一、贵　客

阳光照进窗户。

为了招待一位富态体面的贵客吃火锅，主人在炉灶前忙碌着。贵客在打哈欠，一个接着一个。

主人往火锅里添上木炭。开席了。吃呀，喝呀。客人先是喝一口酒吃三口肉。到小晌午的时候，则是动一次筷子喝两口酒。起初，主人不断地敬酒，客人才举起杯子抿上一口。客人掏出雪白的手帕仔细擦拭着他那光光的脑门，似乎不容一丝世间的尘埃。喝酒的姿势也十分庄重、雅观，先轻轻地把酒吸到嘴里，再慢慢地咽下去。开始，一杯酒要吮三次，大约到了正午时分，则是一饮而尽了。

他不擦脑门了，而是一次一次抹着沾满油的嘴唇。

傍晚，锅里的肉见少，火又烧旺了。主人催促客人再吃，客人偶尔咂上一块。宴席继而进入一个新的阶段。客人变得随和起来，他站起来，有礼貌地、主动地伸出酒杯讨酒喝。电灯被满屋子的黑烟遮掩，就好像日食时的太阳。烟气、酒气越来越浓，使人感到呼吸沉重。又是一个飞跃！客人抢过瓶子端起就喝。

好了！

太好了！

什么也不用怕了！

什么都可以如愿了！

一切问题都可以解决了。

“如果你妻子多年不育是你的问题，老兄我一定毫不吝惜帮助解决。”

……

擦汗的那块雪白的手绢被踩在地下。

二、麻　烦

噫！天似乎亮了，躺一会儿再起吧……我对别的都无所谓……就是害怕受罚，那可是件麻烦事，实在是伤脑筋……咳！人有什么义务要受这个罪……牛、羊、狗、猪多舒服……不过猫这个荒唐的动物有点不成体统，只知道躺在那里嚼别人扔给的肺头碎肉。这点，我们两个倒有点儿合得来……哟，哟，这条腿怎么啦？怎么动弹不得……这被子虽然脏，倒是个舒服的窝……他妈的，腋下、大腿根、腰、脑袋没有一处不痒痒……自己跟了一辈子羊屁股，却让我当木匠出风头……一会儿又想让我去修鞋，只差没有叫我天天淘厕所，幸亏这里没有厕所可掏，所以才不再啰嗦……这还没什么，说说而已……只是为什么一定要那样惩罚我，要让我那样担惊受怕浑身发紧呢？那个留着披肩发，带有机关枪似的转动机器的电视台记者真漂亮……把嘴唇涂得像吃了生猪肝没有擦嘴似的，在苏木的会议室中扭来扭去的那个女人，听说也是个报社记者呢……那是个好工作……唱歌也可以呀……只要不那样像哭似的嚎叫，不那样张牙舞爪，也不要在众人面前那样摆动屁股，而像红柳那样端立，时而不知不觉轻轻地晃动，再唱一支悠扬深沉的长调歌曲，该多么惬意……唉，算了吧……画画还不错，画得好了，人们把它贴到墙上，欣赏它……有人说牛肉馅饼比不上羊肉馅饼，其实是一样的……苹果和桔子的味道不一样倒是不假……汉人养猪从来不用荐骨肉待客，吝啬鬼，不祥之兆……哟，哟……我的手没有了……算了，没有也省事……若不是被人强迫的事是个最大的痛苦，当然是健全完整比残缺不全强，起码小便不用求人……人们总要那样做，纯粹是多余……我起床是要起的……惩罚确实够受的，让我难过，对你们又有什么好处呢？这些没有良心的无赖……一定要那样使我担惊受怕，浑身像挨了刺猬扎一样受折磨，难道前世有什么冤仇吗？我怎么就生得这么一副软弱的心肠呢，听到那个可怕的名字就想哭。这些坏家伙脸虽然白，可心黑得像锅底……噢，天已经大亮了。嘿！太阳都出来了……怎么出得这样早，成心不让人睡觉吗？……得，完了，打雷了……又提起那可怕的名字了不是……什么？

“太阳都要落山了，还不起来”……

啊，这……是额吉傍晚赶羊回来了吗？罪孽呀，罪孽，又要见到地狱了，困意全吓跑了。只要听到“洗脸”这个可诅咒的名字，我的全身就缩紧……呸！刚才我是在做梦吧？我的左手在这里……麻木没有知觉……我知道了，我要死在今日了……如果现在来了一位客人……额吉为了招呼他，忘记了要我洗脸的事，那该多好……额吉总唠叨，说我二十多岁了，该娶媳妇了……娶媳妇是可以，来的媳妇若也总提起那个可怕的名字……简直难过极了……还不如趁早不娶呢……还可以安心多睡一会儿……

三、脾的传说

很早以前，有一个脾在芨芨草中一扇一扇地奔跑着。

正在这个时候，遇到一个拖着沉重的反刍物的瘤胃，哼哧哼哧地滚动着。

脾早就想找个主人，借点威风，这个好机会不可错过，它迎上去：“伟大的胃，您旅行愉快吗?”

“还凑合，你是谁呀?”胃先生问。

“我是脾，是您的崇拜者。”脾马上接上去说。

脾一扇一扇地跟随在胃的身前身后，终于一声不响地跳到胃的身上，粘住了。脾自从粘上胃以后就再也没有跳下来。从那以后，芨芨草中再也见不到独自奔走的脾了。

瘤胃很臭，但脾不嫌弃它，而是永远和它连在一起。

四、天的责备和山的回答

冬天，你的肌肤被冻裂，穿的是冰，是雪；夏天，你的头颅被炉火一样的太阳灼晒，又被暴雨抽打；春风皴裂了你的皮肤，秋风扫净了你的落叶，只剩得光秃秃的一片。年年如此。

你是一座苦命的山峰，可你却把苦难当作生活的内容与欢乐。

你任野兽随意蹂躏。鸟儿住在你头发的枝杈上，时而排泄粪便；岩羊啃着你黄色的汗毛；灰鼠在你的腰间、头上、脖子里、耳根下乱窜，钻进你的鼻孔里睡觉，还浸湿了褥垫；狼则挤进你的皮肤，在里面生儿育女。

你尝尽了生活的辛酸，可你却说生活的幸福是各种各样的。

你默默地耸立在人间。低谷里，两条腿的点着了火，烤着你四条腿的孩子，狼吞虎咽地嚼着，时而咧开嘴笑笑。后来，他们摈弃了尾巴，直立起身体，开始相互吞噬。他们把汗水洒在土壤里，再慢慢地吸吮；他们有了枪炮，便互相掠夺。他们用吞噬你的办法来吞噬自己，更加不堪睹目。他们就像小儿玩耍一样，那边的躲在你的背后，这边的挥刀砍来；这边的藏在你坚硬的痣——石头后面，那边的将其打翻在地，头枕石头。于是，你在中间，被他们的血污染，被他们的流弹剐破，伤痕累累，如笊篱一般，衣服也被撕得粉碎。

你生在一个罪恶的世界，可你却认为生存于世界便是骄傲。

你就是太善良了，所以一刻也不得安宁，总是受苦。如果使劲地抖动一下，咳嗽一声，或者大声喝斥的话……起码不会被认为是段呆木头，在你的头顶上撒尿什么的。你所以这样受苦，都是因为你太纵容了，太溺爱了。

“你这样指责我应该吗？如果不是你庇护这整个的世界，以公共的食物供养他们，会有这一切吗？没有这一切，我怎么会夹在中间受苦呢！”可你这样回答。

我猛然醒悟：“这话对呀！如果我不给他们空气的话……”

五、路

为了到山那边拉一车柴，卓日格图赶着牛车，漫不经心地吹着口哨，缓缓地前进。

山路盘旋着，越接近山口路越曲折，越狭窄，除了岩羊，其他动物只好喟然止步了。

往上走着，接近山口了，眼看就要到了。

出事了。

山口侧面的岩石倒塌，堵住了窄路。

像直立的牛，像俯卧的骆驼，像一群山羊，像蛇，像狗一样的石头挡住了路。要把这么多石头清除开，非干到太阳落山月亮升起不可。这条路，牛车是无法通过了。

怎么办？

是设法前进呢？

还是返回？

车、牛不作声，天、地不作声，好像在等待他的回答，考验他的决定。

看来，返回的路比较宽阔，比较光明，既方便又省力气。

他在思索，这些拦路的石头就像是压在了他的心口上，感到憋气得很。

他终于下决心了。

一块一块地把石头搬开，开出一条路来！可开路并不容易，需要力量和勇气。

手被蹭破，血淌下来，前襟被绽开，扣子脱落。

这些横七竖八奇形怪状的石头，小的结队为栏，大的只身为屏。圆的像球一样，苦于没有下手的地方；尖的像刀一样利，像锥一样锐，使人望而生畏。

卓日格图在这些牛、骆驼般的石头面前显得那样渺小——像骆驼身边的一只小山羊；那么孤单——像山羊群旁的稻草人。

可是这些骆驼和山羊是没有腿的，任凭你怎么吆喝，它们也不会自己挪动一步。

他勘察地形，像是同自然界的“军队”开战。

从哪个方面进攻？从哪个地方下手？

从大的开始好呢？还是从小的开始更稳妥？

如此耗尽气力，不如把赶来的那辆牛车拆成几部分，分几次扛过去，然后再把牛牵到山口的那边，不就成了吗？

想来这个办法比较容易。

对！好办法！就这么干吧。突然，脑子里又闪过一个念头——

如果在我之后还有千百人走来，也都用我这个笨办法——简便的办法通过吗？

人生下来是为什么？生命的价值又是什么呢？

咳！不行！在我之后我的孩子还要来，我们应该为后代着想。如果我们的祖先只考虑自己的话，那就没有我们了！只考虑自己是最可耻的！

一定要把路开出来。

译文刊登于《民族文学》1991 年第二期。据力格登说，该组译文被收入中学语文课本。

圆明园

都兰著　申晓亭译

一

月亮般温柔的
　　一个女人
刚刚死去
殉葬的棺木中
　　挣脱出
落日的余晖
无边的寂静
令人窒息的抽泣
一生中第一次，也是最后一次
身不由己地解开
　　胸前的纽扣
裸露着圣洁的身躯
在火中安详地睡去
这是伟大的母亲——
遗孤们一个一个
言而无声地离去

寒冬，冷月
寂寞，荒凉
圆——明——园

二

夜夜，顶着星光
到河边提水的，有着
　　众多儿女的女人
是个年轻的寡妇
暮暮，掩着岁月的风揉碎的衣襟
　　哭泣的女人
现在死去了
幼小的我
捧起干瘪的乳房
吮出最后一滴眼泪
我是她最宠爱、最担忧
　　生来没有学会哭的
倔犟的儿子
每夜，我都来到这里
　　看望母亲
圆——明——园
闪着雪白的莹光
比雪还凉的两只手
托起我的胆量
冬天的夜，是寒冷的
母亲，你咳嗽了

孤月，悄悄地
　　接近了
你的遗所

三

月亮般温柔的
　　一个女人
已经死去
黑夜的荒火卷着风
毁掉了屋和院
遗迹，疤痕
悲痛！惋惜
荒火被压在墓碑下
从此
　　一座火山埋在地底
不许哭——
母亲这样命令
秋夜和冬夜几乎一样漫长
寂静
寂静的大理石门
闪烁着寒光
寒光，闪烁着
要将我溶化
啊！母亲

译自《花的原野》（蒙古文）1991 年 1 期，译文刊登于《民族文学》1991 年第 8 期。

后　记

本文集汇集的文章基本上都是正式发表过的，从 1981 年第一篇《最可爱的人（蒙古文）》至 2017 年的《纪念西安事变八十周年》，时间跨越 37 年。由于科技的发展，其中的有些内容已经过时了，比如民族文字的编码问题、平台问题等；有些探讨也许至今还是有参考价值的，比如民族文字文献资料数据库的建立问题，民文拉丁转写统一的问题，民文人名、地名汉字译音规范及建立数据库的问题等。

另外，有的学术论文由于参加了多个不同领域的学术会议，内容不免会有交叉。

本文集汇编时，以正式发表的文本为基础，个别的根据需要有所补充和修改。

本人去牧区当了九年的牧民，之后又从事蒙古文文化工作，所以副书名题为“牧人笔记”。

本人能在工作中和学术上有所成都离不开领导的支持，离不开专家学者、蒙古族朋友的帮助，特此表示衷心的感谢！

本人学识有限，谬误之处敬请专家学者批评指正。

申晓亭

附：本文集蒙古文的拉丁转写采用鲍培的转写方案（N. Poppe *Grammar of written Mongolian*）。如下：

元音	蒙古	ᠠ	ᠡ	ᠢ	ᠣ	ᠤ	ᠥ	ᠦ				
	拉丁	a	e	i	o	u	ö	ü				
辅音	蒙古	ᠨ	ᠪ	ᠫ	ᠬ (ᠬ)	ᠭ (ᠭ)	ᠮ	ᠯ	ᠰ	ᠱ	ᠲ	ᠳ
	拉丁	n	b	p	q阳（k阴）	γ阳（g阴）	m	l	s	š	t	d
	蒙古	ᠴ	ᠵ	ᠶ	ᠷ	ᠸ	ᠹ	ᠾ	ᠻ	ᠼ	ᠽ	ᠩ (ᠩ)
	拉丁	č	ǰ	y	r	w	f	h	k̆	c	z	ng

2019年5月

图书在版编目(CIP)数据

申晓亭文集:牧人笔记/申晓亭著. —北京:民族出版社,2019.5
ISBN 978-7-105-15755-6

Ⅰ.①申… Ⅱ.①申… Ⅲ.①社会科学—文集 Ⅳ.①C53

中国版本图书馆CIP数据核字(2019)第112651号

责任编辑:斯日古楞
责任校对:郭金乔
封面设计:东方乾坤
出版发行:民族出版社
地　　址:北京市和平里北街14号
邮　　编:100013
网　　址:http://www.mzpub.com
印　　刷:北京盛通印刷股份有限公司
经　　销:各地新华书店
版　　次:2019年7月第1版　2019年7月北京第1次印刷
开　　本:710毫米×1000毫米　1/16　字数:395千字
印　　张:29.5
定　　价:98.00元
ISBN 978-7-105-15755-6/C·410(汉325)

蒙古文编辑室电话:010-58130941　　发行部电话:010-64224782